한국역사문화탐방

한국역사문화탐방

최종수

2018. 12.
역민사

차 례

III. 인물

머리말

우리나라의 산천은 아름답고 사람들은 착합니다. 수려한 자연 속에서 순수한 품성으로 5천 년을 살아왔습니다. 그 긴 역사 속에는 많은 일들이 있었고 어려움도 많았습니다. 그러나 이 땅의 사람들은 꾸준하고 굳건하게 삶을 이어왔으며 희망의 미래를 위해 나아갔습니다.

시간의 흐름 속에서 한국이라는 나라의 사람들이 무엇을 하며 어떻게 살아왔는지를 정확하고 충실하게 전달하는 것이 이 책의 목표입니다. 어떤 평가나 비판 없이, 균형을 유지하며, 오로지 있었던 사실만을 전달하여 냉철한 판단력과 공정한 시각을 갖도록 하자는 것입니다.

그 많았던 일들을 조리 있고 체계적으로 기술한다는 것은 간단한 일이 아니었습니다. 어느 것을 넣고 어느 것을 빼야 하는지 선정에 어려움이 있었으며, 어느 정도로 상세히 기술할 것인지 결정하는 것도 쉽지 않았습니다. 여기에서 할 수 있는 말은 가장 보편적이고 객관적인 기준을 세워 기술하고자 노력했다는 것뿐입니다.

인간의 역사와 문화는 모두 같은 기본과 원리 아래 이루어집니다. 자연의 순리와 인생의 진리에 따를 뿐입니다. 이 책이 그러한 기본과 원리를 파악하고 이해하는 데에 조그만 보탬이라도 된다면, 그보다 더 큰 보람은 없을 것입니다.

2018년 늦가을 북한산 아래에서

일러두기

1. 《Ⅰ. 역사》는 정치, 경제, 사회 분야를 기술했습니다.
2. 《Ⅱ. 문화》는 작품, 문화재 등의 고유명사를 〈 〉 안에 기술했습니다.
3. 《Ⅲ. 인물》은 출생년도 순으로 기술했습니다.
4. -년 -월 -일은 -. -. -.으로 표기했습니다. 연도가 분명치 않은 사항은 0000. 달이 분명치 않은 사항은 0.으로 표기했습니다.
5. 1895년 말까지는 음력으로 기술했으며 1896년 이후는 양력으로 기술했습니다.
6. 다른 나라의 일은 [ ] 안에 기술했습니다.

한국역사문화탐방

Ⅰ. 역사

1. 선사시대

BC 70만 년~10만 년 전 전기 구석기문화. 평양 상원 흑우리 검은모루 유적. 경기도 연천 전곡리 유적.

BC 10만 년~4만 년 전 중기 구석기문화. 평양 역포구역 대현동 유적. 평안남도 덕천 승리산 유적.

BC 4만 년~3만 년 전 후기 구석기문화. 함경북도 웅기군 굴포리 서포항 유적. 함경북도 경흥군 부포리 덕산 유적. 충청남도 공주 석장리 유적. 충청북도 단양 수양개 유적. 전라남도 순천 월평 유적.

BC 8000년~4000년 전 전기 신석기문화. 평안남도 온천군 궁산리 유적. 함경북도 웅기군 굴포리 서포항 유적.

BC 3000년 전 중기 신석기문화. 서울 암사동 유적. 평양 사동 금탄리 유적.

2. 고조선

BC 2333년 단군檀君 왕검王儉, 아사달에 도읍을 정하고 고조선古朝鮮 건국.

BC 2000년 경 후기 신석기문화가 지배적. 만주 지역에서 부분적으로 청동기문화 시작. 황해도 봉산군 신흥동 유적. 함경북도 회령군 왕동 유적. 요동반도 남단 요령 쌍타자 유적(청동기문화).

BC 1122년 경 은의 기자箕子가 고조선에 들어왔다고 함.

BC 800~700년 경 고조선 수도 왕검성. 송화강 유역에 부여 성립. 한반도 중남부에 삼한족(마한 · 진한 · 변한)에 의한 진국 성립.

BC 700~500년 경 철기문화 시작. 함경북도 무산군 호곡 유적. 〈8조금법〉 시행.

BC 300년 경 연의 군사, 고조선 서부 침입. 철기가 광범위하게 사용됨.

BC 195년 연의 위만衛滿, 고조선에 망명. 준왕, 위만 기용.

BC 194년 위만, 고조선을 공격하여 왕검성을 빼앗고 위만조선 세움. 준왕, 남쪽으로 내려가 한왕을 칭함.

BC 109년 위만의 손자 우거, 한의 요동 도위 공격. 한, 수륙으로 침입해 왕검성 포위 공격. 성기, 한에 항전.

BC 108년 우거 죽음으로 위만조선 멸망. 한, 고조선 땅에 낙랑 · 진번 · 임둔 · 현도 한사군 설치. 고구려족의 소국 성립.

BC 100년 경 여옥, 서정시 〈공후인〉 지음.

BC 82년 고구려족, 진번 · 임둔 공격 축출. 한, 진번 · 임둔 폐지.

BC 75년 고구려족, 현도 공격. 한, 현도를 요동으로 옮김.

3. 고구려

BC 37. 주몽朱蒙, 졸본성에 도읍하고 고구려高句麗 건국.

BC 36. 비류국의 송양이 항복해 옴.

BC 34. 성곽과 궁실 건설.

BC 32. 행인국 병합.

BC 27. 북옥저 병합.

BC 24. 왕모 유화가 동부여에서 죽음.

BC 19. 동명성왕 고주몽 죽음. 2대 유리왕 즉위.

BC 18. 유리왕, 송양의 딸을 비로 삼음.

BC 17. 유리왕, 〈황조가〉 지음.

BC 9. 선비를 격파하여 속국으로 함.

BC 6. 부여의 침공을 격퇴.

AD 3. 국내성으로 천도하고 위나암성(자산성) 건설.

9. 태자 해명 자결.

12. 흉노 토벌 문제로 신의 왕망과 분쟁.

13. 부여의 침공을 격퇴.

14. 양맥을 멸함. 한의 고구려현 쟁취.

18. 유리왕 죽음. 3대 대무신왕 즉위.

20. 동명성왕묘 건립.

22. 부여를 공격하여 대소왕 죽임. 부여 백성 만여 명 투항.

26. 개마국을 멸하고 그 땅을 군현으로 삼음. 구다국 투항.

28. 한 요동 태수의 침입을 격퇴.

32. 낙랑을 공격.

37. 낙랑을 멸함.

44. 한, 낙랑을 탈취해 군현으로 함. 대무신왕 죽음. 4대 민중왕 즉위.

47. 잠지부락의 대승 등 1만여 호가 낙랑을 통해 한에 투항.

48. 민중왕 죽음. 5대 모본왕 즉위.

49. 한의 북평·어양·상곡·대원 등 공격. 요동 태수와 화친.

53. 모본왕 피살. 6대 태조왕 즉위.

55. 요서지방에 10성 축성.

56. 동옥저 통합. 영토가 동은 창해, 남은 살수에 이름.

68. 갈사왕의 손자 도두 투항.

72. 조라국을 정복하고 왕을 사로잡음.

74. 주라국을 정복하고 왕자를 사로잡음.

98. 태조왕, 동순하여 책성에 도달.

105. 한의 요동 6현을 공격했으나 패퇴.

114. 일식 관측.

118. 예맥과 연합하여 한의 현도군 공격.

121. 한의 침입 격퇴. 선비와 연합하여 요대현 공격해 요동 태수 격파. 마한·예맥과 연합하여 현도성을 포위 공격했으나 패퇴.

122. 마한·예맥과 연합하여 요동 공격. 부여왕이 요동 구원.

146. 요동 서안평 공격. 태조왕, 동생 수성에게 양위(7대 차대왕).

148. 차대왕, 선왕 태조왕의 원자 막근 죽임.

165. 태조왕 죽음. 차대왕 시해되고 동생 백고 즉위(8대 신대왕).

168. 신대왕, 현도 태수의 침입에 항복.

169. 신대왕, 현도 태수를 도와 부산의 적 토벌.

172. 현도 태수의 공격을 좌원에서 격퇴.

179. 신대왕 죽음. 9대 고국천왕 즉위.

184. 요동 태수의 침공을 격퇴.

191. 좌가려의 모반 평정. 을파소를 국상으로 삼음.

194. 〈진대법〉 시행.

197. 고국천왕 죽음. 10대 산상왕 즉위. 발지, 반란 실패 자결.

198. 위나암성을 개축하고 환도성으로 이름을 바꿈.

209. 환도성으로 천도.

217. 후한 평주 사람 하요, 1천여 가구와 함께 투항.

227. 산상왕 죽음. 11대 동천왕 즉위.

233. 오왕 손권의 사신, 고구려로 피신.

234. 위의 사신, 화친 요청.

236. 오왕 손권이 화친을 청했으나 사신의 머리를 베어 위에 보냄.

238. 위와 연합하여 요동의 공손연 토벌.

242. 요동의 서안평 격파.

246. 위의 관구검, 환도성 점령.

247. 평양성을 축성하고 천도.

248. 동천왕 죽음. 12대 중천왕 즉위.

259. 위의 침입을 양맥곡에서 격파.

270. 중천왕 죽음. 13대 서천왕 즉위.

280. 숙신의 침입을 격퇴.

286. 대방 정벌.

292. 서천왕 죽음. 14대 봉상왕 즉위. 봉상왕, 숙부 달가를 죽임.

293. 선비족 모용외의 침입을 격퇴. 봉상왕, 동생 돌고를 죽임.

296. 모용외의 재침을 격퇴.

298. 봉상왕, 궁궐을 화려하게 증축.

300. 창조리, 봉상왕을 폐위시키고 15대 미천왕 옹립.

302. 현도군을 공격하여 8천여 명 생포.

311. 미천왕, 요동군의 서안평 점령.

313. 미천왕, 낙랑군 점령.

314. 미천왕, 대방군 정벌.

320. 요동을 공격하여 모용인 격파.

331. 미천왕 죽음. 16대 고국원왕 즉위.

334. 평양성 증축.

335. 북방에 신성 축성.

339. 고국원왕, 연왕 황의 신성 침입에 화친을 청함.

342. 고국원왕, 환도성을 수축하고 이거. 연왕 황, 환도성을 공격해 점령하고 파괴. 연왕 황, 미천왕의 묘를 파 시신과 왕모·왕비 및 5만여 명을 잡아감.

343. 고국원왕, 동생을 연에 보내 신하를 칭함. 연으로부터 미천왕의 시신과 왕비 귀환. 평양 동황성으로 이거.

345. 연의 모용각, 남소 탈취.

355. 왕모 주씨 연에서 귀환.

357. 안악 3호 고분 축조되고 〈대행렬도〉 그려짐.

369. 고국원왕, 백제 공격했으나 실패.

370. 진의 연 격파로 연의 모용평이 망명해 왔으나 그를 진에 보냄.

371. 백제 근초고왕의 평양성 공격으로 고국원왕 전사. 17대 소수림왕 즉위.

372. 전진왕 부견, 승려 순도와 불상·불경을 고구려에 전함. 태학 설립.

373. 〈율령〉 반포.

375. 전진의 승려 아도 들어옴. 초문사와 이불란사 창건하고 순도와 아도를 보냄.

376. 백제의 북변을 공격.

377. 백제 근구수왕, 평양성 공격. 백제를 공격.

378. 거란에 북쪽 변방의 8부락 상실.

384. 소수림왕 죽음. 18대 고국양왕 즉위.

385. 고국양왕, 요동·현도군 점령. 연의 모용농에 요동·현도 상실.

386. 백제를 공격.

389. 백제군이 남쪽 변경 침공.

390. 백제군에 도곤성 상실.

392. 고국양왕, 불교를 장려하고 종묘·사직 수축. 고국양왕 죽음. 19대 광개토왕 즉위. 광개토왕, 백제 북부를 공격하여 관미성 및 10여 성 점령. 거란을 격파하고 백성 1만 명을 데리고 옴.

393. 평양에 9사찰 창건.

394. 남쪽에 7성을 쌓고 백제의 침입에 대비.

395. 백제의 침입을 패수에서 격퇴. 광개토왕, 비려 공격.

396. 광개토왕, 수군을 거느리고 백제를 공격하여 항복 받음.

398. 숙신 정벌.

400. 후연의 모용성에게 신성·남소 2성 상실. 광개토왕, 보병·기병 5만
을 보내 백제·가야·왜의 연합군으로부터 신라 구원.

402. 후연의 숙군성 점령.

404. 후연 공격. 서해 연안에 침입한 왜군 토벌.

406. 후연의 침공을 목저성에서 격퇴.

407. 후연을 격파하고 갑옷 1만 벌 탈취.

408. 북연과 사신을 교류하며 화친.

409. 동쪽에 독산 등 6성을 쌓고 평양 백성을 이주시킴.

410. 동부여 통합.

413. 광개토왕 죽음. 20대 장수왕 즉위.

414. 광개토왕비 건립(백제의 64성, 1,400촌락 공취 기록).

419. 왕산악, 칠현금을 개조하여 거문고 제작 및 백여 곡 작곡.

427. 평양성으로 천도. 안학궁 건립.

436. 북연왕 풍홍 투항해 옴. 북위, 풍홍을 내줄 것을 요구.

438. 송에 투항하려는 풍홍을 죽임.

454. 신라가 조공을 끊으므로 신라 북변을 공략.

468. 말갈과 함께 신라의 실직성 탈취.

469. 백제군이 남방을 침공.

475. 장수왕, 3만 군사로 백제 공격하여 개로왕을 죽이고 수도 한성 점령.
북한산군을 두고 북한성에 남평양을 둠.

481. 고구려군, 말갈과 함께 신라 북변의 호명 등 7성 공취.

489. 신라의 호산성 점령.

492. 장수왕 죽음. 21대 문자명왕 즉위.

494. 부여왕, 고구려에 투항.

495. 백제의 치양성 포위 공격. 백제, 신라의 지원을 받아 성을 지킴.

497. 신라의 우산성 점령.

502. 백제군, 수곡성 침공.

519. 문자명왕 죽음. 22대 안장왕 즉위.

531. 안장왕 죽음. 23대 안원왕 즉위.

545. 안원왕 죽음. 24대 양원왕 즉위.

547. 백암성을 다시 쌓고 신성을 수리.

548. 예와 함께 백제의 한북 독산성 공격했으나 실패.

550. 백제군에 도살성 상실. 백제의 금현성 탈취. 신라군에 금현성 상실.

551. 돌궐의 백암성 침입을 격퇴. 백제 · 신라 연합군에 패해 백제에 한강 하류, 신라에 죽령 이북 10군 상실.

552. 평양 장안성 축성.

557. 간주리, 환도성에서 모반하다 주살.

559. 양원왕 죽음. 25대 평원왕 즉위.

583. 농업과 잠업 장려.

586. 평양 장안성으로 이거.

590. 수 양제, 병기 수리와 양곡 비축을 질책. 평원왕 죽음. 26대 영양왕 즉위. 온달, 신라 공략 중 아차산에서 전사.

598. 말갈병과 함께 요서를 공격했으나 실패. 수 양제, 30만 군사로 1차 고구려 침입. 고구려군, 요하에서 수군 격파.

600. 이문진, 사서 〈신집〉 5권 편찬.

610. 담징, 왜에 지 · 묵 · 수차 등의 기술을 전하고 왜승 법정과 법륭사 금당벽화 그림.

612. 수 양제, 113만 대군으로 2차 침입. 수군, 요동성 포위하고 살수까 지 진격. 을지문덕, 살수에서 수군 대파(살수대첩).

613. 수 양제, 우문술 등과 3차 침입. 고구려군, 이를 격퇴.

614. 수의 4차 침입을 격퇴.

618. 영양왕 죽음. 27대 영류왕 즉위. [이연, 당 건국].

622. 고구려에 억류된 수의 백성 만여 명을 돌려보냄.

624. 당에서 도교 전래. 천존상과 도법을 가져와 〈노자서〉 강독.

625. 당에 불·노의 법을 요청.

629. 신라 김유신 등에게 낭비성 상실.

631. 동북쪽 부여성에서 동남해에 이르는 천리장성 축조(~647).

638. 신라의 칠중성 공격.

640. 세자 환권 당에 조빙. 귀족 자제들을 당 국자감에 유학시킴.

641. 당, 세자의 입조 답례로 사신 파견. 당 사신, 고구려의 지형 탐색.

642. 연개소문, 영류왕을 죽이고 28대 보장왕 옹립.

644. 연개소문, 당 사신을 억류.

645. 당 태종, 1차 고구려 침입. 당군, 요동성·백암성 점령. 양만춘, 안시성의 군민과 함께 당군 격퇴.

647. 당군, 2차 침입. 당군, 압록강 이북 탈취. 보장왕, 차남 임무를 당에 보냄.

648. 당군, 바다를 건너 3차 침입. 고구려군, 당군 격파.

649. 당 태종 죽음으로 당의 고구려 침공 중단.

654. 고구려군, 말갈군과 거란을 공격했으나 실패.

655. 고구려군, 귀단수에서 당의 정명진·소정방에게 패배.

658. 고구려군, 당의 정명진·설인귀의 침입 격퇴.

659. 온사문, 황산에서 당의 설인귀에 패배.

661. 남생, 압록강에서 당군에 패배.

662. 연개소문, 당군 격파.

664. 신라 김인문에게 돌사성 상실.

666. 연개소문 죽음. 아들 남생, 막리지가 됨. 남생의 동생 남건, 스스로 막리지가 됨. 남생, 당에 투항. 연정토, 신라에 투항.

667. 7. 북방 16성 당군에 항복. 당의 설인귀, 남소·목저·창암 3성을 점령하고 남생과 합세. 8. 당의 이적, 평양성 북쪽에 도달.

668. 2. 당군, 부여성 점령. 9. 당군, 신라군과 연합하여 평양성 점령. 보장

왕 항복. 당, 보장왕과 백성 20만 명 잡아감. 고구려 멸망. 11. 당, 평
양에 안동도호부 설치. 고구려의 5부 176성 69만여 호를 9도독부 42
주 100현으로 개편.

669. 4. 당, 고구려 유민 38,300호를 강회 남쪽과 산남·경서 등으로 이
주시킴. 6. 검모잠, 안승을 추대하고 신라에 귀부할 것을 청함. 안승,
신라에 투항.

670. 7. 안승, 검모잠을 죽임.

4. 백제

BC 18. 온조溫祚, 하남 위례성에서 백제百濟 건국. 동명성왕묘 건립.

BC 17. 울음을 우보로 삼음.

BC 16. 말갈의 북변 공격을 격퇴.

BC 15. 낙랑과 수호 맺음.

BC 11. 말갈의 침입 격퇴. 낙랑과의 화친 깨짐.

BC 9. 말갈의 북변 침입 격퇴.

BC 8. 낙랑이 말갈로 하여금 병산책을 공격케 함. 독산 · 구천에 책을 쌓아 낙랑에 대비.

BC 6. 한산 아래 성을 쌓고 위례성의 백성을 이주시킴. 마한에 천도를 알림. 국경이 북 패하, 남 웅천, 서 바다, 동 주양에 이름. 성곽과 궁궐 건설.

BC 5. 한산으로 천도. 농사 권장.

BC 4. 신궁 건설.

BC 2. 낙랑의 위례성 공격을 격퇴. 국모의 묘를 세움.

AD 1. 말갈의 침입을 칠중하에서 격퇴.

4. 우두성 · 고목성 축성. 부현 동쪽에서 말갈의 침입 격퇴.

6. 웅천책을 건설했으나 마한왕의 질책으로 철거.

8. 마한을 병합했으나 원산 · 금현 2성은 저항.

9. 원산 · 금현 2성 항복. 대두산성 축성.

13. 백성을 남부 · 북부 2부로 나누어 둠.

15. 동부 · 서부 2부를 더 둠.

16. 전 마한의 장수 주근의 반란 평정.

18. 탕정성 · 고사부리성 축조.

19. 기근으로 1천여 호가 고구려로 이탈.

20. 온조왕, 동쪽 주양, 북쪽 패하까지 순무. 농업과 양잠 장려.

22. 말갈의 부현성 침입을 격퇴.

23. 북부의 해루를 우보로 삼음.

28. 온조왕 죽음. 2대 다루왕 즉위.

30. 마수산 서쪽에서 말갈 격파.

31. 고목성에서 말갈 격파.

33. 남부지방에 벼농사 발달.

34. 동부의 흘우를 우보로 삼음. 말갈, 마수성 파괴.

37. 흘우를 좌보, 북부의 진회를 우보로 삼음.

56. 동부에 우곡성을 쌓아 말갈에 대비.

63. 국경을 넓혀 낭자곡성에 이름.

77. 다루왕 죽음. 3대 기루왕 즉위.

105. 신라에 사신 파견.

108. 말갈, 우곡성에 침입하여 약탈.

113. 신라에 사신을 파견하여 수교.

128. 기루왕 죽음. 4대 개루왕 즉위.

132. 한산 북쪽에 북한산성 축조.

166. 개루왕 죽음. 5대 초고왕 즉위.

188. 궁궐 수리.

210. 적현·사도 2성을 쌓고 동부의 백성을 이주시킴.

214. 말갈의 석문성을 탈취. 말갈군이 술천에 이름. 초고왕 죽음. 6대 구
　　　수왕 즉위.

216. 말갈 침입군을 사도성 아래에서 대파.

217. 사도성 아래 2책 설치.

229. 말갈, 우곡성을 공략하여 노략질.

234. 구수왕 죽음. 7대 사반왕 즉위. 왕이 어려 8대 고이왕 즉위.

242. 남쪽의 습지를 개척하여 벼농사를 짓게 함.

243. 큰 제단을 만들고 천지산천에 제사 지냄.

260. 6좌평과 16품의 관직을 정함. 공복公服의 색을 정함.

261. 왕의 정청과 복색 제정.

262. 뇌물 수수 및 장물 취득을 금함.

285. 왕인, 왜에 〈논어〉〈천자문〉 등 한문문화를 전함.

286. 신라에 사신을 보내 화친을 청함. 고이왕 죽음. 9대 책계왕 즉위. 대방의 구원 요청에 군사 지원. 위례성 보수. 아차성·사성을 쌓아 고구려에 대비.

298. 책계왕, 한의 침략군과 싸우다 전사. 10대 분서왕 즉위.

304. 낙랑군의 서현을 기습하여 탈취. 분서왕, 낙랑 태수의 자객에게 피살. 11대 비류왕 즉위.

327. 우복, 북한산성에서 반란 일으켰으나 평정됨.

330. 김제에 벽골제 건립.

337. 신라와 수교.

344. 비류왕 죽음. 12대 계왕 즉위.

346. 계왕 죽음. 13대 근초고왕 즉위.

360. 〈서기〉 1권이 편찬됨.

366. 근초고왕, 신라에 사신 파견하여 수교.

369. 고구려 고국원왕 2만 군사의 침입을 치양에서 격퇴.

371. 고구려군의 침입을 패하에서 격퇴. 근초고왕, 고구려의 평양성을 공격하여 고국원왕을 죽임. 한산으로 천도.

372. 동진에 사신 파견.

373. 독산성주, 신라로 도피. 청목령에 성을 쌓음.

374. 고흥, 〈서기〉 편찬.

375. 고구려군에 수곡성 상실. 근초고왕 죽음. 14대 근구수왕 즉위.

376. 고구려군, 북쪽 변경 침입.

377. 근구수왕, 고구려의 평양성 공격. 고구려군, 백제 공격.

384. 근구수왕 죽음. 15대 침류왕 즉위. 동진의 승려 마라난타, 불교를 전함.

385. 한산에 불사佛寺 창건. 침류왕 죽음. 16대 진사왕 즉위.

386. 15세 이상인 자를 징발하여 관방官房 설치. 고구려군, 침공.

387. 관미령에서 말갈군에 패배.

389. 고구려의 남부 공격.

390. 고구려의 도곤성 탈취.

391. 말갈에 북변의 적현성 상실.

392. 고구려에 북변 10여 성 상실. 고구려군에 관미성 상실. 진사왕 죽음. 17대 아신왕 즉위.

393. 관미성 탈환 실패.

394. 수곡성에서 고구려에 패배.

395. 고구려를 공격했으나 패수에서 패배.

396. 고구려 광개토왕, 수군을 거느리고 백제의 58성을 공파하고 도성에 육박. 아신왕, 항복하고 왕의 동생 등 10명 볼모로 보냄.

397. 왜와 수호를 맺고 태자 전지를 볼모로 보냄.

398. 쌍현성 축성.

399. 고구려 정벌을 위한 징발에 백성들이 신라로 도주.

405. 아신왕 죽음. 훈해, 섭정이 됨. 혈례, 훈해를 죽이고 자립. 백성들이 혈례를 죽임. 전지, 왜에서 귀국하여 즉위(18대 전지왕).

408. 여신을 상좌평으로 삼음.

417. 사구성 축성.

420. 전지왕 죽음. 19대 구이신왕 즉위.

427. 구이신왕 죽음. 20대 비유왕 즉위.

433. 신라에 사신을 보내 수교(나제동맹).

447. 기근으로 많은 백성이 신라로 유출.

455. 비유왕 죽음. 21대 개로왕 즉위.

469. 쌍현성 수리. 청목령에 울타리 설치.

475. 고구려군의 침입으로 개로왕 전사하고 한성 함락됨. 22대 문주왕 즉위. 웅진으로 천도. 고구려군, 북한산군 설치.

476. 대두산성을 수축하고 한성 백성 이주. 탐라국에서 조공을 바침.

477. 해구, 문주왕을 죽임. 23대 삼근왕 즉위.

478. 해구 반란. 해구를 죽임.

479. 삼근왕 죽음. 24대 동성왕 즉위.

482. 말갈, 한산성을 침공하여 3백여 호의 백성을 잡아감.

486. 궁실을 중수하고 우두성 축성.

490. 사현성 · 이산성 2성 축성.

491. 기근으로 백성 6백여 호 신라로 유출.

493. 동성왕이 신라에 청혼하여 신라에서 비지의 딸을 보냄.

495. 고구려군이 치양성을 포위하므로 신라군의 지원으로 격퇴.

499. 기근으로 한산 백성 2천여 호가 고구려로 유출.

500. 왕궁 동쪽에 임류각 건설.

501. 탄현에 책을 쌓고 신라에 대비. 가림성 축성. 동성왕 시해됨. 25대 무령왕 즉위.

502. 백가, 가림성에서 반란을 일으켰으나 평정됨.

503. 말갈, 마수책을 불태우고 고목성을 공격했으나 격퇴.

506. 전염병 창궐. 말갈, 고목성을 재침공하여 파괴.

507. 고목성에 2책을 세우고 장령성을 쌓아 말갈에 대비. 고구려와 말갈 군의 한성 공격을 격퇴.

510. 제방을 쌓고 유민을 정착시킴.

512. 고구려군의 가불성 · 원산성 공격을 격퇴.

521. 메뚜기 피해로 9백여 호가 신라로 유출.

523. 쌍현성 축성. 무령왕 죽음. 26대 성왕 즉위. 고구려군의 침입을 패수 에서 격퇴.

525. 무령왕릉 축조.

526. 웅진성 수리.

529. 고구려 안장왕에 혈성 상실. 오곡원에서 고구려군에 패배.

538. 수도를 사비로 옮기고 국호를 남부여라고 고침.

540. 고구려의 우산성을 공격했으나 실패.

541. 양에 사신을 보내 모시박사·불서·공장·화사 등을 청함.

548. 고구려의 독산성 침공을 신라의 구원으로 격퇴.

550. 고구려의 도살성 탈취. 고구려에 금현성 상실. 신라에 도살성 상실.

551. 신라와 연합하여 고구려 공략. 한강 하류 지역 점령.

552. 노리사치계 등, 일본에 불교를 전함.

553. 신라에 한강 하류 지역 상실. 나제동맹 파기.

554. 성왕, 가야·왜 연합군을 이끌고 신라의 관산성 공격. 성왕 전사. 27대 위덕왕 즉위. 고구려군의 웅천성 침입을 격퇴. 왜에 역박사·오 경박사·의학박사를 보냄. 담혜 등 승려 9명, 왜에 불법을 전함.

577. 검단, 고창 선운사 창건.

579. 웅현성·송술성 축성.

588. 왜에 건축가·화가 등을 보내 아스카사(飛鳥寺)를 건립케 함.

595. 혜총, 왜에 불교 보급.

597. 아좌태자, 왜에 가서 〈쇼토쿠태자상〉 그림.

598. 위덕왕 죽음. 28대 혜왕 즉위.

599. 혜왕 죽음. 29대 법왕 즉위. 김제 금산사 창건.

600. 부여 왕흥사 창건. 법왕 죽음. 30대 무왕 즉위.

602. 관륵, 왜에 역서·천문지리서 등을 전함.

607. 수에 고구려 토벌을 청함. 고구려군의 송산성 공격을 격퇴했으나 석 두성 상실.

611. 국지모를 수에 보내 고구려 공격을 요청.

631. 왕자 부여풍을 일본에 보냄.

634. 궁 남쪽에 연못을 파고 가운데 섬을 조성. 왕흥사 완공.

640. 귀족 자제를 당 국자감에 유학시킴.

641. 무왕 죽음. 31대 의자왕 즉위.

643. 고구려군과 연합하여 신라 당항성 공격.

644. 신라 김유신에 7성 상실.

653. 왜와 우호관계를 맺음.

655. 마천성 수축. 신라 김유신에 도비성 상실.

656. 의자왕, 성충을 죽임.

657. 왕의 서자 41명을 좌평에 임명.

660. 6. 신라 무열왕의 5만 군사와 당 소정방의 10만 군사의 나당연합군, 백제를 총공격. 7. 신라의 김유신, 계백을 황산벌에서 격파. 사비성 함락됨. 신라에 항복. 의자왕과 백제 백성 1만 3천여 명 당에 잡혀감. 백제 멸망. 9. 당, 백제 땅에 웅진도독부 등 5도독부 설치. 당, 유인원의 군사 1만 명 남기고 철수. 11. 의자왕 죽음.

661. 1. 복신·도침 등, 왕자 부여풍을 옹립하고 주류성에서 군사를 일으킴. 3. 복신, 도침을 죽임. 4. 백제, 빈골양에서 신라군 격파. 9. 웅산성·우술성에서 신라군에 패배.

662. 7. 웅진성에서 당군에 대패. 부여풍, 복신을 죽임. 고구려와 왜에 구원 요청.

663. 2. 신라군에 거열성·거독성·사평성·덕안성 상실. 3. 왜의 원군 도착. 9. 백제·왜 연합군, 백강구전투에서 나당연합군에 패배. 주류성 함락됨. 부여풍, 고구려에 망명. 11. 당의 유인궤, 백제에 주둔.

664. 2. 당의 유인원, 웅진에 주둔. 당, 부여융을 웅진도독으로 삼음. 3. 백제 유민, 사비성에 모여 저항했으나 패배.

5. 가야

42. 김수로金首露, 가락국駕洛國(금관가야金官伽倻) 건국.
44. 가락국, 도성을 쌓고 궁실 건설.
48. 김수로왕, 허황옥(보주태후)을 비로 삼음.
115. 신라 지마왕의 공격을 격퇴.
116. 신라군의 공격을 격퇴.
188. 허황후 죽음.
199. 김수로왕 죽음. 거등 즉위.
201. 신라에 화친 요청.
212. 거등, 아들을 신라에 볼모로 보냄.
253. 거등 죽음. 마품 즉위.
291. 마품 죽음. 거칠미 즉위.
346. 거칠미 죽음. 이시품 즉위.
407. 이시품 죽음. 좌지 즉위.
421. 좌지 죽음. 취희 즉위.
451. 취희 죽음. 질지 즉위.
479. 질지, 제에 사신 파견.
492. 질지 죽음. 겸지 즉위.
521. 겸지 죽음. 구형 즉위.
522. 구형, 신라 이찬 비조부의 딸과 결혼.
532. 구형, 신라에 투항. 신라, 금관가야를 금관군으로 함.
562. 고령가야(대가야), 신라에 통합됨.

6. 신라

BC 57. 박혁거세朴赫居世거서간, 서라벌 건국.

BC 53. 박혁거세, 알영을 비로 삼음.

BC 50. 왜, 변방에 침입했다가 퇴각.

BC 41. 박혁거세, 알영과 6부를 순무하고 농업과 잠업 장려.

BC 39. 변한이 항복해 옴.

BC 37. 금성 축성.

BC 32. 금성에 궁실 건설.

BC 28. 낙랑의 침입을 격퇴.

BC 20. 마한에 사신 파견.

BC 19. 마한왕 죽음에 조문 사신 파견.

BC 5. 동옥저, 신라에 사신 파견.

AD 4. 박혁거세 죽음. 왕비 알영 죽음. 2대 남해차차웅 즉위.

6. 시조묘 건설.

10. 석탈해를 대보로 삼고 국정을 맡김.

14. 왜, 변경 침입.

18. 고구려에 속했던 7국이 신라에 투항.

24. 남해차차웅 죽음. 3대 유리이사금 즉위.

28. 유리이사금, 국내 순행.

32. 6부의 명칭 개정. 17관등제 실시.

37. 고구려에 멸망한 낙랑인 5천여 명 투항.

42. 이서국 병합.

57. 유리이사금 죽음. 4대 석탈해이사금 즉위.

58. 호공을 대보로 삼음.

64. 백제의 와산성·구양성 공격을 격퇴.

65. 석탈해, 시림에서 김알지를 얻음. 시림을 계림鷄林으로 개칭. 계림을

국호로 정함.

67. 종척 박씨에게 주·군을 다스리게 함. 주주·군주라 호칭.

73. 왜의 목출도 침범을 격퇴. 우호 전사.

74. 백제의 침입을 격퇴.

75. 백제군에 와산성 상실.

76. 백제로부터 와산성 회복.

77. 길문, 황산진구 전투에서 가야군에 승리.

79. 우시산국·거칠산국 2국 합병.

80. 석탈해 죽음. 5대 파사이사금 즉위.

82. 파사이사금, 농상을 장려하고 국방 대비.

85. 백제군, 변경 침입.

87. 가소·마두 2성 축성.

94. 가야의 마두성 공격을 격퇴.

96. 가야의 남쪽 변방 공격을 격퇴.

101. 금성 동남쪽에 월성 축성. 파사이사금, 월성으로 옮김.

102. 음즙벌·실직·압독 병합.

106. 파사이사금, 압독 순행.

108. 비지·다벌·초팔 병합.

112. 파사이사금 죽음. 6대 지마이사금 즉위.

113. 백제와 수교.

115. 가야의 남쪽 변경 침입을 격퇴. 황산하에서 가야군에 패배.

116. 가야를 공격했으나 실패.

125. 말갈, 북쪽 변경에 침입하여 노략질. 백제에 지원 요청. 백제군의 지원으로 말갈군 격퇴.

134. 지마이사금 죽음. 7대 일성이사금 즉위.

137. 말갈, 장령 5책을 불태움.

138. 금성에 정사당政事堂 설치.

139. 말갈, 장령에 침입하여 노략질.

140. 장령에 책을 세워 말갈에 대비.

144. 일성이사금, 제방을 수축하고 농지 개척.

154. 일성이사금 죽음. 8대 아달라이사금 즉위.

155. 일성, 모반하다 백제로 도주.

157. 영일현 설치.

158. 죽령로 개통.

167. 흥선, 백제 공격. 백제, 화친 요청.

170. 백제군, 서쪽 변경 침입.

184. 아달라이사금 죽음. 석탈해의 손자 즉위(9대 벌휴이사금).

185. 소문국 정벌.

188. 백제군의 모산성 침입을 격퇴.

189. 구도, 구양에서 백제군 격퇴.

190. 구도, 부곡성에서 백제군에 패배.

196. 벌휴이사금 죽음. 10대 나해이사금 즉위.

199. 백제군이 변경에 침입.

204. 백제군에 요거성 상실. 왕자 이음, 백제의 사현성 격파.

207. 이음을 이벌찬으로 삼음.

208. 왜의 침입을 격퇴.

209. 포상 8국을 격파하고 가라 구원.

212. 골포·칠포·고포 3국의 갈화성 공격을 격퇴.

214. 백제군의 요차성 공격을 격퇴.

218. 백제군의 장산성 포위 공격을 격퇴.

222. 백제군, 우두진에 침입하여 노략질.

224. 연진, 봉산성에서 백제군 격파.

230. 나해이사금 죽음. 11대 조분이사금 즉위.

231. 감문국을 멸하고 그 땅을 군으로 삼음.

233. 왜의 침입을 격퇴.

236. 골벌국이 투항함으로 그 땅을 군으로 삼음.

240. 백제군, 서쪽 변방에 침입.

245. 고구려군, 북쪽 변방에 침입.

247. 조분이사금 죽음. 12대 첨해이사금 즉위.

249. 우로, 사량벌국 합병. 왜, 우로를 죽임. 궁남에 남당 건립.

251. 첨해이사금, 남당에서 정사를 봄.

255. 백제군, 괴곡성과 봉산성에 침입.

261. 백제의 화친 요청 거부. 다벌성 축성.

262. 첨해이사금 죽음. 13대 미추이사금 즉위.

263. 미추이사금, 국조묘에 제사 지냄.

266. 백제군의 봉산성 공격을 격퇴.

272. 백제군의 북변 공격을 격퇴.

278. 백제군의 괴곡성 공격을 격퇴.

284. 미추이사금 죽음. 14대 유례이사금 즉위.

286. 백제에서 화친을 청함.

298. 유례이사금 죽음. 15대 기림이사금 즉위.

300. 왜와 교빙.

310. 기림이사금 죽음. 16대 흘해이사금 즉위.

312. 왜가 통혼을 청하므로 아찬 급리의 딸을 보냄.

337. 백제와 수교.

344. 왜가 통혼을 청했으나 회답하지 않음.

345. 왜, 단교 통보.

346. 왜, 풍도를 침공하고 금성을 포위했으나 이를 격퇴.

356. 흘해이사금 죽음. 17대 내물마립간 즉위.

364. 왜의 침입을 부현 동원에서 대파.

366. 백제와 수교.

381. 전진에 사신 파견.

392. 고구려에서 사신 파견. 실성을 고구려에 인질로 보냄.

393. 왜의 금성 포위를 격파.

399. 백제 백성이 다수 신라로 유입.

400. 백제 · 가야 · 왜의 연합군 침공에 고구려에 구원 요청. 고구려의 5만 군사 지원으로 이를 격파.

401. 고구려에 인질로 있던 실성 귀환.

402. 내물마립간 죽음. 18대 실성마립간 즉위. 내물마립간의 아들 미사흔을 왜에 인질로 보냄.

403. 백제군, 변경을 침공.

412. 미사흔의 형 복호를 고구려에 인질로 보냄.

415. 왜군을 풍도에서 격파.

417. 내물마립간의 아들 눌지, 실성을 죽이고 즉위(19대 눌지마립간).

418. 복호, 박제상과 함께 고구려에서 귀환. 미사흔, 왜에서 탈출하여 귀환. 박제상, 왜에 잡혀 죽음.

424. 고구려에 사신을 보내어 화친을 맺음.

433. 백제와 수교(나제동맹).

434. 백제에서 선물을 보내니 답례품을 보냄.

435. 역대의 원 · 능 수리.

438. 백성들에게 우차牛車법을 가르침.

444. 왜, 금성을 포위했다가 퇴각.

450. 하슬라 성주 삼직이 고구려 장수 살해. 신라, 고구려에 사죄.

455. 고구려의 침공을 받은 백제 구원.

458. 눌지마립간 죽음. 20대 자비마립간 즉위.

459. 왜, 동쪽 변방을 습격하고 금성을 포위했으나 이를 격퇴.

463. 왜의 삽량성 침공을 격퇴. 해변에 2성 축성.

468. 고구려군에 실직성 상실.

469. 경도방리京都坊里의 이름을 정함.

470. 삼년산성 축성.

471. 모로성 축성.

473. 명활성 축성.

474. 구례 · 황석 · 답달 · 좌라 축성.
475. 자비마립간, 명활성으로 옮김.
476. 왜의 동쪽 변방 침입을 격퇴.
478. 백결선생(박문량), 〈낙천악〉(대악)을 지음.
479. 자비마립간 죽음. 21대 소지마립간 즉위.
481. 고구려군에 북변의 호명 등 7성 상실. 고구려 · 말갈의 북변 침입을 백제 · 가야와 함께 이하 서쪽에서 격퇴.
484. 고구려군의 북변 침입을 백제군과 함께 모산성에서 격퇴.
487. 사방에 우역郵驛 설치. 관도官道 보수.
488. 소지마립간, 월성으로 옮김.
489. 실향 백성을 농업에 종사토록 함. 고구려에 호산성 상실.
490. 시장 개설.
493. 백제왕이 혼인을 청하니 비지의 딸을 보냄. 임해 · 장령 2진을 설치하여 왜에 대비.
494. 살수에서 고구려군에 패배. 백제군의 지원으로 고구려군 격퇴.
495. 고구려군의 백제 공격에 구원병을 보냄.
496. 고구려군의 우산성 공격을 이하에서 격퇴.
497. 고구려군에 우산성 상실.
500. 소지마립간 죽음. 22대 지증왕 즉위. 왜, 장령진 침공.
502. 순장殉葬을 금함. 농사를 장려하고 우경牛耕 실시.
503. 국호를 〈신라新羅〉라 정함. 존호를 왕이라 칭함.
504. 상복법喪服法 제정. 파리 · 미실 · 진덕 · 골화 등 12성 축성.
505. 주 · 군 · 현을 정함. 실직주를 설치하고 이사부를 군주로 삼음. 얼음을 저장하여 사용. 선박 이용을 제정함.
509. 수도에 동시東市 설치.
512. 이사부, 우산국을 항복시킴.
514. 아시촌 소경 설치. 지증왕 죽음. 〈시호법〉 사용. 23대 법흥왕 즉위.
517. 병부 설치.

518. 주산성 축성.

520. 〈율령律令〉 반포. 백관의 복식服飾 제정.

522. 가야국왕이 혼인을 청하니 이찬 비조부의 누이를 보냄.

523. 관제와 복색 개정.

524. 법흥왕이 남쪽을 순행하니 가야국왕이 합류. 관제 개정.

527. 이차돈 순교. 불교를 공인하고 살생을 금함.

531. 제방 수리. 상대등 관직 신설.

536. 최초로 연호 건원 사용.

538. 외직관리의 가족 동반 부임 허락. 아시량국 멸하고 군으로 삼음.

540. 법흥왕 죽음. 24대 진흥왕 즉위. 단정한 사내아이를 뽑아 풍월주風月
主라 부름.

544. 경주 흥륜사 완성. 경주 부근에 군단軍團 대당 설치.

545. 거칠부 등, 〈국사〉 편찬.

549. 각덕, 양의 사신과 함께 불사리 가져옴. 무관직武官職 대감 신설.

550. 이사부, 고구려의 도살성 및 백제의 금현성 탈취.

551. 연호 개국으로 고침. 가야인 우륵, 신라에 귀화. 백제와 연합하여
고구려의 죽령 이북 10군 탈취. 백좌강회·팔관회 법 규정.

552. 우륵, 계고·만덕·법지에게 가야금 연주와 가무를 가르침. 군단 상
주정 설치.

553. 본궁 남쪽에 신궁 건설. 신궁을 황룡사로 정함. 의신, 보은 법주사
창건. 백제의 동북부 6군을 공략하여 한산주 신설. 백제로부터 한강 하
류 지역 탈취. 나제동맹 파기.

554. 백제 성왕, 신라 침공했으나 관산성에서 패사.

555. 완산주 신설. 진흥왕, 북한산을 순시하고 국경 설정 및 〈북한산신라
진흥왕순수비〉 건립.

556. 비열홀주 설치. 혜명, 공주 갑사 창건.

557. 국원을 소경으로 함. 사벌주 폐하고 감문주 설치. 신주 폐하고 북한
산주 설치.

559. 귀족 자제와 6부의 호민을 국원으로 이주시킴.

561. 〈창녕신라진흥왕척경비〉 건립.

562. 이사부 등, 대가야 통합. 무관직 제감·소감 신설.

564. 아라파사산성 축성.

565. 대야주 설치.

566. 황룡사 완공. 솔거, 황룡사 벽에 노송을 그림.

568. 연호를 대창으로 고침. 〈황초령신라진흥왕순수비〉〈마운령신라진흥왕순수비〉 건립. 북한산주 폐하고 남천주 설치. 비열흘주 폐하고 달흘주 설치.

572. 연호를 홍제로 고침. 전몰 사졸을 위한 팔관회 베품.

574. 〈황룡사 장륙상〉 주조.

576. 〈원화源花제도〉 창설. 원화제도 폐지. 화랑花郎 선발. 진흥왕 죽음. 25대 진지왕 즉위.

577. 백제군의 침입을 일선군 북쪽에서 격파. 내리서성 축성.

579. 진지왕 죽음. 26대 진평왕 즉위. 〈천사옥대〉 제작.

581. 위화부 설치.

583. 군단 서당 설치.

584. 연호를 건복으로 고침.

585. 대궁·사량궁·양궁 3궁에 사신私臣을 둠.

586. 예부 설치.

591. 남산성 축성.

593. 명활성 수축. 서형성 축성.

599. 예산 수덕사 창건.

602. 백제군의 모산성 침공을 격퇴.

603. 고구려군의 북한산성 침공을 격퇴.

604. 남천주를 폐하고 북한산주 설치. 군단 군사당 설치.

605. 백제의 동부 공격. 군단 급당 설치.

611. 백제군에 가잠성 상실.

613. 서당을 녹금서당으로 바꿈.

614. 사벌주 폐하고 일선주 설치.

616. 백제군, 모산성 공격.

618. 백제로부터 가잠성 탈환.

624. 백제군에 속함성 등 6성 상실.

625. 고구려가 조공길을 막는다고 당에 호소.

626. 백제군, 주의성 공격. 고허성 축성.

627. 백제군에 서북 방면 2성 상실. 당에 사신을 보내 백제의 침공 호소.

628. 백제군, 가잠성 공격.

631. 칠숙·석품, 모반하다 주살.

632. 진평왕 죽음. 27대 선덕여왕 즉위. 담수, 가요 〈날인현〉 지음.

633. 백제군에 서곡성 상실.

634. 연호를 인평으로 고침. 경주 분황사 완공.

636. 독산성에 침입한 백제군 격파.

638. 칠중성에 침입한 고구려군 격파.

639. 하슬라주를 북소경으로 함.

640. 귀족 자제를 당에 유학 보냄.

642. 백제 의자왕에 서방의 미후성 등 40여 성 상실. 당에 이 사실을 알림. 백제군에 대야성 상실. 김춘추, 고구려에 지원 요청.

643. 당에 사신을 보내어 원병 요청. 자장, 당에서 돌아와 대국통이 됨. 백제·고구려 연합군에 당항성 상실.

645. 김유신, 매리포성에 침입한 백제군 격파. 당의 고구려 공략에 3만 군사 지원. 백제군에 7성 상실.

646. 〈황룡사 구층탑〉 완성. 자장, 양산 통도사 창건하고 계율종 개창.

647. 비담·염종 등 처형. 경주 〈첨성대〉 완성. 선덕여왕 죽음. 28대 진덕여왕 즉위. 연호를 태화로 고침. 백제군, 무산·감물·동장 3성 공격. 김유신, 백제의 침입 격퇴.

648. 백제군에 서쪽 변방의 요거성 등 10성 상실. 김유신, 옥문곡에서 백

제군 격파.

649. 당의 복식 착용. 백제군에 석토 등 7성 상실. 김유신, 백제의 침입 격퇴.

650. 김춘추, 장남 김법민을 당에 보내 왕이 지은 태평송을 바치게 함. 당의 연호 사용.

651. 하정례賀正禮 거행. 김춘추, 차남 김인문을 당에 머물게 함.

654. 진덕여왕 죽음. 29대 태종무열왕(김춘추) 즉위. 〈이방부격〉 60여 조 제정. 군주軍主를 총관摠管으로 고침.

655. 고구려·백제·말갈 연합군에 북부 33성 상실. 무열왕, 당에 구원 요청.

656. 김인문, 당에서 돌아옴. 장산성 축성.

658. 실직정을 폐하고 하서정 설치.

659. 백제군, 독산성·동잠성 공격. 당에 백제 정벌을 위한 군사 요청. 사정부司正府 설치.

660. 김유신 등 신라군 5만과 소정방의 당군 13만, 연합해 백제 총공격. 백제를 멸망시킴. 당군, 웅진에 주둔. 고구려군, 신라의 칠중성 공격.

661. 고구려군과 말갈군의 북한산성 공격을 격퇴. 태종무열왕 죽음. 30대 문무왕(김법민) 즉위. 원효, 분황사에서 법성종 개창. 의상, 당에 감.

662. 탐라, 신라에 항복.

663. 백제의 거열성·거홀성 등 탈취. 당군과 연합하여 백제·왜 연합군을 백강구전투에서 격파. 당, 신라를 계림도독부로 하고 신라왕을 계림주대도독으로 삼음.

664. 김유신에 궤장 하사. 부인들도 당의 복식 착용. 당의 음악을 배움. 재산과 토지를 사찰에 마음대로 시주하는 것을 금지시킴.

665. 문무왕·유인원·부여융, 웅진 취리산에서 회맹.

666. 당에 고구려 정벌을 요청.

667. 문무왕, 김유신 등 장수 30여 명을 이끌고 고구려 정벌 출정.

668. 나당연합군, 고구려 수도 평양성 포위 공격하여 함락. 고구려를 멸

망시킴. 선조묘에 3국 통합을 고함. 당군, 평양에 주둔.

670. 말갈군의 북쪽 변경 침입을 격퇴. 옛 백제의 82성을 탈취. 투항한
고구려 왕족 안승을 고구려왕에 봉하고 금마저에 둠. 의상, 당에서 귀
국. [왜, 국호를 일본으로 고침].

671. 죽지 등, 석성에서 당군 격파. 당의 군선 70여 척 격파.

672. 당의 4만 군사 평양에 주둔. 신라군, 평양 전투에서 당군에 패배.
백제 사비 지역을 장악하고 소부리주 설치. 한산주에 주장성 축성.

673. 고구려 유민, 당군에 패배. 김유신 죽음. 사열산성 축성. 당군, 말갈·
거란을 이끌고 침입했으나 호로강·왕봉강에서 격퇴.

674. 당의 역술을 배워 신역법 사용. 당, 신라왕의 관작 삭탈. 당군, 신라
공격. 안승을 보덕왕에 봉함.

675. 당, 신라왕의 관작 회복시킴. 신라군, 매초성 일대에서 20만 당군
격파. 안북하에 관성 설치하고 철관성 축성. 신라군, 당의 설인귀·이
근행의 군사와 18번 싸워 모두 승리.

7. 통일신라

676. 당, 안동도호부를 요동 요양, 웅진도독부를 건안 고성으로 철수. 신라군, 당군과 기벌포 등에서 22번 전투. 신라, 대동강 이남에서 당군 완전 축출. 신라, 삼국통일 완성. 의상, 태백산에 부석사 창건하고 화엄종 개창.

677. 낭당을 자금서당으로 개편.

679. 궁궐 보수. 탐라를 다스림. 경주에 사천왕사·망덕사 창건.

680. 가야군에 금관소경 설치.

681. 문무왕 죽음. 31대 신문왕 즉위. 김흠돌 등, 모반하다 주살.

682. 국학國學 창설. 경주 감은사 창건.

683. 보덕왕 안승을 소판으로 삼고 김씨 성을 주어 수도에 머물게 함. 고구려 유민으로 황금서당 편성.

684. 안승의 아들 대문, 금마저에서 모반하다 처형. 금마저, 금마군으로 강등.

685. 서원소경·남원소경 설치. 완산주·청주 설치. 경주 봉성사 창건. 시위부의 감을 폐지하고 장군 6인을 둠.

686. 구 백제 영토에 주·군 설치. 원효 죽음. 당, 고구려 보장왕의 손자 고보원을 조선군왕, 백제 의자왕의 증손자 부여경을 대방군왕에 책봉.

687. 사벌주 재설치. 문무 관리에게 녹읍제 대신 관료전 지급. 전국 9주 5소경으로 편성 완료. 백제 유민으로 청금서당 편성. 9서당 편성 완료.

689. 서원경 축성.

691. 남원성 축성.

692. 좌우리방부를 좌우의방부로 개칭. 신문왕 죽음. 32대 효소왕 즉위. 의학박사 2인, 율령전에 박사 6인을 둠. 설총, 이두 정리. 설총, 설화 〈화왕계〉 지음.

693. 장창당을 비금서당으로 개칭.

694. 김인문 당에서 죽음. 송악·우잠에 축성.

695. 서시전·남시전 설치.

699. 당, 안동도호부를 안동도독부로 개편하고 보장왕의 아들 고덕무를 도독으로 삼음.

700. 이찬 경영, 모반하다 처형. 불국사 석가탑 〈무구정광대다라니경〉 목판 인쇄.

702. 효소왕 죽음. 33대 성덕왕 즉위.

704. 김대문, 〈고승전〉〈화랑세기〉 지음.

711. 성덕왕, 〈백관잠百官箴〉을 지어 군신에게 보임.

713. 전사서를 예부에 귀속시킴.

717. 김수충, 당에서 돌아와 〈공자·10철·72제자도〉 바침.

718. 누각 제작하고 누각전 박사 배치. 한산주에 여러 성 축성.

719. 김지성, 경주 감산사 창건.

720. 〈황룡사 구층탑〉 중수.

722. 백성에게 정전丁田 지급. 모벌군성을 쌓아 일본에 대비.

723. 삼법, 하동 쌍계사 창건. 혜초, 인도 순례.

724. 자장, 평창 상원사 창건.

725. 정명, 무안 법천사 창건. 〈상원사종〉 주조.

727. 혜초, 기행문 〈왕오천축국전〉 지음.

731. 일본 병선 3백 척의 동쪽 해안 침입을 격퇴.

732. 〈임신서기석壬申誓記石〉 제작.

735. 당, 신라의 패강 이남 영유 인정.

736. 평양과 우두주의 지세를 살펴봄.

737. 성덕왕 죽음. 34대 효성왕 즉위.

740. 영종, 모반하다 주살.

742. 효성왕 죽음. 35대 경덕왕 즉위. 일본 사신의 입국 거절.

745. 소년감전 설치.

746. 내사정전 설치

747. 집사성 중시를 시중, 전대등을 시랑으로 개칭. 국학에 제업박사와 조교 배치.

748. 정찰 1인을 배치하여 백관을 감시케 함. 변경에 14군현 설치.

749. 천문박사·누각박사 각 1인씩 둠.

751. 김대성, 〈불국사〉〈석굴암〉 창건.

754. 〈황룡사 대종〉 주조.

755. 분황사 〈약사여래좌상〉 주조.

757. 관리의 월봉 폐지하고 녹읍을 줌. 전국 9주의 명칭 개칭.

758. 율령박사 2인을 둠.

759. 국학을 대학감으로 개칭. 중앙 관직 명칭을 당의 형식으로 개정.

762. 오곡·휴암·장새·한성·지성·덕곡 6성을 쌓고 태수 배치.

765. 국학에 사史 2인 추가 배치. 충담사, 향가 〈찬기파랑가〉〈안민가〉 지음. 경덕왕 죽음. 36대 혜공왕 즉위.

766. 진표, 금산사 중창하고 금당에 〈미륵장륙상〉 조성.

768. 당인 고음, 견문기 〈신라국기〉 저술. 대공·대렴, 모반하다 주살.

770. 김융, 모반하다 주살.

771. 〈성덕대왕신종〉(봉덕사종, 에밀레종) 주조.

775. 김은거, 모반하다 주살. 염상·정문, 모반하다 주살.

776. 관직의 명칭을 당 형식에서 원래대로 환원.

780. 김지정, 모반하여 혜공왕을 죽임. 김양상, 김지정을 죽이고 즉위(37대 선덕왕).

781. 선덕왕, 관리를 파견하여 패강 이남 지방을 안무.

782. 선덕왕, 한산주 순행하고 백성을 패강진에 이주케 함.

783. 사직단을 세우고 예전禮典을 수정.

785. 선덕왕 죽음. 38대 원성왕 즉위. 총관을 도독으로 개칭. 승려를 선발하여 정법전에 배치.

787. 혜초, 당 오대산에서 입적.

788. 〈독서삼품과〉 설치.

790. 전주 등 7주의 주민 동원하여 벽골제 증축.

791. 제공 등, 모반하다 주살.

794. 연회국사, 서울 견성사(봉은사) 창건.

798. 원성왕 죽음. 39대 소성왕 즉위.

800. 소성왕 죽음. 40대 애장왕 즉위. 숙부 김언승 섭정이 됨.

801. 5묘의 제도 개정.

802. 순응·이정, 합천 가야산 해인사 창건.

803. 일본과 수교.

804. 일본, 황금 3백 냥을 바침.

805. 〈공식公式 20여 조〉 반포.

806. 불교 사찰의 새로운 창건을 금지하고 보수만 허용.

808. 12도에 관리를 보내 군읍의 경계 설정.

809. 김언승, 동생 김제옹과 애장왕 죽임. 김언승 즉위(41대 헌덕왕).

810. 각 지방의 제방 수리.

815. 서부 지역 기근. 민란 일어남.

817. 흉년으로 굶어죽는 자 발생하여 비축 곡식 방출.

819. 전국 각지에서 민란 일어남. 당의 요청에 3만 군사 지원.

821. 기근으로 자녀를 팔아 생계를 유지하는 백성 생김.

822. 김헌창, 반란 일으켰으나 실패하고 자살.

825. 김헌창의 아들 김범문, 반란을 일으켰으나 잡혀 죽음.

826. 패강에 장성 3백여 리 축성. 헌덕왕 죽음. 42대 흥덕왕 즉위.

828. 장보고, 청해진 설치. 김대렴, 당에서 차의 종자를 가져와 지리산에 심음.

829. 집사부를 집사성으로 개편.

832. 기근으로 각지에서 민란 발생.

834. 백성의 풍속을 경계함. 백관의 복식제도 제정.

836. 흥덕왕 죽음. 김균정·김제륭 왕위 다툼. 김제륭, 김균정을 죽이고 즉위(43대 희강왕).

838. 김명·이홍 등 반란. 희강왕 자살. 김명 즉위(44대 민애왕). 김양, 김균정의 아들 김우징을 추대하고 청해진에서 장보고의 군사로 반란. 김양, 무주성 점령.

839. 김우징·김양, 왕군 격파. 민애왕 피살. 김우징 즉위(45대 신무왕). 신무왕 죽음. 46대 문성왕 즉위.

845. 장보고, 딸을 왕비로 삼으려 했으나 대신들 반대로 실패.

846. 장보고, 반란 일으킴. 장보고, 문성왕의 자객 염장에게 피살.

847. 양순·흥종, 모반하다 주살.

849. 김식·대흔, 모반하다 주살.

851. 청해진을 폐기하고 주민을 벽골군으로 이주시킴.

855. 관리를 파견하여 서남지방 안무.

857. 문성왕 죽음. 47대 헌안왕 즉위.

859. 제방을 수리하고 농업 장려.

861. 헌안왕 죽음. 48대 경문왕 즉위.

864. 일본 사신 내조.

865. 도선국사, 철원 도피안사 창건 및 〈철조비로자나불좌상〉〈삼층석탑〉 조성.

866. 윤흥 3형제, 모반하다 주살.

867. 체징, 순천 송광사 건립.

868. 김예·김현 등, 모반하다 주살. 〈황룡사 구층탑〉에 벼락.

873. 봄 기근과 질병을 구제. 〈황룡사 구층탑〉 재건.

874. 근종, 반란을 일으키다 주살. 최치원, 당에서 과거 급제.

875. 경문왕 죽음. 49대 헌강왕 즉위.

879. 〈처용무〉 나타남. 신홍, 모반하다 주살.

880. 헌강왕, 월상루에 올라 도읍을 바라봄. 사벌주에 민란.

881. 헌강왕, 임해전에서 연회를 베품.

885. 최치원, 당에서 돌아옴.

886. 헌강왕 죽음. 50대 정강왕 즉위. 최치원, 〈계원필경〉을 바침.

887. 김요, 모반하다 주살. 정강왕 죽음. 51대 진성여왕 즉위.

888. 위홍·대구화상, 향가집 〈삼대목〉 편찬.

889. 지방 공물 부족으로 국가재정 궁핍. 원종·애노, 사벌주에서 봉기.

894. 최치원, 〈시무 10조〉 올림.

896. 서남 지방에 적고적 일어남.

897. 진성여왕 선위. 52대 효공왕 즉위. 진성여왕 죽음.

898. 도선 죽음.

899. 최치원, 가야산 해인사로 은퇴.

907. 후백제에 일선군 이남 10성 상실.

912. 효공왕 죽음. 53대 신덕왕 즉위.

917. 신덕왕 죽음. 54대 경명왕 즉위.

918. 현승, 모반하다 주살.

920. 고려에 사신을 보내 조빙. 강주 장군 윤웅, 고려에 투항.

922. 고려에 사신을 보내 조빙. 명주 장군 순식, 고려에 투항.

923. 벽진군 장군 양문, 고려에 투항. 진보성주 홍술, 고려에 투항.

924. 경명왕 죽음. 55대 경애왕 즉위.

925. 매조성 장군 능현, 고려에 투항. 고울부 장군 능문, 고려에 투항. 후백제에 20여 성 상실.

927. 후백제의 견훤, 금성을 점령. 경애왕 자살. 56대 경순왕 즉위.

931. 경순왕, 금성에서 왕건 만남.

935. 11. 경순왕, 고려에 투항. 신라 멸망.

8. 발해

696. 대조영大祚榮, 천문령 전투에서 당군에 승리.

698. 대조영, 동모산 동북쪽 상경에 도읍을 정하고 진국 건국. 연호 천통.

713. 국호를 발해渤海로 바꿈. 동 동해, 서 거란, 남 이하를 경계로 함. 사방 5천 리에 10여만 호. 돌궐과 수교. 말갈이 귀부해 옴.

719. 대조영 죽음(고왕). 2대 무왕 즉위. 연호 인안.

726. 무왕의 동생 대문예, 흑수말갈 정벌 중 당으로 도주. 대일하, 흑수말갈과 당 격파.

727. 일본에 첫 사신 보냄.

728. 일본과 교역 시작.

732. 장문휴, 당의 등주 공격.

733. 당·신라, 연합하여 발해 공격.

737. 무왕 죽음. 3대 문왕 즉위. 연호 대흥.

738. 당에서 〈한서〉〈삼국지〉〈진서〉〈36춘추〉〈당례〉 등 구입.

756. 상경용천부로 천도.

758. 일본에 〈국서〉 보냄.

776. 사도몽 등 187명, 일본에 사신으로 감.

786. 동경용천부로 천도.

790. 신라에서 사신 보냄.

793. 문왕 죽음. 4대 대원의 즉위 후에 피살. 5대 성왕 즉위. 연호 중흥. 상경용천부로 다시 천도.

794. 성왕 죽음. 6대 강왕 즉위. 연호 정력.

809. 강왕 죽음. 7대 정왕 즉위. 연호 영덕.

813. 정왕 죽음. 8대 희왕 즉위. 연호 주작.

817. 희왕 죽음. 9대 간왕 즉위. 연호 태시.

818. 간왕 죽음. 10대 선왕 즉위. 연호 건흥.

819. 해북海北 제군을 토벌하여 영토 확장. 해동성국海東盛國이라 불림.

830. 선왕 죽음. 11대 대이진 즉위. 연호 함화.

832. 좌우신책군 및 120사를 둠.

858. 대이진 죽음. 12대 대건황 즉위.

870. 대건황 죽음. 13대 경왕 즉위.

901. 경왕 죽음. 14대 애왕 즉위.

919. 거란, 요양 고성을 쌓고 발해 사람을 이주시킴.

924. 거란, 요동 공격.

925. 거란, 부여성 공격.

926. 거란, 부여성 점령. 거란, 상경용천부 홀한성 점령. 발해 멸망. 거란, 발해를 동단국東丹國이라 하고 홀한성을 천복성이라 개칭.

934. 7. 세자 대광현, 수만 명을 이끌고 고려에 투항.

9. 후백제

892. 견훤甄萱, 완산에서 봉기하여 무진주 점령.

900. 견훤, 완산에 도읍을 정하고 후백제後百濟 건국. 각 관직 설치.

901. 신라의 대야성 공격했으나 실패.

907. 신라 일선군 이남의 10여 성을 탈취.

910. 견훤, 금성을 포위했으나 왕건에 패퇴.

912. 덕진포에서 궁예의 군대와 전투.

916. 신라 대야성을 공격했으나 실패.

918. 고려에 사신 파견하여 왕건의 즉위 하례. 고려의 웅주·운주 등 10 여 군, 후백제에 귀부.

920. 고려에 사신 파견. 신라 진례군 공략했으나 고려의 지원으로 실패.

924. 고려의 조물군을 공략했으나 실패.

925. 견훤, 조물군에서 왕건과 전투. 신라의 20여 성 탈취.

926. 고려에 보낸 인질이 죽자 고려의 인질 죽이고 고려 공격.

927. 견훤, 신라 금성 침입. 견훤, 경애왕을 죽이고 경순왕을 세움. 견훤, 공산동수에서 왕건 대파.

928. 신라 강주를 공격 탈취. 고려 부곡성을 공격 탈취.

929. 고려의 의성부 공략. 고려의 고창군 공략했으나 실패.

930. 견훤, 고창군에서 왕건에 패배.

932. 장군 공직, 고려에 투항.

934. 운주에서 고려군에 패배. 웅진 이북 30여 성, 고려에 투항.

935. 신검, 부왕 견훤을 금산사에 유폐. 신검, 동생 금강을 죽이고 왕위에 오름. 견훤, 탈출하여 고려에 투항.

936. 견훤의 사위 박영규, 고려에 투항. 신검, 일리천에서 고려에 패하고 항복. 후백제 멸망. 견훤 죽음.

10. 후고구려

891. 궁예弓裔, 양길의 휘하로 들어감.
894. 궁예, 명주 하슬라에서 장군을 칭함.
895. 궁예, 철원 등 10여 군을 점령하고 철원에 도읍. 송악 왕륭의 아들 왕건을 철원군 태수로 삼음.
896. 왕륭, 궁예에 귀부. 궁예, 왕륭을 금성 태수로 삼음. 궁예, 발어참성 을 쌓고 왕건을 성주로 삼음.
897. 궁예, 양길을 격파.
898. 궁예, 송악군으로 도읍을 옮김. 궁예, 팔관회 거행.
899. 북원의 양길, 궁예를 공격하다 대패하여 궤멸됨.
900. 국원·청주·괴양 등, 궁예에 투항.
901. 궁예, 왕을 칭하고 후고구려後高句麗 건국. 연호 마진.
903. 왕건, 금성 등 10여 성을 탈취. 금성을 나주로 개명.
904. 궁예, 국호를 마진으로 바꿈. 연호 무태. 백관 설치. 신라 공주 장군 홍기 투항. 신라 패강도의 10여 읍 투항.
905. 철원으로 재천도. 연호 성책. 궁실 수리. 영토가 죽령 동북쪽에 이 름. 평양 성주 검용 투항.
906. 왕건, 상주 사화진에서 견훤과 싸워 승리.
909. 궁예, 왕건을 나주에 보냄. 진도 점령. 고이도 투항.
910. 왕건, 나주에서 견훤 군사를 격파.
911. 국호를 태봉泰封으로 개명. 연호 수덕만세. 궁예, 미륵불을 자칭.
913. 왕건, 파진찬 겸 시중이 되었으나 화가 두려워 외직을 구함.
914. 궁예, 왕건을 백선장군으로 삼아 나주에 출정. 연호 정개.
915. 궁예, 자신의 비행을 말하는 부인 강씨와 두 아들을 죽임.
918. 궁예, 도망 중 피살. 후고구려 소멸.

11. 고려

918. 6. 왕건王建, 홍유·배현경·신숭겸·복지겸 등의 추대로 왕에 오름. 고려高麗 건국.

919. 1. 태조 왕건, 철원에서 송악군으로 천도하고 개주라 개칭. 3. 도성에 법왕사 등 10개 사찰 건설. 10. 평양에 축성.

920. 1. 신라와 수교. 3. 북방 골암진에 축성. 6. 윤질, 후량에서 돌아와 〈오백나한화상〉을 바침. 9. 후백제의 사신이 옴.

921. 2. 흑수말갈의 고자라 투항. 달고적을 등주에서 대파.

922. 11. 태조, 서경(평양)을 순시하고 관부 설치.

923. 4. 유금필이 북방을 순시하니 1천 5백 인이 귀부.

925. 10. 유금필, 후백제의 연산진·임존군 탈취. 발해 장군 신덕 등 5백여 명 투항.

926. 4. 후백제군이 침공. 12. 태조, 서경에 행차.

927. 1. 후백제의 용주 점령. 7. 후백제의 대량성 점령. 9. 태조, 신라를 지원했으나 공산동수에서 견훤에 대패.

928. 8. 발해인 은계종 등 투항. 11. 태조, 북계 순행하고 통덕진 축성.

930. 1. 고창에서 견훤군 대파. 8. 천안부 설치. 마산에 축성. 울릉도에서 공물을 바침. 12. 서경에 학교 건설.

931. 2. 태조, 신라의 금성 방문. 11. 태조, 서경 순시. 안북부와 강덕진 설치.

932. 6. 신라의 일모산성 정벌. 9. 후백제군, 예성강 일대 침공. 11. 최응 죽음.

933. 5. 유금필, 후백제 신검과 싸워 승리.

934. 5. 운주에서 견훤군 대파. 후백제의 웅진 이북 30여 성 투항. 7. 발해의 세자 대광현 투항.

935. 4. 유금필, 나주에서 후백제군 격파. 6. 견훤 투항. 11. 신라의 경순

왕 투항. 경순왕을 정승 겸 사심관으로 삼고 경주를 식읍으로 함. 기인
其人제도 시행.

936. 9. 후백제의 신검 격파. 태조, 전국 통일. 태조, 〈정계〉 1권과 〈계백
료서〉 8편을 만들어 반포.

938. 7. 후진의 연호 사용. 서경에 나성 축성.

940. 3. 경주를 대도독부로 함. 주·부·군·현의 이름 개정. 7. 역분전제
제정.

942. 10. 거란 사신이 낙타 50마리를 가지고 왔으나 사신을 유배하고 낙
타를 굶겨 죽임.

943. 4. 태조, 〈훈요 10조〉 남김. 5. 태조 죽음. 2대 혜종 즉위.

945. 9. 왕규, 박술희를 죽임. 왕규 처형. 혜종 죽음. 3대 정종 즉위.

946. 1. 불명경보·광학보를 설치하고 쌀 7만 석을 대사찰에 보냄.

947. 9. 서북지방 개척. 30만 군사로 광군사 설치하여 거란에 대비.

949. 3. 서경에 왕궁 건설. 정종 죽음. 4대 광종 즉위. 8. 주·현의 세공액
稅貢額을 정함.

950. 연호 광덕. 장청진·위화진에 축성.

951. 개성에 봉은사를 창건하고 태조의 원당으로 함.

952. 북방 안삭진에 축성.

956. 〈노비안검법〉 시행.

958. 5. 쌍기의 건의로 〈과거제〉 시행.

960. 3. 백관의 공복 제정. 개경을 황도皇都, 서경을 서도西都라 함. 연호
준풍.

961. 과거 실시(고시 과목 : 시·부·의·복).

963. 7. 개풍 귀법사 창건. 제위보 설치. 12. 송의 연호 건덕 사용.

968. 장단 홍화사 및 개성 유암사·삼귀사 창건. 혜거를 국사, 탄문을 왕
사로 삼음. 위화진에 축성.

969. 영삭진·장평진에 축성.

973. 12. 공사 진전陳田의 개간 경작에 관한 수조법收租法 제정.

975. 5. 광종 죽음. 5대 경종 즉위.

976. 2. 문무 양반의 묘지제도 제정. 11. 직관·산관 각 품의 전시과 시행.

977. 3. 경종, 진사 친시 시행. 개국공신과 향의귀순성주 등에 훈전 급여. 공음전시功蔭田柴 시행.

980. 6. 왕승, 모반하다 주살.

981. 7. 경종 죽음. 6대 성종 즉위. 11. 팔관회의 잡기 폐지.

982. 3. 중앙관제 개혁. 6. 최승로, 〈시무 28조〉 올림. 10. 주·부·현의 자제를 선발하여 황도에서 공부하게 함.

983. 1. 성종, 환구단에서 풍년을 빌고 적전籍田 경작. 2. 전국에 12목 설치. 3. 백관의 명호 개정. 5. 3성·6조·7시 제정. 6. 각지의 관과 역에 공수전·지전·장전 등 공해전시 제정. 12. 진사 복시제 시행.

984. 5. 압록강 언덕에 성을 쌓고 여진에 대비. 군인의 복색 제정.

986. 7. 전국의 흑창을 의창으로 개편. 8. 12목에 처자 동반 부임 허용.

987. 3. 12목에 경학박사·의학박사 각 1인 배치. 6. 주·군의 병기를 거두어 농기구 제작. 개경의 오부방리 설정. 7. 〈노비환천법〉 제정. 10. 양경의 팔관회 파함. 11. 경주를 동경東京이라 하고 유수 배치.

988. 11. 오묘五廟 지정.

989. 3. 동북면·서북면에 병마사 배치.

990. 5. 5도의 효자와 절부에 포상. 7. 서경에 관청의 분소를 둠. 10. 좌·우 군영 설치. 12. 서경에 수서원 설치.

991. 윤2. 사직단 건설. 10. 중추원 설치. 압록강 밖의 여진을 백두산으로 이주케 함.

992. 11. 조운선의 운송가 및 공전의 수조 제정. 12. 국자감 창설. 태묘 낙성.

993. 2. 개경·서경·12목에 상평창 설치. 8. 주부군현 역의 공수시지公須柴地를 정함. 윤10. 거란, 제 1차 침입. 대도수의 고려군, 안융진에서 거란군 격파. 서희, 거란 진영에서 소손녕과 담판하여 화약을 맺음.

994. 2. 거란의 연호 사용. 6. 송의 거란 징벌 지원 요청 거절. 송과 단교.

서희, 여진 격퇴. 장흥진·귀화진 설치. 곽주성·구주성 축성. 압록강 도구당鴨綠江渡句當 설치.

995. 5. 문산계文散階·무산계武散階 제정. 7. 개주를 개성부로 변경. 전국을 10도·128주·449현·7진으로 구획. 내서성을 비서성으로 개칭.

996. 4. 금속화폐 철전鐵錢 주조 통용. 7. 서희, 성주·맹주에 축성.

997. 10. 성종 죽음. 7대 목종 즉위.

998. 7. 서경을 호경鎬京이라 개칭. 12. 문무백관·군인의 전시과 개정.

1002. 5. 개경에 6위의 군영을 설치하고 군사 훈련.

1003. 덕주·희주·위화·광화에 축성 및 보수.

1004. 3. 과거법 개정.

1005. 1. 동여진의 등주 침입을 격퇴. 3. 지방 관직 일부 개정.

1007. 흥화진·익령현·울진현에 축성.

1009. 2. 강조, 목종을 폐함(강조의 정변). 대량원군 즉위(8대 현종). 강조, 김치양을 죽임. 강조, 목종을 죽임.

1010. 10. 강조, 30만 군사로 거란에 대비. 11. 거란, 40만 군사로 2차 침입. 강조, 거란에 잡혀 죽음. 현종, 남쪽으로 피신. 12. 강감찬, 항전 주장.

1011. 1. 거란군, 개경에 침입하여 파괴 약탈. 김숙흥, 귀주에서 거란군 격파. 양규, 세 차례 거란군 격파하고 전사. 김숙흥 전사. 거란군, 압록강 건너 퇴각. 2. 현종, 개경 수창궁으로 환궁.

1012. 1. 12주의 절도사를 폐하고 5도호 및 75목 안무사 배치. 동여진의 침입을 격퇴.

1013. 5. 여진·거란의 압록강 도강을 저지. 7. 거란군, 청천강 이북의 흥화 등 6성 요구. 11. 문무양반 및 왕족 소유 30결 이상의 토지에 대한 세액 결정.

1014. 10. 거란군의 흥화진 침입을 격퇴. 11. 김훈·최질 등 무신들의 청원 허가. 어사대 폐지하고 금오대 설치. 삼사 폐지하고 도정서 설치. 무관으로 상참관 이상인 자는 문관 겸직 허용.

1015. 1. 거란군의 흥화진·통주 침입을 격퇴. 3. 김훈·최질 등 무신 19명 처형. 7. 금오대 폐지하고 사헌대 설치. 9. 거란의 통주·흥화진 침입을 격퇴. 거란의 여주성 침입을 격퇴.

1016. 1. 거란, 곽주 침입 노략질. 0. 선주·철주에 축성.

1017. 1. 가옥을 절로 만들거나 부녀자가 여승이 되는 것을 금함. 5. 거란의 흥화진 공격을 격퇴. 0. 안의진 축성.

1018. 1. 각 도의 안무사를 폐지하고 4도호·8목·56지주군사·28진장·20현령을 둠. 9. 소배압의 10만 거란군, 3차 침입. 강감찬, 흥화진에서 거란군 대파. 강민첨, 자주에서 거란군 대파. 0. 북한산성 증축.

1019. 1. 거란군, 신은현에서 회군. 2. 강감찬의 고려군, 철수하는 거란군을 귀주에서 포위 격멸(귀주대첩).

1020. 최치원을 문묘文廟에 모심.

1021. 7. 사원에서 술 제조 금지. 10. 범죄한 아들의 공음전은 손자에게 지급.

1022. 1. 설총을 문묘에 모심.

1023. 윤9. 의창의 수렴법收斂法을 제정하여 전조田租 징수.

1024. 7. 서역 대식국인 1백 명이 토산물을 바침. 12. 개경을 확장하여 5부·35방·314리로 편성. 아들 없이 죽은 군인의 처에 구분전口分田 지급.

1025. 9. 대식국인 1백 명이 토산물을 바침. 〈목감양마법〉 제정.

1028. 7. 서여진의 니오블·두루개 등 2백여 명이 공물을 바침.

1029. 8. 개경에 나성羅城 축성. 11. 동여진의 구두 등 내조. 위원진·정융진 설치.

1030. 2. 인주에 축성. 4. 철리국이 공물을 바침. 5. 동여진이 공물을 바침. 9. 영덕진 축성. 10. 거란인·발해인 5백여 명 투항.

1031. 5. 현종 죽음. 9대 덕종 즉위. 윤10. 국자감시 신설.

1033. 1. 철리국이 공물을 바침. 3. 해적의 침입 격퇴. 8. 북방에 천리장성 축조 개시(~1044).

1034. 1. 동여진이 수차례 조공. 4. 양반·군한인의 전시과 개정. 명주성 축성. 9. 덕종 죽음. 10대 정종 즉위.

1035. 9. 서북 경계 송령에 장성 축성. 창주성 축성.

1036. 2. 모든 관리에게 녹패 제공. 4. 동여진 내조. 5. 아들 4명 중 1명이 승려가 되는 것을 허용.

1038. 8. 동북여진·서북여진 내조. 송의 상인이 토산물을 바침.

1039. 5. 일본인 26명 귀순. 윤12. 〈천자수모법賤者隨母法〉 제정.

1040. 2. 도량형 통일. 10. 박원작, 〈수질구궁노繡質九弓弩〉 제작. 11. 대식 국인 상인이 토산물을 바침.

1041. 4. 북계의 영주 등 33주와 동계의 고주·화주 등의 세적稅籍 폐기. 8. 동여진인 50명 내조. 9. 영원·평로에 축성.

1042. 1. 서북면 호구조사. 0. 국자감 학생 중 나이 많고 재간 없는 자를 광군光軍에 보충.

1043. 4. 여진인 495명 내조. 용봉문 및 금박 비단의 착용금지. 여진인 80여 명 내조. 영삭진·수덕진 축성.

1044. 11. 장주·정주·원흥진에 성을 쌓음으로 천리장성 완성. 공사公私 대곡 채무자가 죽으면 징수 중단.

1045. 4. 5역·5적·불충·불효·향·부곡·악공·잡류의 자손은 과거 응시 불허. 10. 비수의 휴대를 금지.

1046. 1. 백성의 〈입사법立嗣法〉 제정. 4. 정종 죽음. 11대 문종 즉위. 6. 동남 해안에 성보와 농장을 쌓아 해적에 대비.

1047. 1. 주·부·군·현의 윤경회輪經會를 금지시킴. 2. 6·7품으로 자손 없는 자의 처에 구분전 지급.

1049. 5. 5품 이상 관리의 〈공음전시법〉 제정.

1050. 3. 영삭진에 축성. 9. 열산현에 침입한 해적을 추자도에서 대파. 11. 〈손재면역법〉 제정.

1051. 4. 억류했던 동여진인 77인을 돌려보냄. 9. 동북면·서북면 여진의 침입을 격퇴. 10. 특수군단 유음기광군有蔭奇光軍 설치. 12. 지방 관리

의 전형과 임명 절차를 정함.

1052. 2. 사직단 신설.

1053. 2. 탐라국이 공물을 바침.

1056. 7. 동여진 20여 둔락 격파. 9. 승려들의 폐단 엄금.

1057. 고구려·백제·신라 능묘 주위에서 경작 금지.

1058. 15세 이상 60세 이하로 사면기광군四面奇光軍 편성.

1059. 3. 서북면에 양전을 실시하여 민전民田을 산정. 8. 아들 3명 중 1명이 승려가 되는 것을 허용.

1061. 12. 내사문하성을 중서문하성으로 개편. 동서계 방술군의 징발수 결정.

1062. 3. 개성부 재설치. 개성부가 도성 소관 11현 및 우봉군 관할. 호경을 다시 서경으로 개칭. 서경에서 경기 4도 관리.

1064. 2. 안찰사를 도부서로 개편.

1066. 4. 지방 장관이 권농사勸農使를 겸하게 함.

1067. 1. 개풍 흥왕사 완공. 6. 양주를 남경으로 하고 유수 배치.

1068. 1. 〈양자계호법養子繼戶法〉 제정. 9. 남경에 신궁 건설.

1069. 3. 향리들의 무산계규정 제정. 10. 양전의 등급·규모와 전세 결정.

1070. 11. 경성의 4면에 고수탄철고固守炭鐵庫 설치.

1072. 2. 예복제도 제정. 7. 거신, 모반하다 주살.

1073. 1. 아들 없는 자의 공음전은 사위·조카·양자 순으로 줌. 4. 동서북 장성 밖에 둔전 설치. 9. 동여진 11촌을 귀순주에 소속시킴.

1074. 원흥진·용주·위주에 축성.

1076. 12. 양반 전시과 개정. 관리의 반차 및 녹과 제정.

1078. 7. 〈흥왕사 금탑〉 완성. 12. 송 제도에 따라 치황색·담황색 복색 금지.

1079. 5. 서여진의 평로관 침입 격퇴. 7. 송에서 약재를 보내옴.

1080. 6. 흥왕사 금탑의 외호 석탑 완성. 12. 문정 등, 보병·기병 3만으로 정주성 밖 여진 토벌.

1081. 2. 서여진이 내조.

1082. 5. 동여진이 내조. 8. 송의 상인 입국. 11. 대마도 사신이 토산물을 바침.

1083. 2. 모든 관리에게 녹패 하사. 7. 문종 죽음. 12대 순종 즉위. 10. 순종 죽음. 13대 선종 즉위. 0. 진사 이하의 제업은 3년에 한 번씩 시험 시행.

1085. 4. 선종의 동생 대각국사 의천, 송에 입국. 0. 양산 통도사 인근에 〈국장생석표國長生石標〉 세움.

1086. 6. 의천, 송에서 귀국.

1089. 10. 인예태후, 개풍 국청사 창건.

1092. 11. 〈오복상피식五服相避式〉 제정.

1093. 5. 선종, 개경 홍호사 창건. 7. 연평도에서 송·일본의 해적 나포. 8. 동북 양계의 병영에 군복 지급.

1094. 2. 지방에 감창사監倉使 파견. 5. 선종 죽음. 14대 헌종 즉위.

1095. 7. 이자의, 모반하다 주살. 10. 헌종 양위. 15대 숙종 즉위. 중추원을 추밀원으로 고침.

1096. 6. 공친 간의 혼인 금지. 7. 김위제, 남경으로 천도 주청.

1097. 1. 개경 국청사 완공. 윤2. 전왕 헌종 죽음. 7. 동여진 해적선 10여 척의 진명현 노략질을 격퇴.

1098. 3. 태자부 설치하고 관속 배치.

1099. 4. 주부군현에 둔전 5결 경작 허용. 윤9. 숙종, 천도를 위해 양주의 지형을 살핌.

1101. 2. 외방관리의 읍록은 공수조公須租로 지급. 3. 국자감에 서적포 설치. 6. 은병銀瓶을 화폐로 사용. 9. 남경에 개창도감 설치. 10. 남경에 새 도읍 건설 착수.

1102. 3. 남경의 구획 획정. 10. 평양에 기자箕子 사당 건립. 12. 동전화폐 〈해동통보〉 1만 2천 관 주조하여 통용시킴. 경성 좌우에 주점 및 점포 설치. 서경에 문무반 및 5부 설치.

1103. 8. 고문개·장홍점·이궁제·김자진 등, 모반하다 유배. 주·진의 둔전군 1대에 1결 지급.

1104. 2. 임간, 정주성 밖에서 여진에 패배. 3. 윤관, 여진과 전투 후 맹을 맺고 돌아옴. 8. 숙종, 남경에 행차. 12. 신기군·신보군·항마군으로 별무반 편성.

1105. 10. 숙종 죽음. 16대 예종 즉위. 12. 탐라국을 탐라군으로 함.

1106. 4. 우봉 등 20여 현에 감무관 배치. 8. 각 도 병사에 진법陣法을 교습. 0. 거란 포로 중 기술 있는 자를 중용.

1107. 12. 윤관, 17만 군사로 정주 출발. 윤관, 135개 여진 촌락 격파. 함주·영주·웅주·복주·길주·공험진 등 6성 축성.

1108. 1. 척준경, 여진의 영주성 침입을 격퇴. 2. 척준경, 여진의 웅주성 포위를 격퇴. 3. 윤관, 의주·통태·평융 3성을 쌓음. 함경도 북부의 9성 완성. 5. 여진의 웅주성 공격을 격퇴. 7. 윤관, 여진 재정벌. 토산현 등 41현에 감무 설치. 9. 예종, 남경 행차.

1109. 5. 오연총, 길주에서 여진에 패배. 6. 여진, 9성을 돌려줄 것을 간청. 7. 여진에게 9성을 돌려줌. 국자감에 7재 설치.

1110. 윤8. 예종, 남경 행차.

1111. 8. 전주田主와 전호佃戶 사이의 전수분급률(수조율) 정함.

1112. 혜민국 설치.

1113. 8. 예의상정소 설치.

1114. 6. 송의 황제가 악기와 악보를 보냄.

1115. 1. [여진의 완안아골타, 금 건국].

1116. 5. 중앙과 외직의 관제 개정. 4. 요의 연호 사용을 중지하고 간지만 사용. 11. 궁중에 보문각 설치.

1117. 2. 내원성·의주성 축성. 8. 예종, 남경에 행차.

1118. 윤9. 한안인, 청연각에서 〈노자〉 강론.

1119. 7. 국학에 양현고 설립. 학사를 뽑아 서적을 수집케 하고 역·시·서·경을 강론케 함. 0. 문풍文風 장려.

1122. 4. 예종 죽음. 17대 인종 즉위. 10. 이자겸을 한양공에 책봉.

1126. 2. 김찬 등, 이자겸 제거 실패. 이자겸·척준경, 궁성에 불을 지르고 소란을 일으킴. 5. 이자겸, 변란 시도. 척준경, 이자겸과 결별. 7. 인종, 이자겸을 잡아 유배. 12. 이자겸 병사.

1127. 3. 척준경·최식 등 유배. 인종, 서경에서 〈유신지교 15조〉 반포. 묘청, 왕사가 됨. 10. 이자겸 일파가 빼앗은 땅을 원주인에게 돌려줌.

1128. 2. 서경 궁궐 화재. 11. 서경 신궁 건설 착공.

1129. 2. 서경에 신궁 대화궁 낙성. 묘청 등, 인종을 황제라 칭하고 연호를 세울 것을 요청했으나 거부됨. 8. 서적소 설립.

1131. 2. 유생들에게 노장老莊의 학문을 금함. 5. 백관의 집에 태조의 〈계백료서〉를 보관케 함. 8. 서경 임원에 궁성 쌓고 궁내에 팔성당 건설.

1132. 8. 임원애, 묘청을 죽일 것을 요청. 11. 후손이 없는 자의 노비를 관청에 속하게 함.

1133. 11. 이중·문공유 등, 묘청을 멀리할 것을 상소.

1134. 1. 인종, 묘청을 삼중대통지루각원사에 임명. 5. 임완, 묘청을 죽일 것을 상소. 9. 김부식 등, 왕의 서경 행차 반대.

1135. 1. 묘청 등, 서경에서 반란을 일으키고 대위국 건국. 서북지역, 묘청에 호응. 정지상·김안·백수한 등 처형. 김부식 등, 서경 정벌. 서경의 조광 등, 묘청 등을 죽이고 항복. 조광 등, 다시 반란.

1136. 2. 서경 반란 평정되고 조광 자살. 4. 서경 관리의 수 감축. 경기 4도를 폐하고 6현을 둠.

1140. 4. 〈체례복장제도〉 조정. 6. 공상악인工商樂人의 자손은 공이 있어도 벼슬을 못 하게 함.

1142. 11. 8도에 사신을 파견하여 현지 관리의 능력을 살핌.

1144. 서경 및 동서 주·진 거주 군인은 본관의 잡역 면제.

1146. 2. 인종 죽음. 18대 의종 즉위. 김제 벽골제를 헐어버림.

1147. 11. 서경인 이숙 등, 모반하다 주살. 12. 당고종자매·당질녀·형의 손녀와의 혼인을 금함.

1148. 5. 이심 등, 〈고려지도〉를 송에 전함. 윤8. 이심·지지용 등, 송과 내통죄로 주살.

1149. 8. 5군을 개편하여 3군 편성.

1150. 9. 수주를 안남도호부로 개편.

1151. 보문각에 문첩소 설치.

1152. 3. 중의 자손은 서반·남반의 7품직으로 제한. 4. 간관, 왕에게 격구擊毬 중지를 간함.

1153. 4. 내외 문무 양반에게 산직散職을 더하고 전시田柴를 내림.

1154. 1. 과거법 개정. 6. 금에서 양 2천 마리를 보내옴.

1157. 4. 이궁 수덕궁 및 천녕전 완성. 민가 50여 호를 헐어 태평정 건설. 5. 김유립, 울릉도 조사.

1158. 9. 백주에 별궁 중흥궐 건설.

1159. 11. 목감장에 〈축마료식〉 제정.

1161. 10. 무고사건으로 감음현을 부곡으로 강등시킴.

1162. 5. 이천·동주·선주 등에서 민란.

1168. 11. 탐라 안무사 조동희, 탐라의 민란 평정.

1169. 7. 대간, 왕의 이궁 행차의 빈번함을 논함. 금에서 양 2천 마리를 보내옴.

1170. 8. 정중부·이의방·이고 등, 무신난(경인의 난)을 일으킴. 문신 대학살. 9. 정중부 등, 의종을 거제, 태자를 진도로 추방. 의종의 동생 왕호 즉위(19대 명종). 정중부 등, 환관 다수와 영의·유방의 등 죽임.

1171. 1. 이의방, 한순·이고 등을 죽임. 4. 이의방, 채원을 죽임. 10. 궁궐에 화재.

1172. 2. 연등절 제정. 12. 불정도장을 명인전에서 베풂. 0. 서북면의 창주·성주·철주 등에서 민란.

1173. 8. 김보당, 난을 일으킴(계사의 난). 9. 이의방, 김보당 등과 많은 문신을 죽임. 10. 이의민, 전왕 의종을 경주에서 죽임. 3경·4도호·8목부터 군·현·관·역에 이르기까지 문신 축출하고 무신 임용.

1174. 1. 중광사·홍호사 등의 중 2천 명, 이의방을 죽이려다 실패. 9. 조위총, 서경에서 반란. 서북방 절령 이북의 40여 성이 조위총에 호응. 연주의 현덕수, 조위총에 항거. 12. 정중부의 아들 정균, 이의방을 죽임. 정중부, 문하시중이 됨.

1175. 10. 조위총, 금에 지원 요청했으나 거부됨.

1176. 1. 천민 망이·망소이, 공주 명학소에서 민란 일으킴. 남부 지방에 민란 빈번히 일어남(남적). 2. 장정을 선발하여 남적을 치게 함. 6. 윤인첨, 서경을 점령하고 조위총을 죽임. 9. 남적, 예산 점령. 11. 남적과 내통한다는 구실로 문신 7명 유배.

1177. 1. 망이·망소이 항복. 2. 망이 등, 다시 반란. 3. 망이 등, 공주·아산 점령. 4. 남적, 아주 점령. 5. 조위총의 남은 무리들이 서경에서 다시 반란. 7. 망이·망소이를 잡음. 11. 서경의 조충 항복.

1178. 1. 이의민, 서경 반란군 격파. 10. 서경 반란군 항복.

1179. 4. 서경의 잔여 반란군 궤멸됨. 9. 경대승, 정중부·정균·송유인 등을 죽임. 경대승, 도방 설치.

1180. 1. 경도에 도적이 많이 일어남. 7. 종참 등 승려 7명 유배됨. 12. 경대승, 허승·김광립을 죽임.

1181. 1. 관리의 서용 연한 제정. 4. 이의민, 경주로 돌아감. 9. 범죄자 990여 명 복직시킴.

1182. 3. 죽동 등, 전주에서 난을 일으킴. 4. 전주 반란 평정. 9. 목친전과 여정궁 완성.

1183. 5. 동반 관직 감축. 7. 경대승 죽음. 8. 경대승 일당 섬에 유배.

1184. 1. 동반의 녹을 줄임. 2. 이의민을 불러들임.

1185. 6. 환관 최동수 등, 〈유두음流頭飲〉 시행.

1186. 10. 무관을 내시원 및 다방에 겸직시킴.

1187. 8. 조원정 등, 모반하다 주살. 9. 서북면 순주에 안치되었던 도적 수백 명이 탈출하여 난동.

1188. 3. 양계 병마사와 5도 안찰사로 하여금 민간을 살피게 함.

1190. 1. 경주 지방에 민란. 경주 민란 토벌 실패. 10. 인왕백고좌회 실시. 12. 문하성의 재신을 8인으로 증원.

1191. 8. 외방 역군을 나누어 3번으로 함.

1193. 7. 경상도 운문의 김사미와 초전의 효심, 대규모 민란(남적 봉기). 이의민의 아들 이지순 남적과 내통. 9. 글을 모르는 두경승, 감수국사 監修國史가 됨.

1194. 2. 김사미, 항복을 청했으나 참살됨. 4. 민란 봉기군, 밀성에서 격파됨. 8. 봉기군, 항복을 청함. 12. 효심, 사로잡힘.

1196. 4. 최충헌·최충수 형제, 이의민을 죽이고 삼족을 멸함. 최충헌, 조신을 다수 죽이고 정권 장악. 5. 최충헌, 〈봉사십조〉 올림.

1197. 9. 최충헌, 명종을 폐하고 왕의 동생 왕민을 세움(20대 신종). 두경승 등을 귀양 보냄. 10. 최충헌, 동생 최충수를 죽임. 11. 문무관의 자제 30인을 시학공자·시학급사로 충원.

1198. 1. 산천비보도감 설치. 4. 양계의 병마판관을 부사副使로 승격. 5. 만적 등, 개경에서 노비봉기 계획 실패(만적의 난).

1199. 2. 명주·경주에서 민란. 민란 주모자를 타일러 돌려보냄. 6. 최충헌, 문무 관리의 인사권 총괄.

1200. 4. 정방의 등, 진주에서 민란. 밀성에서 관노 50여 명이 운문적에 들어감. 8. 금주 잡족雜族 민란. 12. 최충헌, 도방 설치.

1201. 12. 진주 백성들이 정방의를 죽임. 동생 정창대는 도주.

1202. 8. 경주 민란. 10. 탐라 민란. 경주 별초군 폭동. 11. 탐라 민란 평정. 경주·운문·울진 등, 연합하여 대규모 민란.

1203. 4. 경주 민란 주모자 이비 부자 잡힘. 7. 운문산 민란 주모자 패좌 잡혀 죽음. 8. 태백산 민란 주모자 아지 잡힘. 9. 부석사·부인사의 승려들, 난을 꾀하다 유배.

1204. 1. 신종, 죽음. 21대 희종 즉위. 12. 희종, 최충헌을 〈은문상국〉이라 부름.

1206. 3. 최충헌을 진강후로 봉하고 흥녕부를 세움.

1207. 5. 최충헌, 조카 박진재를 죽임.

1208. 7. 개경의 좌우 행랑 재건.

1209. 4. 최충헌, 한기 등 9인을 죽임. 교정도감 설치.

1211. 12. 희종, 최충헌을 제거하려다 실패. 최충헌, 희종을 폐하고 한남 공 왕정을 세움(22대 강종).

1212. 1. 최충헌의 흥녕부를 진강부로 고침.

1213. 6. 지겸을 왕사로 삼음. 8. 강종 죽음. 23대 고종 즉위.

1216. 윤7. 각 도에 찰방사를 파견하여 민정 살핌. 8. 거란군, 압록강을 건너 영삭·정융에 침입. 창주·연주·운주·귀주 등지에서 거란군 격파. 9. 김취려, 거란군 격파. 10. 거란군, 청천강 건너 서경으로 향함.

1217. 1. 승려들, 최충헌을 죽이려다 실패하고 다수 참살됨. 이장대·이당 필 등, 반란 실패 죽음. 태조탄에서 거란군에 대패. 4. 거란군, 서경에 임박. 6. 최광수, 서경에서 반란 일으키다 죽음. 7. 김취려 등, 거란군 격파. 11. 거란군, 예주 점령.

1218. 8. 거란군, 양주 침입. 9. 조충, 거란군 격파. 12. 몽골, 고려와 연합 하여 거란 토벌 약속.

1219. 1. 조충·김취려, 몽골군과 함께 거란 격파. 거란 항복. 9. 최충헌 죽음. 아들 최우 집권. 10. 한순·다지, 의주에서 반란.

1220. 1. 최우, 최충헌이 빼앗았던 토지와 가옥 등을 원주인에게 돌려줌. 2. 의주의 한순·다지 등 잡혀 죽음. 4. 김취려, 의주의 유민을 보살피 고 거란의 잔당 격파.

1221. 1. 의주의 윤장 등 처형. 5. 최우를 진양후에 봉했으나 사양함. 8. 몽골 사신 저고여, 금품 등 요구. 윤12. 최우 집에서 몽골 대비책 논의.

1222. 1. 몽골에 대비하여 선주·화주·철관에 성을 쌓음.

1223. 5. 금의 우가하, 의주·정주·인주 침입. 왜구, 남해에 침입. 7. 개 경 나성 수축.

1225. 1. 몽골 사신 저고여, 귀국 중 압록강에서 피살. 몽골, 고려를 의심 하여 단교. 6. 최우, 자신의 집에 정방 설치.

1226. 1. 왜구, 경상도 연해 침구. 5. 서경의 조영수 등, 모반하다 주살. 6. 왜구, 금주에 침구.

1227. 5. 일본, 해적선의 침구에 사죄하고 교역 요청. 12. 일본에 사신 파견하여 강화.

1228. 8. 문무 4품 이상에게 비변의 대책을 구함. 최우, 사전私田 7백여 결을 관아에 귀속시킴.

1229. 2. 동진인, 함주에서 화친 요청. 5. 동진인, 화주에 침입.

1230. 7. 대창과 팔름지고 화재로 소실. 8. 최우의 동생 최향, 난을 일으키다 실패 자결.

1231. 8. 살리타이가 이끄는 몽골군, 제 1차 고려 침입. 9. 박서 지휘 아래 고려 군민, 귀주에서 몽골군 격퇴. 몽골군의 서경 공격을 격퇴. 동선역에서 몽골군 격퇴. 10. 안북성에서 몽골군에 패퇴. 11. 박서, 귀주성 사수. 몽골군, 평주 도륙. 몽골군, 개경 포위. 12. 몽골과 강화. 몽골군, 광주·충주·청주에서 살육.

1232. 1. 귀주의 박서 항복. 살리타이, 다루가치 72명을 남기고 귀환. 4. 몽골에 신하를 칭하고 방물을 바침. 6. 고종, 개경을 떠나 강화로 천도. 이통 등, 개경에서 반역하다 죽음. 9. 충주의 노비반란 토벌. 12. 몽골군의 2차 침입. 몽골군, 한양산성 공격. 김윤후 등, 처인성에서 항전. 살리타이 전사.

1233. 5. 최산·이유 등의 동경 반란을 토벌. 필현보·홍복원 등, 서경에서 반란. 12. 최우, 가병을 보내 필현보를 죽임. 홍복원, 몽골로 도주.

1234. 10. 최우를 진양후에 봉함.

1235. 윤7. 탕구를 선봉으로 하는 몽골군 3차 침입. 몽골군, 안변도호부 침공. 8. 몽골군, 용강·함종·삼등 등 점령. 9. 몽골군, 용진진 점령. 몽골군, 진명성 점령. 몽골군, 해평에서 이유정 등 대파. 10. 몽골군, 동주성 점령. 12. 강화도 연안의 제안 수축.

1236. 6. 몽골군, 압록강을 건너 서북의 여러 성과 황주·신주·안주 장악. 7. 몽골군, 자주 점령. 8. 몽골군, 남경·평택·아산 등에 주둔. 9.

죽주에서 몽골군 격파. 10. 몽골군, 전주·고부 경계에 이름. 12. 몽골군의 대흥성 공격 격퇴.

1237. 1. 김경손, 전라도 초적 이연년 토벌. 8. 강화에 외성 축성. 몽골군, 경상도 침입.

1238. 윤4. 몽골군, 경주의 황룡사탑을 불태움. 12. 김보정·송언기를 몽골에 보내 철병 요구.

1239. 4. 몽골, 고려왕의 친조親朝 요구. 몽골군 철수. 8. 몽골, 친조 촉구.

1240. 9. 몽골, 고려왕의 친조 재촉구.

1241. 4. 영녕공 왕준을 왕자라 칭하고 몽골에 인질로 보냄.

1242. 10. 최우에게 식읍을 더 하사하고 공으로 작위 올림.

1243. 1. 최우, 최이로 개명. 2. 각 도에 순문사와 권농별감 파견.

1247. 7. 아모간의 몽골군, 4차 침입. 몽골군, 염주에 주둔.

1248. 2. 몽골에 사신을 보냄. 10. 양반이 송도를 윤번으로 지키게 함.

1249. 8. 몽골, 고려왕의 출륙 친조를 강요. 9. 별초군, 동계에 침입한 몽골군 격파. 11. 최이 죽음. 아들 최항, 전권 장악.

1250. 3. 북계의 주민을 서경·경기·서해 도서에 이주시킴. 8. 강화에 중성을 쌓음.

1251. 6. 몽골, 홍복원을 고려군민장관으로 삼음. 10. 몽골, 고려왕의 친조와 개경으로 환도 요구.

1252. 7. 여러 산성에 보호별감 파견. 8. 한인閑人·백정을 점검하여 군대에 보충. 10. 서경유수관 재배치.

1253. 8. 몽골군, 양산성 점령하고 도륙. 몽골군, 경산성·동주산성 함락시키고 전주에 이름. 별초군, 금주·전주에서 몽골군 격퇴. 9. 몽골군, 충주성 점령하고 도륙. 10. 몽골군, 양주 점령. 충주성, 몽골군에 항복.

1254. 7. 차라대의 몽골군, 5차 침입. 9. 충주·성주 산성의 군민, 몽골군 격퇴. 0. 이 해에 고려 백성 206,800여 명이 잡혀갔으며 죽임을 당한 자 헤아릴 수 없음.

1255. 2. 별초, 철령 주둔 몽골군 섬멸. 3. 산성과 섬에 있던 백성을 육지

에 나오게 함. 4. 몽골군, 의주·정주에 주둔. 6. 차라대의 몽골군, 6차
침입. 10. 몽골군이 대원령을 넘음. 12. 유민에게 토지를 나누어 줌.

1256. 1. 수군을 남하시켜 몽골에 대비케 함. 3. 입암산성에서 몽골군 격
퇴. 6. 이천, 남도에서 몽골군 격파. 차라대, 무등산 남쪽을 약탈. 8.
차라대·영녕공·홍복원, 강화도를 바라보며 수안현에 주둔. 9. 차라
대, 북쪽으로 철군.

1257. 4. 안열 등, 원주에서 반란하다 주살. 윤4. 최항 죽음. 최항의 서자
최의, 정권 계승. 6. 강화도 토지를 관리에 녹과전祿科田으로 지급.

1258. 2. 몽골병, 의주에 축성. 3. 유경 등, 최의를 죽이고 정권을 왕에게
돌림. 7. 몽골, 동경 총관 홍복원을 죽임. 8. 차라대, 개경에 주둔하며
약탈. 몽골병, 서해도의 가수굴·양파혈 점령. 9. 몽골군, 강화도 건너
편에 주둔. 12. 몽골, 화주에 쌍성총관부 설치. 각도의 곡식이 모두 몽
골의 수확이 됨.

1259. 3. 지방 수령들로 하여금 피난민을 거느리고 나와 농사를 짓게 함.
4. 태자 왕전을 몽골에 보내 항복을 고함. 6. 몽골, 강화의 내·외성
철거. 고종 죽음. 태손이 태자를 대행. 11. 개경에 궁궐 건설.

1260. 2. 관민으로 하여금 개경에 집을 짓게 함. 3. 태자, 몽골에서 귀국.
4. 24대 원종 즉위.

1261. 4. 태자를 몽골에 보냄. 9. 태자 돌아옴. 몽골, 요양에 안무고려군민
총관부를 두고 고려인들을 다스림.

1262. 6. 몽골, 사바부 둔전군을 압록강 서쪽으로 옮김. 10. 공신당 재건.

1263. 2. 왜구, 금주에 침입. 몽골, 영녕공 왕준을 안무고려군민총관으로
삼음. 3. 홍복원의 아들 홍다구, 고려군민총관이 됨.

1264. 5. 몽골, 고려왕의 친조를 다시 촉구. 8. 원종, 연경으로 가 몽골
세조를 만남. 12. 원종, 연경에서 돌아옴.

1265. 7. 왜구, 남해안에 침입.

1267. 8. 일본에 〈몽골칙서〉 및 〈고려국서〉를 전함.

1268. 6. 몽골, 고려의 전함과 군사의 수를 점검.

1269. 2. 전민변정도감 설치. 6. 임연, 왕창을 옹립하고 원종 유폐시킴. 11. 몽골, 왕창을 폐위시키고 원종 복위시킴.

1270. 2. 원종, 연경에서 원 황제를 만남. 몽골, 서경에 동녕부 설치. 5. 원종, 세자와 함께 개경으로 환도. 6. 배중손·노영희 등, 삼별초를 거느리고 몽골에 항쟁. 8. 삼별초, 진도로 들어감.

1271. 2. 경상·전라·충청에 안무사 파견. 4. 각 도에 농무별감 파견. 5. 김방경·흔도·홍다구의 여원연합군, 진도의 삼별초 토벌. 김통정 등 삼별초 잔여 세력, 탐라로 들어감. 6. 세자 왕심, 몽골에 인질로 감. 12. [몽골 황제 쿠빌라이, 국호를 원이라 함].

1272. 1. 녹과전 시행. 2. 세자, 변발·호복을 하고 돌아옴. 전함병량도감 설치. 3. 종묘 낙성되어 9실의 신주 봉안. 6. 동학당·서학당 설치. 12. 세자, 원에 감.

1273. 2. 여원연합군, 탐라의 삼별초 공격. 4. 탐라 평정됨. 윤6. 탐라에 다루가치를 둠.

1274. 1. 원, 일본 정벌을 위해 전함 3백 척 건조 요구. 3. 여인 130명을 원에 보냄. 5. 세자 왕심, 원 세조의 딸 홀도로게리미실과 결혼. 고려, 원의 부마국이 됨. 원의 군사 1만 5천 명이 옴. 6. 원종 죽음. 7. 원, 세자 왕심을 고려왕 책봉(25대 충렬왕). 10. 김방경, 원의 흔도 등과 함께 전함 9백여 척으로 제 1차 일본 원정. 원정군, 큐슈 하카타에 진격. 폭풍으로 전함 다수 상실. 11. 일본 원정군 귀환.

1275. 1. 충렬왕비 몽골공주를 원성공주에 책봉. 2. 응방 설치. 6. 〈선전소식〉 제작. 7. 군기조성도감 설치. 8. 관리 복장 개정.

1276. 3. 왕의 용어 선지宣旨를 왕지王旨, 짐朕을 고孤로 바꿈. 5. 통문관 설치.

1277. 2. 농무도감 설치. 12. 몽골, 일본 재정벌을 위해 홍다구를 정동도원수로 삼음.

1278. 2. 원의 의관 착용. 6. 충렬왕·원성공주·세자, 몽골에 입조. 7. 원 황제, 흔도·홍다구를 소환하고 다루가치 철수. 9. 충렬왕 등 귀국.

12. 녹과전 개정 지급. 공사노비의 방량을 금함.

1279. 3. 도병마사를 도평의사사로 바꿈. 4. 원에 이리간 설치 요청. 이리 간에 백성 이주시킴. 6. 원, 전함 9백 척 건조 명령.

1280. 6. 신궁전 웅경궁 완성. 10. 좌우 창고의 재정 고갈. 11. 원, 일본 정벌을 위해 서경에 정동행중서성 설치. 0. 국자감에 경사經史교수 둠.

1281. 3. 원, 일본 정벌을 위해 흔도·홍다구를 보냄. 5. 여원연합수군, 제 2차 일본 정벌 출정. 6. 남송 범군호의 지원군, 풍랑을 만나 좌초. 8. 일본 정벌군, 패배 귀환. 윤8. 흔도 등 돌아감.

1282. 1. 원, 정동행중서성 폐지. 11. 원, 전함을 수리토록 함.

1283. 3. 승 견명(일연)을 국존으로 삼음. 3. 중방에서 동방정벌군 징집. 4. 사심관 일시 폐지.

1284. 4. 충렬왕·원성공주·세자 원에 감. 9. 충렬왕 등 돌아옴.

1286. 2. 원 황제, 동방 원정의 명을 정지시킴.

1288. 2. 마축자장별감 설치. 3. 소금 전매제 실시. 8. 각 도의 권농사 폐 지. 전민변정도감 설치.

1289. 4. 안향, 원의 유학제거가 됨.

1290. 3. 동녕부 폐지. 서북의 여러 성 복원. 안향 돌아옴. 7. 서북 여러 성에 수령 배치. 12. 원의 반란자 합단, 수만 군사로 의주·등주에 침 입하여 약탈. 충렬왕, 강화로 피난.

1291. 1. 합단, 철령 넘어 양근성 점령. 합단군을 원주 치악성에서 격파. 5. 연기에서 합단군 대파. 합단 부자, 북쪽으로 도주. 8. 일본 정벌을 위해 전선과 군량 준비.

1292. 1. 충렬왕, 개경으로 환도. 7. 염세별감을 경상·전라·충청에 파견. 10. 호구 및 토지조사 시행.

1294. 1. 원 세조 죽음으로 일본 정벌계획 중단. 4. 충렬왕·원성공주, 상 도에 도착. 8. 충렬왕·원성공주, 개경으로 돌아옴. 11. 탐라, 고려에 귀속.

1295. 4. 탐라를 제주로 고침. 8. 홍군상을 감수국사로 삼음.

1296. 3. 경사교수도감 설치. 11. 세자, 원 황족 보탑실련(한국장공주. 계국대장공주)과 결혼.

1297. 4. 원, 1259년 이후 포로나 유민이 되었던 350호를 고려로 돌려보냄. 5. 충렬왕비 원성공주(제국대장공주) 죽음. 7. 세자, 무비 등을 죽임. 10. 세자, 원으로 감.

1298. 1. 세자 귀국. 충렬왕, 세자에게 전위(26대 충선왕). 충렬왕을 태상왕으로 함. 4. 정방 폐지. 5. 관제 개정. 7. 관제 재개정. 8. 원, 충선왕을 폐위시키고 충렬왕을 복위시킴. 12. 관제 복구.

1299. 6. 흰갓·흰옷의 착용 금지. 10. 원, 코르구즈를 정동행중서성 평장사로 삼아 왕과 함께 국사를 보게 함.

1301. 3. 원, 코르구즈 해임. 5. 관명이 원과 같은 것은 모두 개명.

1304. 5. 국학에 섬학전 설치. 6. 국학 대성전 완성.

1307. 3. 전왕 충선왕, 충렬왕을 원의 경수사로 옮기게 함. 전왕, 국정 장악. 4. 전왕, 왕전·왕유소 등 죽임. 5. 충렬왕, 원에서 돌아옴. 9. 13~16세 여자의 결혼 금지.

1308. 5. 원, 전왕 충선왕을 심양왕에 봉함. 전왕, 관제 개정. 7. 충렬왕 죽음. 8. 충선왕, 원에서 귀국하여 즉위. 9. 궁명과 관명 개정. 궁주를 옹주로 개칭. 충선왕, 원으로 감. 윤11. 외종형제의 통혼금지.

1309. 2. 소금전매법 제정. 3. 강안궁·연경궁 중수. 근시·다방·삼관·오군을 회복시킴.

1310. 5. 충선왕, 세자 왕감을 죽임. 8. 각 관청 및 주현의 이름을 고침. 9. 환관 15인을 군에 봉함.

1312. 6. 자모법子母法에 따르지 않은 사채 채무 추징금지. 각 도에 쇄권별감 파견.

1313. 3. 충선왕 귀국. 충선왕, 강릉대군에게 전위. 6. 강릉대군 즉위(27대 충숙왕). 충선왕, 상왕이 되어 원으로 감.

1314. 2. 5도순방계정사를 파견해 지조地租 결정. 윤3. 충선왕, 연경에 만권당을 설치하고 이제현과 경사 연구. 6. 권부 등, 성균관에서 서적

1,800여 권을 살펴봄. 7. 원, 원·송의 서적 4,371권 보내옴. 0. 유연·유적, 강남에서 신서적 구입.

1315. 1. 양반과 천민 복색 제정. 12. 충선왕비 한국장공주 원에서 죽음.

1316. 3. 상왕 충선왕, 조카 왕고에게 심양왕 전위. 관리와 승려의 상업 행위를 금지시킴. 7. 충숙왕, 원 황족 역련진팔랄(복국장공주)와 결혼.

1318. 2. 제주 민란. 4. 사심관 완전 폐지. 5. 제폐사목소 설치. 6. 충숙왕, 제폐사목소를 찰리변위도감으로 바꿈. 7. 상왕 충선왕, 찰리변위도감 폐지.

1319. 6. 안향을 문묘에 모심. 9. 충숙왕비 복국장공주 죽음.

1320. 12. 원, 상왕 충선왕을 토번에 유배 보냄. 정방 재설치.

1321. 3. 찰리변위도감 재설치.

1323. 11. 상왕 충선왕, 토번에서 대도로 돌아옴.

1324. 8. 충숙왕, 원 황족 금동공주(조국장공주)와 결혼.

1325. 5. 상왕 충선왕 원에서 죽음. 8. 충숙왕, 조국장공주와 한양 용산 행궁에 행차. 10. 조국장공주 출산 후 죽음. 평양에 기자의 사당 숭인 전을 세움.

1330. 2. 원, 세자 왕정을 고려왕에 봉함(28대 충혜왕). 충숙왕, 상왕이 됨. 3. 충혜왕, 원 황실의 덕녕공주와 결혼. 8. 충혜왕 즉위.

1331. 4. 새 소은병을 쓰고 구병의 사용을 금함. 8. 원, 고려 처녀 요구. 경기 지역의 사급전賜給田을 없애고 녹과전에 충당. 9. 이학도감 설치.

1332. 2. 원 조정, 충혜왕 탄핵. 상왕 충숙왕 복위. 충혜왕, 전왕이 됨.

1333. 6. 이곡, 원의 과거 제과에 급제.

1334. 4. 심양왕 왕고 귀국.

1335. 윤12. 원, 처녀 요구를 철회.

1336. 3. 전왕의 공신전을 거두어 원주인에게 돌려줌. 12. 원, 전왕 충혜 왕을 고려로 돌려보냄. 0. 기인제도 혁파.

1337. 5. 원, 한수 이남 고려인의 무기 휴대 금지시킴.

1339. 3. 충숙왕 죽음. 5. 보흥고 설치.

1340. 3. 원, 전왕 충혜왕을 복위시킴.

1342. 2. 각 창고의 포를 내놓고 시장을 폄.

1343. 3. 직세職稅·선세船稅 징수. 삼현에 신궁 착공. 5. 보흥고 확대. 6. 기인제 재시행. 10. 신궁 완성. 11. 원, 충혜왕을 원으로 압송. 11. 전민추쇄도감 설치. 12. 원, 충혜왕을 게양현으로 유배. 정방 폐지.

1344. 1. 충혜왕, 유배 도중 죽음. 2. 29대 충목왕 즉위. 충혜왕비 덕녕공주 섭정. 5. 보흥고·덕녕고·내승·응방 폐지하고 소속 전토와 노비를 원주인에 돌려줌. 6. 서연 개설. 8. 과거법 개정. 12. 경기 지방의 빼앗긴 녹과전을 원주인에게 돌려줌.

1345. 5. 단오에 척석희擲石戲 금함. 7. 심왕 왕고 죽음.

1347. 2. 정치도감 설치. 폐정 개혁.

1348. 2. 진제도감을 설치하고 굶주린 자 구제. 4. 경성에 기근과 전염병 만연. 전라도의 쌀을 경기·충청·서해도의 굶주린 자에게 나누어줌. 12. 충목왕 죽음.

1349. 5. 원, 왕저에게 왕위 계승케 함(30대 충정왕). 7. 충정왕 즉위. 8. 정치도감 폐지. 10. 강릉대군 왕기, 보탑실리(노국대장공주)와 결혼. 각 도에 찰방별감 파견.

1350. 2. 고성·죽림·거제 등지에서 왜구 발호. 4. 왜구, 순천부 등 침구. 7. 왜구, 합포 침구. 0. 진도현을 육지로 옮김.

1351. 8. 왜선 130여 척, 경기 지방 노략질. 10 원, 왕기를 왕으로 봉함(31대 공민왕). 이제현을 섭정승으로 삼음. 11. 왜구, 남해에 침입. 12. 공민왕 즉위. 충정왕, 전왕이 됨.

1352. 1. 공민왕, 변발·호복 등 몽골 풍속 폐지. 2. 정방 폐지. 3. 전왕 충정왕 강화에서 죽음. 6. 왜구, 전라도 침구. 9. 조일신, 난을 일으킴. 10. 조일신 주살. 11. 전민별감을 각 도에 파견.

1353. 2. 쇄권도감 설치. 11. 이색, 원의 제과에 발탁. 12. 쇄권도감 폐지.

1354. 4. 왜구, 전라도 조운선 40여 척 약탈. 7. 염제신 등, 원의 장사성 토벌 지원군으로 출정.

1355. 4. 왜구, 전라도 조운선 2백여 척 약탈. 11. 전주를 부곡으로 강등.

1356. 2. 원, 고려왕에 공신호功臣號를 내림. 4. 승 보우를 왕사로 삼음. 5. 기철·권겸·노책, 반란을 꾀하다 주살. 정동행중서성이문소 폐지. 원의 압록강 서쪽 8참 공격. 쌍성 등지를 원으로부터 수복. 쌍성총관부 폐지. 6. 원의 압록강 3참을 격파. 원의 연호·관제 폐지. 7. 문종 당시의 관제 회복. 유인우·이자춘, 함주 이북의 여러 진 회복. 9. 이판령의 여진 격파. 11. 이색을 이부시랑 겸 병부낭중으로 삼음.

1357. 1. 중앙과 지방의 학교 수리. 9. 염철별감을 각 도에 파견. 왜구, 승천부 침입. 왜구로 인해 조운 중단.

1358. 3. 왜구, 각산수에 침구하여 선박 3백여 척 불태움. 개경 외성 수축. 4. 왜구, 교동도에 침구. 8. 서강에 축성.

1359. 5. 왜구, 예성강 옹진에 침구. 11. 요동·심양의 유민 2천 3백여 호 투항해 옴. 12. 한족 반란군 홍건적, 4만의 무리로 압록강을 건너 1차 침입. 안우, 철주에서 홍건적 격퇴. 홍건적, 서경 점령.

1360. 1. 서경 수복. 2. 이방실·안우·김어진 등, 홍건적을 압록강 이북으로 축출. 3. 홍건적, 서해도 침구. 5. 왜구, 전라도 침구. 윤5. 왜구, 강화 침구. 11. 공민왕, 백악의 신궁으로 옮김.

1361. 1. 최영, 서북면 도순찰사가 됨. 2. 이자춘, 동북면 병마사가 됨. 3. 공민왕, 백악에서 환궁. 8. 왜구, 동래·울주에 침구하고 조운선 불태움. 9. 박의, 모반. 이성계, 박의를 죽임. 10. 10만 홍건적, 삭주에 2차 침입. 11. 홍건적, 무주에 주둔. 공민왕, 남쪽으로 피신. 12. 홍건적, 절령책 격파하고 개경 점령. 연경궁 소실. 공민왕, 복주로 피신.

1362. 1. 정세운·안우 등, 홍건적 대파. 개경 수복. 홍건적, 압록강 이북으로 패주. 김용, 정세운을 죽임. 2. 김용, 안우·이방실·김득배를 죽임. 국자감을 성균관이라 개칭. 4. 복주목을 안동대도호부로 함. 7. 이성계, 함흥에서 홍건적 격파.

1363. 윤3. 김용, 난을 일으켜 흥왕사 행궁 점거. 최영, 김용 등 소탕. 공민왕 귀경. 4. 왜선 213척, 교동에 정박. 김용 처형. 5. 원, 덕흥군을

고려왕으로 옹립. 12. 덕흥군, 요동에 주둔. 0. 문익점, 원에서 목화씨를 가져 옴.

1364. 1. 최유, 덕흥군을 받들고 의주 포위. 최영, 최유를 격파. 2. 이성계, 함주·화주 수복. 3. 왜선 2백여 척, 경상도 해안 침구. 5. 김속명, 진해에서 왜구 3천 명 격파. 7. 양가의 자제를 선발하여 8위·5군에 소속케 함. 10. 원, 공민왕을 복위시킴. 11. 최유 처형. 12. 왜구, 조강에 침구.

1365. 2. 왕비 노국대장공주 죽음. 공민왕, 불사佛事를 크게 일으킴. 3. 왜구, 교동·강화에 침구. 5. 공민왕, 승 신돈에게 국정 자문. 7. 공민왕, 신돈을 진평후에 봉함.

1366. 4. 정추·이존오, 신돈의 비행을 상소. 5. 왜구, 교동에 주둔. 전민변정도감 설치. 왜구, 조운선 3척 약탈.

1367. 3. 왜구, 강화 약탈. 4. 신돈, 공민왕에게 서경 천도 권유. 5. 국학 재설치. 10. 오인택·경천흥 등, 신돈 제거를 모의하다 발각되어 유배.

1368. 2. 국자감시 폐지. 친시 시행. 9. [주원장, 명 건국. 원, 명에 멸망. 원 순제, 상도로 도주. 원을 북원北元이라 함]. 공민왕, 명과의 수교를 논의케 함. 10. 김정·김흥조 등, 신돈을 죽이려다 죽임을 당함. 11. 북원, 중원 수복을 위한 군사 지원 요청.

1369. 4. 명, 고려에 건국을 알림. 5. 북원의 연호 폐지. 5. 명에 사신 파견. 6. 관제 개정. 8. 만호·천호를 서경·의주·이성·강계 등에 배치. 9. 북원, 사신 파견. 11. 신돈, 팔관회에서 왕을 대행. 0. 향시·회시·전시제 시행.

1370. 2. 왜구, 내포·선주 침구. 7. 명의 연호 홍무 시행. 8. 복색 개정. 11. 이성계, 북원의 동녕부·요성 점령.

1371. 3. 왜구, 해주 침구. 7. 왜구, 예성강에 침입하여 병선 40여 척을 불태움. 신돈 처형. 신돈 일파 처형.

1372. 1. 북원, 이성·강계 침입. 2. 북원의 침입 격퇴. 3. 왜구, 순천·장흥에 침구. 4. 제주도 민란. 6. 제주도 민란 평정. 관제 개혁. 왜구, 안

변·성주 침입. 이성계를 원수로 삼아 왜구에 대비. 10. 자제위 설치.

1373. 2. 북원, 사신 파견. 귀산현에 침구한 왜구 수백 명을 죽임. 4. 왜구, 한양부에 침구. 7. 우를 강녕부원대군에 봉함. 9. 왜구, 해주 침입해 목사를 죽임. 10. 6도 도순찰사 최영. 윤11. 도총도감 설치.

1374. 3. 왜구, 경상도에서 병선 40여 척을 불사름. 8. 최영, 제주도의 북원 세력 격파. 9. 명에 제주도 말을 보냄. 공민왕 피살. 32대 우왕 즉위. 11. 김의, 명의 사신을 죽이고 북원으로 도주.

1375. 5. 후지 등, 왜인 다수 투항. 7. 후지, 해상으로 도주. 8. 왜구, 낙안·보성 침구. 11. 양광도에서 왜선 2백 척 포획. 제주도에 민란 다시 일어남.

1376. 3. 반야를 죽임. 5. 제주 민란 주모자 처형. 7. 왜구, 영산·나주 침구. 최영, 홍산에서 왜구 대파. 9. 왜구, 고부·태산의 관아를 불사르고 전주 점령. 10. 부령에서 왜구 대파. 11. 왜구, 진주·울주에 침구. 12. 왜구, 양주·울주 침구.

1377. 3. 왜구, 착량에서 전함 50여 척 불태움. 교동·강화의 사전私田 폐지. 5. 왜구로 인한 천도를 위해 철원을 살핌. 이성계, 지리산에서 왜구 격파. 박위, 황산강에서 왜구 격파. 6. 왜구, 제주 침구. 왜구, 영강·장연·풍주 등 침구. 8. 왜구, 신주·문화 등 침구. 9. 이성계, 해주에서 왜구 격파. 정몽주를 일본에 보내 왜구 중지를 요청. 10. 최무선, 화약을 발명하고 각종 화약무기 제조. 화통도감 설치. 황해·경기·삼남지방에 왜구 폐해 극심.

1378. 3. 왜구, 남양에 침구하여 수원부 노략질. 4. 최영, 해풍에서 왜구 대파. 7. 정몽주, 일본에서 돌아옴. 12. 백악산에 궁궐 건립을 위한 좌소조성도감 설치.

1379. 2. 좌소 수도 이전 중지. 5. 왜구, 진주·풍주의 관아와 민가를 불태움. 일본해도포촉관, 왜구와의 전투에서 패배. 9. 우인열 등, 사천에서 왜구 대파.

1380. 4. 최영, 해도도통사 겸함. 6. 왜구, 계룡산 침구. 8. 왜선 5백여 척,

서천에서 약탈 살상. 나세·최무선, 화포를 이용하여 진포에서 왜선 5
백여 척 격파. 왜구, 함양 약탈. 9. 이성계, 운봉에서 왜구 대파.

1381. 3. 수창궁 재건 착수. 해변 마을에 3년 간 조세 경감. 4. 전민변정도
감 설치. 8. 경성의 물가가 올라 경시서에서 물가 지정.

1382. 4. 양수척들, 영월군에서 난을 일으킴. 난이 평정된 후 양수척을 각
주에 나누어 둠. 9. 우왕, 남경으로 천도. 12. 절급도감 설치.

1383. 2. 우왕, 개경으로 환도. 3. 경상도에 둔전 설치. 5. 정지, 남해에서
왜선 120척 격멸. 8. 왜구, 옥주·보령에 침구하고 계룡산에 웅거.

1384. 윤10. 수창궁 낙성. 12. 무예도감 설치.

1385. 9. 이성계, 함주에서 왜구 대파.

1387. 1. 광흥창이 비어 백관의 녹봉을 감액. 6. 관복을 명의 제도에 따름.
8. 정지, 대마도·이키 두 섬 정벌 요청. 11. 사전私田에서 반조를 거두
어 군량에 충당. 0. 북한산성 개축.

1388. 1. 최영, 문하시중이 됨. 2. 우왕, 최영 등과 요동정벌 논의. 5도의
성 수축. 3. 명, 강계에 철령위 설치를 통보. 4. 우왕, 최영을 팔도도통
사, 조민수를 좌군도통사, 이성계를 우군도통사로 하여 요동정벌 개시.
왜구, 초도에 들어옴. 5. 이성계, 위화도 회군. 6. 이성계 등, 우왕과
최영을 유배 보냄. 조민수, 왕자 창 옹립(33대 창왕). 7. 조민수 유배.
8. 이색을 문하시중, 이성계를 수시중으로 삼음. 정지, 남원 등의 왜구
격파. 9. 정방을 상서사로 고침. 10. 급전도감 설치. 12. 최영 처형.

1389. 1. 박위, 대마도 정벌하여 왜선 3백여 척 격파. 4. 전제개혁 논쟁.
11. 이성계 등, 창왕을 폐하고 정창군 왕요를 세움(34대 공양왕). 12.
이색 부자 파직. 조민수를 서인으로 함. 폐왕 우왕·창왕을 죽임. 9공
신에 녹권을 내림. 0. 10학 설치. 사역원에 이학교수 배치. 유구 사신,
후추 3백 근을 가져옴.

1390. 1. 변안열 죽임. 조민수·권근 유배. 2. 대간이 직소하는 법을 폐지.
4. 이색 유배. 6. 왜구, 양광도 침구. 9. 공사의 전적을 불태움. 공양왕,
남경으로 천도. 11. 이성계를 문하시중, 정몽주를 수문하시중으로 함.

1391. 1. 5군을 3군으로 개편. 이성계를 3군도총제사로 삼음. 각도의 목
· 부에 유학교수관 배치. 2. 공양왕, 남경에서 환도. 방사량, 〈시무 11
조〉 올림. 4. 부녀자들의 절 왕래를 금지시킴. 5. 〈과전법科田法〉 시행.
〈상복제喪服制〉 개정. 6. 성균관 생원과 5부 생도를 조회에 참석시킴.
12. 이색을 한산부원군으로 삼음.
1392. 2. 〈노비결송법〉 제정. 인물추고도감 설치. 4. 이방원, 정몽주를 죽
임. 이숭인 등을 서인으로 함. 7. 공양왕, 이성계에게 왕위를 물려주고
원주로 감. 고려 멸망.

12. 조선

1392. 7. 17. 이성계李成桂, 수창궁에서 왕위에 오름. 조선 개국. 태조 이성계, 교서를 내림. 문무백관의 관직제도 제정. 8. 고려 공양왕을 공양군으로 하고 간성군에 둠. 방석 왕세자 책봉. 9. 개국공신 1등 17명, 2등 11명, 3등 16명을 정함. 대사헌에서 〈시무 12개조〉 올림. 도평의사사에서 〈시무 22개조〉 올림.

1393. 1. 관복제도 제정. 2. 태조, 계룡산에서 도읍지 물색. 국호를 조선朝鮮이라 함. 5. 명 사신이 옴. 이성·강계 등에 투항해 온 여진인을 돌려보냄. 각 도에서 군적을 올림. 8. 개경의 궁궐 수축. 계룡산 인근에 새 도성 건설 착수. 9. 삼군도총제부를 의흥삼군부로 개칭. 중방 폐지. 10. 6학 설치. 12. 계룡산 도성 공사를 중지하고 수도를 다시 물색.

1394. 2. 3군 10사의 각 사에 5영 설치. 4. 명 사신, 말 1만 필을 구함. 공양군 부자 및 왕씨를 다수 죽임. 명의 〈대명회전〉에 이성계 종계宗系의 잘못을 알게 됨. 6. 금은 사용의 한계를 정함. 7. 경기도 각 포구의 수비 강화. 음양책정도감 설치. 8. 한양을 수도로 정함. 10. 시중을 정승으로 개칭. 한양으로 천도. 12. 왕도 건설공사 시작.

1395. 2. 예문춘추관에 인원 배치. 서반西班의 관제 개정. 4. 사직단 완공. 6. 한양부를 한성부로 고침. 7. 제복祭服의 등급 규정. 각 주부군현에 권농관 배치. 9. 종묘(태묘) 정전 완공. 새 궁궐을 완공해 경복궁景福宮이라 함. 정도전, 한양도성 예정지 실측. 윤9. 도성축조도감 설치. 10. 승 자초(무학)를 왕사로 삼음. 12. 노비변정도감 설치. 태조, 경복궁으로 들어감.

1396. 1. 한양도성 축조 시작. 소격전 조영. 4. 한성부 5부에 방명표를 세움. 6. 명의 사신이 옴. 명 황제, 조선 인정. 8. 신덕왕후 강씨 죽음. 4도감 13소를 둠. 9. 한양도성 완공. 10. 주·군의 경계를 다시 정함. 11. 동해안에 침입한 왜구 격퇴. 의흥삼군부에서 강무제도 올림. 12.

김사형 등, 왜구 근거지 이키·대마도 정벌.

1397. 1. 신덕왕후의 정릉 조성. 4. 흥인문 옹성 완공. 왜인 나가온, 병선 24척을 거느리고 투항. 8. 유구국 사신이 옴. 제생원 개원. 10. 유비고 설치. 0. 승려도첩제 시행.

1398. 1. 각 품의 녹과전 수 결정. 2. 숭례문 완공. 동북면의 주군현 및 각 참의 명칭을 정함. 4. 종루에 새로 만든 종 설치. 윤5. 종루에 물시계 설치. 수군의 관직 설정. 6. 노비의 가격을 정함. 7. 문묘 완성. 8. 이방원, 정도전 등을 죽임. 이방원, 방석·방번 죽임(1차 왕자의 난). 9. 태조, 왕세자 방과에게 전위. 2대 정종 즉위. 태조 이성계, 상왕이라 함. 공신회맹제功臣會盟祭 거행.

1399. 1. 명의 연호 건원 사용. 3. 정종, 개경으로 천도. 왜구가 사라짐으로 수군 축소. 8. 행대감찰을 각 도에 파견. 10. 조례상정도감 설치.

1400. 1. 방간, 박포 등과 난을 일으켰으나 실패하고 토산에 유배(2차 왕자의 난). 박포 처형. 이방원 세자 책봉. 4. 사병 혁파. 도평의사사를 의정부, 중추원을 삼군부로 고침. 승정원 설치. 6. 태조궁을 짓고 덕수궁이라 함. 노비변정도감 재설치. 7. 한양에서 승마 제한. 11. 정종, 이방원에 선위. 3대 태종 즉위. 태조를 태상왕, 정종을 상왕이라 함. 12. 별시위 설치. 갑사甲士제도 확립.

1401. 3. 〈문과고강법〉 제정. 사헌부, 숭불崇佛의 폐해를 논함. 4. 사섬서를 설치하여 저화를 관장케 함. 별사전 폐지. 5. 공부상정소에서 공부貢賦의 수를 정함. 7. 관제 개정. 신문고 설치.

1402. 1. 〈무과법〉 시행. 관직의 녹봉에 저화 병용. 2. 공신전·사사전의 세수법 제정. 의례상정소에서 무과관함제도 제정. 4. 시장에서 저화와 오승포를 반반씩 사용토록 함. 5. 조운선 251척 제조. 정한 날짜에는 저화만을 사용케 함. 8. 호구 상세히 조사.

1403. 2. 청동활자 〈계미자〉 주조. 4. 명 사신, 고명·인장·조칙을 가져옴. 5. 병조, 전국 군사 수 296,310명이라고 보고. 6. 경상도의 조세를 육상 운송케 함.

1404. 3. 관리와 서인의 분묘 크기 지정. 4. 의정부, 각 도의 호구 및 전답 수를 산정. 6. 노비를 사사로이 주고받음을 금지. 7. 일본 사신이 예물을 가져옴. 10. 창덕궁 착공.

1405. 1. 내명부 여관女官제도 확립. 3. 육조의 직무를 상세히 정함. 4. 노비 전계문자傳繼文字의 법 제정. 7. 밤에 근정전 마당에 호랑이 나타남. 9. 충청·경상·전라의 전답 재측량. 왕사 자초 죽음. 10. 창덕궁 완공. 태종, 한성으로 환도하여 창덕궁에 입어. 11. 사사寺社의 토지와 노비 제한. 0. 장군방을 호군방으로 개칭.

1406. 2. 압록강 너머로 말 매매 금지. 3. 선·교 양종의 남겨 둘 사찰을 정함. 4. 〈공처노비결절법〉 제정. 5. 경성·경원에 무역소 설치. 6. 각 향교 생도의 액수와 전지 정함. 9. 대마도주가 토산물을 바침. 11. 유학·무학·이학·역학·음양풍수학·의학·자학·율학·산학·악학 10학을 둠. 〈급전법〉 제정. 0. 유향소 혁파.

1407. 1. 백관의 녹과를 정함. 3. 은 채굴 금지. 성균관 문묘를 새로 지음. 4. 한성부에서 도성에 대한 사의 지정. 〈군정사목〉 제정. 9. 청주성 축조. 삼군의 방패를 제작. 10. 각 도에 전민별감 파견. 11. 의정부에서 말 관리를 지정.

1408. 1. 의정부의 서무를 육조로 돌림. 제주에 감목관을 둠. 3. 충청도 수영水營에 침구한 왜선 격퇴. 4. 명, 조선의 처녀 요구. 진헌색 설치하고 처녀 징집. 5. 태상왕 이성계 죽음. 8. 공처노비의 신공을 정함. 9. 태상왕을 검암산 건원릉에 장사지냄. 10. 왜노비의 매매 금지. 11. 명 사신, 조선 처녀 5명을 데려감.

1409. 2. 〈의약활인법〉 제정. 대간의 상소·규간·탄핵법 제정. 〈무사선발법〉 제정. 윤4. 아악서·전악서의 관품 지정. 6. 〈서반고신법〉 제정. 〈호종법〉 개정. 8. 삼군진무소 설치. 삼군진무소를 삼군의흥부로 개칭. 9. 〈노비진고법〉 제정. 10. 공신전의 전급법 제정. 군정·군령 개정.

1410. 3. 왕비의 동생 민무구·민무질 형제 역모 혐의로 자진. 4. 경원부를 경성으로 옮김. 7. 〈저화통행법〉 회복. 8. 의례상정소 설치. 10. 저

화 사용을 강력히 추진. 0. 전주 경기전에 태조의 어진 모심.

1411. 1. 남산에 소나무와 잣나무를 심도록 함. 3. 각 도에 찰방察訪 파견. 원단圜壇의 제사의식을 정함. 8. 충청·강원·황해·경기에 창고 증설. 8. 한양에 5부학당 설치. 11. 외학제도 올림. 12. 은 채굴 허가. 윤12. 개거도감 설치.

1412. 2. 도성의 개천공사 완료. 별사전·친시등과전의 세습 폐지. 4. 경복궁 경회루 완공. 5. 도성행랑도감 설치. 창덕궁 돈화문 완공. 종친의 반서·반록제도 제정. 6. 단군·기자 제사를 정함. 7. 의흥부 혁파. 병조에서 군정 담당. 11. 조운법 시행. 시전 설치.

1413. 1. 동서 양계에 양전. 돈화문 대종 완성. 4. 외방 각 관청의 노비수를 정함. 7. 수군의 만호·천호 호칭을 정함. 9. 〈노비중분법〉 제정. 〈호패법〉 제정. 10. 8도의 지방 행정 조직 완성. 각 도·군·현의 명칭 개정. 12. 육조의 업무 지정. 〈호패법〉 시행.

1414. 1. 〈비첩소산한품속신법〉 제정으로 〈노비종부법從父法〉 시행. 4. 의정부 업무를 육조에 대폭 이관. 5. 〈노비사목〉 제정. 6. 관제 개정. 7. 성균관에서 알성시 시행. 10. 호패 개정 배급. 노비변정도감 설치. 사역원에서 일본어 학습. 12. 도성 내 2천 6백여 칸의 행랑 완공.

1415. 1. 녹과를 정함. 3. 의흥위에 보충군 설치. 4. 공장·상고인·행상·항시의 수세법 제정. 7. 조지소造紙所 설치. 8. 김제 벽골제 수축. 10. 〈맥전조세법〉 제정. 11. 각 품의 노비수를 다시 정함. 12. 길주·영흥 2성 완성.

1416. 1. 외방 관리의 관복 지정. 백관의 조복 지정. 5. 강무장을 충청도 태안과 강원도 횡천·평강 3곳에 설치. 6. 호패법 폐지. 8. 승려도첩제 실시. 각 도의 공물 규정을 상세히 정함. 9. 영길도를 함길도로 개칭. 평안도 북변에 여연군 설치.

1417. 1. 각 도에 양잠소 설치. 5. 일본인에게 금은 판매 금지. 7. 원종原從공신전은 공신이 사망 후 군자軍資에 속하게 함. 과전의 3분의 1을 경상·충청·전라 하삼도에 이급. 11. 풍해도를 황해도로 개칭. 승려의

역사役事를 금함.

1418. 1. 백관이 큰길에서 사모를 쓰게 함. 6. 세자 양녕을 폐하고 충녕대군을 세자 책봉. 의용위 설치. 8. 태종, 세자에게 선위(4대 세종). 의흥부를 의건부로 고침. 9. 의건부를 삼군부에 통합. 창덕궁 인정전 준공. 세종, 창덕궁으로 옮김. 10. 세종, 경연經筵 개설.

1419. 5. 왜구 50여 척, 비인현 침구. 〈봉화령〉 개정. 6. 이종무, 227척의 병선과 16,616명의 군사로 왜구의 근거지 대마도 정벌. 9. 정종 죽음. 제주에 양전 실시. 11. 사찰의 노비 혁파. 일본국왕이 사신을 보냄.

1420. 1. 호군방 혁파. 윤1. 〈향리면역법〉 제정. 2. 강무장 지정. 3. 궁궐 안에 집현전 설치. 경상·전라·충청의 수군도절제사 폐지하고 병마절도사에 예속시킴. 10. 수군도절제사를 부활시켜 수군도안무초치사로 함. 0. 동활자 〈경자자〉 주조.

1421. 1. 일본 사신의 내왕로 지정. 3. 모든 문서를 필사하여 각 사고에 보관. 9. 〈부민고소금지법〉 제정. 10. 종묘 영녕전 완공. 원자 이향 세자 책봉. 12. 〈사형삼복계의 법〉 엄수케 함. 세자, 서연書筵 개설.

1422. 1. 한양도성 수축 착공. 2. 한양도성 수축 완공. 성문도감 설치. 5. 태종 죽음. 8. 도성에 진제소 설치. 7. 재인·화척을 군적에 올림. 12. 각 도에 진제소 설치.

1423. 2. 남산에 봉수대 5개소 설치. 6. 〈금화禁火조건 12조〉 제정. 7. 함길도에 행상을 금함. 10. 재인·화척을 백정이라 개칭. 사찰 창건 엄금. 12. 일본 사신 135명이 토산물을 바침.

1424. 2. 경상·전라에 주전소 설치. 호적 정비. 사찰을 선·교 양종의 36사로 통합하고 승록사 혁파. 7. 주조된 동전 통용시킴.

1425. 1. 한성에 13개 방호소 시설. 4. 저화 통용을 금지하고 동전 사용. 7. 왕지王旨를 교지敎旨라 함. 8. 관상감의 정원 정함.

1426. 2. 한성부에 큰 불. 금화도감 설치. 화주를 영흥대도호부로 정함. 〈가산몰관법〉 폐지. 5. 각 도의 국둔전·관둔전 혁파. 6. 성문도감·금화도감 수성금화도감으로 통합. 함경도 유민 폭동. 12. 사가독서 시행.

1427. 1. 관둔전 다시 설치. 사사社寺의 영지와 폐사의 기지를 군자에 속하게 함. 4. 야인野人의 조경인 수 제한. 8. 강화에 목장 설치. 9. 형조와 사헌부의 업무 조정. 여자는 14~20세에 결혼하게 함. 10. 경기·황해·강원도 강무장 폐지. 11. 〈우마재살금지법〉〈신백정평민잡처령〉 공포.

1428. 3. 종학宗學 설치. 내관·궁관의 제도를 정함. 5. 호구의 법규와 격식 제정. 12. 영변대도호부 설치. 일본에 통신사 파견.

1429. 2. 흥천사 개수. 각도 기인의 수 새로 산정. 4. 경복궁 사정전 완공. 6. 단오의 석척전石擲戰을 금하고 석척군 폐지. 7. 고구려·백제·신라 시조묘에 제사 지내게 함. 8. 명에 사신을 보내 금은 조공 면제 요청. 9. 평양에 단군사당 건립.

1430. 5. 선박 건조에 쇠못 사용. 9. 수차水車를 이용한 관개 장려.

1431. 3. 각 도에 방호소를 두고 유동을 금함. 명에서 산법算法을 배움. 4. 초파일에 사찰 이외에서 연등을 금함. 광화문 완공. 5. 4품 이상을 대부大夫, 5품 이하를 사士라 칭함.

1432. 3. 삼군도총제부를 폐지하고 중추원 재설치. 7. 영북진과 경성도호부 설치. 명과 무역할 소 6천 마리를 보냄. 10. 신백정(양수척) 자제의 향학 입학 허가. 0. 종부법 폐지 및 종모법 시행. 간의대(관천대) 건립.

1433. 1. 율학청 설치. 4. 압록강변 여진 이만주 토벌. 6. 평안도 북변에 자성군 설치. 이천·장영실, 〈혼천의〉 제작. 7. 경복궁 보수. 윤8. 각 도의 여진인을 강계로 보냄.

1434. 4. 왕실의 호칭과 관부의 명칭 정함. 함길도·평안도 토관의 품계를 정함. 5. 알목하에 회령진 설치(6진 설치 시작). 6. 금은 매매금지 해제. 7. 이천, 조판주자법을 개량하고 새 동활자 〈갑인자〉 주조. 장영실 등, 자동물시계 〈자격루〉 제작. 경회루 남쪽에 보루각 설치. 9. 공신도감을 충훈사로 고침. 10. 〈앙부일구〉를 혜정교와 종묘 앞에 설치하고 시간 측정. 회령도호부 설치.

1435. 2. 화약고 설치. 1품에서 서인까지의 혼례의식 제정. 8. 강도와 살인자는 참형에 처하게 함. 9. 집 잃은 아이를 제생원에 보내게 함. 주자

소를 경복궁 안으로 이전. 함길도에 목화를 심게 함. 11. 서부학당 건립. 의례상정소 폐지.

1436. 2. 경성군을 도호부로 함. 3. 일본인 206명 삼포 거주 허가. 5. 〈공법貢法절목〉 제정. 기우제 법식을 제정. 윤6. 공법상정소 설치. 10. 각 도의 염장관鹽場官 폐지. 12. 납활자 〈병진자〉 주조.

1437. 1. 울산도호부 설치. 흉년으로 봉록 감봉. 대군·부마의 과전을 감함. 흉년으로 도적이 횡행. 4. 갑산성 축성. 주야시계 〈일성정시의〉 완성. 7. 왕실의 친인척 범위를 축소시킴. 8. 가뭄으로 공법을 차등 있게 시행. 신백정의 유망을 막음. 9. 이천 등, 압록강변의 여진 정벌. 평안도 북변에 무창현 설치. 12. 한성과 외방의 형률을 통일시킴. 0. 휴대용 물시계 〈행루〉 제작. 경흥도호부 설치.

1438. 1. 흠경각을 설치하고 천체 관측. 2. 왜선의 3포 평균 분박 엄수케 함. 3. 서운관에 간의대 등 기구 설치. 수성금화도감의 소방대책을 정함. 5. 선원전 준공. 7. 경상·전라에 공법 실시. 11. 시장에서 무기 매매를 금지시킴. 0. 장영실, 자동 물시계 〈옥루〉 제작.

1439. 2. 전국 감옥의 설비 정함. 지나친 형벌 금지. 7. 성주·전주에 사고 史庫 설치. 김종서, 비변책을 올림. 10. 도성 안팎 도로의 너비를 정함. 여진인의 상경을 제한.

1440. 1. 품계에 따른 복식을 정함. 3. 일시공로로 받은 전민田民은 세습 금지. 7. 대소 신료의 가옥 건축에 관한 제도 정함. 9. 평안북도 압록강 연안에 무창군 설치. 11. 함경북도 북변 다온성에 온성군 신설.

1441. 1. 처음으로 근정문에서 조회를 받음. 종성·온성 2군을 도호부로 고침. 7. 충청도에 공법 실시. 세자빈 권씨 출산 후 죽음. 8. 장영실·이천 등, 서운관에 주물 측우기, 개천과 한강에 양수표, 지방 관아에 자기나 와기 측우기 설치. 각 도의 역로 30리마다 표시를 세움. 9. 온성부의 행성 완공. 10. 화초火鞘를 제작하여 함길도·평안도에 배치. 11. 도서 지방에 개인 목장 허용.

1442. 1. 명의 사신이 가지고 온 물건을 매매토록 함. 5. 산릉수리도감 설

치. 측우의 제도 상세히 규정. 6. 종친의 동성동본 혼인금지. 7. 무창현을 무창군으로 승격. 〈행직·수직의 법〉 제정. 11. 일본선의 무역제도 개정.

1443. 1. 혼인 연령을 남 16세, 여 14세 이상으로 정함. 4. 세자에 정사를 대리케 함. 6. 내의원 설치. 왜구, 제주 공선을 약탈. 회령에 행성 건설. 9. 온성군·종성군 행성 완성. 11. 전제상정소 설치. 12. 〈훈민정음〉 창제. 0. 평안도 북변에 우예군 설치(4군 완료).

1444. 1. 전지田地 측량 규칙 개정. 2. 진사시 폐지. 최만리, 언문 창제의 부당함을 상소. 10. 경기·황해·강원에 도둑떼 발생. 11. 토지제도 〈전분田分 6등법〉, 조세제도 〈연분年分 9등법〉 실시. 대마도주의 세견선을 4척으로 제한.

1445. 5. 국가의 중요한 일 이외는 세자가 다스리게 함. 6. 사관史官이 처음 서연에 들어감. 7. 절도 3범자는 교수형에 처함. 〈전제개혁 21조〉 시행. 충순위 설치. 8. 사표국에서 화포火砲 관장. 12. 저화 사용 8개 조목 정함.

1446. 1. 〈야인사급野人賜給규정〉 제정. 4. 〈군기점고의 법〉 개정. 함길도에 삼수군을 둠. 6. 집현전에서 공법의 폐를 논함. 9. 조운선에 싣는 석수石數를 상세히 정함. 새로 만든 영조척으로 도량형체제 재정비. 〈훈민정음〉 반포. 10. 봉수법을 엄하게 운영. 공문서에 훈민정음 사용. 11. 정음청 설치. 12. 이과吏科 및 이전吏典 시험에 훈민정음 과목 추가. 평안도 대성산에서 민란.

1447. 1. 각 관사의 〈노비신공법〉 정비. 2. 화포 제작. 3. 한성의 기생을 1백 명으로 한정. 윤4. 부녀자의 사찰 출입 엄금. 8. 숭례문 중수. 11. 일본인의 교역 품목을 정하고 개인무역을 금함.

1448. 1. 군사증원 4조목을 정함. 4. 원손 이홍위 왕세손 책봉. 군자 의창 운용 3조목 정함. 6. 한양에 오는 일본사신 수를 60명으로 정함. 11. 정업원 혁파. 12. 경복궁 문소전에 불당 건립. 여진인에게 귀금속 판매 금지. 총통전의 제조 방법과 연습 절차 개선.

1449. 1. 각 품의 건축 규모 상세히 정함. 중의 도첩제 강화하고 도성 출입 엄금. 7. 부령부 설치(6진 설치 완료).

1450. 1. 명과 무역할 말 1천 5백 필 배정. 양성지, 〈비변십책〉 건의. 2. 세종 죽음. 5대 문종 즉위. 7. 부마를 군君 대신에 위慰라 칭함. 각 도의 도회 정함. 동활자 〈경자자〉 제조. 12. 각 도의 지도 제작.

1451. 1. 경기·충청 수군 3천 명으로 도성 수축. 병조, 마병·보병 총 23,486명이라고 보고. 2. 함길도 안변에 둔전 설치. 3. 화차火車를 제작하여 군기감에 50량, 안주·의주·길주 등에 20량씩 배치. 5. 정척, 양계의 지도 제작. 6. 중앙 군사의 위·령제도 개정. 〈신진법新陳法〉 완성. 7. 군대 편제 3군 10사를 5사로 개편. 5사에 각 5영 설치.

1452. 5. 문종 죽음. 6대 단종 즉위. 6. 집현전, 〈학문진흥 21개조〉 제정. 11. 정음청 혁파. 12. 배현경·홍유·복지겸·신숭겸·유금필·서희·강감찬·윤관·김부식·조충·김취려·김방경·안우·김득배·이방실·정몽주 등을 고려왕의 제사에 배향.

1453. 4. 전라도부터 양전 개량 착수. 5. 승도들을 모두 승적에 기록하게 함. 10. 수양대군, 김종서·황보인 등을 죽이고 안평대군 부자를 강화로 유배(계유정난). 단종, 수양대군에 군국의 일을 위임. 안평대군 반역 모의로 사사됨. 이징옥, 종성에서 난을 일으킴. 이징옥과 아들들 주살. 11. 수양대군을 중외병마도통사로 삼음.

1454. 1. 충훈사를 충훈부로 승격. 단종, 송현수의 딸을 비로 맞음. 10. 삼수군 폐지하고 만호를 둠. 12. 문무관의 평상복과 흉배 문장을 정함.

1455. 2. 사표국·책방·궁방·보루각 혁파. 4. 평안도 북변의 우예·여연·무창 3군을 폐지하고 구성군 재설치. 윤6. 단종, 수양대군에게 양위. 수양 즉위(7대 세조). 단종, 상왕이 됨. 11. 취각령 시행.

1456. 2. 강원·함길·평안·황해도의 군정·한량의 명단 작성. 3. 양성지, 〈편의 24사〉 상소. 6. 금성대군 유배. 성삼문·박팽년 등 사육신, 상왕의 복위를 도모하다 처형됨. 집현전·경연 폐지. 상왕 복위 모반 관련자 22명 거열 처형됨. 12. 원구단 건축.

1457. 1. 원구서 설치. 3. 5사를 5위로 개편. 3군진무소를 5위진무소로 개편. 제읍의 군사를 5위에 나누어 둠. 제읍방리에 통주統主 배치. 불교 시행 8개 사목 정함. 4. 병제와 군령 18사목 정함. 6. 상왕을 노산군이라 하고 영월에 유배. 7. 역승驛丞을 찰방察訪으로 대치. 9. 의경세자 죽음. 10. 금성대군 사사. 노산군 피살. 12. 해양대군 세자 책봉.

1458. 1. 각 도에 진 설치. 2. 보신각 대종 완성. 3. 유구국의 사신이 옴. 대소 신민 모두에게 호패를 차게 함. 7. 호패 조건 18조 정함.

1459. 1. 자성군 폐지로 서북 4군 모두 폐지됨. 2. 호패법 다시 시행. 3. 신숙주, 회령에서 여진족 회유. 6. 경상도 청송군을 도호부로 함. 양잠 조건 9개조 정함. 8. 충순위 폐지. 9. 장용대 설치. 11. 병제 개정.

1460. 2. 여진, 종성·부령·경성 등에 침입. 5. 관직 정비. 7. 신숙주 등, 여진 정벌 출정. 8. 한명회, 건주위 여진 정벌 출정. 11. 하삼도 사람 4천 5백여 호를 평안·강원·황해도에 이주시킴. 윤11. 전라도에서 조운선 1백 척 건조.

1461. 1. 공물의 대납을 금함. 각 도에 둔전을 만들게 함. 4. 경기도·전라도에 양전 실시. 〈공처노비정안〉 완성. 각 도의 대소 한직 3품 이하를 정병正兵에 속하게 함. 6. 간경도감 설치. 10. 〈승인호패법〉의 조건 지정. 12. 창덕궁의 건물과 방의 이름 지음.

1462. 1. 유구국 사신이 옴. 5. 호적 완성. 충청·전라·경상의 군적 작성. 6. 전국에 가축 장려. 각 읍에서 병기를 만들게 함. 지방 수령의 임기를 30개월로 함. 11. 세조, 상원사에서 관음보살을 봄.

1463. 1. 〈호패사목 22조〉 제정. 5. 군자감 대창 완성. 6. 읍·영의 둔전을 적에 올림. 11. 장서각을 홍문관이라 개칭. 12. 병서구결을 정함.

1464. 1. 충훈부·부마부·충익사·기로소의 공해전 혁파. 5. 세조, 원각사 건립을 논의. 7. 천문·풍수 등 7학문 수립. 8. 포폐·저폐·전폐 중 전폐 사용. 양성지, 〈군정십책〉 건의. 11. 전폐(팔방통화) 주조.

1465. 1. 원각사 대종 완성. 도첩이 없는 승려를 군적에 편입. 4. 원각사 낙성. 봉석주·김처의 등, 역모로 주살. 11. 한성부 여항에 이문里門을

짓게 함.

1466. 1. 오위진무소를 오위도총부로 개칭. 수군도안무처치사를 수군절도사로 개칭. 2. 평안도 영원군 설치. 5. 발영시 실시. 7. 전국의 무기 내역 정함. 등준시 시행. 8. 혜민서 설치. 소격서 설치. 과전科田 폐지, 직전職田 설치.

1467. 1. 노비 관장 변정원을 장예원으로 고침. 3. 한성에 잡색군 설치. 5. 이시애, 난을 일으킴. 함경도 농민 호응. 8. 이시애 잡혀 죽음. 9. 윤필상·강순 등, 명과 함께 압록강변 건주위의 여진 정벌. 함길도를 남북으로 나눔.

1468. 9. 세자 즉위(8대 예종). 세조 죽음. 신숙주·한명회 등, 원상이 되어 조정의 업무 관장.〈직전수조법〉제정. 10. 남이·강순 등, 반역죄로 처형. 12. 강희맹, 도적을 다스리는 9개 항목 올림.

1469. 3. 도성 안팎의 소나무 금벌사목 8개조 정함. 4. 삼포의 사무역을 금함. 6. 둔전의 민간인 경작 허가. 7. 평민과 관리의 복식 지정. 9. 천문·지리·음양 서적 수집. 11. 예종 죽음. 9대 성종 즉위. 12. 대왕대비 세조비 정희왕후 윤씨 수렴청정. 군적 개정. 호패법 폐지.

1470. 2. 도성 방리의 잡색군 혁파. 7. 경국대전의 이전吏典·병전兵典의 관제 시행. 9. 경기 지방의 곡식종자 부족 대책 마련. 도성 내의 경작 금지와 식목에 관한 사목 제정. 12. 각 도에 잠소蠶所 1개소씩 설치.

1471. 1. 공납·전세 징수의 폐단 시정. 3. 5도의 경차관 폐지. 의학장려 10조 정함.〈일본인응대절목〉5조 정함. 백성 사역방법 정함. 6. 외가·친가 6촌 이내의 결혼금지. 도성 내에 염불소 폐지. 무당을 도성 밖으로 내보냄. 11. 일본인의 밀매매 금지. 12. 간경도감 혁파.

1472. 1.〈사치금지절목〉11조 정함. 2.〈학교장려절목〉정함. 3. 의학권장 10조 정함. 4. 과거응시제도 조정. 5. 각 도에 도회 설치. 7. 유녀·화랑의 금지 7조 정함. 8.〈전세田稅절목〉정함. 사족 부녀자가 비구니가 되는 것을 금함. 11. 수군의 대리 입영을 금함.

1473. 5. 응방 폐지. 6. 문서에 초서草書를 쓰지 못 하게 함. 8. 서거정이

올린 〈시폐 8조〉 채택. 10. 왜구 대비 해안경비 강화.

1474. 1. 경상·전라도에 면화 재배 장려. 3. 도적이 성행하므로 포도장 재설치. 4. 성종비 공혜왕후 한씨 죽음. 윤6. 각 처의 기우제 요건을 정함. 9. 새로 만든 저화를 사용토록 함. 묘에 세우는 석인·석상의 크기를 정함. 12. 경복궁 근정전과 광화문에 청기와 올림.

1475. 1. 부산포의 사염장 폐지. 절도 재범자는 교수형에 처함. 2. 여진, 경원 등에 침입. 4. 영안·평안·황해 3도에 면화 재배 장려. 5. 봉수烽燧사목 철저 시행토록 함. 사치와 참람 금지규정 정함. 9. 병부, 전국의 정병 27,620명으로 보고. 12. 장용대를 장용위로 개칭.

1476. 1. 대왕대비 정희왕후 수렴청정 거둠. 아오지에 만호 배치. 5. 원상 폐지. 6. 사가독서권장사목을 정함. 8. 숙의 윤씨 왕비 책봉.

1477. 1. 일본 통신사의 사목을 정함. 윤2. 〈친잠절목〉 정함. 3. 탑과 묘가 있던 자리에 사찰의 창건을 금함. 왕비 윤씨 빈으로 강봉. 유구국 사신이 들어옴. 7. 주·부에 사관史官을 둠.

1478. 2. 의녀醫女의 업무 분장. 사사로이 노비 매매 금지. 3. 홍문관, 집현전의 직제와 기능 승계. 5. 문묘에 하마비下馬碑 설치. 임사홍·유자광 유배. 8. 계층별 가옥의 칸수와 척수 지정. 11. 향약鄕藥 개발의 조건을 정함. 12. 추쇄도감사목을 정함.

1479. 3. 중국 벼를 시험 재배케 함. 4. 장악원의 악기 정비. 일본에 통신사 파견. 6. 왕비 윤씨 폐서인이 됨. 윤10. 명, 건주 여진 정벌에 지원 요청. 11. 윤필상, 건주 여진 정벌.

1480. 1. 유생의 승마 금지. 4. 향교에 토지를 내림. 10. 어을우동 교형에 처함. 11. 정현왕후 윤씨 계비 책봉.

1481. 1. 단송斷訟도감 설치. 3. 포도사목 정함. 6. 한강변의 제천정·희우정을 제외한 정자를 모두 헐도록 함. 7. 〈구황救荒절목〉 제정. 8. 일본인에게서 후추 종자를 구함.

1482. 8. 폐비 윤씨 사사.

1483. 2. 폐비 윤씨의 아들 이융 세자 책봉. 수강궁 터에 창경궁 착공. 9.

여진인이 입경할 때는 영안도를 경유케 함. 0. 살곶이 다리 완공.

1484. 1. 소격서 검찰사목 정함. 9. 창경궁 낙성. 10. 건주 3위의 귀순자의 상경 인원수 제한. 12. 종친의 〈과거절목〉 정함. 성균관에 전지 4백 결 내림.

1485. 1. 일본과의 동·철 무역을 관에서 관장. 2. 상인들의 일본 교역 허가. 3. 동활자 〈갑진자〉 30여만 자 주조. 11. 경기 수군절도사 폐지.

1486. 4. 서북·동북 양계의 수령에 문·무관 교대로 임명. 5. 전라도에 과도한 공부·공역으로 굶어죽는 자 발생. 6. 군적 수정. 9. 영안도에 장성 축성. 12. 호랑이 잡는 절목 제정.

1487. 1. 각 도의 공휴지에 둔전 설치. 8. 경상도의 각 포구에 석축을 쌓음. 12. 한성부에 시전市廛의 업무 위임.

1488. 윤1. 화재가 난 원각사 중수. 5. 각 도의 군적軍籍 완성. 유향소 재설치. 8. 최부, 수차水車 제작.

1489. 2. 군사의 시험절목 정함. 11. 강원도 민란.

1490. 1. 도첩이 없는 승려를 군에 충원. 2. 좌·우변포도장 혁파. 4. 병오년(1486) 158,127명의 군적을 바침. 9. 경상도 염포·조라포·부산포·평산포에 축성. 10. 순천 오동포에 전라좌도 수영水營 설치.

1491. 1. 여진족의 경흥 침입으로 경군 1백 명 지원. 3. 사사전세寺社田稅를 관수관급. 8. 홍문관원의 사가독서 부활. 11. 허종, 두만강변의 여진 정벌.

1492. 1. 소를 도살한 자는 외딴 섬으로 보냄. 2. 도첩제 혁파. 공사천민의 아들을 보충대에 속하게 함. 3. 일본인의 사무역 허용. 7. 경기·충청 양전 실시. 12. 금승령禁僧令 6개조 정함. 0. 남호독서당 설립.

1493. 1. 재산소송 기간을 5년으로 한정. 살인하고 재물을 빼앗은 자의 처자는 관노비로 함. 5. 〈권학절목〉〈권과절목〉 각 6개조 시행. 9. 경상·전라 양전 실시. 〈시명지보〉 새로 제작.

1494. 2. 삼포 거주 일본인 농경지에 과세. 3. 쌀값 폭등. 전국에 도적 일어남. 12. 성종 죽음. 10대 연산군 즉위.

1496. 4. 연산군, 흥유억불興儒抑佛 명함. 7. 건주의 여진, 주원 침입. 12. 창덕궁 수문당을 희정당으로 개칭.

1497. 2. 응방 재설치. 3. 일본인, 녹도 만호를 죽임. 6. 대간들의 사직이 70여 회에 이름. 문신의 사가독서 다시 시행. 11. 공안 개정 정지.

1498. 4. 영안도를 함경도로 개칭. 5. 호적 개정. 식년 개정. 7. 유자광의 무고로 김일손·권오복 등 처형됨. 김종직 부관참시. 김종직·김일손의 사초와 문집을 불태움(무오사화).

1499. 4. 여진, 삼수군 침입. 7. 여진, 강계·이동 침입. 8. 북방의 경비 엄하게 함. 9. 평안도 및 함경도 삼수군에 도민입실책 제정. 12. 모든 사사寺社의 전토를 기록케 함.

1500. 3. 비융사 설치. 6. 음란남녀 처형법 제정. 8. 의정부에서 폐단조목 올림. 11. 비융사에서 새로 만든 갑옷을 군기시에 저장.

1501. 4. 공안상정청 설치. 겸사복시·선전관청을 궁궐 밖으로 옮김. 9. 충청도·황해도 관찰사의 절도사 겸임 폐지.

1502. 1. 명으로부터 옷감 염색 방법을 배움. 3. 한치형 등, 〈시폐 10조목〉올림. 수차水車를 경기·충청도에서 시험 사용. 5. 사헌부에서 〈시폐 10조목〉올림. 6. 갑산에 함경도 행영 설치. 북방 양계 입주인과 내지인의 결혼 금지.

1503. 1. 승려의 도성 출입금지. 11. 경복궁·창덕궁의 담을 높이 쌓고 담 부근에 민가를 못 짓게 함. 백악산·인왕산·사직산에 올라 궁궐을 바라보지 못 하게 함. 타락산(낙산) 밑의 민가 철거.

1504. 3. 폐비 윤씨에게 제헌왕후 추존. 4. 인수대비 죽음. 윤4. 경연 폐지. 5. 성균관과 4학 유생이 정사 간여 금지. 7. 언문의 교수·학습을 금함. 척흥청 설치. 도성 곳곳의 인가 파괴. 8. 각 관사의 물품이 다함. 9. 비융사 폐지. 10. 김굉필·권달수·윤필상·이극균·성준·홍귀달 등 수십 명 처형(갑자사화). 혜안전 준공. 12. 도성 내 금표禁標 설치. 의금부의 수용 죄인 한계 초과. 이두 사용금지. 0. 기녀들에게 〈처용무〉를 전습시킴.

1505. 1. 경연관을 진독관으로 고침. 조관朝官에게 환관이 차고 있는 신언패를 차게 함. 3. 성 쌓는 일로 거리에 시체 즐비. 5. 시강원 혁파. 6. 조하·조참·행행에 주서·사관이 모두 입시케 함. 궁중에 방을 많이 둠. 경기의 사면에 금표를 세우게 함. 7. 관부 문서와 〈여지승람〉 등 서적의 개인 소장 금지. 9. 국고 고갈. 장악원을 연방원으로 고침. 11. 종학 폐지. 12. 사사전寺社田 폐지. 궐내의 책을 밖으로 내보냄.

1506. 1. 각 관서의 일부 관직 혁파. 운종가 이북의 인가를 모두 몰아냄. 2. 도성 밖 금표의 한계 설정. 4. 사간원 혁파. 5. 홍문관 혁파. 진독관 혁파. 7. 관상감을 사역서로 낮춤. 8. 대제학 혁파. 9. 박원종·성희안 등, 반정을 일으켜 연산군을 폐함(중종반정). 진성대군 즉위(11대 중종). 임사홍·신수근 등 죽임. 폐왕을 연산군으로 함. 중종비 신씨 폐위. 연산군이 만든 제도 및 조치 모두 원상복귀. 동서 금표 혁파. 연산군 교동으로 유배. 11. 연산군 죽음.

1507. 4. 유자광 등 유배. 6. 명화적 무리가 들끓음. 외방 재인·백정을 원적으로 돌려보냄. 8. 이과 등, 반역 꾸미다 처형됨. 9. 언문청 폐지. 11. 정청에 사관史官이 입참토록 함. 정난공신에 공신교서 내림. 양종兩宗 도회소 철폐.

1508. 2. 홍문관의 월과·춘추과시·사가독서·전경 등의 법을 엄격히 시행. 10. 국가 재정 고갈. 예조·성균관·사학의 관원을 추고. 8도에 어사 파견.

1509. 1. 도성 내에서 무당 행위 엄금. 2. 전가도변全家徒邊 죄인은 함경도 5진으로 이주시킴. 3. 도첩이 없는 승려를 환속시켜 군역을 시킴. 7. 강도 20여 명이 송화현 관아 습격. 12. 군적 개정으로 정군 177,322명, 잡군 123,958명.

1510. 3. 폐사廢寺 사전寺田을 향교에 귀속시킴. 중학 유생들이 배불 선언하고 정릉사에 방화. 4. 왜구, 부산·웅천·동래 약탈(3포왜란). 왜란 평정. 7. 절도범에 대한 단근형 폐지.

1511. 3. 성균관에 학전 100결 내림. 4. 악학도감 혁파. 7. 종학 다시 설

치. 12. 내금위의 사복·부장에 무신 임명.

1512. 2. 동·서 진제장 및 동·서 활인서 다시 설치. 6. 정로위 설치. 7. 여진, 갑산·창성에 침입. 9. 일본과 세견선·세견미 감축조약 체결(임신약조). 12. 연산군묘 양주로 이장.

1513. 5. 각 도에 어사 파견. 10. 박영문·신윤무, 반역으로 주살. 11. 추쇄도감 설치.

1514. 1. 경상도의 한량과 경성 관군을 교대케 함. 3. 사찰의 창건과 중창 금지. 11. 청백리의 자손 채용. 일본 사신 들어옴.

1515. 2. 중종 제 1계비 장경왕후 윤씨 인종을 낳고 죽음. 7. 〈저화행용절목〉 제정. 8. 박상 등, 단경왕후 신씨의 복위 상소. 이행, 박상 등을 탄핵. 11. 조광조, 이행의 파직 요구.

1516. 1. 주자도감 설치하고 동활자 〈병자자〉 주조. 5. 성균관 4학의 유생이 아닌 자 등용 제한. 10. 천문학 장려. 11. 왕패 없는 사사寺社의 노비·전답을 국가에 귀속시킴.

1517. 1. 조광조 등, 이학理學의 장려 상소. 농업·양잠 장려. 2. 여진 1만여 명이 평안도에 주둔. 4. 축성사 설치. 6. 축성사를 비변사로 고침. 7. 〈여씨향약〉을 8도에 반포. 정몽주를 문묘의 최치원 다음 자리에 모심. 0. 동호독서당 설립. 응방 폐지.

1518. 1. 전옥서·의금부에 남녀 분리 수용. 9. 소격서 혁파.

1519. 4. 조광조의 건의로 현량과 실시. 현량과에서 김식·박훈 등 28명 선발. 11. 남곤·심정·홍경주 등 훈구 재상에 의해 조광조·김정·김식 등 신진사류 투옥됨(기묘사화). 성균관 유생 150여 명이 궁궐 합문 밖에서 통곡. 12. 조광조 사사. 현량과 파방. 전국 호수 754,146호, 인구 3,745,481명.

1520. 1. 향약 널리 장려. 2. 여연·무창 거주 여진인에게 퇴거 요구. 3. 제주의 한지에 둔전 실시. 4. 순변사를 6진에 파견. 5. 비변사 설치. 11. 가족 간의 소송을 금지시킴.

1521. 5. 서후, 대맹선大猛船 건조 주장. 10. 송사련, 안처겸·안처근 등

무고(신사무옥).

1522. 1. 서후, 노궁·극적궁 제작. 군기시에서 벽력포·편조전 시험. 2. 도량형기 새로 제조. 5. 추자도에서 왜변. 10. 안처겸, 모반으로 처형. 11. 강원도 양전 종료. 황해·전라도에 강도 성행. 12. 소격서 재설치.

1523. 1. 군적 개정. 4. 강도 효수 금지. 전국에 어사 파견. 왜구, 안면도·풍주에 침구. 5. 일본 사신 들어옴.

1524. 1. 압록강 유역 삼둔에 여진의 침입 격퇴. 12. 전라도 양전 종료. 일본 물품에 대한 신가격제 결정.

1525. 1. 진휼청 설치. 3. 윤탕빙·유세창 등 모반하다 처형됨. 8. 전라도 양전 다시 실시. 9. 전라도에 왜변. 10. 이순, 천체관측기 〈목륜〉 제작.

1526. 2. 경기·강원·함경도에 열병 만연. 5. 간의·혼상 제작. 10. 변방 장수 첩과 동거 금지. 12. 관상감, 동지에 후기관 시험.

1527. 3. 동궁에 작서灼鼠의 변 일어남. 4. 작서의 변으로 경빈 박씨 서인이 됨. 12. 중추원에 약방을 두고 약재 무역 실시.

1528. 2. 경복궁 보수. 예조, 매년 한성에 오는 여진인의 수 결정. 9. 성균관 유생들이 재상을 품평.

1529. 4. 전라·경상·충청의 조운에 사선私船 이용. 5. 갑산부를 함경도 행영으로 함. 10. 비변사, 긴급 중요 사안은 의정부와 의논하고 일반 사안은 병조와 논의하기로 함.

1530. 2. 산양회의 여진족 축출. 4. 상의원에 서양 세면포 무역 허가. 5. 상의원에서 표준이 되는 갓 제작. 12. 도둑 순석 등의 무리를 잡음.

1531. 6. 김안로, 오위도총부 도총관이 되어 재등장. 10. 육조의 당상관 등, 김안로와 대간 규탄. 11. 심정 사사.

1532. 1. 청백리를 포상하고 그 자손을 등용. 2. 화포火砲를 아는 자를 군기시에 발탁. 10. 조정 관리의 녹봉을 감하여 구황에 충당. 12. 위화도 거주 명 사람의 경작금지.

1533. 5. 작서의 변 관련 경빈 박씨 사사. 복성군 유배.

1534. 2. 윤개 등, 명에서 이두석·역청·백철의 조작법과 연금술 등 학습

하고 명의 복식을 가져옴. 3. 이행 사사. 11. 관복을 명의 제도에 따름.

1535. 6. 역승을 폐지하고 찰방 설치. 7. 종학을 다시 둠. 8. 승려 금단의 절목 수립. 자원 부역승에 호패를 줌. 11. 성균관에 시장柴場을 내림. 12. 〈인재양성절목〉 시행.

1536. 4. 흥천사종을 숭례문으로, 원각사종을 흥인문으로 옮김. 5. 찬집청 설치. 6. 유전·최세정, 개량 자격루 완성.

1537. 1. 모화관에 영조문 건립. 일본 사신의 통신사 요청 거부. 2. 도성의 요승·요무를 적발. 도성 내 무당집과 새로 지은 사찰 철거. 10. 윤원로·윤원형 형제 유배. 김안로 사사.

1538. 2. 기묘사화 관련자와 죄인에게 다시 관직을 줌. 6. 한성부 인구 증가로 자하문 밖 빈 땅을 나누어 줌. 9. 〈동국여지승람〉에 기재된 이외의 사찰 철거. 10. 사무역私貿易 엄금.

1539. 3. 전라도 승려 3천 명을 군적에 올림. 4. 영조문을 영은문으로 개칭. 7. 〈사망원인 3복의 법〉 다시 시행.

1540. 6. 도박 엄금. 8. 〈중국물품사용절목〉 제정. 12. 전라도 민란. 0. 〈역대실록〉 인쇄하여 사고에 보관.

1541. 5. 〈진휼절목〉 제정. 11. 각 아문 및 외방 관서의 술창고 폐쇄. 12. 평안도 여진족에 대비하여 비변사를 확충하고 의정부 3공이 겸하게 함. 0. 김안국, 태지苔紙 제작.

1542. 6. 단천의 은 채굴 금지. 7. 일본에서 은 1만 5천 량 수입. 8. 주세붕, 백운동에 안향의 사묘 건립. 9. 100세 이상 노인에 술·고기 하사.

1543. 1. 주세붕, 백운동서원 설립. 2. 구수담, 대윤(윤임 일파)·소윤(윤원형 일파)의 대립을 진언. 10. 하삼도 이주민을 평안도에 이주시킴.

1544. 1. 하삼도의 범죄인을 변방에 이주시킴. 4. 왜구, 경상도 사량진에서 약탈(사량왜변). 5. 〈임신약조〉 파기. 일본과 국교 단절. 사신 이외의 일본인 일체 거부. 웅천 가덕도에 진 설치. 9. 동래 다대포를 첨사진으로 승격. 왜관을 부산포로 옮김. 11. 중종 죽음. 12대 인종 즉위.

1545. 6. 조광조의 서품 복귀시킴. 현량과 다시 실시. 7. 인종, 경원대군에

게 전위하고 죽음. 13대 명종 즉위. 중종 제 2계비 문정왕후 윤씨 수렴 청정. 원상을 둠. 8. 대윤파 윤임·유관·유인숙 등 사사(을사사화). 9. 계림군 이류 역모로 처형. 10. 현량과 다시 혁파.

1546. 3. 윤원로, 동생 윤원형에 의해 파직됨. 4. 함경도·경기도에 질병 만연. 8. 이림 사사. 9. 관직 대폭 인사 교체.

1547. 2. 원상 폐지. 대마도와 〈정미약조〉 맺음. 일본과 통교 재개. 9. 양 재역 벽상의 옥 일어남. 봉성군·송인수 사사(정미사화). 윤9. 공신회 맹제 거행. 12. 윤원로 사사.

1548. 1. 동·서 진제장 및 상평창 개설. 황해도에 쌀 4천 석 보냄. 3. 4산 에 소나무 벌목 횡행. 버려진 시체와 굶주린 자 많음. 8도에 어사 파견 하여 구황 현황 파악. 4. 전국의 두곡斗斛을 교정하여 통일시킴.

1549. 1. 홍문관에서 〈선기옥형〉〈혼천의〉 제도를 올림. 3. 소 도살 엄금. 혼인 사치 엄금. 4. 이홍윤과 선비 40여 명 모반 혐의로 처형.

1550. 2. 백운동서원에 소수서원 편액이 하사됨. 김순고, 윤선輪船 제작. 12. 문정왕후, 선·교 양종을 다시 둠.

1551. 1. 양사·홍문관·성균관 유생들, 양종 혁파 건의. 6. 보우를 판선 종사 도대선사로 세움. 양종 선과를 다시 설치하고 승려에게 도첩을 줌. 8. 권문세가의 사유 둔전 조사. 9. 상목(3승포)를 폐하고 회봉(5·6 승포) 사용으로 굶주린 자 급증.

1552. 1. 지음·주지가 파견될 사찰 395곳 선정. 2. 새로이 승려가 되는 것을 금함. 선종 20, 교종 39개 사찰 폐지. 4. 승과 시행. 북경 무역 금지. 5 제주도에 왜구 출몰. 7. 군적도감 설치. 11. 왜인 접대규정 다 시 적용.

1553. 1. 양종 시경승試經僧 2,580명에게 도첩 발급. 3. 4관에서 신입자 괴롭힘을 근절토록 함. 윤3. 천인이 양녀를 처로 삼음을 금지하는 법 제정. 5. 제주에 왜변. 7. 명종, 친정 시작. 9. 태조 때 지은 경복궁의 강녕전·사정전·흠경각 화재로 소실. 10. 양첩의 아들에 한하여 그 손자부터 문무과 응시 허용.

1554. 5. 북경 무역 재개. 6. 제주·전라도에 왜변 발생. 8. 당상관의 사가 독서 첫 실행. 박민헌, 장영실의 〈옥루〉 재제작. 9. 경복궁 중창하고 동궁 완성.

1555. 5. 왜구선 70여 척이 전라도 10개 진 점거(을묘왜변). 이준경, 영암 에서 왜구 대파. 6. 김홍도 등 10명 사가독서하게 함. 7. 황해도 군사 의 평안도 파견 금지. 10. 사냥 허용.

1556. 1. 경기수군절제사 군영을 남양 화량진에 설치. 3. 가뭄에 대비하여 수로와 천맥 정비. 8. 공천추쇄도감 설치. 11. 일본 사신, 세견선 증가 요청. 12. 총통 주조용 동철 6만 근 구매.

1557. 2. 도첩이 있는 승려의 잡역 면제. 4. 일본 세견선 5척 증가. 수군 증가책 결정. 황해도 민란. 9. 독서당 관원은 학업에만 전념케 함.

1558. 3. 왜구 방어를 위해 대마도에 2년의 세사미 제공. 8. 양계 이외 각 도의 병마평사 폐지.

1559. 1. 평안도 수령을 무신으로 바꿈. 3. 임꺽정, 황해도에서 민란 일으 킴. 4. 임꺽정 등, 개성부 포도관을 죽임. 11. 모든 관가의 원당願堂 폐 지. 0. 이황과 기대승, 사단칠정에 관한 서신 왕래 시작(~1566).

1560. 5. 씨름·도박·다리밟기 금지령. 8. 임꺽정 한양에 출몰. 12. 이황, 도산서당 세움.

1561. 10. 이정, 서악서원 세움. 도적의 도성 잠입에 대한 〈비망기〉를 내림.

1562. 1. 임꺽정 잡아 처형. 9. 중종의 정릉을 고양에서 광주로 옮김. 11. 일본 사신이 왜변에서 약탈한 병서 반납. 일본, 국서 요청.

1563. 9. 순회세자 죽음. 명, 〈대명회전〉에 기재된 조선 왕계의 오류 시정 (종계변무 일단락).

1564. 7. 각 도 감사에게 수령의 임면을 엄히 하도록 함. 8. 전국에 수해.

1565. 3. 원각사 터에서 화재. 4. 문정왕후 죽음. 성균관 유생들, 보우를 잡아가고 양주 회암사를 불태움. 6. 보우 제주에 유배. 제주 목사, 보우 를 죽임. 7. 윤원형의 관작 삭탈. 11. 윤원형·정난정, 도피처에서 자결. 12. 1545년 이후에 죄인이 된 자를 사면.

1566. 4. 교종·선종의 선과禪科 혁파. 6. 명종이 이황을 부르나 불응.

1567. 6. 명종, 중종의 7자 덕흥대원군의 셋째아들 하성군 이균을 후계로 삼음. 명종 죽음. 7. 하성군 즉위(14대 선조). 명종비 인순왕후 심씨 수렴청정. 원상을 둠. 10. 노수신·유희춘 서용됨. 11. 원상을 파함.

1568. 1. 선조, 학교 진흥책을 전국에 전교. 양계에 순무어사 배치. 2. 인순왕후, 수렴청정 거둠. 선조 친정. 을사사화에 적몰된 자 신원됨. 4. 조광조에 영의정 추증. 공무역을 5년간 중지하고 사무역 엄금. 조식·성혼·이환 등 발탁. 9. 현량과 다시 시행. 12. 이황, 〈성학십도〉 올림.

1569. 3. 이황, 향리로 돌아감. 7. 이이, 〈동호문답〉 올림.

1570. 4. 성균관 유생들, 김굉필·정여창·조광조·이언적 등의 문묘 종사 從祀를 청하는 복합상소 올림. 전국적 대기근. 6. 흉년으로 관리 녹봉 삭감. 7. 각 도에 풍수해 극심. 12. 퇴계 이황 죽음.

1571. 5. 왜변에 유효했던 투석投石 장려. 11. 도성 부근에서 호랑이 7마리 잡음.

1572. 7. 이준경이 죽으며 남긴 상소에 붕당이 이루어졌음을 말함. 8. 궁궐 밑의 민가 철거. 9. 선조, 김굉필·정여창·조광조·이언적의 문묘 종사 허락. 0. 이이와 성혼, 사단칠정에 관한 서신 왕래 시작(~1578).

1573. 8. 군적 개정과 이에 따른 소동이 일어남. 〈향약〉을 널리 배포. 11. 성주 천곡서원에 사액. 12. 〈가공법家供法〉 시행.

1574. 1. 이이, 〈만언봉사〉 올림. 2. 〈향약〉 시행 연기. 3. 사대부가 소유한 간석지와 관둔전 몰수. 12. 십가작통제十家作統制 실시.

1575. 3. 신 군적 반포. 비변사, 대마도주가 일본이 조선 침략을 준비하고 있다고 알려옴을 아룀. 7. 심의겸·김효원의 파당이 대립하여 동·서 당론이 일어남(을해당론). 8. 이황의 제자들에 의해 안동 도산서원 건립되고 한호의 글씨 사액 받음. 10. 심의겸·김효원을 외지에 임명.

1576. 2. 도산서원 사당 준공하여 퇴계의 신위 모심. 6. 풍기의 고려태조 왕건의 진영을 연천 숭의전으로 옮김. 0. 평양 대동문 건립.

1577. 7. 전국적 홍수. 전염병 창궐. 8. 전라도 운봉에 〈황산대첩비〉 건립.

12. 윤임·유관·유인숙·이류 신원됨.

1578. 4. 경상도 군사가 폭동을 일으킴. 8. 군정軍政의 폐단이 심해짐. 10. 동인 중심의 양사(사간부·사헌부)에서 서인 3윤(윤두수·윤근수·윤현)을 탄핵하여 축출.

1579. 3. 김우옹, 동·서 사류의 화합을 상소. 5. 백인걸, 동서 분당 규탄. 이이, 동·서 사류의 보합을 논함. 10. 윤두수·윤근수를 외지에 임명.

1580. 10. 성균관 유생들, 유향 등 중국 유학자의 출향과 이황 등의 문묘 종사 상소. 0. 가야 수로왕릉 개축.

1581. 1. 노산군 묘에 입석 봉묘. 2. 구황어사를 각 도에 파견. 4. 각지에 상평창 세움. 황해도 기근으로 군자창미 1만 석 보냄.

1582. 9. 이이, 시폐를 논하고 공안의 개정 요청.

1583. 2. 신립·신상절 등, 여진 격파. 이이, 〈시무6조〉 올림. 4. 이이, 〈10만 양병설〉 건의. 5. 신립, 종성에 침입한 여진 격파. 6. 송응개·박근원·허봉, 이이를 공격하다 유배됨(계미삼찬). 동서분당 격심해짐.

1584. 1. 이이 죽음. 11. 황정욱 등, 개정된 〈대명회전〉 가져옴.

1585. 1. 교정청 신설. 2. 노산군릉에 사묘 건립. 0. 경기 수영에서 전선戰船 건조.

1586. 1. 향교 제독관을 둠. 10. 조헌, 인재 양성의 부실을 상소.

1587. 2. 왜구, 녹도·가리포·흥양에 침구. 3. 왜구 방비책으로 암행어사를 남부지방에 파견. 9. 일본 사신, 통신사 파견 요청.

1588. 1. 이일, 함경도 여진 시전부락 정벌. 2. 이일, 제승방략의 시행을 건의. 12. 일본 사신, 통신사 파견 재차 요청.

1589. 5. 조헌, 시폐를 논하다 유배. 6. 일본, 억류했던 조선인 116명을 보내고 통신사 파견 재요청. 10. 정여립, 모반을 꾀하다 자살. 동인 다수 처형 유배(기축옥사). 11. 명에서 개정된 〈대명회전〉 전질과 칙서를 가져옴으로 종계변무 종결. 12. 이발 등 동인 30여 명 처형 유배.

1590. 3. 정사 황윤길, 부사 김성일 등 통신사로 일본으로 출발. 11. 황윤길, 도요토미 히데요시 만남.

1591. 윤3. 황윤길 등 일본 사신과 함께 귀국. 기축옥사의 위관 정철 파직. 10. 명에 사신을 보내 일본의 정명가도征明假道 요구 사실을 알림. 11. 김성일 등 〈시폐 10조〉 올림. 0. 동인, 북인과 남인으로 분열.

1592. 4. 일본군 21만, 조선 침입(임진왜란). 선조, 서북 방면으로 피신. 곽재우·조헌 등 의병 일어남. 5. 일본군, 한성 점령. 경복궁 불에 탐. 이순신, 노량해전에서 거북선 사용하여 대승. 6. 세자 분조. 하삼도의 관군 대패. 이덕형, 명에 구원 요청. 평양 함락됨. 선조, 의주로 피신. 명의 원군 1진 압록강 건넘. 명 원군, 서양식대포 불랑기 사용. 7. 이순신, 한산도에서 일본 함대 대파하고 제해권 장악(한산도대첩). 휴정, 승군을 일으킴. 일본군, 회령에서 임해군·순화군을 사로잡음. 8. 금산전투에서 조헌 의병 7백 명 전사. 전국에서 의병 일어남. 9. 명의 심유경, 평양에서 일본군과 강화 교섭. 10. 김시민, 진주 전투에서 대승. 김시민 전사. 12. 이여송의 명의 원군 본진 4만 명 압록강 건너 의주 도착. 0. 이장손, 〈비격진천뢰〉 발명.

1593. 1. 평양 수복. 일본군 퇴각 남하. 명군 추격. 명군, 벽제관에서 일본군에 대패. 2. 함경도·평안도의 일본군 퇴각하여 한성에 집결. 권율, 행주산성에서 일본군 대파(행주대첩). 4. 심유경, 한성에서 일본군과 강화 교섭 재개. 일본군, 철수를 위해 경상도에 집결. 한성 수복. 5. 한성부 인구 총 38,901명. 6. 임해군·순화군 돌아옴. 진주성 일본군에 함락. 김천일 순국. 8. 일본군 철수 개시. 명군 철수 개시. 이순신, 삼군 수군 통제사가 되어 본영을 여수에서 한산도로 옮김. 10. 선조, 한성에 돌아와 월산대군 집을 행궁으로 삼음.

1594. 1. 전국적 기근. 2. 훈련도감 설치. 3. 이순신, 당항포에서 일본 수군 대파. 군제를 진관鎭管체제로 전환. 4. 도성에 전쟁과 기아로 죽은 자가 헤아릴 수 없어 단을 만들어 제사지냄. 문관·종친·음관에게 총 쏘는 법을 익히게 함. 5. 성혼, 〈시무 14조〉 올림. 11. 속오군 편성. 기민을 추위와 질병에서 구제토록 함. 12. 유정, 가토와 회담.

1595. 3. 훈련도감에서 포수와 사수 선발. 명의 훈련교사 12명을 각 도에

파견. 7. 긴요하지 않은 서원 혁파. 각 도의 대도호부에 무학武學을 두어 군사 양성. 9. 강화·수원에 요새 설치.

1596. 1. 훈련도감의 사수射手를 모두 공사 천민으로 함. 병조 예하의 5위 체제 복귀. 심유경, 고니시와 함께 일본으로 감. 4. 명 사신 이종성, 도일하지 않고 부산 일군 본영에서 탈출. 7. 이몽학이 홍산에서 난을 일으켰으나 피살. 통신사 황신, 일본에 감. 9. 히데요시, 조선 재침을 명함. 12. 황신, 일본에서 돌아옴.

1597. 1. 20만 일본군, 조선 재침(정유재란). 2. 이순신 하옥. 원균, 삼도수군통제사가 됨. 3. 명군, 다시 출병. 5. 파발제 시행. 7. 조선 수군 대패. 원균 전사. 이순신 다시 삼도수군통제사가 됨. 8. 일본군, 전라도 남원 점령. 9. 명군, 직산에서 일본군 대파. 이순신, 명량해전에서 일본군 대파. 왜군, 안성·죽산 침범. 10. 일본군, 남해안으로 퇴각. 조선 수군, 목포 보화도를 본영으로 삼음.

1598. 1. 명군, 울산성 공격 실패. 2. 조선 수군, 완도 고금도로 본진 옮김. 6. 명이 일본과 강화하는 것을 경계하게 함. 8. 명군, 남해안의 일본군 공격. 히데요시 죽음. 9. 히데요시의 유언에 따라 일본군 철수 개시. 11. 이순신, 남해 노량에서 일본 수군 대파. 이순신 전사. 일본군 철수 완료.

1599. 1. 명에 사은사 보냄. 4. 명군, 일부만 한성에 남고 철수. 7. 권율 죽음. 8. 여수에 진남관 건설. 의관衣冠제도 복구. 남관왕묘를 남대문 밖에 건립. 0. 북인, 대북과 소북으로 분열.

1600. 4. 일본, 포로 3백여 명을 환국시키며 화해를 청함. 6. 강항, 일본에서 탈출하여 일본의 정세를 알림. 9. 비변사에서 〈시무책 15조〉 올림. 잔류 명군 철수 완료. 10. 각 역 다시 설치. 12. 임진왜란 이후의 〈일기〉를 추가 수정케 함.

1601. 1. 왜란 후 처음으로 녹봉을 줌. 문묘의 공자 위패를 명의 요청에 따라 〈대성지성문선왕〉에서 〈지성선사공자〉로 고침. 2. 임진왜란 이후 시행하던 서얼허통을 다시 중지. 6. 사사로이 설치한 둔전 혁파. 일본

사신이 포로 250명을 쇄환하고 강화문서 전달. 8. 동관왕묘를 흥인문 밖에 세움. 10. 건주위 추장이 직책을 청함. 11. 왕비 간택을 14세 이상으로 함.

1602. 7. 문묘 대성전 준공. 김제남의 딸 선조 계비 책봉.

1603. 1. 경재소 폐지. 3. 중강 개시開市. 5. 정준봉, 〈시무 4조〉 올림. 6. 무산보 개시. 7. 어염魚鹽에 과세. 10. 사천私賤을 병사로 함을 금지. 12. 각 도에 어사를 보내 양전 실시.

1604. 6. 유정을 대마도에 파견하여 부산과의 교역을 허가토록 함. 유정, 일본의 정세를 살핌. 11. 명, 광해군의 세자 책봉 거부. 왜란으로 성균관의 서적이 모두 없어져 각 도에서 〈사서〉〈주역〉 등을 두세 질씩 올리게 함.

1605. 4. 선무공신 9,060명, 호성공신 2,475명, 청난공신 995명을 봉함. 유정, 포로 3천여 명을 데리고 일본에서 귀국. 12. 의주 체자도에 지계비地界碑를 세움.

1606. 4. 임진왜란에 불탄 창덕궁 재건 착수. 6. 문묘 낙서의 옥 발생. 11. 대마도주, 도쿠가와의 서신을 가져옴.

1607. 1. 여우길 등 467명이 회답 겸 쇄환사로 일본에 감. 4. 창덕궁 인정전 재건. 5. 곽재우·허균 파직. 6. 부산에 왜관 신축. 7. 여우길 등, 포로 1,240명을 데리고 귀국. 10. 경기·황해에 민란. 11. 도성에 도적 출몰.

1608. 2. 선조 죽음. 15대 광해군 즉위. 임해군 유배. 소북파 유영경 사사. 이이첨·정인홍 등 대북파 정권 장악. 5. 선혜청 설치. 선혜청, 경기도에서 처음 대동법 실시. 기인제도 폐지. 종묘 태실을 11칸으로 증축.

1609. 3. 비변사, 서북의 경계를 엄하게 함. 일본 사신이 옴. 4. 임해군 사사. 7. 임진왜란 이후 단절된 일본과 국교 재개(기유약조). 한양 두모포에 왜관 설치. 10. 독서당 재설치.

1610. 9. 김굉필·정여창·조광조·이언적·이황을 문묘에 종사하게 함. 각 도감의 등록을 실록 봉안소에 보관.

1611. 4. 호패법 전면 시행. 10. 정릉동 행궁을 경운궁으로 개칭.

1612. 1. 조정 관원이 먼저 호패 착용. 2. 김직재 무옥 일어남. 김직재 부자 처형. 9. 도성 부근에 명화적 출몰. 12. 활인서 설치.

1613. 4. 박응서 등 서자 7인, 조령에서 강도질. 5. 영창대군의 관작을 삭탈하고 서인으로 함(계축옥사). 6. 영창대군 외조부 김제남 사사. 7. 영창대군 강화 유배.

1614. 2. 영창대군 피살. 7. 〈선원록〉 정본 제작 착수. 무주 적상산성에 사고史庫 창건. 서쪽 변방 대비를 위한 대포 주조. 11. 태조의 영정을 모신 전주 경기전 재건.

1615. 2. 이원익 파직. 4. 창덕궁 중수 완료. 광해군, 창덕궁으로 이어. 윤8. 능창군, 무고로 유배. 신경희 등 능창군 옹립 혐의로 처형. 11. 능창군 자결. 0. 고추 전래됨.

1616. 4. 새로운 궁궐터를 인왕산 아래로 정함. 7. 정원군과 능창군의 집터에 서별궁 착공. 11. 조식의 서원에 사액(백운서원). 인왕산 아래 인경궁 착공. 12. 윤선도, 이이첨 탄핵 상소. 0. 담배 전래됨.

1617. 1. 윤선도 유배. 3. 이이첨 등, 선조의 계비 인목대비 폐모론 논의. 5. 일본의 수호 요청에 오윤겸 등 428명 일본에 파견. 6. 서별궁 완공하고 경덕궁이라 함. 인경궁 건설공사 중단. 12. 폐비 논란으로 기자헌·이항복 유배. 0. 강화 사고 화재.

1618. 1. 인목대비의 호를 삭탈하고 서궁에 유폐. 윤4. 명의 요동 순무를 위한 군사 지원 요청 거부. 7. 비변사로 하여금 한성 수비에 대처케 함. 8. 허균 역모죄로 처형.

1619. 1. 명에 평양 포수 4백 명 보냄. 2. 강홍립·김경서 등 1만 3천 군사를 명에 지원. 3. 강홍립, 부차에서 후금에 패하고 항복. 김응하 전사. 4. 후금의 누루하치, 국서를 보내옴. 평안도 관찰사 명의로 후금에 회답. 7. 후금, 동맹 요청 국서를 보냄. 8. 명의 사신이 옴. 9. 남별전 건립. 11. 무사 1만 명을 뽑도록 함.

1620. 2. 국고 고갈. 5. 진휼청의 곡물 고갈. 농민과 군사 분리. 6. 전염병이

창궐하여 활인서에서 치료. 영건도감의 재원을 위해 공명첩 발행. 7. 후금, 강홍립 등 10여 명을 제외하고 포로 석방.

1621. 2. 인경궁 공사 재개하여 승군 1천 5백 명 투입. 비변사로 하여금 후금에 대비토록 함. 7. 명의 모문룡, 국경을 넘어 서북진에 주둔. 8. 정충신을 후금에 보냄. 12. 후금군, 명의 모문룡 기습.

1622. 7. 인경문 정문 벼락 맞아 재건. 9. 모문룡에 곡식 등 지원. 10. 명에 사신 파견. 12. 철산부사가 모문룡이 가도에 들어옴을 보고.

1623. 1. 도성 안팎에 새집 짓는 것을 금함. 3. 서인 김류·이귀 등 반정을 일으킴(인조반정). 창덕궁 화재. 인목대비 복위. 능양군 경덕궁에서 즉위(16대 인조). 광해군을 폐하여 강화에 유배. 대북 이이첨·정조·박엽 등 처형. 인목대비 창덕궁으로 옮김. 8. 강원·충청·전라도에 대동청 설치. 강원에 대동법 실시. 10. 호위청 설치.

1624. 1. 이괄, 반란 일으킴(이괄의 난). 2. 인조, 공주로 피난. 관군, 이괄의 군사 격파. 반란군, 이괄 살해. 인조 한성으로 귀환. 일본 도쿠가와 쇼군의 취임 축하사절이 옴. 11. 총융청 설치. 0. 인경궁 건설공사 중지.

1625. 2. 이원익, 대동법의 정지를 요청. 충청·전라 지역의 대동법 폐지. 3. 지뢰포 제작. 10. 인조, 서북인 등용 허용. 11. 〈허통사목〉 제정하여 서얼허통.

1626. 1. 호패법 시행. 7. 남한산성 완공. 수어청 설치. 8. 호패검찰어사를 각 도에 파견. 의성 민란.

1627. 1. 후금군, 조선 침입(정묘호란). 후금군, 평양 점령. 인조, 강화로 피난. 정봉수·이립의 의병군, 후금군 격파. 3. 후금과 화약. 4. 선조, 한성으로 귀환. 각 도에 영장營將 배치. 10. 이인거, 강원도 횡성에서 난을 일으키다 처형. 0. 네덜란드인 벨테브레이(박연), 제주도에 표착.

1628. 1. 유효립·정심 등, 모반하다 처형. 2. 명의 연호 숭정 사용. 중강 개시하고 후금과 교역. 10. 명 모문룡 군대, 의주 침입. 11. 훈련도감에서 조총과 창 제조. 0. 강화도 마니산 서고 설치.

1629. 2. 김경현 상변사건 일어남. 교동현을 교동부로 하고 경기수사를

둠. 6. 명의 원숭환, 모문룡을 죽임. 11. 양경홍, 후금과 내통하여 모반하다 처형.

1630. 1. 군적 완성. 4. 명 유흥치의 군대, 의주에서 노략질.

1631. 2. 후금 사신, 의주 개시를 요구. 6. 한양에서 후금 사신이 명의 사신과 만나는 것을 피하게 함. 7. 정두원, 명에서 천리경 · 서포 · 자명종 · 염초화 · 자목화 등을 가져옴. 10. 후금 사신이 한양에 들어옴. 12. 강화에 행궁 건설.

1632. 5. 인조, 후금의 사신을 만남. 인조, 부친 정원군을 원종으로 추존. 6. 인목대비 김씨 죽음.

1633. 1. 척화의 교서를 내리고 후금에 대비. 후금 재침. 박철산의 의병, 후금 침략군 격퇴. 3. 명의 경중명 · 공유덕 등, 후금에 투항. 6. 후금의 사신 용골대 · 대소내 등이 한성에 옴. 10. 화약 제조. 11. 상평창을 두고 〈상평통보〉 주전.

1634. 8. 삼남에 양전. 9. 명의 황손무 등이 가도에 들어옴. 각 관청 노비의 신공을 화폐로 내게 함. 11. 〈상평통보〉 사용.

1635. 1. 가도의 명군에게 선박을 보냄. 12. 인조비 인열왕후 한씨 죽음. 후금 사신이 국서 전달.

1636. 2. 후금 사신 용골대 옴. 홍익한, 용골대를 벨 것을 상소. 용골대 도주. 4. [후금, 국호를 청으로 바꿈]. 8. 일본에 통신사 파견. 11. 최명길, 청과 화의 주장하고 사직. 12. 청 태종, 12만 군사로 압록강을 건너 조선 침입(병자호란). 인조, 남한산성으로 피난. 청군, 남한산성 포위. 김상헌, 청과의 화의 불가를 주장. 0. 명의 이천경이 제작한 서양식 해시계 도입.

1637. 1. 청 태종, 탄천에 진을 침. 강화도 함락. 김상용 자결. 남한산성의 군졸 사망자 속출. 인조, 삼전도에 나가 청 태종에 항복. 선조, 창경궁으로 들어감. 2. 청 태종 본국으로 돌아감. 청군, 한성 약탈. 소현세자 · 봉림대군 볼모로 청에 감. 3. 홍익한 · 윤집 · 오달제, 청에 잡혀가 살해됨. 4. 청군, 가도의 명군 격파. 5. 파손된 종묘의 신주 12위를 다시

씀. 명의 연호 숭정 사용 중단.

1638. 1. 공석신주사건 폭로됨. 10. 봉림대군, 청 황제의 서방 원정 동행.

1639. 2. 진휼청을 선혜청에 소속시킴. 남한산성에 사당을 세워 백제 시조에 제사지냄. 12. 대청황제공덕비 〈삼전도비〉 세움. 호조, 1635년 양전 이후 삼남 전결수 총 514,976결로 보고. 김상헌, 청의 명 공격을 위한 군사지원 불가 상소.

1640. 2. 청, 훈춘에 둔 설치. 3. 소현세자, 심양에서 귀국. 4. 소현세자, 청으로 다시 감. 임경업, 청의 요청에 따라 명 정벌군으로 출병. 7. 청, 소현세자에게 임경업의 비전투에 대해 질책. 11. 김상헌, 청으로 압송됨. 12. 기묘식년호적 작성 총 513,104호.

1641. 7. 광해군, 제주도에서 죽음. 9. 인평대군, 심양에서 귀국.

1642. 1. 김상헌, 청에서 돌아옴. 11. 최명길, 청으로 압송됨. 12. 신익성, 청으로 압송됨. 0. 송시열과 윤휴, 〈이기설〉에 대해 논함. 윤휴, 퇴계·율곡의 설을 배척하고 주자의 〈경서집주〉 비판.

1643. 1. 일본에 통신사 보냄. 김상헌, 다시 심양으로 압송됨.

1644. 1. 소현세자 귀국. 2. 소현세자, 다시 청으로 감. 3. 심기원 등, 역모로 처형. 4. 소현세자, 청의 서방 원정에 참가. 5. 봉림대군 심양에서 돌아옴. 6. 봉림대군 청으로 감.

1645. 2. 소현세자·최명길·이경여·김상헌 등 귀국. 소현세자, 독일 신부 아담 샬로부터 받은 천문·산학·천주교에 관한 서적과 여지구·천주상 등을 가지고 귀국. 4. 소현세자 죽음. 5. 봉림대군 귀국. 9. 봉림대군 세자 책봉. 회령 개시. 9. 서얼에게 〈허통〉 표기 허용.

1646. 3. 소현세자빈 강씨 사사. 6. 임경업, 청에서 압송되어 처형됨.

1647. 5. 소현세자의 세 아들 제주도 유배(신생의 옥). 8. 김해 가락국 수로왕릉에 묘비 세움.

1648. 5. 진휼청, 선혜창에서 분리됨. 11. 형장刑杖제도 공포.

1649. 5. 인조 죽음. 17대 효종 즉위. 김자점 유배. 6. 효종, 김집·송시열 등을 불러들임. 11. 관상감, 청의 역법에 따라 역법 개정.

1650. 3. 청 사신, 종실 여자를 구함. 4. 의순공주를 청으로 보냄. 5. 수군을 만들어 8도 및 개성·강·도에서 수송하게 함. 6. 동전을 북경에서 수입하여 양서에서 통용. 12. 지리산 화엄사를 선종 대가람으로 함.

1651. 5. 청인들이 함경도에 와서 개시. 8. 충청도에 대동법 실시. 12. 김자점 처형. 0. 내의원에 침의鍼醫를 둠.

1652. 1. 각 도에 승군 분할 배치. 9. 금군에 관마를 주어 기대騎隊 조직.

1653. 3. 회령 개시. 4. 홍청도를 충청도라 개칭. 8. 네덜란드인 하멜과 일행 36명 제주 화순포에 표착. 10. 상주 민란. 11. 일본 사신, 경서 등을 구함.

1654. 2. 청, 나선(러시아인) 정벌을 위해 조선 조총병 지원 요청. 4. 변급, 조총병 1백 명과 송화강에서 러시아군 격파(제 1차 나선정벌).

1655. 1. 추쇄도감을 두고 전국의 노비를 추쇄하여 강화 방어에 임하게 함. 6. 통신사 조연 일행, 대마도로 감.

1656. 2. 통신사 일행 부산에 돌아옴.

1657. 1. 회령 개시. 3. 청, 조총 1백 정 요구. 4. 일본 사신, 서계·유황을 가지고 옴. 8. 송시열, 〈정유봉사〉 상소. 0. 최유지, 〈혼천시계〉 제작.

1658. 6. 신유, 조총병 2백 명과 흑룡강에서 러시아군 격파(제 2차 나선정벌). 8. 호남 연해의 27개 군현에 대동법 시행. 0. 대구 약령시 개장.

1659. 5. 효종 죽음. 18대 현종 즉위. 서인 송시열 등의 주장에 따라 자의대비(인조 계비 장렬왕후)의 복상服喪을 기년제朞年制(1년복)로 정함.

1660. 3. 남인 윤휴·허목, 복제 3년설 주장. 남인·서인 간의 예론시비(기해예송). 5. 현종, 기년의 복제 채택. 6. 이유태, 경제책 올림. 10. 김장생 서원에 돈암서원 사액. 11. 양민의 삭발과 승려 됨을 금지.

1661. 1. 도성 내에 자수·인수 두 이원尼院을 폐지하고 어린 여승은 환속시킴. 5. 송시열, 의례의 시말을 논함.

1662. 6. 장마철에 전염병 만연. 10. 화전火田의 폐해가 심함. 전라도 산간 지방에 대동법 시행.

1663. 2. 남해 노량의 이순신 사당 충렬사에 사액. 3. 호남 대동청 설치.

사신들의 은 유출 엄금. 전국에 유행성 열병 만연. 4. 모화관 개축. 9. 소 도살 엄금. 12. 경기도 양전 종료.

1664. 1. 함경도에 목면 종자를 심음. 6. 한성에 전염병 창궐.

1665. 1. 남한산성 화재로 화약 1만 5천여 근 소실. 7. 함경도 양전 실시. 12. 전라도 산군에 실시하던 대동법 중지.

1666. 2. 소결청 설치. 3. 경상도 유생들, 〈상복고증 16조〉로 송시열의 복제 비판. 10. 전라도에 유치했던 하멜 일행 7명, 일본으로 도주. 0. 함경도에 대동법 시행.

1667. 3. 노비의 공포를 반 필씩 감함. 7. 가뭄으로 기근. 함경도 양전 종료(총 65,600결). 11. 호적에 누락된 노인과 여자에 〈전가정배법全家定配法〉 제정. 12. 종묘 영녕전 2칸 증축.

1668. 1. 거제에서 동 산출. 3. 각 사 노비의 신공 반 필씩 감함. 4. 전국에 천연두·홍역 창궐. 5. 함경도에 소와 말의 전염병 창궐. 8. 한성의 금지사항 6개조 제정. 11. 경기에 소 전염병으로 1천 6백 마리 죽음. 12. 정초청 발족.

1669. 1. 송시열의 건의로 동성 결혼을 금함. 공사천公私賤으로 양처良妻의 소생은 모역母役을 따르게 함. 2. 훈련별대 창설. 각 도 감사의 임기를 2년으로 함. 11. 소결청 설치. 0. 송이영, 〈혼천시계〉 제작. 이민철, 〈혼천시계〉 제작.

1670. 3. 산간 지방의 유민流民 단속. 12. 고려 태조릉을 개수하고 수직군 배치. 0. 기근과 전염병 만연.

1671. 1. 조정 관리와 사인士人의 흰옷을 금하고 검은옷을 입도록 함. 9. 삼남·경기 등에 소 전염병. 12. 회령·경원 개시. 전국적 굶주림과 전염병으로 수만 명 사망.

1672. 1. 청 사신, 중국 통일의 조서 가져옴. 4. 8도의 창고를 열어 기민 구제. 6. 송시열, 허적을 규탄. 10. 전국 호수 1,385,408호, 인구 4,725,189명. 한성 호수 24,800호, 인구 192,154명.

1673. 10. 대마도주의 요청으로 부산관을 초량으로 옮김.

1674. 2. 효종비 인선왕후 장씨 죽음. 7. 자의대비의 복제로 서인의 대공복(9개월)과 남인의 기년복(1년)의 예론 재개(갑인예송). 현종, 기년제로 정함. 8. 현종 죽음. 19대 숙종 즉위. 12. 대공복 주장했던 서인 송시열 등에 죄를 물음. 남인, 정권 장악.

1675. 4. 정초청 폐지. 윤5. 송시열 유배. 9. 비변사에서 〈5가통사목 21조〉 제정. 11. 〈지패법紙牌法〉 시행.

1676. 1. 곽재우·곽준·강감찬·서견·이원익의 사당에 사액. 4. 개성 대흥산성 수축. 8. 평남 용강 황룡산성 수축.

1677. 3. 한성에서 호패법 시행. 5. 외방에서 호패법 시행. 7. 남별전을 영희전으로 개칭하고 중건. 11. 을지문덕 사당에 사액. 진휼청에서 공명첩空名帖 발급. 0. 경상도에 대동법 시행.

1678. 1. 〈상평통보〉 주조하여 유통. 3. 청 사신, 조선의 문적을 얻어감. 4. 공사천으로 양처의 소생은 부역父役을 따르게 함. 공명첩 폐지. 6. 왜관 신축. 9. 각 사의 노비 면천을 30명으로 제한. 관노비의 면천은 영구히 허락하지 않게 함. 0. 경상도에 대동법 시행.

1679. 3. 이민철, 수차水車 제작. 송상민, 예론의 시말을 상소하여 장살됨. 예론의 상소는 역모로 다룸. 6. 허목, 허적을 논핵. 남인, 탁남(허적·권대운)·청남(허목·윤휴)으로 분리.

1680. 4. 서인, 허적·윤휴 등 남인 축출하고 정권 장악(경신환국). 허견 등, 복선군 이남 추대하려다 처형. 5. 남인 허적·윤휴 사사. 윤8. 남인 오정창·정원로 등 처형. 10. 인경왕후 김씨 죽음. 송시열 서용.

1681. 1. 어영청, 동·석을 수집하여 주전. 4. 10세 이하의 군역 제한. 함경도 6개 서원에 사액. 5. 인현왕후 민씨 왕비 책봉. 7. 정초청 다시 설치. 부마의 재혼 금지. 9. 통영에 이순신 충렬묘비 건립.

1682. 1. 악기조성청 설치. 5. 일본에 통신사 파견. 이이·성혼을 문묘에 종사. 8. 서북인이 청현직淸顯職에 오름을 허용. 11. 남인 허새 등 반역 혐의로 처형. 0. 훈련별대와 정초군을 합하여 금위영 설치.

1683. 4. 서인, 남인 숙청 문제로 송시열 등의 노론과 한태동 등의 소론으

로 분리. 7. 영남의 대동법 개정.

1684. 2. 함경도에 기병부대 친기위 설치. 3. 이단하, 〈사창절목〉 올림. 함경도 무산부 신설.

1685. 6. 바다에 황당선荒唐船 자주 출몰. 숙종, 서북인의 임용을 명함. 9. 호패를 위조하는 자를 사형에 처함. 국경 넘어 인삼 채취 금지.

1686. 1. 안주에서 주전케 함.

1687. 3. 활인서 부근의 무녀巫女 도성 출입금지. 12. 숙종, 탕평책 유시.

1688. 1. 소의 장씨 이윤 출산. 5. 이민철, 〈선기옥형〉(혼천의) 완성. 0. 해남에 명량대첩비 건립.

1689. 1. 소의 장씨 희빈 책봉. 2. 세자 책봉 문제로 노론 실각. 남인 집권 (기사환국). 3. 이이 · 성혼 문묘에서 출향. 윤3. 노론 김수항 사사. 5. 인현왕후 민씨 폐위. 6. 노론 송시열 사사. 노론 김익훈 장사. 10. 희빈 장씨 왕비 책봉.

1690. 1. 노론 이익 유배지에서 죽음. 광주에 진영과 영장을 다시 설치. 6. 원자 이윤 세자 책봉. 노론 김수흥 사사. 11. 기민 구제를 위해 공명첩 2만 개를 만들어 각 도에서 팔게 함. 지패紙牌를 목패木牌로 바꿈.

1691. 12. 삼남 · 서북의 인재 고루 등용. 사육신의 관작을 복귀하고 사당에 편액을 내림.

1692. 4. 서원의 난립을 자제케 함. 5. 창덕궁 영화당 완공.

1693. 3. 안용복, 울릉도에서 어로 중 일본 어부에게 끌려감. 7. 사주전私鑄錢 엄금. 12. 안용복, 일본에서 귀환.

1694. 3. 민암 사사, 권대운 등 유배로 남인 몰락. 남구만 · 박세채 등 소론 집권. 노론의 송시열 · 민정중 등 복권(갑술환국). 4. 폐비 민씨 복위. 왕비 장씨 다시 희빈으로 내림. 6. 이이 · 성혼 문묘에 복향. 8. 일본인의 울릉도 출입금지를 통보. 9. 어영청의 주전 허가.

1695. 2. 남인 이의징 사사. 4. 경기 · 충청에 도둑이 횡행. 7. 서원 증설 금지. 10. 상평창의 주전 1년 간 허가. 12. 〈유기아수양법〉 반포.

1696. 1. 일본 막부, 울릉도 · 독도를 조선 영토로 인정. 2. 사주전 관

려자는 사형에 처함. 3. 압록강 하류 섬에서 개간 허가. 전국 아사자 수만 명에 이름. 7. 장희빈 부친의 묘를 훼손한 자 처형. 9. 안용복, 울릉도에서 어로중인 일본 선박 축출.

1697. 2. 일본 막부, 일본인의 울릉도 왕래가 금지되었음을 통보. 도성 안의 거지를 섬으로 보내 구제. 8. 중인·서얼의 수령 등용을 허용. 10. 전국적 대기근. 0. 안용복 허가 없이 일본 방문하여 유배.

1698. 1. 청, 고구마 4만 섬을 보내옴. 숙종, 탕평을 지시. 11. 노산대군 복위되어 묘호를 단종이라 함. 12. 단종과 정순왕후 신위를 종묘에 봉안. 기근·전염병 사망자 21,546명.

1699. 7. 숙종, 서북인의 임용을 명함. 윤7. 호랑이에 물려죽는 자 속출. 11. 전국 호수 1,293,083호 인구 5,772,300명. 기근과 전염병으로 1693년보다 인구 1,416,274명 감소. 12. 이 해 전염병으로 전국 사망자 25만 명에 이름.

1700. 1. 삼남의 〈양전절목〉 결정. 3. 유생 사제賜第의 범위 제한. 7. 권탁이 설계한 수차·윤선 완성.

1701. 4. 청인들, 압록강 측량. 15세 이하의 기민飢民을 노비로 하게 함. 계성사啓聖祠 준공. 6. 서원 신설 금지. 8. 인현왕후 민씨 죽음. 10. 희빈 장씨 사사. 장희재 등 처형. 소론 남구만·최석정 등 유배(무고의 옥). 11. 동평군 이항 사사.

1702. 1. 전국에 호랑이 출몰하므로 포수를 파견하여 잡음. 5. 이준명, 울릉도 지도와 토산물을 바침. 10. 김주신의 딸 왕비 책봉(인원왕후).

1703. 6. 황당선 선원 50여 명을 잡음. 9. 이정청 설치. 서북 인재를 수용토록 함.

1704. 3. 한양도성 수축공사 착수. 6. 서원 신설 금지. 7. 관상감에서 〈선기옥형〉 올림. 12. 이정청, 5군문 군제개정 및 〈수군변통절목〉 올림. 창덕궁에 대보단 완성.

1705. 3. 숙종, 대보단에서 명 신종의 제사를 지냄. 12. 대마도에 5년을 한도로 공작미公作米 허락.

1706. 6. 비변사에서 〈재랑齋郎변통절목〉 올림.

1707. 5. 전국에 홍역 만연. 11. 당론과 남형남살濫刑濫殺 엄금.

1708. 3. 전국에 홍역과 전염병이 만연하여 수만 명 사망. 9. 강원도 양전 실시. 10. 전라도 장흥 민란. 12. 황해도에 대동법 시행.

1709. 1. 숙종, 노론·소론 양당의 폐단을 말함. 3. 평안도에서 무재武才 시험 등용. 5. 도성 안팎의 개간금지. 의주에 강감찬 사당 건립.

1710. 3. 최석정의 〈예기유편〉 비판 받음. 7. 왜관 공작미 5년 연장.

1711. 4. 영남 유생들, 김장생의 문묘 종사 상소. 북한산성 축성 착수. 5. 일본에 통신사 파견. 6. 내수사의 내사옥內司獄 혁파. 10. 북한산성 완공. 12. 일본인이 신청한 육성은六成銀의 사용을 허가. 비변사에서 〈양역변통절목〉 올림. 0. 한양도성 수축 완료.

1712. 2. 청, 장백산 경계 조사 문서 보내옴. 4. 〈백두산정계비〉 건립. 조선과 청의 국경 획정. 5. 북한산성 행궁 완성. 북한산 경리청 설치.

1713. 4. 연천 주자서원에 임장이라 사액 내림. 7. 서원의 신설 금지. 10. 북도 친기대를 정병正兵으로 개편. 11. 전국의 충신·열녀·효자에게 상을 내림.

1714. 2. 숭례문에 부도한 익명의 괘서. 5. 유생 등, 돈의문에 괘서.

1715. 2. 동두곡銅斗斛을 제조하여 8도에 보냄. 11. 대궐문에 익명의 괘서로 모반 무고. 12. 윤선거의 〈가례원류〉 발문으로 당쟁 격화.

1716. 1. 각 도에 만호萬戶와 구관당상勾管堂上을 둠. 경원 개시. 윤3. 남원에 사당을 세워 임진왜란 때 죽은 명의 장수 제사. 8. 숙종, 윤선거의 〈가계원류〉에 대해 판정(병신처분). 노론 승리. 12. 황해도에 황당선 자주 출몰.

1717. 2. 각 도에 전염병 유행. 5. 소론 윤선거·윤증 부자의 관작 추탈. 김장생을 문묘에 모심. 8. 왕세자 대리청정. 9. 양전청 설치. 각 도에 균전사 파견.

1718. 1. 전국적 흉년 계속으로 호조의 경비 고갈. 4. 소현세자빈 강씨 복위. 10. 마천령의 간로를 막고 산 중복 이상의 경작 금지.

1719. 4. 일본에 통신사 파견. 7. 전염병 사망자 7천 4백 명이 넘음. 경상
· 전라 · 충청에 균전사 파견.

1720. 1. 한성의 여자 무당 성밖으로 축출. 6. 숙종 죽음. 20대 경종 즉위.

1721. 5. 조문명, 붕당의 폐해를 규탄. 8. 연잉군 왕세제 책봉. 12. 소론
김일경 등, 김창집 · 이이명 · 이건명 · 조태채 노론 4대신 논핵. 노론 4
대신 관작 삭탈.

1722. 1. 환관 박상검 등이 왕세제를 모해하려다 처형됨. 3. 목호룡 고변
사건. 4. 노론 김창집 · 이이명 · 조태채 사사. 이건명 참형(신임사화).
7. 소론 윤선거 · 윤증 부자의 관작 회복. 10. 흉작으로 각 도의 전세율
에 관한 연분사목 개정.

1723. 1. 청의 옹정 연호 사용. 6. 신라 시조의 묘호를 숭덕으로 함. 도량
형제도를 엄하게 함. 서양식 수총기(소화기) 제작. 10. 관상감, 서양의
〈문신종〉 제작.

1724. 8. 경종 죽음. 21대 영조 즉위. 노론 집권. 12. 소론 김일경 참형.
목호룡 옥사. 이의연 옥사.

1725. 1. 영조, 붕당의 폐해와 탕평의 필요성을 하교. 탕평책 시행. 영조
신임옥사를 소론의 무고로 판정(을사환국). 〈압슬의 법〉 폐지. 3. 노론
4대신 관작 회복. 소론 4대신 조태구 · 유봉휘 · 조태억 · 최석항 축출.
4. 노론 4대신의 사충서원 건립. 5. 전결을 사용私用한 수령에 대한 금
고법 제정. 8. 전옥 이외에서의 인신구류 금지. 10. 주전 중지하고 무
기 제작. 12. 영조 생모 숙빈 최씨의 사당 육상궁 이루어짐.

1726. 1. 각 도의 제방 보수. 영조, 당쟁의 폐단에 대해 한탄. 10. 영조,
삼조(붕당 · 사치 · 숭음)의 계를 내림. 12. 전국 호수 1,614,598호, 인
구 6,994,400명.

1727. 3. 장물에 관한 법을 엄수케 함. 5. 도성의 금표 개정. 6. 어선의
일본 표류를 막기 위해 원양어로 금지. 북관 군사에게 조총 훈련. 7.
영조, 탕평을 시행(정미환국). 10. 노론 실각하고 소론 정권 재수립. 노
론 4대신의 관작을 추탈하고 사충서원 철폐. 11. 〈갑리금지령〉 제정.

1728. 3. 이인좌, 소론·남인과 연관되어 밀풍군을 추대하고 반란(무신 란). 소론의 오명항, 난을 평정. 이인좌 주살. 6. 순무영 설치. 11. 효장 세자 죽음.

1729. 1. 궁방전·둔전의 면세전 이외에 과세. 금중 각처의 고군雇軍 감원. 6. 오가작통법 및 이정법 엄수케 함. 8. 산전山田 백성들의 이중과세 금 지. 0. 영조, 조문명·송인명 등의 탕평책을 〈기유처분〉으로 승인.

1730. 5. 수어청에서 총 1천 자루 제작케 함. 6. 마패馬牌 개조.

1731. 3. 공사천법公私賤法을 개정하여 양인 모계를 따르게 함. 10. 호조와 진휼청에 주전소 설치하여 상평통보 주조.

1732. 6. 포도청의 전도주뢰(주리) 형벌 혁파. 7. 삼남의 양전良田에 담배 재배금지. 8. 〈선기옥형〉 제작. 12. 흉년으로 인한 예산 부족으로 관리 봉록 삭감.

1733. 1. 쌀 부족으로 금주령 내림. 영조, 이광좌·민진원에게 탕평 하교. 8. 국옥鞫獄 시 낙인烙印 금지. 10. 평양 중성 축성.

1734. 1. 관리의 기생첩을 돌려보내도록 함. 2. 사치 금지. 5. 전국의 기민 71,900명. 9. 여름과 가을에 호랑이에 죽은 사람 140명.

1735. 10. 〈관서미삼분법〉 시행. 11. 호랑이 무리가 가축을 물어감.

1736. 1. 원자 이선 세자 책봉. 4. 소음으로 인해 돈의문(서대문) 출입 제 한. 12. 한성부에서 난전의 상품 현장압수 금지시킴.

1737. 1. 공인貢人들의 미납 세액 삭감. 5. 몽학총민청 설치. 8. 영조, 당폐 를 경계시킴(혼탁개벽의 유). 윤9. 삼남에 기근. 11. 안동 예안에 석빙 고 건조. 〈금군절목〉 수정.

1738. 1. 전광도를 전라도, 강춘도를 강원도로 10년만에 명칭 회복. 5. 안 동 김상헌의 원향 폐지. 8. 흰옷을 금하고 푸른옷을 입게 함. 0. 경남 밀양에 〈사명대사表충비〉 건립.

1739. 2. 서얼 무인도 수문장이 될 수 있도록 함. 3. 백두산정계비를 순시 하도록 함. 5. 중종 원비 단경왕후 신씨의 위호 회복.

1740. 2. 도량형 교정. 4. 세종 때의 포백척布帛尺을 모방한 교정 포백척

제작. 6. 당년 전세田稅 전액면제. 8. 덕적도에 진 설치. 0. 영조, 김창
집 · 이이명의 관작 회복 및 임인옥사를 소론의 무고로 판정(경신처분).

1741. 1. 창의문(북소문) 개수. 4. 〈한림소시법〉 제정. 사사로이 서원의 건
축 · 제사 금지. 1714년 이후 창건한 사우祠宇 폐쇄. 5. 〈한림권점법〉
시행. 9. 난전 엄금. 0. 영조, 임인옥사 옥안 소각 및 〈신유대훈〉 반포.

1742. 3. 반수교에 탕평비를 세움. 6. 각 도에서 추가 주전. 10. 한성 5부
의 관제 개정. 11. 양역사정청 재설치. 0. 전국에 전염병 만연으로 수
만 명 사망.

1743. 1. 정시庭試 · 초시初試의 법 시행. 윤4. 영조, 반궁에서 대사례大射禮
거행. 도성 내의 개천 준설. 5. 영조, 창의문루에 시를 지어 올림. 6.
강화 외성 개축. 0. 전국에 전염병 만연.

1744. 8. 소덕문을 중수하여 소의문(서소문)이라 함. 8. 혜화문(동소문)의
문루 건설하고 편액. 10. 창덕궁 인정문 화재로 소실.

1745. 1. 심리사를 8도에 파견하여 억울한 죄수 재심. 3. 인정문 중건.

1746. 4. 능라의 무역을 금함. 12. 김종서 · 황보인 관작 회복.

1747. 3. 〈황단의궤〉 완성. 4. 신라 경순왕묘 보수. 5. 북한산성 경리청을
총융청에 합침. 안평대군 관작 회복. 12. 연산군 · 광해군묘 보수. 0.
강원도 대동법 시행.

1748. 2. 어진御眞의 개본 완성. 일본에 통신사 파견. 윤7. 창의문 밖에 세
검정 건립. 12. 선혜청을 총융청 터에 건립. 0. 영희전 5실로 중건.

1749. 4. 5군문과 선혜청에 〈회계법〉 시행. 8. 왕세자, 서정庶政 대리. 9.
〈탁지정례〉 제정. 12. 〈국혼정례〉 제정. 0. 전염병 만연.

1750. 1. 〈선혜청정례〉 수정. 7. 양역을 절반으로 줄임. 0. 전염병 사망자
50~60만 명에 이름.

1751. 6. 홍계희, 〈균역절목변통사의〉 올림. 영조, 대신 · 비당 · 균당을 회
합시켜 균역법에 대해 논의케 함. 9. 영조, 〈수성윤음〉 내림. 균역청
설치. 균역청, 〈균역법〉 시행. 고려 두문동 72 충신에 제사 지내고 어
필 비를 세움.

1752. 7. 훈련도감과 어영청에서 신전 44만 4천 냥 주조. 12. 광희문과 흥인문 사이에 치성 5개소 설치.

1753. 9. 도성 안의 하천이 심하게 막힘. 12. 심휼사를 지방에 파견하여 기근 등을 살펴보게 함.

1754. 9. 탕춘대를 연융대로 개칭. 10. 병조판서의 금위대장 지휘 폐지.

1755. 2. 〈사노비감포절목〉 확정. 윤지 등, 나주 괘서사건으로 처형. 3. 소론의 조태구·김일경 등에게 반역의 율 추가 시행. 5. 토역 정시 답안지에 변서가 있어 소론 심정연 등 처형. 소론 소멸. 8. 8도 의승義僧의 번역番役을 폐지하고 번전番錢으로 대납시킴. 12. 전라도 함평에 이국인 8명 표착. 0. 금군청을 용호영으로 개편.

1756. 1. 사족 부녀의 가발을 금하고 족두리를 쓰게 함. 2. 송시열·송준길을 문묘에 모심. 11. 각 도의 기민 다수 도성에 들어옴.

1757. 2. 혼기를 놓친 남녀 지원. 진휼을 공정히 시행토록 함. 8. 당하관에게 녹포를 입게 함. 12. 균역법 시행 이후 관찰사가 가족과 함께 임지로 가도록 함.

1758. 1. 연경 청포의 수입을 금하고 양청 목면으로 대용케 함. 0. 해서·관동 지방에 천주교를 이유로 제사 안 지내는 행위 엄금케 함.

1759. 윤6. 원손 이산 왕세손 책봉. 10. 준천소濬川所 설치.

1760. 2. 도성 하천 준천 착수. 경덕궁을 경희궁으로 개칭. 4. 준천 완료. 7. 영조, 경희궁으로 옮김. 왕세자, 온천 행궁으로 감.

1761. 1. 영조, 백성 보호와 결혼 장려 전교 내림. 4. 왕세자, 몰래 관서에 다녀옴. 5. 총융청에서 북한산성에 곡식 저축. 8. 시전에 화재. 9. 영조, 왕세자의 서행을 알게 됨.

1762. 5. 벽파 김상로 등, 나경언 사주. 나경언, 왕세자의 비행 등 10조 고변. 나경언 처형. 윤5. 왕세자를 폐하여 서인으로 함. 왕세자, 궤 속에 갇혀 죽음. 세자의 위호를 회복하고 사도라 시호를 내림. 6. 조재호 사사. 7. 각 도에 안집사 파견. 각 도의 향전鄕戰 금지.

1763. 4. 삼남에 극심한 기근. 호남 기민 48만 명에 이름. 소의 도살 엄금.

0. 일본 통신사 조엄, 대마도에서 고구마 종자를 가져옴.

1764. 1. 충량과 홍패에 청의 연호를 쓰지 않도록 함. 2. 왕세손을 효장세자의 후사로 정함.

1765. 7. 왜역倭譯이 일을 마치면 돌아가도록 함.

1766. 2. 각 도의 은결隱結을 엄중히 조사.

1767. 2. 〈친경의궤〉 제작. 4. 전국에 누에고치 분배. 윤7. 갑산에 단을 쌓고 백두산에 망제忘祭 올림.

1768. 1. 사사로이 가축 도살 엄금. 4. 청천강의 물길을 깊이 준설.

1769. 2. 국혼에 면포를 쓰게 함. 4. 〈북도개시정례〉를 간행하여 준수케 함. 10. 함경도의 감시어사 폐지. 12. 각 도의 은점 폐지.

1770. 1. 전국의 제언 개축. 2. 전염병 유행. 5. 세종 때의 측우기를 재제작하여 창덕궁·경희궁에 설치. 6. 난장亂杖·낙형烙刑 폐지. 9. 과거시험장에 책을 가지고 입장하는 것을 엄금.

1771. 4. 황구첨정·백골징포 등 군정軍政의 폐해가 심해짐. 9. 정업원터에 누각·비석 건립. 10. 전주에 조경묘 건립. 12. 신문고 설치.

1772. 5. 영조, 경복궁 옛터를 살펴봄. 8. 탕평과 실시. 서자의 관리 등용 허용. 동색금혼패同色禁婚牌를 대문마다 걸게 함. 0. 동활자 〈갑인자〉 개주하여 동활자 〈임진자〉 제작.

1773. 6. 도성 하천에 석축 축조. 8. 영조, 광통교에서 준천명을 지음.

1774. 1. 경복궁 근정전 터에서 등준과 실시. 6. 가락국 시조 수로왕에 제사. 사형私刑 엄금. 7. 작년 전세田稅의 반을 줄임.

1775. 1. 백사은, 〈시무 5조〉 상소. 4. 서북 무사의 활쏘기 시험 실시. 5. 신문고를 함부로 치는 것을 금지시킴. 8. 영조, 경복궁 경회루 연못가에서 개국공신 자녀부터 1728년 공신 자녀까지 음식을 내림. 12. 영조, 왕세손에 정무 대리시킴.

1776. 3. 영조 죽음. 22대 정조 즉위. 효장세자를 진종대왕으로 추존. 사도세자의 사당 수은묘를 경모궁으로 격상. 5. 이랑吏郎 통청의 제도 복구. 6. 전국의 원당願堂 혁파. 7. 홍인한 사사. 8. 사도세자를 장헌세자

로 개호. 9. 약 3만 결의 궁방宮房 혁파. 규장각 준공. 경모궁 완공. 12. 각 사 및 각 영에서 회계장부 올림.

1777. 3. 〈서류庶類소통절목〉 제정. 6. 비변사에서 〈모세사목〉 올림. 8. 전흥문 등, 정조 시해 미수. 홍술해 등, 역모로 주살. 동활자 〈정유자〉 15만 자 주조. 9. 도성 안에서 무격巫覡 엄금. 창덕궁 인정전에 품계석 세움. 광릉·명릉 이외의 위토전을 80결로 정함. 11. 숙위소 설치. 숙위대장 홍국영. 12. 교서관이 규장각에 편입됨. 한성 호수 38,593호 인구 197,957명.

1778. 1. 〈흠휼전칙〉 제정. 2. 호위 3청을 호위 1청으로 통합. 노비추쇄관 폐지. 12. 시파 홍봉한 죽음.

1779. 1. 내시교관 폐지. 6. 남한산성 수축. 8. 정조, 남한산성 행차. 9. 홍국영, 은퇴 상소. 10. 숙위소 폐지.

1780. 5. 신농씨 선농제는 남교, 도교의 옥추제는 경희궁 내의원에서 실시토록 함. 10. 관서의 금 생산지에 개점 허가. 0. 수어청과 총용청의 둔전 결수 조사.

1781. 2. 규장각 장서 정리 종료. 규장각 확대 개편. 4. 홍국영 죽음.

1782. 4. 표착한 외국 선박에 대한 문책 사례를 정함. 0. 사육신 묘역에 신도비 건립.

1783. 1. 승려의 도성 출입금지. 12. 이승훈, 사신을 따라 연경에 감.

1784. 1. 이승훈, 북경 남천주당에서 영세 받음. 3. 승호군이 사대부 행랑에 사는 것을 금함. 7. 원자 이순 왕세자 책봉.

1785. 4. 유하원, 서양서적 구입 금지 주장. 5. 무신이 내시와 교통하는 것 금지. 7. 왕의 호위군 장용위 설치. 0. 〈간평일구〉〈혼개일구〉 제작.

1786. 1. 연경에서 서양서적 구입 금지시킴. 서학 금지. 3. 청인의 신도 어로작업 금지. 4. 전국에 홍역 유행. 진휼청에서 새로 만든 무덤이 37만 개라고 보고. 5. 문효세자 홍역으로 죽음. 0. 강변 30여 곳의 빙고를 없애고 8곳만 남김.

1787. 3. 은·동 점포의 사설 개점 금지. 5. 라 페루즈 일행의 프랑스 함대

가 제주도를 측량하고 울릉도에 접근. 10. 비변사, 사신이 지켜야 할 〈사행재거사목〉 정함.

1788. 1. 장용위를 장용영으로 개칭. 7. 사명대사의 표충서원을 표충사表忠寺로 개칭. 8. 이경명, 서학의 폐단 상소. 서학 관계 서적을 소각. 10. 한성 5부의 방·계의 명칭을 정함.

1789. 5. 삼도통어사를 다시 두어 교동부사가 겸하게 함. 7. 수원의 읍치를 팔달산으로 이전. 10. 사도세자 능원을 수원 현륭원으로 이장. 0. 정약용, 한강에 배다리舟橋 준공.

1790. 7. 흥양현 삼도에 유구선 표착. 8. 영남·호남에 양전. 9. 윤유일, 베이징에서 로마 교황에게 조선에 신부 파견 요청.

1791. 1. 각 도 진휼 곡식의 법외가분 엄금. 2. 시전의 특권을 폐지하고 자유매매를 허가하는 〈신해통공〉 공포. 10. 문신들에게 활쏘기를 익히게 함. 11. 전라도 진산군의 천주교도 윤지충·권상연 순교(신해박해).

1792. 10. 고베아 신부, 조선천주교회를 베이징 교구에 편입시킴. 0. 정약용, 〈거중기〉 개발.

1793. 1. 주교사에서 〈주교절목〉 올림. 장용영을 도성의 내영과 수원의 외영으로 확대 개편. 4. 장연 대청도·소청도에 거주 허용. 6. 금은점 설치 금지 해제. 12. 마포에 어물전 개점.

1794. 2. 수원 화성 축성 시작. 4. 15만 냥 주전. 9. 삼남지방에 기근 심함. 12. 광해군조의 사초 수정.

1795. 윤2. 정조, 혜경궁 홍씨와 사도세자 현륭원 행차. 3. 화성 둔전 설치. 6. 청의 주문모 신부가 조선에 들어옴. 윤유일 등, 주문모 신부를 피신시키다 순교. 8. 광주부 유수가 남한산성 수어사 겸임. 0. 정약종 등, 천주교 조직 〈명도회〉 설립.

1796. 9. 수원 화성 완공. 11. 원주에 진 설치.

1797. 6. 정약용, 양학 수용을 시인하고 승지 사직. 9. 영국 브라우튼 제독의 프로비던스호, 동래 용당포에 표착.

1798. 5. 조정에서 서학 대책 논의. 10. 장용영 외영의 군제 개혁. 11. 농

업 서적을 널리 구함.

1799. 1. 전염병 유행으로 한성과 인근지역 사망자 12만 8천 명. 2. 도성 밖의 토지를 매입하여 가난한 자의 매장 허용. 3. 정조, 최필공 직접 심문 후 석방. 7. 정조, 안경 착용. 10. 정조, 사치를 금함.

1800. 1. 이공 왕세자 책봉. 4. 내섬시 혁파하고 의영고에 합병. 6. 정조 죽음. 7. 23대 순조 즉위. 대왕대비 영조 계비 정순왕후 수렴청정.

1801. 1. 내시노비 혁파. 노비 6만 6천 여 명 면천 종량. 대왕대비, 천주교 엄금. 천주교도 색출 방법으로 오가작통법 시행. 2. 이가환·정약종 순교(신유박해). 4. 주문모 신부 순교. 최필공·이승훈·권철신 순교. 6. 서학 배척 〈토역교문〉 반포. 9. 〈황사영백서〉 사건 일어남. 〈화성성역 의궤〉 간행. 11. 정약용, 강진으로 유배.

1802. 1. 장용영 폐지. 승호군을 훈련도감에 소속시킴. 4. 신임사화를 입은 사람에게 증직. 7. 북경 주교 고베아, 조선교회의 사정을 프랑스에 전달. 10. 김조순의 딸 왕비 책봉(순원왕후). 벽파 심환지 죽음.

1803. 3. 초시에서 〈역서〉 제외. 4. 평양·함흥에 큰불. 12. 창덕궁 인정전·선정전 화재.

1804. 1. 정순왕후 김씨, 수렴청정 거둠. 12. 창덕궁 인정전 중건.

1805. 1. 정순왕후 죽음. 국구 김조순 등 안동 김씨 세도정치.

1806. 3. 심환지의 관작 추탈. 4. 김달순 사사. 5. 김한록의 관작 추탈. 식량이 없는 호남인 50만 명에게 쌀 2만 5천 석 배급. 6. 김관주 유배 중 죽음. 12. 각 도의 채금 설점 허가.

1807. 1. 울산 병영을 경주로 옮김. 8. 유구인 99명 제주도에 표착. 10. 균역청에서 30만 냥 주전.

1808. 1. 함경도 단천 민란. 2. 평안도 금점 철폐. 순조, 서북인 등용을 명함. 3. 함경도 북청 민란. 4. 대마도주 소오씨, 막부의 명으로 역지행 빙易地行憑 요청.

1809. 6. 필리핀인 3명, 표착 9년만에 돌려보냄. 8. 원자 이영 탄생. 12. 윤익렬, 도성의 구황방법 올림.

1810. 1. 대마도와 역지행빙 결정. 함경도 명천·경성·회령 등지에 지진. 2. 호남·호서 지방 대동미 탕감. 3. 인삼 밀매매 금지. 5. 경기·삼남 지방에 구호곡 54만 석 분배. 11. 일본과 〈통신사절목〉을 정함.

1811. 2. 조흥진, 압록강 위화도 개간 건의. 황해도 곡산 민란. 3. 천주교 금지령을 엄수케 함. 윤3. 통신사 일행 일본에서 돌아옴(마지막 통신사). 12. 홍경래 등, 평안도에서 농민항쟁(홍경래의 난).

1812. 4. 홍경래 토벌군, 정주성 회복. 홍경래 전사. 토벌군, 항쟁군 1,917명 죽임. 7. 원자 이영 왕세자 책봉.

1813. 4. 삼수부 서쪽 5진 폐지. 강계부 죽전령 동쪽 80리를 함경도에 편입. 12. 제주 토호 양제해 등, 모반하다 주살. 청 복건성 어민 120명 영광군 임자도에 표착했으나 육로로 귀환시킴.

1814. 1. 평안도 농민항쟁에서 죽은 이들을 위한 충의단 건립. 2. 사사로이 병기 제조 매매 엄금. 5. 경기·충청·경상·강원도에 구호곡 8만 석 배급. 한성에서 식량 고갈로 폭동.

1815. 1. 도성 안 무당·승려 축출. 2. 경상·강원 지방 천주교도 탄압으로 34명 투옥(을해박해). 5. 미곡상인의 쌀 비축금지 및 방납의 폐 금지. 10. 서북도 출신에 문과 허용. 12. 사도세자빈 혜경궁 홍씨 죽음.

1816. 3. 호서 암행어사 이우수, 10개 군수의 부정 보고. 4. 개성부의 주전 허가. 6. 호남 암행어사 조만영, 25건의 관리 부정 보고. 영남 암행어사 이화, 9건의 관리 부정 보고. 북도 암행어사 정기선, 8건의 관리 부정 보고. 7. 영국 함선 알세스트호·리라호, 충청도 마량진에 도착해 서해안 측량. 11. 대구 을해박해 생존자 4명 순교.

1818. 5. 한성 개천의 준설 완료. 비변사에서 〈과장구폐절목〉 올림. 8. 순조, 경희궁으로 옮김. 정약용, 강진 유배 풀려 고향 남양주로 돌아옴.

1819. 7. 화성 괘서사건으로 김재묵 처형. 8. 조만영의 딸 세자빈 책봉. 0. 갑술척甲戌尺으로 전국 양전 실시. 액예·원예의 모반사건.

1820. 4. 순조, 창덕궁으로 돌아옴. 6. 변방 장수의 등용법 개정.

1821. 2. 순조, 수원 화성 행차. 3. 정조비 효의왕후 김씨 죽음. 호조의

경비 부족으로 경사전 10만 냥 전용. 윤3. 관제 홍삼紅蔘의 밀매금지. 8. 평양과 인근에 괴질 발생으로 10만 명 사망.

1822. 1. 임동진, 계방契房의 폐 상소. 2. 순조, 수원 화성 행차.

1823. 4. 호조, 금위영에서 주전케 함. 7. 5도 유생, 만인소 올려 서얼의 임용 요청. 8. 6진에 양전 실시. 황폐지 개간에 3년 면세 장려.

1824. 3. 북경 사신의 수 감축. 7. 감자 전래됨.

1825. 3. 금위영에서 367,500량 주전. 정하상, 로마교황에게 사제 파견 청원문 보냄.

1826. 1. 도량형 제도가 문란하여 폐해가 많음. 3. 김치규·이창곤 등 청주 북문 괘서사건으로 처형. 10. 정상채·박형서 등 청주 진영 괘서사건으로 처형. 관서·관북에 도과道科 실시.

1827. 2. 효명세자 대리청정. 전라도 곡성에서 시작된 천주교 박해가 상주·충청도·한성 등으로 확산(정해박해). 4. 북관 곡식의 분류 규례를 바로잡음. 5. 천주교도 5백여 명 체포.

1828. 1. 법사 관리의 백성 재산 침해 엄금. 8. 청에 수출하는 소가죽의 수 제한. 12. 전국적 호구조사.

1829. 6. 주전용 주석에 대해 면세. 10. 경희궁 화재로 건물 반 이상 소실. 12. 북관의 금소禁所 폐지.

1830. 1. 주전소에서 933,600냥 주조. 2. 선정비의 난립을 금함. 5. 효명세자 죽음. 8. 창경궁 화재로 환경전·함인정 등 소실. 9. 효명세자 아들 이환 왕세손 책봉. 12. 임자도에 표착한 청 상인 35명 육로로 귀환.

1831. 9. 로마 교황청, 천주교 조선교구 창설. 12. 함경도 마천령 이북 지역에서 전화錢貨 사용을 금함. 0. 경희궁 중건.

1832. 1. 784,300냥 주조. 2. 개성 출신 무과 급제자 임용 허용. 4. 조선 초대 주교 브뤼기에르, 페낭을 떠나 조선으로 향함. 7. 영국 상선 로드 암허스트호, 충청도 몽금포 앞바다에서 통상 요구. 암허스트호에 승선한 네덜란드 선교사 귀츨라프, 한문 성서 전달.

1833. 1. 진휼을 도운 자에게 수령직 수여 규정 제정. 한성의 거지들을 원

적지로 보냄. 3. 한성 쌀값 폭등으로 빈민들이 방화. 4. 준천사, 개천 준설. 5. 한성에 전염병 만연. 10. 창덕궁 화재로 대조전·희정당 등 소실.

1834. 4. 창경궁 각 전당 중건. 5. 비변사에서 관원의 〈의장변통절목〉 올림. 10. 창덕궁 대조전·희정당 등 중건. 11. 순조 죽음. 24대 헌종 즉위. 순조비 순원왕후 김씨 수렴청정. 효명세자를 익종으로 추존. 12. 전국 호수 1,578,823호, 인구 6,755,280명.

1835. 6. 교동부 송가도 해일(75명 사망). 7. 문과 시험에서 〈역서법〉 폐지. 서북인 등용. 10. 브뤼기에르 주교, 조선에 오던 중 만주에서 죽음. 12. 세곡·방납의 폐를 바로 잡음.

1836. 1. 모방 신부 한성에 들어옴. 2. 강시환, 수렴청정 비난으로 유배. 12. 남응중, 모반으로 처형. 삼남지방의 군포를 화폐로 받음.

1837. 1. 샤스탕 신부 한성에 들어옴. 경상도 대동미 2천 석을 함경도에 보냄. 3. 김조근의 딸 왕비 책봉(효현왕후). 0. 각 도의 제언 수축.

1838. 1.앵베르 신부 한성에 들어옴. 양반의 공무빙자 평민 토색 엄금. 11. 진전陳田의 개간 장려.

1839. 4. 천주교인 9명 처형. 6. 경기도 기근. 평안도·경상도 수재. 8. 앵베르주교·샤스탕신부·모방신부·유진길·정하상 및 천주교도 다수 처형됨(기해박해). 9. 오가작통법 시행. 10. 〈척사윤음〉 전국에 반포. 0. 전국적 기근.

1840. 3. 안달길 등, 민란을 일으켜 죽산 부사 죽임. 4. 양반의 상민 착취 엄금. 5. 도성의 거지 원적지로 보냄. 12. 영국배 2척, 제주도에서 가축 약탈. 순원왕후 김대비, 수렴청정 거둠.

1841. 1. 헌종 친정 시작. 9. 경주 백성들, 포환逋還 문제로 궁궐 앞에서 상소. 0. 전국에 전염병 만연.

1842. 4. 청인들의 압록강 이남 개간 중지를 청에 요청. 5. 도성의 개천 준설. 6. 순천 송광사 화재.

1843. 2. 송광사 중건. 6. 이양옥, 공주의 대동미 착복으로 처형. 7. 세폐·방물 정비. 8. 효현왕후 김씨 죽음.

1844. 6. 비변사에서 각 도의 〈보미변통절목〉 수정. 8. 이원덕 등, 이원경을 받들고 모반하려다 처형. 9. 헌종, 경희궁으로 옮김. 홍재용의 딸 왕비 책봉(효정왕후).

1845. 6. 김대건, 상해에서 조선인 최초의 신부가 됨. 영국 군함 사마랑호, 제주도와 서남해안 측량. 7. 청천강 유역 홍수. 8. 훈련도감, 무기 새로 제작. 10. 김대건 신부 귀국.

1846. 5. 청인들, 강계에 들어와 개간과 벌목. 6. 김대건 신부 체포됨. 프랑스 해군 소장 세실, 외연도에 들어와 서한을 전하고 감. 9. 김대건, 새남터에서 순교. 현석문 등 8명 순교(병오박해). 전국적 대홍수로 6천여 호 침수. 0. 창덕궁 낙선재 건립.

1847. 3. 청의 흠차대신이 청인의 국경 월경을 조사. 개인의 인삼 매매금지. 6. 세실 서한의 답변을 듣고자 온 글로와르호, 고군산열도에서 좌초. 영남에 홍수. 8. 글로와르호 선원들, 영국 배로 돌아감.

1848. 3. 화원 박희영, 북경에서 아편기구를 가지고 옴으로 처형. 8. 과거 시험장에서 문란한 행위 엄금. 11. 유생 8천여 명, 서류庶流 소통을 상소. 0. 이양선, 5도 앞바다에 출몰.

1849. 1. 한산도에 진 설치. 3. 이양선 출몰로 민심 동요. 6. 헌종 죽음. 정조의 이복동생 은언군 이인의 아들 전계대원군 이광의 셋째 아들 이원범 즉위(25대 철종). 대왕대비 순조비 순원왕후 김씨 수렴청정. 7. 인삼의 암거래 단속.

1850. 2. 이양선 1척 울진에서 군민 살상. 11. 한성에 도적 횡행.

1851. 3. 프랑스 선박 1척이 제주도에 옴. 4. 경기·충청·경상의 유생들, 서류 소통을 요구. 7. 전국에 극심한 수재. 9. 김문근의 딸 왕비 책봉(철인왕후). 10. 황해도민 김응도·채희재 등 모반하다 처형. 12. 순원왕후 수렴청정 거둠.

1852. 3. 함흥 화재로 604호 소실. 4. 삼남의 방곡防穀 금지. 6. 오위장의 임명을 엄정히 하고 진장鎭將의 매관매직을 금함. 7. 프랑스 군함, 고군산군도에 옴. 북관 개시의 규정 개정. 10. 미국 포경선이 해주 용당포

에 들어옴.

1853. 1. 각 도 방곡의 폐해를 엄금. 4. 러시아 군함 팔라도호, 동해 영일만까지 측량. 양반들의 재산 강탈 금지시킴. 9. 황해도 연안에 황당선이 출몰하므로 추포무사 재설치. 소나무를 베지 못 하게 함. 11. 홍주 원산도에 진 설치.

1854. 1. 뇌물을 받은 지방관에게 배가의 법률 적용. 3. 수원·광주 유수는 원임대신으로 임명케 함. 4. 러시아 군함이 함경도 덕원·영흥 해안에서 백성 살상. 6. 함경도민과 외국 선박의 교역을 금지시킴. 7. 황해도 연백 남대지 준공.

1855. 3. 각 도의 사단社壇 수축. 5. 영남 유생들, 만인소로 장헌세자의 추존 요청. 6. 강원도 통천에 표류한 미국인 4명을 청으로 보냄. 8. 8도 유생들, 윤증의 관작 추탈 상소. 당론의 폐를 금함. 사문斯文의 시비를 논하는 상소 금지. 9. 만인소·팔도소 엄금.

1856. 1. 금위영·어영청 향군의 번을 2년으로 감축. 이승훈의 죄를 신원. 5. 각 도의 유배 죄인 석방. 9. 프랑스 군함 비르지니호, 동해안부터 서해안까지 탐사.

1857. 1. 서류 출신의 문과 급제자를 승정원에 등용. 3. 최초의 천주교 성직자 모임. 5. 일본 동의 유입을 금함. 8. 순조비 순원왕후 김씨 죽음. 순종의 묘호를 순조로 고침. 12. 주전 종료.

1858. 2. 형조, 중죄의 처분에는 판서를 참여케 함. 금은동 채굴을 엄격히 함. 3. 각 도의 방곡 엄금. 7. 연강에서의 선세 금지. 화양서원의 복주촌福酒村 철폐. 11. 수령의 연한을 70세로 정함.

1859. 4. 서원의 사적 설립 금지. 6. 찰방의 재직 기간을 정함. 8. 한성 부근의 사찰 철폐. 11. 일본, 서양에 개국했음을 통고. 12. 영국배 2척이 부산 동래에 들어옴. 포도대장 임태영 등, 천주교도 박해(경신박해).

1860. 3. 호조의 경비 부족을 선혜청에서 보충. 4. 영국 상선이 추자도에서 난파. 5. 최제우, 동학 창시. 8. 경희궁 보수 완료. 경신박해 종결. 9. 돈의문 괘서사건. 10. 지방관의 방곡방납의 폐 금지시킴.

1861. 3. 세곡방납·도매의 폐를 경계. 과거시험에서 금전거래 엄금. 왕의 행차 시 백성의 구경을 금함. 4. 랑드르·칼레 신부 입국. 9. 러시아 함대, 원산에서 통상 요구.

1862. 2. 진주 민란. 3. 함양·성주·익산 민란. 4. 비안 민란. 개령·함평·성주 민란. 5. 거창 민란. 삼남지방에 민란 빈발(임술민란). 1850년 이후에 설립된 서원 철폐. 5. 삼정이정청 설치. 7. 김순성·이긍산 등, 이하전을 추대하고 모반하려다 처형. 윤8. 삼정이정청 폐지. 10. 함흥 민란. 11. 광주 민란. 제주 민란. 12. 영남의 4진 철폐.

1863. 1. 세금을 함부로 징수하지 못 하게 함. 2. 쌀의 질이 나빠 금위영 군졸들이 소란을 일으킴. 5. 물가를 함부로 정하지 못 하게 함. 금은동연의 개인 채굴을 금함. 8. 한성 5전이 화재로 소실. 11. 병산서원에 사액. 12. 철종 죽음. 흥선군 이하응의 둘째 아들 이명복 즉위(26대 고종). 대왕대비 익종비 신정왕후 조씨 수렴청정. 남해 민란. 흥선군을 대원군에 봉함. 대원군 집권.

1864. 1. 행주 강변과 각 읍·포의 무명잡세 폐지. 2. 비변사 축소하여 군사업무만 담당케 함. 러시아, 경흥부사에게 통상 요구. 3. 동학 교주 최제우 대구에서 순교. 4. 광통교 지전 화재로 종각 소실. 5. 종각 재건. 러시아인과 통모한 자 처형. 7. 대군·궁방 소유 노비안을 소각. 11. 경기·충청·황해도에 화적 출몰.

1865. 1. 수군水軍의 통제중군 설치. 3. 비변사와 의정부 통합. 청주 만동묘 철폐. 화양서원 철폐. 4. 영건도감 설치. 원납전願納錢 징수. 경복궁 중건 착공. 5. 전라도 소안도에 진 설치. 8. 김해 가락국 김수로왕릉의 숭선전 중수. 11. 러시아인, 국서를 가지고 경흥에 옴.

1866. 1. 전국의 천주교 서적과 판목 소각. 오가작통법 강화. 천주교도 남종삼·홍봉주 처형. 베르뇌·다블뤼 등 프랑스 신부 9명 처형(병인박해). 2. 대왕대비 조씨 수렴청정 거둠. 5. 미국 범선 서프라이즈호, 평안도 철산 표착 후 베이징으로 감. 7. 미국 상선 제너럴 셔먼호, 평양에서 군민의 공격으로 불탐. 8. 프랑스 함대가 천주교 탄압을 구실로 마

포까지 들어옴. 9. 고종, 민치록의 딸과 가례(명성황후). 프랑스 함대, 강화도 점령(병인양요). 10. 양헌수가 이끄는 조선군, 강화 정족산성에서 프랑스군 격퇴. 프랑스군, 문화재 약탈 도주. 11. 당백전當百錢 주조. 12. 당백전 통용. 한성부 호수 45,646호, 인구 200,059명.

1867. 1. 경흥부사, 러시아인의 국경지대 약탈을 경계. 3. 도성 각 성문에 통행세 부과. 4. 의제衣制 개혁. 5. 당백전 주조 중지. 6. 소전小錢(청국전淸國錢)을 당백전과 함께 사용. 북변 백성들의 만주·러시아로 월경 빈번해짐. 대마도주, 무기 교환 요청. 9. 훈련대장 신관호, 수뢰포 제작. 11. 경복궁 근정전·경회루 완공.

1868. 1. 주전 위조 엄금. 부산에 의창 건립. 3. 미국 군함 셰난도호 대동강에 진입. 삼군부 재설치. 4. 독일인 오페르트 미국인 젠킨스 프랑스 선교사 페롱 등, 아산만에 상륙하여 덕산 남연군묘를 도굴하려다 실패하고 도주. 7. 고종, 창덕궁에서 경복궁으로 이어. 정덕기 등, 모반하려다 처형. 9. 한양의 각 성문 개수. 사액서원 이외의 서원 철폐령. 10. 최익현, 토목공사 중지와 당백전 폐지 요구. 당백전 유통 중지. 12. 일본 신정부 사절단, 동래에서 왕정복고를 통고하는 〈일본국서〉 제출.

1869. 2. 서식이 다르다 하여 일본국서의 수리 거부. 3. 흥인지문 개수 완료. 전라도 광양 민란. 7. 원납전 독촉. 8. 경상도 고성 민란. 10. 자성군을 다시 설치하고 후창군을 평안도에 속하게 함. 11. 북방 주민 중 러시아로 이탈하는 자 속출.

1870. 3. 도성의 개천 준설과 석축 보수공사. 종묘 확장 개수 완료. 5. 주일 독일 대리공사 란트, 부산에서 통상 요구. 윤10. 러시아, 조선 이탈민을 잡아 강제 경작시킴.

1871. 3. 47개 사액서원 이외의 전국 6백여 서원 철폐. 양반·상민 불문하고 호포戶布 징수. 동학교도 이필제, 영해에서 민란 일으킴. 4. 주청 미국공사 로우, 아시아함대 사령관 로저서와 함께 통상 요구. 6. 미군, 강화도 초지진·덕진진·광성보 점령. 어재연과 조선 병사들, 광성보에서 항전하다 전멸(신미양요). 전국에 〈척화비〉 세움. 7. 미국 함대 철수.

12. 이필제 처형.

1872. 1. 일본 사절단 동래에서 철수. 청인 70여 명, 후창군에 벌목 차 왔다가 추방됨. 4. 각 도 이서吏胥의 과거응시 불허. 6. 군기제조역소 준공. 5. 부산 초량 왜관의 일본인들, 동래부에 침입해 주민 폭행. 일 본, 초량 왜관을 대일본국공관으로 개칭. 일본과 국교 단절.

1873. 4. 전라도 부안 격포에 진 설치. 10. 도성 성문 통행세 폐지. 최익 현, 대원군을 탄핵. 11. 최익현 제주도 유배. 고종, 친정 선포. 12. 고 종, 창덕궁으로 옮김. 0. 경복궁 내 건청궁 건립 착수.

1874. 1. 청전淸錢의 통용을 금지하고 상평통보 사용 장려. 2. 원자 이척 탄생. 3. 강화 연안에 포대 건설. 6. 무위소 설치. 박규수 등, 대일 경비 강화책 건의. 7. 경상감사·동래부사, 교빙 방해죄로 처벌. 각종 대포 를 신규 제작. 명경과 폐지. 만동묘 중건. 11. 포항진 폐지.

1875. 2. 원자 왕세자 책봉. 최익현 석방. 4. 운요호 등 일본 군함 3척, 부산 입항. 울산 민란. 5. 고종, 경복궁으로 옮김. 9. 일본 군함 운요호, 강화도 초지진 무단침입. 강화도 수병, 운요호에 포격. 운요호, 영종진 공격. 조선 수비병 패퇴(운요호 사건). 일본 수병, 강화 주민 살육 방화. 10. 일본 군함, 부산에서 무력시위. 12. 구로다 등, 부산에서 운요호에 대한 회담 요구.

1876. 1. 일본 군함 7척, 경기 해안에 정박. 강화에서 조일수호 회담 시작. 최익현, 척사소斥邪疎 올리고 강화조약 교섭 반대. 최익현 흑산도 유배. 2. 강화에서 〈조일수호조규〉(병자수호조약, 강화도조약) 체결. 5. 제 1 차 수신사 김기수 일행, 일본에 감. 6. 수신사 일행 귀국. 8. 〈조일수호 조규부록〉 체결. 경기·삼남지방 가뭄. 11. 경복궁 화재로 830여 칸 소실. 12. 북한산성 화약고 화재로 화약 7,597근 소실. 0. 일본인, 부 산에 사설은행 설립.

1877. 1. 〈부산항조계조약〉 체결. 일본인 거류지 설정. 일본 상인의 가족 동반 입국금지를 일본 외무성에 요청. 2. 전국에서 도둑 무리 출몰. 부 산 제중의원에서 매월 종두 실시. 3. 고종, 창덕궁으로 옮김. 주전 위조

자 5명 유배. 4. 무위소, 용호영·총융청 총괄. 5. 〈조일표류선취급협정〉 체결. 6. 문경의 이방연 역모죄로 처형. 10. 일본의 하나부사 공사 일행, 강제로 도성 입경. 11. 일본 동본원사 부산 별원 창설. 12. 영암의 이우수·장혁진 등 역모죄 처형.

1878. 4. 서원 재설립 상소 금지시킴. 5. 철종비 철인왕후 김씨 죽음. 리델 주교 등 3명, 베이징으로 추방. 6. 일본 제일은행, 부산에 지점 설치. 9. 부산 두모진에 세관 설치하고 조선 상인에 과세. 일본 상인 135명, 동래부에서 세관 설치 반대 시위. 11. 일본 대리공사 하나부사, 세관 철폐 요구 무력시위. 정부, 부산 세관의 수세 중지. 12. 두모진 세관 폐쇄.

1879. 2. 최익현·조병식 석방. 3. 일본 해병, 동래부청에 총격. 4. 일본 대리공사 하나부사, 원산 개항 요구. 평안도 자성 월경 죄인 3명 효수. 인천에 상륙한 일본인들, 민간에 작폐. 5. 일본공사가 요구한 일본화폐 통용 및 등대 설치 허가. 원산 개항 허가. 6. 원산 개항 항의 유생들 유배. 인천·부평에 포대와 진 설치. 7. 청의 이홍장, 조선에 서양 국가 와의 통상 권고. 콜레라 만연으로 부산 무역 중지. 11. 북한산성 경리 청을 무위소에 이속. 12. 지석영, 충남 덕산에서 종두 실시. 0. 전국에 천연두 창궐.

1880. 1. 포군砲軍을 징발하여 화적에 대비. 2. 러시아의 마튜린, 경흥에서 통호 요구. 부산 초량의 일본 공관을 부산 영사관으로 개편. 3. 미 해군 제독 슈펠트, 부산에서 통상 요구. 동래부사, 미국의 서한 접수 거부. 미국 군함 철수. 4. 원산 개항. 원산 주재 일본 영사관 개관. 5. 부산에 서 프랑스 군함의 통상 요구 거절. 6. 제 2차 일본 수신사 김홍집 일행 일본으로 출발. 7. 원산에서 이탈리아 군함의 통상 요구 거절. 8. 수신 사 일행 귀국. 10. 국경을 넘어가는 북관 백성 속출. 11. 하나부사, 일 본 주차변리공사로 입국하여 일본 천황의 국서 전달. 12. 군국기무 총 괄하는 통리기무아문 설치. 0. 자기황(성냥)·석유·양면·양염료·양 철 등이 수입되어 유행.

1881. 1. 박정양·어윤중 등 조사朝士시찰단, 각자 한양 출발. 통리기무아
문을 궐내에 두고 내아문이라 칭함. 이홍장, 한미수교 교섭 알선 역할
자청. 3. 황해도 장련 민란. 4. 조사시찰단 일본 도착. 별기군 창설하고
신식훈련 실시. 5. 영국 군함 페가서스호, 원산에서 통상 요구. 7. 일본
과 〈원산거류지조약〉 체결. 윤7. 강원·경기·충청·전라 유생들, 계
속 척사 상소. 영선사 김윤식, 유학생과 함께 청국에 감. 일본 조사시찰
단 귀국. 청주 등지의 화적 14명 효수. 8. 안기영·권정호 등, 대원군
의 서장자 이재선 추대하고 반역 모의. 10. 이재선 사사. 11. 선혜창에
서 주전. 통리기무아문 개편. 12. 군제 개편으로 5군영 폐지하고 무위
영·장어영 설치.

1882. 1. 영선사 김윤식 일행, 청국의 각종 공작창 시찰. 5. 〈조미수호통
상조약〉 체결. 6. 무위영·장어영 소속 군병들, 봉급미 불만으로 창고
지기 구타. 군인과 민간인, 경기감영·포도청·의금부·일본공사관 등
습격. 군민들, 별기군의 일본인 교관 및 일본인 13명 살해. 군민들, 창
덕궁 돌입. 민겸호·김보현 피살. 왕비 궁궐 탈출(임오군란). 대원군,
왕명으로 입궐. 통리기무아문 폐지. 삼군부 부활. 하나부사 일본공사,
인천 탈출하여 향일. 김윤식·어윤중, 청국에 난군 진압 요청. 7. 하나
부사, 일본군 이끌고 한성에 돌아옴. 청의 오장경·정여창, 병력 4천
명을 이끌고 남양만에 도착. 청군, 대원군을 납치하여 천진으로 압송.
일본과 임오군란 사후조치를 위한 〈제물포조약〉 체결. 8. 왕비, 충주에
서 환궁. 고종, 전국의 척화비 파기 명령. 수신사 박영효·김만식 등
일본행. 〈조청상민수륙무역장정〉 체결. 〈조일수호조규속약〉 체결. 9.
지석영, 전주에 우두국 설치하고 종두 실시. 10. 훈련도감 폐지. 은화
주조하여 상평통보와 병용. 11. 독일인 묄렌도르프 외무고문으로 초
빙. 통리아문·통리내무아문 설치. 친군영 설치. 12. 통리아문을 통리
교섭통상사무아문, 통리내무아문을 통리군국사무아문으로 개칭. 삼군
부와 기무처를 통리군국사무아문에 통합. 양반의 상업 종사와 상민의
학교 입학 허가. 사도시·내섬시·내자시·사재감·의영고·장원서·

사포서 · 와서 · 조지서 · 혜민서 · 활인서 · 주교사 · 내궁방 등 폐지.

1883. 1. 인천항 개항. 한성에 순경부 설치. 태극기를 국기로 정함. 〈부산 일본간해저전신선조약〉 체결. 4. 관서 18진 폐지. 영종진 부활. 초대 주한 미국공사 푸트 부임. 5. 당오전當五錢 주조. 황해도 장연에 장연교회(소래교회) 설립. 6. 지석영, 공주에 우두국 설치하고 종두법 가르침. 7. 조폐기관 전환국 설치. 경상 · 전라 · 강원 · 함경 4도 해안 어로권 일본에 허가. 어윤중, 백두산정계비를 기준으로 한만국경 실사. 〈재조 선국일본인민통상장정〉(조일통상장정) 체결. 8. 출판기관 박문국 설치. 전권대신 민영익 · 홍영식, 미국 도착. 인천 · 부산 · 원산에 감리서 신설. 〈인천일본인조계지거류조약〉 조인. 원산에 교육기관 원산학사 설립. 9. 인천 · 부산 · 원산의 해관세 수세 업무를 일본 제일은행에 위탁. 11. 〈조영수호통상조약〉 체결. 〈조독수호통상조약〉 체결. 12. 한성 이외의 주전소 철폐. 0. 최초의 양옥 세창양행 사택 인천에 건립.

1884. 1. 일본 제일은행과 〈개항장해관세취급약정〉 체결. 2. 부산~나가사키 해저전선 착공. 3. 청국 상인에게 내지 통상 허용. 3. 우정총국 개국(총판 홍영식). 4. 오장경, 청 병력 반을 이끌고 귀국. 5. 민영익, 미국에서 소 · 돼지 · 양 등을 가져와 모범농장 개설. 윤5. 〈조이수호통상조약〉 체결. 〈조로수호통상조약〉 체결. 복제服制개혁. 정오 · 인정 · 파루에 포를 쏘아 시각을 알림. 6. 전환국에서 새로 주조한 당오전 통용 고시. 부산 일본전신국, 기상관측 시작. 8. 의료선교사 알렌 입국. 각국 개시장을 양화진에서 용산으로 옮김. 총융청을 친군영에 통합. 군기시를 기기국에 통합. 9. 미 · 일 상인에게 최혜국 대우 허용. 10. 우정총국, 우정업무 개시. 김옥균 · 박영효 등 개화파, 우정국 낙성식에서 정변 일으킴(갑신정변). 민영목 · 민태호 등 수구당 6명 피살. 개화당, 신내각 조직하고 14개조의 혁신정강 반포. 창덕궁에서 청 · 일 병사 전투. 일본군 패배. 김옥균 등 일본공사관에 피신했다가 인천으로 탈출. 우정총국 폐쇄. 김옥균 · 박영효 · 서광범 · 서재필 등 일본으로 망명. 11. 일본과 〈한성조약〉 체결. 청군, 마산 도착. 일본군, 인천 도착. 친군 5

영 설치 완료. 0. 독일 마이어사, 제물포에 무역상사 세창양행 건립. 인천~상해 간 항로 개설. 경복궁에 전기 가설.

1885. 1. 고종, 창덕궁에서 경복궁 건청궁으로 환궁. 독일 총영사, 김윤식에게 영세중립국 선언 권고. 2. 여주 민란. 알렌의 건의로 재동에 국립 의료기관 광혜원 설립. 3. 제 1차 〈한로밀약〉. 영국 극동함대, 거문도 불법 점령(거문도 사건). 광혜원을 제중원이라 개칭. 종로 종루를 보신각이라 명칭. 강원도 원주 민란. 4. 미국 선교사 언더우드 · 아펜젤러 입국. 통리군국아문을 의정부에 통합. 5. 내무부를 설치하여 군국서무 총괄케 함. 6. 묄렌도르프 파면. 〈조청전선조약〉 체결. 8. 아펜젤러, 정동에 배재학당 설립. 9. 해관총세무사에 미국인 헨리 메릴. 서로전신선 개통(한성~인천). 한성전보총국 개국. 10. 흥선대원군, 조선에 부임하는 원세개와 함께 청에서 환국. 원세개, 인천 · 부산 · 원산의 관세 징수 업무 장악. 부산에 일본재판소 설치(영사재판). 11. 독일 세창양행에서은 10만 냥 차관.

1886. 1. 노비세습제 폐지. 3. 〈사가노비절목〉 제정. 내무협판에 미국인 데니(외무업무 겸직). 4. 미 여선교사 매리 스크랜턴, 이화학당 설립. 5. 〈조불수호통상조약〉 체결. 일본 정부, 김옥균 추방. 7. 제 2차 〈한로밀약〉. 원세개, 〈한로밀약〉 추궁. 8. 서상우 등, 북경에서 〈한로밀약〉 설명. 미 선교사 스크랜턴, 왕립 시병원 개설. 9. 신교육기관 육영공원 설립. 10. 러시아, 조선 불침략 공포. 김윤식, 원세개와 토문 국경을 의논하고 조선 유민 안전 요청. 남로전신선(한성~부산) 착공. 12. 러시아 공사 베베르, 조선인의 연해주 유입금지 요청. 0. 언더우드, 언더우드 학당(경신학교) 설립. 러시아인이 양화진에 성냥공장 건설.

1887. 2. 영국 함대 거문도에서 철수. 3. 청과 한성~부산 육로전선의정 체결. 조선전보총국 개국. 4. 광무국 설치. 토문 감계사 이중하, 백두산 정계비 및 부근의 수원 조사. 아펜젤러, 정동제일교회 창립. 5. 주일공사에 민영익. 6. 주미공사에 박정양. 영 · 독 · 불 · 이 · 러 겸임공사에 심상학. 7. 성균관을 경학원으로 개칭. 9. 언더우드, 새문안교회 창립.

10. 부인병원 보구여관 개원. 주일공사에 김가진. 11. 박정양 주미전권 공사 미국 도착. 12. 각 포浦의 무명잡세 금지. 사관양성학교 연무공원 설립.

1888. 2. 다이 소장 등 미국인 훈련교사 4명 입국. 3. 토문 감계 재조사 중단하고 현 상황을 청에 통고. 미·러·이 3국 공사에게 정부가 승인한 자 이외에는 기독교 전파 및 학당 설립 금지케 함. 4. 친군 5영을 통위영·장위영·총어영 3영으로 개편. 5. 남로전신선 개통(한성~부산). 6. 함경도 초원역 군인 난동. 함경도 북청 부민들 방화 및 연명 상소. 7. 〈조로육로통상조약〉 체결. 함경도 길주 민란. 8. 마포~인천 증기선 2척 운행. 부산~나가사키 해저전선 준공. 0. 경복궁 강녕전·교태전· 자경전 중건.

1889. 1. 강원도 정선 민란. 2. 러시아, 절영도·원산에 저탄소 설치 요구 (절영도는 거부). 3. 강원도 인제 민란. 강원도 통천 민란. 4. 기선회사 설립 허가. 7. 주미공사 박정양 등, 고종에 귀국 보고. 8. 경흥부사, 감리육로통상 사무 겸임. 9. 함경감사 조병식, 흉년을 이유로 10월부터 1년간 미곡 수출금지(방곡령). 전라도 광양 민란. 대한성공회 설립. 10. 일본공사, 방곡령의 철회와 손해배상 청구. 증명서 소지하지 않은 외국 상인의 내지 출입 금지. 11. 〈조일통어通漁장정〉 체결.

1890. 1. 함경도 방곡령 철회. 영·독·불·이·로 겸임공사에 박제순. 주일공사 김가진 귀국보고. 한성 상인들, 외국 상점의 용산 이전 주장하고 철시. 2. 내무협판에 미국인 리젠드르. 회령부에 경찰 배치. 4. 익종비 신정왕후 조씨 죽음. 6. 부산·인천에 25객주제 시행. 7. 서울 양화진에 외국인 공동묘지 허가. 8. 경상도 함창 민란. 11. 내무협판에 미국인 그레이트하우스. 12. 전환국 평양 분소 설치. 0. 커피·홍차가 궁중에 소개됨.

1891. 2. 청·일, 대동강 하구의 철도 사용 요청(거부됨). 일본인, 제지공장 건립. 4. 인천세무사에게 인천항 각국 조계사무 관리 겸임케 함. 5. 일본 어선 수십 척이 제주도에 상륙하여 살상. 한성 개천 준설공사. 6.

청 비적들, 함경도 갑산·단천 등지에서 약탈. 북로전신선 준공(한성~원산). 8. 강원도 고성 민란. 11. 은화와 동화 주조. 엽전과 당오전 통용시킴. 일본공사, 함경도 방곡령에 따른 손해배상 청구. 12. 왕자 이강 의화군 책봉.

1892. 2. 시카고 만국박람회 참가 차 10명 출국. 3. 한성과 경기에 도둑떼 극성. 함경도 함흥 민란. 함경도 덕원 민란. 강원도 낭천 민란. 4. 청 비적, 혜산진 습격. 5. 〈조오수호통상조약〉 체결. 6. 일본 어민의 제주도민 살상에 대한 보상 청구. 전환국에서 백동화 주조 시작. 10. 조청윤선輪船공사 설립. 11. 인천에 전환국 신축하고 서양식 화폐 주조. 한성에 교환국 설치. 12. 경리청, 북한산성 수축. 동학교도, 전라도 삼례역에 모여 교조의 신원과 탄압 중지 요구. 임오군란 관련자 7명 처형. 살상 강도 13명 효수.

1893. 2. 동학교도 박광호·손병희 등, 교조 최제우의 신원을 위해 광화문에서 복합상소. 3. 동학교도 2만여 명, 충청도 보은과 전라도 금구에 모여 〈척왜척양斥倭斥洋〉 외치며 농성. 4. 보은 집회 해산. 동학교도 잠적. 일본과 방곡령 배상문제 해결. 6. 인천 군민, 인천감리서 습격. 주청 일본공사가 조선 주차 겸직. 7. 청 비적, 갑산·단천 습격. 8. 해관 총세무사에 영국인 브라운. 전보총국을 전우총국으로 개칭. 9. 각국 공사에게 1개월 후에 방곡령 실시 통고. 11. 전국 각지에서 민란 계속. 12. 전봉준 등 전라도 고부 군민, 군수에게 수세감면 진정. 0. 전화기 도입. 한성에 시계포 등장. 미국 시카고 만국박람회에 1천 달러 상당의 수공품 출품.

1894. 1. 전봉준 지도하의 고부 군민, 고부 관아 점령. 갑오농민전쟁 시작. 2. 안핵사 이용태, 고부 군민 강력 탄압. 김옥균, 상해에서 피살. 3. 농민군, 고부 백산에서 봉기. 전봉준, 〈4대강령〉 발표. 4. 농민군, 금구현·부안현 관아 점령. 관군·보부상군, 황토현에서 농민군에 대패. 전라도 농민군, 전주성 점령. 농민군, 〈창의문〉 발표. 충청도 농민군 봉기. 정부, 원세개를 통해 청에 지원군 요청. 5. 청군 2,100명 아산만 상륙.

〈전주화약〉 성립. 농민군, 전주성 철수. 농민군, 집강소 설치하고 자치. 일본군 3,300명 인천 상륙. 6. 일본군, 독단으로 경인·경부 간 군용전선 착공. 정부, 내정개혁을 위한 교정청 설치. 원세개 귀국. 일본군, 경복궁 난입. 반일적인 민씨 정권 타도. 대원군 정권 수립. 청·일 양군, 수원 앞 풍도에서 전투. 청군 패배. 군국기무처 설치. 군국기무처, 중앙 관제 개혁안과 사회제도 개혁안 발표(갑오개혁). 8아문 설치. 중추원 설립. 개국 연호 사용(고종 31년 : 개국 503년). 청·일 양군, 성환역에서 전투. 청군 패배. 7. [청일 양국, 선전포고(청일전쟁)]. 과거제 폐지. 은본위제인 〈신식화폐발행장정〉 공포. 1차 김홍집 내각 수립. 3도 통제영 및 각 도의 병영·수영 폐지. 경무청 관제 공포. 〈조일잠정합동조관〉 체결. 〈조일공수동맹〉 체결. 8. 청군, 평양에서 일군에 패배. 충청도 동학교도 수만 명 공주에 집결. 문경에서 일본군·동학교도 접전. 9. 동학농민군, 일군 축출을 위해 재봉기. 관립 교동초등학교 개교. 10. 전라도 농민군, 북상하여 논산에 집결. 흥선대원군 정계 은퇴. 농민군, 공주에서 일군에 패배. 11. 제 2차 김홍집 내각 수립. 각지의 양반과 유생들, 동학군 진압에 참여. 농민군, 태인 전투에서 패배. 12. 전봉준, 순창에서 체포. 고종, 〈홍범 14조〉 선포. 전라·충청·경상·황해·강원도의 동학농민군, 관군·일군에 궤멸. 관보에 국한문 혼용.

1895. 1. 내각 총사퇴. 일본의 개입으로 총사퇴 철회. 2. 영은문 철거. 3. 재정난 심화로 일본으로부터 차관 도입. 34개 개혁안 단행. 행정과 사법 분리. 전봉준 등 농민군 지도자 처형. 공사公私 예복 개정. 승려의 도성 출입 허용. 〈재판소구성법〉 제정. 4. 이준용, 고종 폐위 음모로 유배. 한성재판소 설립. 덕수궁에 전등 등장. 법관양성소 설립. 교원 양성을 위한 한성사범학교 설립. 5. 김홍집, 총리대신 사임. 훈련대 설치. 신임총리에 박정양. 박영효파 몰락. 미국인 모스에게 평안도 운산광산 채굴권 허가. 지방 관제 개정(전국 23부, 331군). 인천·부산·원산 감리서 폐지. 한국인 유학생 114명, 게이오 의숙에 단체 입학. 외국어학교 관제 공포. 윤5. 시위대侍衛隊 창설. 전국에 콜레라 만연으로 수천

명 사망. 8도의 각종 환곡을 사환(社還)이라 개칭. 〈사환조례〉 반포. 〈국내우체규칙〉 반포. 7. 제 3차 김홍집 내각 수립. 신임 일본공사 미우라. 〈소학교령〉〈한성사범학교 및 부속소학교규칙〉〈성균관관제〉 반포. 8. 주미공사에 민영환. 한성에 8개의 관립소학교 설립 인가. 일본인들, 경복궁 건청궁에 난입하여 명성왕후 시해(을미사변). 미우라 공사 및 흉도 50여 명 출국. 김홍집 내각 개혁 추진(을미개혁). 재동소학교 설립. 9. 태양력 사용 결정. 명성왕후 시해와 관련된 훈련대 해산. 친위대·진위대 창설. 〈세무시찰관장정〉〈각군세무장정〉 반포. 인정·파루 폐지하고 정오와 자정에 타종. 10. 〈종두규칙〉 반포. 이범진 등, 고종 이어 실패(춘생문 사건). 11. 최초의 근대적 예산 편성. 단발령 선포. 고종 단발. 문석봉 의병 봉기 좌절. 전국에서 의병 봉기(을미의병).

1896. 1. -이하 태양력으로 기술- 음력 1895년 11월 17일은 태양력 1896년 1월 1일. 연호 개정(개국 505년 : 건양 원년). 2. 고종과 왕세자, 정동 러시아 공사관으로 옮김(아관파천). 고종, 김홍집 등 대신 5명을 역적으로 규정. 김홍집 피살. 어윤중 피살. 유길준 등 일본으로 망명. 친일정권 붕괴. 친러정권 수립. 〈의병해산조칙〉 공포. 단발령 철회. 유인석 의병, 충주 방면에서 일본군과 격전. 백정을 면천하여 갓 쓰는 것을 허용. 3. 미국인 모어스에게 경인철도 부설권 허가. 1~3월에 일본 상인 18명이 의병에게 피살. 4. 러시아 황제 니콜라이 2세 대관식에 민영환 파견. 영국인 총세무사 브라운 재정고문 겸임. 미국인 헌트에게 운산광산 채굴권 허가. 러시아인 니시첸스키에게 경원·경성의 광산 채굴권 허가. 5. 민영환·로바노프, 러시아의 조선 보호와 군사교관 파견 밀약. 6. 주미공사에 이범진. 7. 서재필·윤치호·이상재 등, 독립협회 결성. 신임 일본공사 하라 케이 부임. 학부, 동현과 안동에 관립소학교 신설. 8. 지방제도 개혁(전국 13도, 7부, 1목, 331군). 인천·부산·원산 감리서 부활. 9. 10호를 1통으로 하는 〈호구조사규칙〉 공포. 내각 폐지하고 의정부로 환원. 경운궁 중수 완공. 황토현에서 흥인문, 대광통교에서 숭례문까지의 도시계획 공포. 러시아인 브리네르에게 두

만강·압록강 유역 및 울릉도 삼림채벌권 허가. 각도 의병 해산. 유인석 의병 만주로 감. 10. 러시아 군사교관 10명 입국. 흥선대원군 부인 여흥부대부인 민씨 천주교 세례 받음. 11. 독립협회, 영은문 자리에 독립문 착공.

1897. 1. 중전 민씨의 시호를 명성, 능호를 홍릉으로 함. 영·독 등 6국 전권대사에 민영환. 각종 잡세를 인지로 대체. 한성 시가에 가로등 등장(석유 사용). 2. 고종, 러시아 공사관에서 경운궁으로 이어. 한성은행 설립. 3. 인천에서 경인철도 기공식. 관립 한어漢語학교 개교. 4. 러시아 공사, 단천·삼수광산 채굴권 요청(삼수만 허가). 5. 관립 노어학교 개설. 독립협회, 모화관을 개수하여 사무실로 사용(독립관). 6. 전국 8곳에 지방대地方隊 설치. 송진용·홍현철 등, 정부 전복 혐의로 처형. 8. 연호를 광무로 고침. 러시아 군사교관 13명 입국. 독립협회 제 1회 토론회 개최. 10. 목포·진남포 개항. 정부 지시로 보부상 단체 보부청 부활. 원구단에서 〈대한제국大韓帝國〉 선포. 고종황제 즉위식. 왕후를 황후, 왕세자를 황태자로 개칭. 재정고문에 러시아인 알렉세예프. 미국 선교사 베어드, 평양에 숭실학당 설립. 한성에서 공주·전주·무안·목포 간, 평양에서 삼화·진남포 간 전선 가설. 11. 명성황후 국장. 독립문 준공. 12. 손병희, 동학 제 3대 교주가 됨. 0. 한성 광교에 최초의 출판사 겸 서점 회동서관 개점.

1898. 1. 외국인에게 채광권·철도부설권 추가허가 불가 칙령. 여흥부대부인 민씨 죽음. 한성전기회사 설립. 2. 외부대신 민종묵, 러시아의 절영도 조차를 임의 허가. 흥선대원군 이하응 죽음. 3. 정동에 한로은행 개설. 독립협회, 종로에서 만민공동회 개최. 러시아 군사교관과 재정고문 해고. 러시아 절영도 조차 취소. 일본의 석탄고 철수. 3. 제주 민란. 4. 경원부사로 하여금 백두산정계비와 토문 문제 조사토록 함. 5. 인천 거주 일본인들이 한국인 집단 폭행. 종현성당(명동성당) 준공. 6. 동학 2대 교주 최시형 순교. 황국협회 창립. 7. 철도사 및 양지아문 설치. 안경수, 고종 양위 음모 발각되어 일본으로 망명. 독립협회, 조병식·이

용익 등 축출 상소. 8. 이토 히로부미, 경부철도부설 허가 지원을 위해 내한. 화적 48명 처형. 9. 일본인에게 경부철도 부설권 허가. 김홍륙 등의 고종 독살미수 사건. 관립 독일어학교 개교. 10. 독립협회, 관민합작 만민공동회를 종로에서 개최하고 〈헌의 6조〉 올림. 11. 고종, 독립협회 해산과 주요 인물 검거 명령. 이상재·정교·남궁억 등 17명 체포되었으나 무죄 석방. 만민공동회, 협회 복원을 요구하며 농성. 황국협회 보부상들, 만민공동회 습격. 고종, 만민공동회와 황국협회 대표에게 집회 해산 설득. 12. 신내각 구성. 정부, 병력으로 집회 저지.

1899. 1. 상소자의 신분규제안 제정. 일본경인철도인수조합, 모어스로부터 경인철도 부설권 인수. 마산·군산·성진 3개 항구 개항. 대한천일은행 창립. 3. 박기종 등, 대한철도회사 설립. 전주 등 전라도 7곳에서 균전 문제로 소요 발생. 4. 서대문~청량리 간 전차 개통. 국립 내부병원 설립. 캐나다 선교사 애비슨, 제중원의학교 설립. 5. 인천·원산·목포·진남포 등에 기상관측기 설치. 동학의 잔당 영학당, 고부 등지에서 봉기했으나 궤멸. 〈재판소구성법〉 전면 개정. 6. 고영근 등, 주요 대신 저택에 폭탄 투척하고 일본으로 망명. 최고 군통수기관 원수부 창설. 신임 일본공사 하야시 곤스케 부임. 7. 대한철도회사에 경의철도부설권 허가. 독립협회 회원 최정식 교수형, 이승만 종신형 선고. 표훈원 설치. 8. 〈대한제국국제의정〉 반포(국호 대한제국, 정체 전제군주제). 〈전염병예방규칙〉 반포. 평안도 폭우(838명 사망). 9. 〈대한국대청국통상조약〉 체결. 전국의 각 군영·아문의 둔토·목장토를 궁내부 내장원으로 이관. 인천~노량진 간 경인선 개통. 11. 사도세자를 장조로 추존하고 능호를 융릉으로 개칭. 12. 인천에 미영연초공장 건립.

1900. 1. 만국우편연합UPU 가입. 전차 서대문에서 용산까지 연장 운행. 2. 경상·강원·함경도 해역의 포경권 일본 원양어업회사에 허가. 전국에 일본인이 설립한 일본어학교 11개교. 3. 통신국 폐지하고 통신원 개원. 인쇄국 신설. 러시아와 〈마산포지소조차에 관한 조약〉〈거제도불조차에 관한 조약〉 체결. 삼남 지방의 화적들이 활빈당을 표방하고 출

몰. 4. 궁내부 소속 철도원 신설. 한성전기회사, 종로에 가로등 3개 설치. 5. 안경수·권형진, 일본에서 귀국 자수하여 처형됨. 한성~충주, 부산~창원 간 전선 개통. 6. 경부警部 설치. 원수부 내에 헌병대 설치. 7. 한강철교 준공. 경인철도 완전 개통. 용산에 조폐국 준공. 지방 군대의 명칭을 진위대로 통일하고 전국에 6개 연대 배치. 8. 귀인 엄씨 순빈 책봉. 왕자 이강을 의왕, 이은을 영왕에 책봉. 9. 육군법원 설립. 결세結稅 인상(결당 6원에서 10원). 형률 개정으로 참형 복구. 전국의 역토驛土를 궁내부 내장원에 이속시킴. 경상도 일대에 활빈당 출몰. 경부철도 남부 기공식을 부산 초량에서 거행. 10. 일본인 어업 구역에 경기도 추가. 남산 동편에 장충단 건립. 11. 서대문역에서 경인철도 개통식. 12. 〈태극기규정〉 반포. 포병 2개 대대 및 공병 1개 중대로 치중병대 신설. 덕수궁 석조전 기공.

1901. 2. 금본위제 채택. 〈신식화폐조례〉 공포. 회령에 변계경무서 설치. 3. 연해 지방에 포대 설치. 〈한·벨기에수호통상조약〉 체결. 4. 일본에서 신식 소총 1만 정과 실탄 1백만 발 구입. 구미 각국 주재 공사 임명. 5. 제주 민란. 6. 프랑스인 살타렌에게 평북 창성금광 채굴권 허가. 7. 충남·전북에 방곡령 발동. 수입 양곡에 면세조치. 안남미 30만 석 수입계약 체결. 8. 한성 시내 전등 시점식. 9. 고종 50회 탄신 축하연. 10. 혜민원 설치하여 기민 구휼. 순빈 엄씨 순비에 책봉. 제주 민란 주모자 이재수 교수형. 11. 각지의 방곡령 해제.

1902. 1. 상품매매에 상무사에서 발행하는 인찰지 사용토록 제도화. 양강도 갑산동광 붕괴사고(사망 6백여 명). 3. 한성~인천 간 전화 개통. 4. 기로소 관제 시행. 5. 각국 외교사절, 공동명의로 경인도로 개설 요청. 일본 제일은행, 1환권 발행 유통시킴. 북간도 시찰원으로 이범윤 파견. 한성~개성 간 전화 개통. 6. 이상재 등, 개혁당 사건으로 구속. 독·불·러 3국 공사, 철도·광산 등의 이권쟁취 모의. 김석규·박기종 등, 영호남 지선철도회사 설립. 7. 〈한·덴마크수호통상조약〉 체결. 8. 황제 어기·친왕기·군기 등 깃발 제작 명함. 국가國歌 제정(에케르트 작곡).

9. 일본 제일은행권 통용금지. 전국에 콜레라 만연. 원수부, 단발을 명함. 일본 승려, 남산에 본원사 건립. 10. 간도 거류민이 관리 파견 요청. 〈도량형규칙〉 공포(척·양 기준). 정동에 손탁호텔 건립. 11. 외국여행권 관장할 수민원 설치하고 개척 이민 사무를 주관케 함. 12. 고종 즉위 40년 기념 국민축제. 제 1차 하와이 이민 121명 출발. 수민원 폐지. 0. 결세結稅 다시 인상(결 당 10원에서 16원).

1903. 1. 궁내부에 박문원 신설. 만국적십자 제네바 협약에 가입. 충주에 약령시 신설. 2. 일본 제일은행권 대량 유통으로 한국 통화가치 하락. 3. 원수부, 〈징병조례〉 제정. 의병장 이강년 등 180여 명 특별사면. 외국산 옷감 사용 자제와 공산품 장려. 4. 일본으로부터 구입한 군함 양무호 인천 입항. 러시아 병사와 만주 마적, 용암포 강제 점령. 5. 윤이병 등, 일본 제일은행권과 청국 동순태 상표의 배척운동 전개. 러시아군 1만 2천 명 의주에 진주. 6. 러시아, 압록강목재회사 설립. 7. 러시아, 용암포 조차 요구. 8. 영·일 공사, 용암포 조차 철회와 의주 개시 요구. 북간도 관리사에 이범윤. 홍승하·윤병구 등, 호놀룰루에서 신민회 조직. 10. 한성 거주 일본 상인들, 경성상업회의연합회 조직. 헐버트 등, 황성기독교청년회YMCA 창설. 11. 러시아 수병과 일본인, 인천 부두에서 충돌. 고영근, 일본에서 명성황후 시해 관련 우범선 죽임. 12. 한성에 연초공장 설립. 러시아 동양함대 사령관 인천 입항.

1904. 1. 미·러·영·이·불 군사 각 20~30여 명, 자국 국민 및 공사관 보호 명목으로 입경. 정부, 러시아·일본 개전에 중립선언. 화적 2백여 명이 평택 관아 습격. 충남 지역에 활빈당 출몰. 2. [일본, 러시아에 선전포고(러일전쟁)]. 일본군, 한성 각지에 주둔. 〈한일의정서〉 체결. 이용구, 친일단체 진보회 조직. 3. 이지용·구완희 집에 폭탄 투척. 일본군, 경의선철도 강제 착공. 4. 일본, 한성에 한국주차군사령부 설치. 3월 말 일본인 한성 1,387호 6,991명, 부산 2,116호 10,792명 거주. 한의학교 동제의학교 설립. 5. 정부, 조선과 러시아가 체결한 조약·협정 폐기. 러시아의 삼림채벌권 폐기. 일본 정부, 대한對韓 방침 의결(적당한

시기에 한국을 보호국화 또는 병합). 학부, 애국가 〈상제는 우리 황상을 도우소서〉를 각급학교에 반포. 6. 일본공사 하야시, 한국 영토의 1/4에 해당하는 황무지 개간권 요구. 정부, 일본의 황무지 개간권 요구 거절. 하와이 이민 120여 명 인천 출발. 7. 원세성·송수만·이기 등, 보안회 조직하고 배일민중운동 전개. 일군, 보안회에 난입. 일군, 한국의 치안을 일군이 담당한다고 통고(군사경찰제). 8. 일본의 경의선 부설로 서북철도국 폐쇄. 일본공사, 황무지 개척권 요구 철회. 송병준, 유신회 조직. 유신회, 일진회로 개명. 〈한일외국인고문용빙에 관한 협정서〉 체결(제1차 한일협약, 한일협정서). 고문정치 시작. 9. 보안회, 협동회로 개칭. 경기도 시흥 민란. 궁내부, 각종 잡세 혁파. 세브란스 병원 준공. 제중원, 세브란스 병원으로 개칭. 10. 제실帝室제도정리국 설치. 하세가와 요시미치 한국주차군사령관 입경. 재정고문에 메가타 다네타로. 공주 지방대 병졸, 일본주재소와 상점 공격. 11. 전환국 폐지. 백동화 주조 중지. 12. 일진회, 진보회와 통합. 이준·나유석 등, 공진회 설립. 외교고문에 미국인 스티븐스. 외교관·영사관제 폐지. 각국 주재공사 철수 명령. 경부선 철도 완공. 0. 한성에 공중변소 등장.

1905. 1. 일본 헌병대, 한성 및 인근의 치안경찰권 장악. 일본 화폐의 무제한 유통을 허용하는 〈화폐조례〉 공포. 일본 제일은행에 국고 취급 및 화폐정리사업 위임(제1차 화폐개혁). 김동필·강원형 등, 대한13도유약소儒約所 설립. 사립전문학교 한성법학교 설립. 2. 공진회 해산. 한성 시전 상인들, 일본 상인의 종로 진출 금지를 경무청에 요구. 엄주익, 양정의숙 설립. 3. 일군 25명이 궁궐 경비. 최익현·김학진·허위, 일본 헌병에 체포됨. 멕시코 이민 1,031명 인천 출발. 전국에서 일진회 배척 운동. 〈도량형법〉 공포. 4. 일본에 우편·전신·전화사업 위임. 주청 한국공사관 철수. 조선군대 감축. 친위대 해산. 노동자의 하와이·멕시코 이민 금지. 안창호 등, 샌프란시스코 친목회를 공립협회로 개칭. 5. 주영 한국공사관 철수. 주영공사관 서리 이한응 자결. 이준·양한묵·윤효정 등, 〈헌정연구회〉 조직하여 일진회에 대항. 낙동강 철교 준공. 경

부철도 개통식. 6. 일본 제일은행, 국고금 출납 취급. 백동화 교환사업 개시. 7. 주미 한국공사관 철수. 일본, 한성 우체사·전보총사를 인수하여 한성우편국 설치. 한성 종로 상인, 한성상업회의소 설립. 일본 제일은행 한성 지점, 한국의 중앙은행 업무 담당. 9. 이용익, 보성전문학교 설립. 부산~시모노세키 관부연락선 운항 개시. 10. 일본에 관세업무 인계. 고종, 헐버트를 통해 일본의 강압정책을 미국에 호소. 일본 정부, 한국 보호국화를 결의. 대한적십자사 설립. 11. 김동필 등, 일진회 규탄 운동. 일진회, 보호조약 찬성 성명. 일본 한국특파대사 이토 히로부미, 고종에게 조약안을 제시하고 수락 강요. 〈한일협상조약〉(제 2차 한일협약. 을사늑약) 체결(통감정치·외교권박탈·보호국화). 11. 이상설, 조약 폐기와 매국적신 처단 상소. 장지연, 황성신문에 〈시일야방성대곡〉 발표. 대한13도유약소, 조약 폐기 등 상소. 종로상가 철시. 각급학교 동맹휴학. 민영환 할복 자결. 〈변호사법〉 공포. 12. 손병희, 동학을 천도교로 개칭. 조병세·이명재·이상철 자결. 최익현, 오적을 규탄하고 조약 취소 상소. 일본, 중앙에 조선통감부, 지방에 이사청 설치. 초대 통감 이토 히로부미. 송병선 자결. 0. 김학만 등, 노령에 항일단체 한인민회 조직.

1906. 1. 이용익, 러시아에서 죽음. 외부外部 폐지. 의정부에 외사국 설치. 2. 통감부·이사청 개청. 해외 한국인에 대한 정부의 보호권을 일본 외무성에 이관. 최익현·임병찬 등, 전북 태인에서 기병. 3. 이토 히로부미 착임. 주한 영·청·미·독·불 등 각국 공사 철수. 안병찬 등, 충청도에서 의병 봉기. 신돌석, 경북 영해에서 의병 봉기. 윤효정·장지연 등, 대한자강회 조직. 4. 청천강 철교 완공. 경의철도 개통. 특급열차 융희호, 서울~부산 운행 개시. 내부內府에 치도국 설치하고 신작로 건설. 엄귀비, 진명여학교 설립. 5. 민종식, 충청도 홍산에서 기병하여 홍주성 점거. 민영휘, 휘문의숙 설립. 엄귀비, 숙명여학교 설립. 6. 정용기 등, 경상도에서 삼남의병군을 조직하고 봉기. 의병 봉기를 막기 위해 각 군에 일군 20명씩 파견. 전주·남원 진위대에 의병 토벌령 내림. 최익현·임

병찬 등, 순창에서 체포됨. 경부·경의·마산선 통감부에 속하게 함. 〈통감부법무원관제〉 제정. 통감부, 사법권 장악. 고문경찰제 확장으로 전국 각지에 8백 명의 고문 경찰과 5백여 명의 이사청 경찰 배치. 7. 경무고문이 궁중 경위권 장악. 〈궁금령宮禁令〉으로 한국인의 궁중 출입 제한. 〈재조선일본거류민단법 및 시행규칙〉 공포. 〈국유미개간지이용법〉 공포. 8. 일군, 한국인에 적용할 군율軍律 발표. 한성 일대에 일본의 〈고등군사경찰제〉 시행. 최익현 대마도 유배. 대한적십자사, 만국적십자사에 가입. 학제개혁으로 〈사범학교령〉〈고등학교령〉〈외국어학교령〉〈보통학교령〉 공포. 이상설·이동녕 등, 간도에서 서전의숙 설립. 9. 〈관세관관제〉 제정. 세무감이 징세 업무 집행. 신 지방관제 실시(전국을 13도, 11부, 333군으로 개편. 일인 참여관이 행정 감독). 10. 윤치호, 개성에 한영학원 설립. 〈압록강·두만강 삼림경영에 관한 한일합동약관〉 조인. 〈조세징수규정〉 공포. 최초의 기념우표 발행. 황족·귀족의 교육기관 수학원 설립. 11. 의병장 민종식 등, 공주에서 체포됨. 정부, 간도 한국인의 생명과 재산보호를 통감에 의뢰. 최익현, 유배지 대마도에서 단식 아사. 전국호구조사 실시(2,330,087호, 9,781,671명). 0. 인천·부산·원산 등 8개 항에 축항공사.

1907. 1. 통감부, 남산 신청사로 이전. 궁중소방대 설치. 이용구, 시천교 창립. 2. 김광제·서상돈, 대구에서 국채보상운동 제창. 국채보상운동 전국에 파급. 3. 자신회, 을사오적 처단 실패. 궁내부 안에 각궁사무정리소·공진소 설치하고 황실 재산 관장. 대한의원 설립. 신기선·홍승목 등, 대동학회 설립. 4. 양기탁, 한성에 국채보상연합회의소 조직. 이상설·이준, 고종의 밀서를 휴대하고 헤이그 만국평화회의 참석차 출국(헤이그 특사). 안창호·양기탁 등, 신민회 창립. 사립 선린상업학교 개교. 5. 이완용 친일내각 수립. 각 지방에 금융조합 설립. 블라디보스토크 한인촌에 계동학교 설립. 6. 의정부를 내각으로 개칭. 이위종, 러시아에서 헤이그 특사에 합류. 헤이그 특사, 만국평화회의 참석 좌절. 이위종, 만국기자협회에서 연설. 7. 이준, 헤이그에서 순국. 이토, 고종

에게 헤이그 특사 사건 추궁. 이완용·송병준 등, 어전회의에서 고종의 양위를 주장. 대한자강회·동우회·기독교청년회 등 2천여 명, 종로에서 양위 반대 시위. 고종, 황태자에게 양위. 순종, 대한제국 황제 즉위. 〈한일신협약〉(정미 7조약) 체결. 신문통제를 위한 〈신문지법〉 제정. 집회와 결사·언론 탄압을 위한 〈보안법〉 제정. 일본군 1개 여단 한성 진주. 애국계몽단체 호남학회 창설. 학부에 국문연구소 설립. 8. 훈련원에서 대한제국 군대 해산식. 시위대 대대장 박승환 권총 자결. 시위대 병사들, 일군에 무장봉기. 연호를 융희로 고침. 영친왕 이은 황태자 책봉. 각 부에 일본인 차관 임명(차관정치). 원주·강화 진위대 장병 봉기. 의병, 전국에서 대일항전 개시(정미의병). 노병대 의병, 보은 속리산에서 봉기. 이인영 의병, 원주에서 봉기. 이강년 의병, 제천에서 봉기. 신돌석 의병, 영남 일대에서 봉기. 남 17세, 여 15세 이하의 조혼 금지. 대한자강회 해산 명령. 순종 경운궁 돈덕전에서 즉위식. 9. 기삼연 의병, 전북 고창에서 봉기. 한성에서 최초의 박람회 개최. 하와이 20여개 항일단체, 한인합성협회 결성. 숭례문 북쪽 도성 성벽 철거. 10. 재정고문 메가타 사임. 한·일 경찰 합병. 일본 헌병, 경찰권 장악. 11. 순종, 황태자와 함께 창덕궁으로 이어. 통감부, 각 면에 자위단 조직하여 의병을 막게 함. 대한자강회 후신으로 대한협회 창설. 12. 황태자 영친왕, 도쿄로 출국. 전국의 1만 의병 양주에 집결. 의병 13도 총대장에 이인영, 군사장에 허위 추대. 〈재판소구성법〉 재개정. 〈재무감독국관제〉〈재무서관제〉 제정. 이승훈, 평북 정주에 오산학교 설립. 중추원 해산. 0. 주안에서 천일제염 시작. 국채보상부인회 등 여성단체 조직. 한성에 양장 여인 등장.

1908. 1. 〈삼림법〉 시행. 이동휘 등, 서북학회 창설. 정영택 등, 기호흥학회 창설. 도쿄 유학생, 대한학회 창설. 2. 학부, 보통학교에 일인 교사 채용 방침 채택. 의병장 민긍호, 치악산 전투에서 전사. 3. 전명운·장인환, 샌프란시스코에서 스티븐스 사살. 흥인지문 좌우 도성 성벽 철거. 창경궁에 동물원 준공. 4. 관립 한성고등여학교 설립. 청진항 개항.

허위 의병대, 동대문 밖 봉화재에서 일군과 전투. 특급열차 융희호, 부산~신의주 운행 개시. 해외 한인신문의 국내 반입 단속 강화. 김약연, 간도 화룡현에 명동서숙 설립. 5. 대한의원 본관 완공. 6. 일헌병 보조원으로 한인 모집. 대한매일신보 사장 영국인 베델, 치안방해죄로 3주 금고형. 7. 러시아령 연추의 이범윤 의병, 국내 공격 작전 개시. 대한매일신보 총무 양기탁 구속. 8. 〈사립학교령〉 공포. 일한와사주식회사 설립. 주시경, 국어연구학회 창립. 〈대한제국특허령〉〈대한제국상표령〉 공포. 9. 융희법률학교 설립. 구세군, 선교사업 시작. 안창호, 평양에 대성학교 설립. 10. 한인 학회 단속을 위한 〈학회령〉 반포. 서대문 경성감옥 개소. 의병장 이강년 순국. 의병장 허위 순국. 대한의원 개원. 11. 평민 의병장 신돌석 피살. 평양자기제조주식회사 설립. 12. 일본인 이민 적극 추진. 백동화 사용 금지. 국책회사 동양척식주식회사 설립. 한성에 상수도 개설.

1909. 1. 전기홍 의병, 나주 일대에서 활약. 통감 이토, 순종과 함께 지방 순시. 각지에서 일장기 거부. 나철, 단군교 창시. 2. 미주 한인단체 통합하여 국민회 결성. 송병준, 일본 총리에게 합방론 제시. 〈가족세법〉〈주세법〉〈연초세법〉〈국세징수법〉〈출판법〉 공포. 3. 〈민적법〉 공포. 기로소 관제 폐지. 4. 일본 수상·외상·통감, 한일합방 시행방침 밀의. 경희궁 터에 경성중학교 설립. 5. 베델, 한성에서 죽음. 6. 2대 통감에 소네 아라스케. 7. 일본 정부, 〈한국합병실행에 관한 건〉 의결하고 천황의 재가를 받음. 사법 및 감옥 업무를 일본에 위임(기유각서). 대한적십자사, 일본 적십자사에 합병. 군부 및 무관학교 폐지. 일한와사주식회사, 한성의 전기·가스·전차사업 독점. 8. 청주·전주·함흥에 관립 자혜의원 개원. 단군교, 대종교로 개칭. 9. 일 헌병대, 호남 의병대 토벌작전 개시. [청·일, 〈간도협약〉 체결(간도를 청국 영토로 확인)]. 〈개정도량형 및 시행규칙〉 발표(일본식 척관법 적용). 전국에 콜레라 만연. 의병장 이인영, 서대문형무소에서 순국. 10. 안중근, 하얼빈 역에서 이토 히로부미 총살하고 현장에서 체포됨. 한국은행 설립. 〈지방부가세〉〈시장

세〉〈도살세〉 신설. 〈재판소구성법〉 폐지. 부산에 나병원 건립. 블라디보스토크에 한민학교 설립. 11. 법부 폐지. 통감부 사법청 개청. 통감부, 임시 간도파출소를 폐쇄하고 일본 총영사관 개설. 창경궁의 동물원·식물원 일반에 공개. 12. 일진회장 이용구, 1백만 일진회 이름으로 황제·통감·내각에 〈일한합방상주문〉 제출 및 2천만 동포에 〈일한합방성명서〉 발표. 대한협회 등, 〈일한합방론〉 통박. 기독교계, 〈성토일진회문〉 발표. 보부상 등, 〈합방찬성성명〉 발표. 이재명, 이완용 공격하여 중상 입힘. 일본인 교육을 위한 〈학교조합령〉 공포. 0. 1907년 8월~1909년 말까지 일본 군경과의 전투에서 순국 의병 16,700명, 부상 36,770명.

1910. 1. 대한협회 등, 합방반대 재천명. 김창숙 등, 일진회 해산을 중추원에 요구. 중추원 의장 김윤식, 송병준·이용구 처벌 요구. 신채호, 대한매일신보에 〈한일합방론자에게 고함〉 게재. 2. 재미 한인들, 대한인국민회 설립. 3. 안중근, 여순 감옥에서 순국. 이완용 등, 한일합병 찬성단체 정우회 조직. 의병, 전국에서 활동. 동양척식회사에 역둔토驛屯土의 3/4 양도. 평북 용천 상인 6백여 명, 경찰과 충돌. 돈화문에 전등 가설. 4. 이화학당에 4년제 대학과 신설. 5. 소네 통감 사임. 3대 통감에 데라우치 마사다케. 이범윤·홍범도 부대, 노령에서 함경도로 진출하여 일군과 격전. 일본 철도원, 경원선·호남선 착공. 평양 수도공사 준공. 신문로에 새문안교회 준공. 6. 일본 각의, 합병 후 시행될 대한對韓정책 결정. 이완용, 총리대신에 복귀. 통감부, 경무총감부 신설 및 헌병경찰제 실시. 한국 경찰관제 폐지. 최초의 공설시장 부산 부평동시장 개장. 덕수궁 석조전 준공. 7. 모든 공문서에 메이지 연호 사용. 일본 수상, 데라우치 통감에게 〈한국합병 실행에 관한 방침〉 통첩. 데라우치 착임. 이완용, 박제순·조중응과 합병문제 밀의. 의병장 전기홍 대구형무소에서 순국. 전국 13도에 14개 자혜의원 설립. 8. 16. 데라우치·이완용·조중응, 통감 관저에서 합방 합의. 8. 18. 각의에서 합방조약안 통과. 8. 22. 어전회의에서 〈한일병합조약〉 가결. 테라우치·이완

용 조약 체결. 순종, 날인 거부. 8. 23. 통감부, 정치집회·옥외민중집회 금지시킴. 8. 25. 통감부, 모든 신문 폐간. 통감부, 각국 영사에게 한국 병합을 통고. 8. 28. 일본 천황, 한일합병에 관한 조서 발표.

13. 일제강점기

1910. 8. 29. 〈한일병합조약〉 공포. 공포하는 날부터 효력 발생. 순종, 양
위 조서 내림. 대한제국 소멸. 조선으로 개칭. 조선총독부 설치. 9. 김
석진, 작위 수여 거부하고 자결. 조정구, 작위 수여 거부하고 자결 시
도. 학자 황현 자결. 문신 이만도, 단식 순국. 일진회 · 대한협회 등 10
개 정치단체 해산. 통감부 · 이사청 폐지. 조선총독부 및 소속관서 관제
공포. 조선총독부 임시토지조사국 관제 공포. 토지조사사업 시작. 대한
의원을 총독부의원으로 개칭. 이재명 순국. 10. 조선총독부 출범. 초대
총독 데라우치 마사타케. 한성을 경성부로 개칭. 한국주차군을 조선주
차군으로 개칭. 총독자문기관 중추원 설립. 조선총독부재판소 설치. 대
한제국 내각 해산식. 총독부, 조선 귀족 76명에게 작위 수여(8명 거
부). 경성 헌병대 사령부가 전국 헌병대 관할. 11. 한국인 저작 각급학
교 교과서 몰수. 12. 〈범죄즉결령〉 공포. 안명근 체포됨. 안악 일대에
서 김홍량 · 김구 · 배경진 등 160여 명 검거(안악사건). 회사 설립을
허가제로 바꿈. 0. 종로 3가에 최초의 약국 인수당약국 개업.

1911. 1. 양기탁 · 임치정 · 주진수 등 신민회 간부 16명 검거됨(신민회 사
건). 이범진, 러시아에서 자결. 총독부, 대한천일은행을 조선상업은행으
로 개편. 2. 의병장 강기동 총살로 순국. 3. 일본 중의원, 한일합방 사후
승인. 4. 김지수 자결. 천주교 한국교구, 경성 · 대구 2교구로 분할. 이
회영 · 이동녕 · 양기탁 등, 서간도 삼원보에 독립운동기지 건설하고 경
학사 및 신흥강습소 설립. 5. 러시아 블라디보스토크 외곽에 신한촌 건
설. 이종호 · 김익용 · 엄인섭 등, 신한촌에서 권업회 조직. 6. 〈조선어
업령〉〈조선삼림령〉 공포. 성균관 폐지되고 경학원 설치. 〈사찰령〉 반
포. 7. 〈관유재산관리규칙〉 공포. 순헌황귀비 엄씨 죽음. 8. 〈조선교육
령〉 공포. 한국은행을 조선은행으로 개칭. 경성에 격리수용소 순화원
준공. 안악사건 안명근 등 17명 공판. 9. 유동열 · 윤치호 · 이승훈 · 이

동휘 등 6백여 명의 민족지도자 체포 구금됨. 조선귀족회 설립(회장 박영효). 총독부, 전국의 미개간지 조사 착수. 불교 사찰을 선·교 양종으로 통합하고 30개 본사를 둠. 10. 〈사립학교규칙〉 공포. 11. 〈이식제한령〉〈국세징수령〉 공포. 공립보통학교 직원 제복 착용. 압록강철교(신의주~단동) 준공으로 조선철도와 남만주철도 직통연결. 각급학교 교과서 편찬 개시. 12. 서대문~동대문 간 전차 복선화 완료. 관부연락선 1일 2회 정기운항 개시. 0. 서일 등, 만주 지린성 왕칭현에서 중광단 창단. 창경궁을 창경원으로 개칭.

1912. 1. 표준시를 일본 도쿄 표준시에 맞춰 현재 11시 30분을 정오로 변경. 재미 한인들, 북미실업주식회사 설립. 2. 삼림·임야 및 미개간지의 국유·사유 구분의 표준 제정. 〈어업세령〉〈수산조합어업조합규칙〉 공포. 3. 과세지 지도를 작성하여 토지소유권의 소재 명확히 함. 〈조선민사령〉〈조선형사령〉〈조선부동산등기령〉〈조선태형령〉〈조선감옥령〉〈조선부동산증명령〉〈조선등록세령〉〈조선관세령〉〈경찰범처벌규칙〉 공포. 〈조선총독부재판소령〉 개정으로 3급 3심제 시행. 4. 통신국을 체신국으로 개칭. 거제 송진포의 방위대를 진해로 이전. 민족계 지방은행 구포은행 창립. 5. 모든 관리 무관복장 착용. 6. 안악사건·신민회사건 관련 체포된 6백여 명 중 123명에 대한 재판 진행. 7. 〈사법경찰직무령 및 영장집행령〉 공포. 신규식·박은식 등, 상해에서 동제사(재상해한인공제회) 조직. 부산 철도호텔 개업. 8. 〈토지조사령 및 시행규칙〉〈조선국유지삼림미개간지 및 삼림산물특별처분법〉〈총포화약류취체령〉 공포. 손정도·조성환, 가쓰라 타로 암살 음모 혐의로 체포. 9. 마포에 경성감옥 신설하고 서대문의 경성감옥은 서대문감옥으로 개칭. 안악사건·신민회사건 기소된 123명 중 18명 무죄, 105인에게 유죄 선고(105인 사건). 임병찬, 고종의 밀명을 받아 대한독립의군부 창설. 제 2한강철교 준공. 10. 〈은행령 및 시행규칙〉 공포. 안재홍·신익희 등, 도쿄에서 조선유학생학우회 창립. 11. 미주의 대한인국민회, 샌프란시스코에 중앙총회 설립. 이상룡 등, 만주 통화에서 부민단 조직. 12. 윤용구·한규

설·유길준·민영달·홍순형·조경호 등 6명, 일본 정부로부터 받은 남작 작위 반납. 0. 총독부, 창경궁과 종묘 사이 절단하여 도로 개설.

1913. 1. 토지조사국, 경성 지가 및 등급 구획 발표. 3. 대구 나병원 개원. 4. 총독부, 독·미·러·영·이 공사와 각국 거류지 철폐에 관한 의정서 체결. 노병대, 대구감옥에서 단식 순국. 5. 안창호 등, 샌프란시스코에서 흥사단 창설. 독립의군부의 임병찬, 총독부 경무총감에 국권 반환 요구. 중국 봉천성 의회, 조선인에게 토지매매 금지안 가결. 6. 〈총독부 및 소속관서 문관 채용에 관한 규칙〉 공포. 7. 105인 중 윤치호·양기탁·안태국·이승훈·임치정·옥관빈 6명에 징역 5~6년 선고, 나머지 99명 전원 무죄 석방. 8. 〈지세地稅 징수에 관한 건〉 공포. 9. 일본 육해군형법을 조선에 시행하는 법률 공포. 임병찬 등 독립의군부 간부, 일본 총리에게 국권 반환 요구서 보내고 전국에 격문 반포. 공동묘지 지역 19개소 발표. 10. 일본 이민자에게 토지대여 우선권 부여. 〈학교조합령〉 개정 공포. 일본인을 위한 경성중학교 낙성식. 12. 도·군·부의 위치 및 관할 구역 제정. 0. 채기중, 풍기광복단 조직.

1914. 1. 이화학당 유치원 개설. 의병장 유시연, 대구에서 순국. 호남선 전 구간 개통. 이상설·이동휘 등, 블라디보스토크에 대한광복군정부 수립. 3. 〈연초세령〉〈지세령〉 공포. 이화학당 대학부 제 1회 졸업식(여학사 3명). 4. 〈재조선일본거류민단법 및 거류지제도〉 폐지. 지방행정 구역 개편(13도, 12부, 220군, 2,522면). 〈조선선박령〉 등 해사규칙 공포. 〈토지대장규칙〉 공포. 의병장 이석용 대구에서 순국. 5. 〈영대차지권에 관한 건〉〈부동산등기령〉 공포. 임병찬 체포되고 대한독립의군부 해체. 6. 한국주차군사령부를 조선군사령부로 개칭. 총독부, 각급학교 교과과목 신설. 박용만 등, 하와이에서 대조선국민군단 조직. 임병찬 거문도 유배. 러시아, 블라디보스토크의 권업회 강제해산. 7. 〈행정집행령〉 공포. 선린고등학교 한국학생들, 일본 학생과 충돌하여 전원 자퇴원서 제출. [제 1차 세계대전 발발]. 8. 경무총감부, 군사사항 보도 금지. 일본의 대독 선전포고로 경성의 독일 총영사관 및 세창양행 폐

쇄. 경원선 전 구간 개통. 9. 국교國交에 관계되는 사항 보도통제. 군수
중공업원료 및 석탄 수출 단속. 러시아, 일본의 요구로 블라디보스토크
의 대한광복군정부 해체시키고 한인 국외추방. 태풍 1428호(사망 432
명). 경성 각 시장에 야시장 개설. 10. 원구단 자리에 조선호텔 준공.
11. 이회광 등, 불교진흥회 설립. 0. 안병규, 경산에 사과나무 심음.

1915. 1. 박상진 등, 달성에서 조선국권회복단 조직. 2. 105인 사건으로
복역 중이던 6명 특사로 가석방. 3. 민적법 개정(조선인 호적업무 부·
면으로 이관). 〈개정사립학교규칙〉〈전문학교규칙〉 공포. 성낙형·유동
열·박은식·신규식·이상설 등, 상해 영국조계에서 신한혁명당 조직.
이우용 등, 조선산직장려계 조직. 4. 중추원 관제 개정. YMCA에 조선
기독교대학(경신학교 대학부) 신설. 5. 제주군과 울릉군을 제주도와 울
릉도로 개칭. 하와이 교포, 박용만파와 이승만파로 분열. 7. 총독부 지
방관제 개정. 채기중의 풍기광복단과 박상진의 조선국권회복단 통합하
여 대구에서 대한광복회 창립. 8. 방주익 등, 함남 단천에서 자립단 창
립. 9. 총독부, 경복궁에서 조선총독부 시정 5주년기념 〈조선물산공진
회〉 개최. 경성우편국 준공. 한성전기회사, 경성전기회사로 개칭. 11.
경성상업회의소 설립. 의병장 채응언, 평양에서 순국. 이광수·신익희
·장덕수·김양수 등, 도쿄에서 조선학회 설립. 12. 경복궁 내에 총독
부 박물관 개관. 〈조선광업령〉 공포. 총독부, 사립학교에서 일본 국가
를 부를 것을 지시.

1916. 1. 총독부, 식민지 교육을 위한 〈교원심득〉 공포. 〈호구조사규정〉
공포. 4. 〈전문학교관제〉 공포. 관립 경성의학전문학교·경성공업전문
학교 설립. 경성 상설소방대 조직. 박중빈, 원불교 창시. 5. 임병찬, 거
문도 유배지에서 순국. 6. 경복궁 내에 조선총독부 청사 건설공사 시작.
7. 총독부, 고적조사위원회 설립. 〈법인소득세에 관한 규정〉〈주세령酒
稅令〉 공포. 8. 대종교 도사교 나철, 구월산에서 자결 순교 순국. 일본
군, 만주에서 대종교인 31명 체포(10명 옥사). 9. 조선군 사령부, 여의
도에 간이 비행장 개설. 10. 데라우치 총독, 일본 총리로 전임. 2대 총

독 하세가와 요시미치. 11. 민영기 등, 친일단체 대정실업친목회 조직. 0. 노백린·김좌진·신현대 등, 대한광복회 참가. 대한광복회, 대한광복단으로 확대. 일본 육군, 조선 상주군 2개 사단으로 편성. 총독부령으로 공창公娼제도 시행(전화 신청자 1만여 명, 조선인 677명).

1917. 2. 조선상업은행에 일본인 주주 허용. 3. 이상설 러시아에서 죽음. 최규익 등 130여 명 체포되고 조선산직장려계 해체됨. 중국 정부, 간도에서 한인거주권 및 토지소유권 인정. 장일환, 평양에서 조선국민회 조직. 미국 새크라멘토에서 대한인국민회 후원단체 한인부인회 조직. [러시아 2월혁명]. 4. 의병장 김종철·김종근, 서대문형무소에서 순국. 5. 사립 세브란스연합의학전문학교 개교. 조선기독교대학, 사립 연희전문학교로 개칭. 조선임야조사사업 시작. 7. 간도 한국인에 대한 경찰권이 중국에서 일본으로 이관. 조선 국유철도 경영권을 남만주 철도주식회사에 위탁. 8. 신규식 등, 상해에서 조선사회당 창당. 조선사회당의 조소앙, 스톡홀름 만국사회당대회에 독립요구서 제출. 9. 〈금은화폐 및 금은지금의 수출제한규칙〉 공포. 박용만, 뉴욕 세계약소민족회의에 한국 대표로 참가. 10. 전국 2백여 면의 명칭을 변경하고 일본인 면장 임명 시작. 〈군사구호법〉 공포. 동양척식주식회사 본사를 경성에서 도쿄로 이전. 한강인도교 준공. 11. [러시아 10월혁명]. 12. 영친왕 이은, 도쿄에서 일본군 소위 임관. 블라디보스토크 한인들, 전로한족회중앙총회 조직.

1918. 1. 박상진 등 광복단원 37명 체포됨. 〈고등고시 및 보통고시령〉 공포. 김철훈, 이르쿠츠크에서 러시아공산당 한인지부 설립. 3. 개량서당 규제를 위한 〈서당규칙〉 공포. 헌병파견소를 헌병주재소로 개칭. 4. 일본 〈화폐법〉 조선에 시행. 조선과 일본 토산품의 수입세를 상호면제 공통법 공포. 관립 함흥고보·용산중학·대전중학 설립. 5. 〈전시이득세령〉 공포. 조선주차군을 조선군으로 개칭. 전로한족회중앙총회, 러시아령 내의 한인교포의 정치적 중립선언. 이동휘 등, 러시아 하바롭스크에서 한인사회당 조직. 6. 〈금융조합령〉 제정. 7. 금강산 장안사호텔

영업개시. 8. 〈곡류穀類수용령〉 공포. 최대일 등, 블라디보스토크 신한 촌에서 한인청년단 조직. 김규식·여운형 등, 상해에서 신한청년당 조직. 10. 총독부, 특수은행 조선식산은행 설립. 11. 여운형, 상해에서 미대통령 특사에게 독립건의서 제출. 미주 교포단체, 윌슨 미대통령에게 독립요망진정서 제출. 총독부, 토지조사사업 완료. 12. 손병희 등 천도 교 인사, 독립운동 협의. 최팔용·서춘·백관수 등 도쿄 유학생, 조선 청년독립단 조직. 김약연 등 간도 교포, 전 간도 교포의 독립운동 합의.

1919. 1. 도쿄의 조선유학생학우회, 독립선언 실행방침 논의. 고종, 덕수 궁에서 승하. 2. 박은식 등 독립운동가 39명, 만주 지린에서 〈대한독립 선언서〉(무오독립선언서) 선포. 상해 신한청년당, 김규식을 파리, 장덕 수를 일본, 여운형을 러시아, 김철·서병호를 국내로 파견하여 독립운 동 지휘케 함. 6백여 도쿄 유학생들, 〈독립선언서〉(2·8 독립선언) 선 포. 천도교·기독교·불교 합작 독립운동에 합의. 학생대표, 33인 중 심의 운동과 합류키로 결정. 보성사에서 〈독립선언서〉 21,000매 인쇄. 재경 민족대표 25명, 〈3·1 독립선언서〉에 서명. 천도교, 조선독립신 문 1만 부 발행. 3. 민족대표 33인, 태화관에서 독립선언서 낭독. 학생 들, 탑골공원에서 독립운동 시위(3·1독립운동). 33인은 체포되고 학 생시위대는 시내 행진. 수천 시민 합세. 총독부, 시위 강제진압. 시위대 130여 명 체포됨. 시위 전국으로 확대. 고종황제 국장 거행. 박용만 등, 호놀룰루에서 대조선독립단 창단. 경성 시내 상가 동맹철시. 전국 에서 독립운동 시위. 총독부, 시위 강력 탄압. 간도 교포, 간도대한민회 조직. 미국·멕시코·하와이 교포, 독립운동 지원 방침 결정. 노령의 전로한족회중앙총회, 대한국민의회로 개편. 대한국민의회, 〈독립선언서〉 발표. 노령 임시정부 수립 선언. 김규식, 파리에 한국대사관 설치. 김윤 식·이용직 등, 총독부에 독립승인 최고장 제출. 전협·최익환·김가 진 등, 조선민족대동단 창단. 유림대표 17인, 김창숙을 통해 독립청원 서 파리에 보냄(파리 장서). 이동녕 등, 상해 프랑스 조계에 독립임시사 무소 설치. 중광단, 대한정의단으로 개편. 간도대한민회, 훈춘대한국민

회와 통합하여 간도국민회로 개편. 장선희·오현주 등, 경성에서 혈성단애국부인회 조직. 상해 교포, 상해대한인거류민단 조직. 4. 상해 프랑스 조계에서 대한민국大韓民國임시의정원 개원(의장 이동녕, 부의장 손정도). 임시의정원, 〈상해대한민국임시정부〉 수립. 임시의정원, 〈대한민국임시헌장 10개조〉 선포. 임시정부, 내외에 정부수립 공포. 재미교포, 대한인자유대회 개최. 총독부, 〈정치에 관한 범죄 처벌의 건〉 공포. 일본군, 제암리 학살사건 자행(29명 피살). 일본군, 수원·안성 64개 부락에서 방화 살육 자행. 전 항일 의병 박장호·백삼규·조병준 등, 만주 삼원보에서 대한독립단 조직. 한성 국민대회에서 〈한성임시정부〉 수립 선포. 이범윤 등, 연길에서 의군부 조직. 부민단과 남만주 한인 지도자, 자치단체 한족회 조직. 4월 말까지 전국 시위 횟수 1,214건, 약 110만 명 참가. 5. 한족회, 삼원보에 서로군정서 조직. 서로군정서 신흥학교를 신흥무관학교로 개편. 김규식, 파리강화회의에 독립청원서 제출. 홍석운 등, 평양에서 의용단 조직. 안창호, 상해임시정부 참가. 이승만, 대통령 명의로 외교 활동 시작. 6. 혈성단애국부인회와 조선독립애국부인회, 대한민국애국부인회로 통합. 7. 상해임시정부, 임시사료편찬회 설립. 노령 국민의회 해산. 임시정부, 대한적십자회 설립. 김순애 등, 상해에서 대한애국부인회 조직. 8. 총독부 관제 개정. 하세가와 총독 면직. 헌병경찰제 폐지. 이승만, 워싱턴에 임정한국위원회 설치. 홍범도 대한독립군, 갑산·혜산진 등지에서 일본군 기습. 9. 제 3대 총독 사이토 마코토. 강우규, 사이토 총독에게 폭탄 투척. 사이토 총독, 문화정책 표명. 상해임시정부, 1차 개헌. 한성·노령·상해 세 곳의 임시정부 상해로 통합. 임시정부, 대통령제 채택(대통령 이승만. 국무총리 이동휘). 여운형 등, 상해대한인거류민단 설립. 10. 임시정부, 여운형·안봉근·한형권을 소련에 파견. 대한정의단과 대한군정회 통합하여 대한군정서로 개편. 10월 말까지 만세운동으로 국내에서 1만 8천여 명 구속. 11. 의친왕 이강, 상해 탈출 미수로 국내 압송됨. 김원봉 등, 지린성에서 의열단 조직. 김경희 등, 평양에서 대한애국부인회 조직. 임시정부의 여운형, 일본 정부 요청으로 일본 방문하고 귀국 후 상해 복귀. 12. 임시정부 함경북도 연통제 노출되어 54명 체포됨. 임시정부 구미위원부, 독립공채 50만 달러 모금 착수. 대한군정서, 북로군정서로 개칭.

1920. 1. 간도국민회 윤준희·임국정 등, 수송중인 조선은행권 15만 원 탈취. 경성주식현물거래시장 개장. 어윤적·정만조 등, 유교단체 대동사문회 조직. 이기동·한윤동 등, 사회주의단체 동경조선고학생동우회 조직. 이르쿠츠크 공산당 고려부 조직. 2. 차미리사, 조선여자교육협회 설립. 남만주의 독립운동단체, 홍통구에 연락기구 설치. 3. 북간도 대한독립군, 지린에서 일군 격파. 3·1운동 지도자 48인에 대한 예심 종결. 〈어업세령〉〈선세령〉〈염세규정〉〈인삼세법〉〈태형령〉 폐지. 최시흥 등, 평북 의주에서 천마산대 조직. 4. 〈회사령〉 개정(회사 설립 허가제에서 신고제로). 〈연초전매령〉 제정. 일본군의 블라디보스토크 신한촌 공격으로 최재형 등 피살되고 120여 명 체포됨(4월 참변). 청진~회령 간 일본 군용열차 폭파. 영친왕 이은, 도쿄에서 일본 황족 나시모토노미야 마사코(이방자)와 결혼. 박중화 등, 조선노동공제회 창립. 5. 김광제 등, 조선노동대회 창설. 김윤경 등, 조선학생대회 창설. 경성 일대에 천연두 창궐. 6. 오동진 등, 만주에서 광복군총영 조직. 홍범도·안무·최진동 독립군, 연합하여 일본군 150여 명 사살(봉오동 전투). 대한독립단 백삼규, 만주에서 일군에 피살. 최시흥 천마산대, 삭주군 등지에서 일경과 수차례 격돌. 최초의 공설 목욕탕 평양에 개설. 경성에서 고학생 친목단체 갈돕회 창립. 한규설·이상재 등, 조선교육회 창설. 한용운, 조선불교유신회 창립. 7. 경성에서 〈유흥세〉 과세 시작. 〈조선소득세령〉 공포. 박진순, 제 2차 코민테른대회에 조선공산당 대표로 참석. 이르쿠츠크 공산당, 전로고려공산당으로 개칭. 고원훈·장두현 등, 조선체육회 창설. 8. 임시정부, 남만주에 광복군사령부 창설. 의용단 문일민 등, 평남 도청에 폭탄 투척. 미 상하의원단 9명 방한을 계기로 각지에서 만세시위 일어남. 광복단 한훈·김동순 등 체포됨. 〈조선출항세

령〉 공포. 구월산대, 일경과 전투에서 대장 이명서 등 전사. 조만식·오윤선 등, 평양에서 조선물산장려회 창설. 9. 광복단 박치의 등, 선천 경찰서에 폭탄 투척. 북간도의 서로군정서 사관연성소에서 생도 298명 배출. 일본군, 중국 마적과 내통해 훈춘을 공격하게 함(제 1차 훈춘사건). 유관순, 서대문형무소에서 순국. 10. 일본군의 사주를 받은 중국 마적, 훈춘 일본 영사관 습격(제 2차 훈춘사건). 김좌진의 북로군정서군 1천 6백 명과 홍범도의 대한독립군 1천 4백 명, 연합하여 화룡현 청산리에서 일본군 1천 2백여 명 사살(청산리 대첩). 일본군, 북간도 일대 조선인 대학살(간도참변. 69개 촌락에서 2,285명 피살, 가옥 2,507호 소실). 대한광복단 등 4개 독립운동단체, 임시정부 지휘 하에 들어감. 경성복심법원, 3·1운동 관련자 48인에게 선고(손병희 등 8명 징역 3년, 그밖에 2년 6월~1년 6월, 11명에 무죄). 11. 〈조선징세령〉 공포. 제 2차 〈조선교육령〉 공포. 동아일보 기자 장덕준, 훈춘사건 취재 중 일경에 피살. 강우규, 서대문형무소에서 순국. 이범승, 종로에 경성도서관 개관. 12. 전국 84개 청년단체 연합해 조선청년연합회 결성. 만주의 독립군부대 통합해 대한독립군단 조직(총재 서일, 부총재 홍범도, 병력 3천 5백여 명). 총독부, 제 1차 산미증식계획(1921~1925) 수립. 구 한국화폐 통용금지. 김학섭 등, 시베리아에서 대한독립군결사대 조직.

1921. 1. 친일단체 대정친목회, 한·일 융화를 위한 주의·강령 발표. 임정 국무총리 이동휘, 이승만과의 대립으로 사임. 총리 후임에 이동녕. 이득년 등, 서울청년회 조직. 한인 기자단체 무명회 조직. 2. 총독부, 조선인 고등관의 특별임용 범위 확장. 양근환, 도쿄에서 친일파 민원식 처단. 이동휘 등, 한인사회당을 고려공산당으로 개칭(상해파). 재로 대한독립군단, 치타 정부와 군사협정 체결. 3. 총독부, 〈보통학교용 언문 철자법대요〉 개정 공표. 김철 등, 톈진에서 한혈단 조직. 이우민·황영희 등, 창사에서 한중호조사 조직. 멕시코 한인 288명, 쿠바로 이민. 4. 신익희·이유필, 상해에서 한중호조사 조직. 임정 독립신문 사장 이광수, 총독부 회유로 귀국. 국내외 10개 단체 대표, 베이징에서 군사통

일주비회 회합. 총독부 중추원, 대폭 인사로 지주층 포섭. 신알배터 등, 조선여자청년회 조직. 〈조선연초전매령〉 공포. 5. 방정환, 천도교소년 회 창설. 신규식, 이동녕 후임으로 임정 국무총리 대리 취임. 한인공산 주의자대회 개회. 반 이동휘파, 이르쿠츠크파 고려공산당 결성. 6. 고 려공산당, 상해파와 이르쿠츠크파 대립. 러시아 적군, 이만의 자유시에 주둔중인 한국독립군에 무장해제 요구. 러시아 적군의 공격으로 독립 군 전사 272명, 포로 9백여 명(흑하사변, 자유시참변). 치타 정부, 일 본과 한국독립군의 무장해제에 합의. 조선노동공제회, 소비조합 개설. 7. 광복단 채기중, 서대문형무소에서 순국. 고려공산당 이르쿠츠크파, 상해에 지부 설치. 8. 독립단 2백여 명, 장진에서 일본군과 교전. 광복 단 박상진 · 김한종 · 강순필, 대구형무소에서 순국. 송병준 등, 친일단 체 조선소작인상조회 조직. 9. 김익상, 총독부 청사에 폭탄 투척. 독립 군, 삼수 · 갑산에서 활약. 부산부두 석탄운반노동자 5천여 명, 임금인 상 요구 5일간 총파업. 10. 김찬 · 이용 등, 연해주 이만시에서 대한의 용군사회 조직. 김호 등, 만주 일대의 독립운동단체 연합하여 대한국민 단 결성. 오하묵 · 지청천 등, 이르쿠츠크에 고려혁명군관학교 설립. 11. 박열 · 정태성 등, 도쿄에서 사회주의단체 흑도회 설립. 12. 좌측통 행 실시. 이승만 · 서재필 등, 워싱턴 군축회의에 한국독립청원서 제출. 0. 차경석, 보천교 창시. 독립군의 일본군과 교전 회수-만주 73건, 국 내 87건. 일본 경찰관서 습격 91건.

1922. 1. 윤덕병 · 김한 · 신백우 등, 사회주의단체 무산자동지회 조직. 순 안 등지에서 대한국민단원 85명 검거됨. 여운형 등, 모스크바 극동무 산자대회에 한국대표로 참가. 조선불교 선교양종 중앙총무원 설립. 김 윤식 죽음. 2. 동경조선인고학생동우회, 조선일보에 〈전국 노동자제군 에 격함〉 발표. 이광수 등 흥사단계, 경성에서 수양동맹회 조직. 심상 완 · 이영 등, 사회주의단체 신인동맹회 결성. 서로군정서 · 한족회 · 대 한독립단 등, 만주 환인현에서 대한통군부로 통합. 3. 무산자동지회 · 신인동맹회, 무산자동맹회로 통합. 4. 만주의 5개 독립단체 연합하여

광정단 조직. 5. 국민대표대회를 위한 국민대표대회주비위원회 소집. 방정환 등, 〈어린이 날〉 제정. 손병희 죽음. 7. 김가진 상해에서 죽음. 일본 니가타 신월전력 공사장에서 한인노동자 1백여 명 학살됨. 김동원 등, 평양에서 동우구락부 조직. 8. 사회단체 대표 50여 명, 니가타 한인노동자 학살사건 조사회 결성하고 대표 현지파견. 대한통군부 등, 만주 환인현에서 대한통의부 창설. 총독부 경무국장, 과격사상과 공산주의에 대한 단속방침 발표. 9. 신규식 상해에서 죽음. 독립군, 삭주·성천·삼수 등에서 활약. 황해도 재령 동척 소작농민 1만여 명 아사 직전. 일본 농상무성, 〈소작쟁의조정법안〉 확정. 10. 윤덕병 등, 조선노동연맹회 결성. 흑도회 해체. 박열 등, 무정부주의 단체 흑우회 결성. 11. 안창남, 도쿄~오사카 간 비행 성공. 12. 〈조선호적령〉 공포. 코민테른 지시로 고려공산당 해체되고 블라디보스토크에 코민테른 극동총국 휘하 꼬르뷰로(고려국) 설치됨. 전남 순천 소작쟁의. 염태진 등 연희전문 학생, 자작회 조직. 김약수·변희용 등, 도쿄에서 북성회 조직. 0. 창경원에 벚나무 수천 그루 식재. 독립군의 일본군과 교전 회수-만주 59건, 국내 89건, 일본 경찰관서 습격 13건.

1923. 1. 상해에서 국민대표대회 개회. 국민대표회의, 개조파와 창조파의 대립으로 결렬. 의열단원 김상옥, 종로경찰서에 투탄 후 자결 순국. 의열단, 상해에 비밀 폭탄제조공장 건립. 경성에서 조선물산장려회 설립. 2. 이도·박영자 등, 토산애용부인회 창설. 3. 황옥, 천진에서 폭탄을 가지고 국내 잠입 후 검거됨(황옥 경부사건). 사회주의 전조선청년당대회 개최 후 해체됨. 사립연희전문학교, 연희전문학교로 개칭. 4. 경성무선전신국 개국. 이상재 등, 조선민립대학기성회 설립. 이동휘 등, 연해주에서 조선인군대 결성. 임정의정원 조덕진 등, 임시대통령 이승만 탄핵안 제출. 무정부주의자 박열, 도쿄에서 가네코 후미코 등과 불령사 조직. 경남 진주의 백정白丁들, 형평사 창립. 5. 방정환 등, 5월 1일 제1회 〈어린이날〉 기념식 행사. 김규식 등, 만주 옌지에서 고려혁명군 조직. 민태흥 등, 사회주의단체 토요회 조직. 6. 윤해·김규식·지청천·

신숙 등 창조파, 상해 임정에서 탈퇴하여 조선공화국 수립. 임시정부 김구, 조선공화국을 모반으로 규정하고 해산시킴. 김재봉 등, 경성에 꼬르뷰로 국내부 설립. 7. 홍명희·구연흠·윤덕병 등, 신사상연구회 조직. 독립운동가 14명, 청진 감옥에서 탈옥 기도. 8. 무장독립군, 영변·성진·강계·의주 등지에서 활약. 채찬(백광운) 등, 대한통의부에서 이탈. 전남 함평 노동친목회원 수백 명, 일본 경찰과 충돌. 전남 무안군 암태도 소작농들, 암태소작회 결성(암태도 소작쟁의). 평양의 양말공 1천여 명 동맹파업. 태풍 2353호(사망 1,157명). 9. [일본 관동대지진 발생]. 일본 관리들, 한인 폭동설 조작하여 교포 5천여 명 학살. 10. 총독부, 경기·함경도에 외사경찰과 신설. 북성회, 경성에 외곽단체 건설사 조직. 전남 순천 농민 4백여 명, 임시대회 개최. 암태도 소작민, 소작료 불납동맹. 11. 박열, 일본 천황 암살계획으로 도쿄에서 검거됨. 12. 코민테른의 지시로 꼬르뷰로 해산됨. 인천 매가리 직공 1천여 명, 동맹파업. 0. 독립군 출동회수 454회. 일본 경찰관서 습격 12회. 노동쟁의 72건 6,041명. 소작쟁의 176건 3,973명.

1924. 1. 의열단원 김지섭, 도쿄 이중교에 폭탄 투척. 2. 경성에서 최초의 약식재판 열림. 김찬·박일병 등, 신흥청년동맹 조직. 3. 조철호·정성채, 소년척후단조선총연맹 결성. 코민테른의 지시에 따라 블라디보스토크에서 오르그뷰로(조직국) 결성. 재경 11개 친일단체, 각파유지연맹 결성. 암태도 소작인, 면민대회에서 지주 규탄. 4. 사회주의 운동단체, 경성에서 조선청년총동맹 발족. 임정 국무총리 이동녕. 167개 노농단체 대표, 조선노농총동맹 결성. 이회영 등, 베이징에서 재중국조선무정부주의자연맹 조직. 암태도 소작인, 지주측과 유혈 충돌(13명 피검). 5. 경성제국대학 예과 개교. 임시정부 직할대 참의부 설립. 임정 참모총장 노백린. 정종명·주세죽·허정숙 등, 사회주의 여성단체 조선여성동우회 창설. 6. 독립군, 태천·창성 등지에서 활약. 31개 사상·언론 단체 1백여 명, 언론집회압박탄핵회 조직. 일경, 언론집회압박탄핵대회 금지시킴. 7. 김사국·이영 등, 고려공산동맹 결성. 암태도 농민 6백여 명,

구속된 13명의 석방을 요구하며 아사동맹. 8. 전일·이남두 등, 조선노동당 창당. 〈총포화약류취체령〉 시행규칙 공포. 암태도 소작쟁의, 소작인의 주장 관철로 종결. 9. 채찬, 대한통의부원에게 피살. 임정 의정원, 이동녕을 대통령 직무대리로 선임. 진공목·진갑수 등, 우창에서 우한한인혁명청년회 조직. 10. 황해도 재령군 북률 동척농장 소작인들, 소작료 불납동맹 시위(북률 소작쟁의). 11. 신사상연구회, 화요회로 개칭. 화요회, 연구단체에서 행동단체로 전환. 김약수·김종범 등, 북성회의 국내본부로 경성에서 북풍회 조직. 통의부 등 만주의 독립운동 단체, 지린성에서 독립운동연합체 정의부 조직. 황해도 북률 소작인 5백여 명 2차 시위. 12. 이영·최창익 등, 사회주의자동맹 결성. 이진호, 총독부 학무국장 취임. 임정 국무총리(대통령 대리)에 박은식. 0. 창경원 밤 벚꽃놀이 시작. 노동쟁의 45건 6,751명. 소작쟁의 164건 6,929명.

1925. 1. 일본의 북성회 해산되고 일월회 조직. 임정 국무총리 박은식, 헌법 개정 등 천명. 박정덕·허정숙 등, 경성여자청년동맹 창설. 평북 용천 불이서선농장의 소작인 소작쟁의. 2. 오르그뷰로 해체. 3. 김협·김좌진 등, 만주독립군 규합하여 신민부 조직. 참의부 독립군, 국내 진입 계획 중 일경의 기습으로 43명 피살됨(고마령 참변). 임정 의정원, 임시 대통령 이승만 탄핵안 가결. 북풍회·화요회 통합. 임정, 헌법 개정으로 대통령제 폐지하고 국무령 중심의 내각책임제 채택. 총독부, 철도국 신설하고 남만철도의 위탁경영 해제. 신흥우·이상재 등, 흥업구락부 창설. 4. 임정 의정원, 이승만의 구미위원부 폐지령 공포. 김약수·김재봉·김낙준·조봉암 등, 경성에서 조선공산당 창당. 박헌영 등, 고려공산청년회 조직. 5. 〈치안유지법〉 공포. 함남 부전강 제 1발전소 착공. 6. 총독부 경무국장 미쓰야, 만주 군벌 장작림과 항일운동 탄압을 위한 〈재만한인단속강화협약〉(미쓰야 협약) 체결. 7. 태풍 2560호(사망 516명). 을축대홍수(경성 500㎜, 파주 650㎜). 8. 경성의 10개 단체 대표, 한양청년연맹 조직. 서울청년회, 경성청년연합회 조직. 9. 백남훈·백남운·홍명희·안재홍 등, 조선사정연구회 조직. 임정 국무령에 이상룡. 경성

역사驛舍 준공. 10. 전남 무안군 도초도 소작인들, 소작료 불납운동(도초도 소작쟁의). 남산 서편 기슭에 조선신궁 완공. 천도교청년당, 농민운동단체 조선농민사 창립. 11. 신의주에서 신만청년회 폭행사건(신의주 사건). 신의주 사건으로 김약수·박헌영·임원근 등 60여 명 검거(제 1차 조선공산당 검거사건). 조선~만주 전화 개통. 나주 동척 소작인 1만여 명, 소작료 불납동맹으로 경찰과 충돌. 12. 강달영·김재봉 등, 제 2차 공산당 조직. 총독부, 제 2차 산미증식계획(1926~1935) 수립. 0. 노동쟁의 55건 5,700명. 소작쟁의 204건 4,002명.

1926. 1. 전남 무안군 자은도 농민 1천여 명 소작쟁의. 전남 목포 제유회사 노동자 동맹파업. 일본 미에현 일본인, 교포 학살. 1천여 재일교포, 일본인과 충돌. 〈조선농회령〉〈조선산업조합령〉 공포. 안창호, 수양동맹회·동우구락부 통합하여 수양동우회 설립. 2. 이완용 죽음. 임정 국무령 이상룡 사임. 후임 양기탁 사퇴. 〈조선도량형령〉(일본 미터법 사용) 공포. 자은도 소작인 3천여 명 아사 직전. 3. 일경, 도쿄 유학생의 3·1운동 기념식 강제 해산. 인천정미소 남녀직공 3천여 명 총파업. 4. 경성제국대학 법문학부·의학부 개설. 양기탁 등, 만주 지린성에서 고려혁명당 창당. 화요회·북풍회·무산자동맹회·조선노동당 4개 사회주의단체, 정우회로 통합. 경성제사공장 여공 6백여 명 동맹파업. 순종황제 창덕궁에서 승하. 송학선, 창덕궁 금호문 앞에서 총독 암살 미수. 5. 신민부 김좌진, 만주로 보내는 총독부 공금 6천 원 탈취. 최원택·조봉암·김동명 등, 만주 지린성에 조선공산당만주총국·고려공산청년회만주총국 결성. 6. 순종 국장일인 6월 10일에 계획된 만세운동 사전 탄로되어 천도교도·학생 다수 검거됨. 청년·학생들, 격문을 살포하고 독립만세 외침(6·10 만세운동). 학생 106명 체포. 조선공산당 권오설·이준태 등 135명 검거되고 101명 공판에 넘겨짐(제 2차 조선공산당 검거사건). 경기도 수원고등농림학교 학생들 동맹휴학. 제주공립농업학교 학생들, 일인 교사 배척 동맹휴학. 7. 임시정부 국무령 홍진. 상해 교포 2백여 명, 임정경제후원회 조직. 전주고보생, 동맹휴학 끝에 일본인 교

장 축출. 8. 극작가 김우진과 성악가 윤심덕 현해탄에 동반 투신자살. 대동강 석탄운반 선원 280여 명 동맹파업. 임정 의정원 의장 송병조. 10. 경복궁 내 조선총독부 청사 낙성식. 11. 조선어연구회, 양력 11월 4일(음력 9월 29일)을 〈가갸날〉로 지정. 광주지역 학생들, 항일단체 성진회 조직. 정우회, 〈정우회선언〉. 경성부 청사 준공. 12. 안광천ㆍ김철수 등, 조선공산당 재조직(제 3차 조선공산당. ML파 공산당). 임정 국무령 김구. 의열단원 나석주, 식산은행과 동척에 폭탄 던지고 경찰과 교전 중 자결. 0. 노동쟁의 81건 5,984명. 소작쟁의 198건 2,745명.

1927. 2. 민족주의ㆍ사회주의 제휴하여 신간회 창립(회장 이상재, 부회장 권동진). 정우회 해체 선언. 허헌ㆍ김법린, 브뤼셀 피압박민족회의에 참석하여 조선에서 일본인 구축안 제출. 임정 의정원, 임시약법 통과 (수반제 폐기하고 집단지도 체제). 김규식 등, 중국 남경에서 동방피압박민족연합회 결성. 3. 〈조선영업세령〉〈조선자본이자세령〉 공포. 이상재 죽음. 4. 신민부ㆍ정의부ㆍ참의부 대표, 통합을 위해 회동. 5. 유영준ㆍ김활란ㆍ박원민 등, 신간회 자매단체 근우회 창립. 조선질소비료주식회사 흥남공장 건립. 신민부ㆍ정의부ㆍ참의부 통합 결렬. 광주고보 학생들, 일본 학생과의 차별에 항의 동맹휴학. 7. 안명근 지린에서 죽음. 8. 임시정부 김구 내각 해산되고 이동녕 내각 수립. 9. 신간회 도쿄 지부 등 재일 각 단체, 조선총독 폭압정치 반대운동. 조선노농총동맹, 조선농민총동맹ㆍ조선노동총동맹으로 분리. 10. 조선공산당 만주총국 최원택 등 29명 피검(제 1차 간도공산당사건). 전북 옥구군 이엽사농장 소작인 농민항쟁. 11. 김기진 등, 상해에서 중국본부한인청년동맹 결성. 조성환ㆍ진덕삼 등, 상해에서 한국유일독립당촉성회대표연합회 개최. 12. 이리 시민들, 재 만주 한인 박해에 대한 항의로 중국인 상품 불매운동. 안재홍 등, 경성에 재만주동포옹호동맹 결성. 사이토 총독 퇴임. 제 4대 총독 야마나시 한조 취임. 0. 노동쟁의 94건 10,523명. 소작쟁의 275건 3,973명.

1928. 1. 김혁 등 신민부 12명, 하얼빈에서 일경에 체포됨. 일경, 공산당

원 대검거(제 3차 조선공산당 검거사건, ML당 사건). 2. 차금봉·안광천 등, 제 4차 조선공산당 조직. 황해도 재령군 북률 동척농장 소작쟁의 재개. 3. 중앙불교전수학교 개교. 5. 어린이날을 5월 첫 일요일로 지정. 조명하, 타이완에서 일본 천황의 장인 기습. 중국본부한인청년동맹 등, 통합하여 재중국한인청년동맹 결성. 6. 〈치안유지법〉 개정 공포. 7. 〈소작 관행에 관한 건〉〈조선토지개량령〉 시행. 9. 조선공산당 만주총국 72명 피검(제 2차 간도공산당사건). 만주총국 붕괴되고 화요파·경성파·ML파로 분열. 10. 함경선 전 구간 개통(원산~회령). 이재유 등 170여 명 피검(제 4차 조선공산당 검거사건). 가갸날을 한글날로 개칭. 11. 함남 영흥광업소 광부 파업. 12. 코민테른, 조선공산당 승인을 취소하고 재건 명령(12월 테제). 영흥 노동자 총파업. 0. 노동쟁의 119건 7,756명. 소작쟁의 1,590건 4,863명.

1929. 1. 영흥 파업 종료. 원산 총파업. 2. 전국 각지에서 원산 총파업 지지. 3. 조선공산당 차금봉 서대문형무소에서 옥사. 4. 공명단원 최양옥 등 3인, 망우리에서 우편자동차 습격. 원산노동연합회, 자유복직 결의로 파업 종료. 평남·전북에 유행성감기 창궐(1,100여 명 사망). 〈소학교·보통학교 규정〉 개정. 5. 신민부·정의부·참의부, 흥경에서 국민부로 통합. 국민부의 정규군 조선혁명군 창설. 6. 공산당 재건 기도 인정식 등 50여 명 검거(제 5차 조선공산당 검거사건). 함흥고보 학생들, 조선어수업 요구하며 동맹휴학. 7. 신간회 제 2차 전체대표회의 개회. 신간회, 좌파 실권 장악으로 우파 반발. 신간회 우파, 경성지회대회. 여운형, 상해에서 체포. 신민부 군정파 김좌진 등, 만주 영안현에서 한족총연합회 결성. 조선일보, 문맹퇴치운동 전개. 8. 야마나시 총독, 독직 사건 관련으로 파면. 제 5대 총독으로 사이토 재취임. 서울청년회, 조선청년총동맹의 중앙청년동맹에 통합. 9. 경복궁에서 〈조선박람회〉 개회. 국민부, 조선혁명당 창당. 평북 용천 불이농장 소작쟁의. 10. 한국유일독립당촉성회 해산. 조선일보, 경성에서 제 1회 경평축구대회 개최. 광주~나주 통학열차에서 조선·일본 학생 충돌. 함남 부전강 제 1발전소

완공. 11. 광주학생항일운동 일어남. 학생운동 전국 확산. 12. 경성제대 및 경성의 고등보통학교 학생들 동맹휴학. 경찰, 민중대회 준비 중이던 신간회 본부 기습하여 간부 44명 검거. 경찰, 근우회 간부 등 47명 검거. 0. 노동쟁의 103건 8,293명. 소작쟁의 423건 5,319명.

1930. 1. 광주학생운동 전국에 파급. 개성의 4개 학교 학생 만세시위. 경성의 14개 학교 학생 만세시위. 용천 불이농장 소작인 1백여 호, 소작권 매도하고 만주로 이민. 김좌진 피살. 이동녕·조소앙·김구 등, 상해에서 한국독립당 창당. 2. 조성환·이세영 등, 북경에서 한족동맹회 조직. 3. 조선공산당 만주총국 장주련 등 50여 명 피검(제 3차 간도공산당사건). 3월까지 194개교 5만 4천여 학생, 시위운동 참가(투옥 540여 명, 무기정학 2,330여 명). 4. 조선농민사, 조선농민사와 전조선농민사로 분리. 용천 불이농장 소작인 3백여 명 시위. 상해에서 무정부주의자 운동단체 남화한인청년연맹 결성. 5. 상해대한인거류민단, 경찰기구로 의경대 조직. 이승훈 죽음. 범어사 출신 승려들, 항일비밀결사 만당 조직. 김근 등 만주 공산당원, 중국 공산당의 지시로 반일항쟁(간도 5·30 사건. 제 4차 간도공산당사건). 6. 만주의 조선공산주의자 각 단체, 중국 공산당에 통합. 함남 정평 적색농민조합 결성. 7. 홍진·신숙·지청천 등, 지린에서 한국독립당과 산하 한국독립군 조직. 함남 단천 하동면 2천여 농민, 경찰과 충돌(11명 사망). 전국에 폭우. 8. 임정 국무령 김구. 조선혁명당, 국민부파와 공산당파로 분열. 평양 고무 노동자 1천 8백여 명 동맹파업. 9. 재일교포 청년 30여 명, 일본 오사카에서 반제국주의 삐라 살포하고 체포됨. 적색노동조합연맹인터내셔널(프로핀테른), 〈조선의 혁명적 노동조합운동의 임무에 관한 결의〉(9월 테제) 채택. 일본 미쓰코시 백화점 경성지점 개점. 11. 신간회 중앙위원회 개회(위원장 김병로). 경성전기주식회사 당인리 화력발전소 준공. 12. 신간회 부산지회, 신간회 해산론 주장. 신간회 평양지회, 신간회 해소 결의. 0. 일본 지주들, 일본 쌀가격 하락으로 조선쌀 배척운동. 노동쟁의 160건 18,972명. 소작쟁의 726건 13,012명. 1921년~1930년 사이

일본 이주 노동자 27만 명, 만주·연해주 이주 농민 40만 명.

1931. 2. 용천 불이농장 소작인, 온건파·과격파 대립. 3. 조상섭·장덕로 등, 상해에서 공평사 설립. 4. 임정의 조소앙, 〈삼균주의〉 표명. 프로핀테른 함흥위원회 김호반 등 17명 피검(제 1차 태평양노동조합사건). 5. 신간회, 전체대회 열고 해체 결의. 6. 사이토 총독 사임. 제 6대 우가키 가즈시게 총독 취임. 7. 중국 지린성에서 한·중 농민 충돌(만보산사건). 동아일보, 농촌계몽운동 〈브 나로드 운동〉 전개. 8. 현익철, 심양에서 체포됨. 9. [일본, 만주 침공(만주사변)]. 박흥식, 종로에 화신백화점 개점. 10. 김동삼, 하얼빈에서 체포됨. 임정 직속으로 비밀결사 한인애국단 조직. 범태평양노동조합, 〈조선의 범태평양노동조합비서부 지지자들에 대한 동비서부의 통신〉 공표(10월 통신). 11. 평양고보 학생들, 경찰의 학원 간섭에 동맹휴학. 임정의 김구 등과 중국 호로군, 한중항일대동맹 조직. 12. 조선혁명당 간부 30여 명, 요령성에서 일군에 체포됨. 0. 노동쟁의 201건 17,114명. 소작쟁의 667건 10,282명.

1932. 1. 한인애국단 이봉창, 도쿄에서 일본 천황에 폭탄 투척했으나 실패. 경남 김해 하자마농장 소작인 373가구 소작쟁의. 전남 광양금광 광부 890명 동맹파업. 전북 김제 다목농장 소작인 8백여 명 소작쟁의. 제주 해녀 5백여 명, 어용단체 해녀조합에 항거 시위. 2. 총독부, 〈미쓰야 협약〉 폐기. 조선혁명군, 중국의용군과 합작하여 한중연합군 조직. 3. [일본, 만주국 설립]. 한중연합군, 신빈에서 일본군 대파. 함남 단천 적색농민조합 사건으로 다수 피검. 함북 성진 적색농민조합 사건으로 7백여 명 피검. 용천 불이농장 소작조합, 쟁의 실패로 해체. 4. 한인애국단 윤봉길, 상해 홍커우 공원에서 일본 요인에게 폭탄 투척 성공. 안창호, 상해에서 체포됨. 총독부, 〈소작관행조사서〉 간행. 5. 장희건 등 노동자 5백여 명 피검(제 2차 태평양노동조합사건). 이문홍 등 99명, 흥남 적색노조사건으로 피검. 임시정부, 상해에서 저장성 항저우로 이전. 6. 이상용 죽음. 임민호 등 30여 명, 적색노조 재건활동 혐의로 체포(제 3차 태평양노동조합사건). 8. 조선자작농창정 계획에 의

해 각지에서 창정자작농 선정. 9. 한중연합군, 쌍성보 점령(제 1차 쌍성보전투). 치안유지법 개정으로 사회주의운동 탄압 강화(10개월 동안 3천여 명 피검). 총독부, 일본 소요 면화 10만 근 전량을 조선에서 생산키로 함. 10. 총독부, 각 도·군·읍에 농촌진흥위원회를 설치하고 농촌진흥운동 전개. 이봉창, 일본 형무소에서 순국. 임시정부, 항주에서 진강으로 이전. 11. 한국독립당·조선혁명당 등, 중국 남경에서 대일전선통일동맹 결성. 한중연합군, 일군에 패배(제 2차 쌍성보 전투). 임시정부, 진강에서 남경으로 이전. 12. 한중연합군, 동만주 경박호 전투에서 일만연합군 2천 명 격파. 윤봉길, 일본에서 총살형 순국.

1933. 1. 국민부 장교 18명, 신빈에서 일군에 체포됨. 진해 동양제사 여공 파업. 항만적색노조 사건으로 39명 체포. 2. 한국독립당·한국혁명당 합당하여 남경에서 신한독립당 창당. 〈조선소작조정령〉 시행. 총독부, 〈면화증산계획〉 발표. 3. 총독부, 사상범·보통범의 분리집행 원칙 결정. 총독부, 〈미곡통제법〉 공포. 각 부·군·도에 소작쟁의 조정기관 소작위원회 설치. 부산 조선방직 노동자 4백여 명 파업. 임정 송병조 내각 수립. 4. 일본 미쓰이 물산, 조선에서 고무제품 독점. 한중연합군, 사도하자에서 일만연합군 1개 사단 대파(사도하자 전투). 5. 총독부, 간도를 특별행정구로 결정. 김구, 장개석과의 남경회담에서 낙양군관학교에 한인훈련반 설치 합의. 6. 이긍종·조병옥 등, 조선경제학회 창설. 7. 한중연합군, 대전자령에서 일본군 나남부대 대파(대전자령 전투). 경성 서대문 편창제사 직공 4백여 명 파업. 8. 태풍 3383호(사망 415명). 조선금융조합연합회 창립. 〈조선사방사업령〉 공포. 경남 함안 농민 수천 명 농성시위. 부산진 환태고무공장 직공 3백여 명 파업. 목포 동아고무공장 직공 130여 명 파업. 9. 한국독립당군, 동녕현의 일본군 공격했으나 패배. 한중연합군 불화로 와해. 평양곡산 직공 350여 명 파업. 편창제사 여공 5백여 명 파업. 10. 2월 조선소작조정령 시행 이후 소작쟁의 건수 전년도 304건에 비해 642건으로 급증. 임정 이동녕 내각. 11. 남궁억, 비밀결사 십자당사건으로 체포. 낙양군관학교 한

인특별반 설치. 농촌 고리채 정리 시작. 9월말 현재 간도 총인구 57만 4천여 명 중 조선인 40만 3천여 명. 12. 평양적색노동조합 조직혐의로 정달헌 등 30여 명 검거. 0. 대일 미곡수출이 총생산량의 반을 초과 (1,819만 석 중 943만 석).

1934. 1.임시정부, 진강에서 각 단체 대표 소집해 임정 강화 등 의결. 김병로·여운형 등, 조선소작령제정촉진회 조직. 총독부, 고무신 통제 단행. 군산 가등정미소 여공 170여 명 동맹파업. 울릉도 폭설(41명 사망). 2. 곡물연합회·조선상공회의소, 일본의 외지미外地米 차별대우에 반대 결의. 조선미옹호전선대회 개회. 울진 적색노조 사건으로 50여 명 피검. 3. 만주의 한국독립당과 남경의 한국혁명당, 남경에서 신한독립당으로 통합. 총독부, 남면북양南綿北羊 정책 발표. 4. 〈조선농지령〉 공포. 〈조선소득세령〉 개정. 세무서 독립에 따라 각 도의 재무부 폐지. 5. 경성·평양에 메이데이 기념격문 살포. 〈세무서관제〉 시행. 6. 권영태 등, 공산주의자 결성 실패. 정백 등, 전북에서 공산주의 활동혐의로 체포. 충주 소태면 농민 3천여 명, 면사무소 습격. 근대적 도시계획법 〈조선시가지계획령〉 공포. 7. 태풍 3486호(사망 265명). 9. 조선혁명군 총사령 양세봉, 일본군에 피살. 10. 금융조합연합회, 자작농 창정자금 대출 개시. 흥남제련소 직공 6백여 명, 부당해고 항의 파업. 신의주 왕자제지회사 직공 250여 명 파업. 11. 총독부, 관혼상제에 관한 〈의례준칙〉 공포. 이경덕 등 20여 명 피검(제 4차 태평양노동조합사건). 낙양군관학교 한인특별반 해산. 12. 제주도 적화운동 혐의로 70여 명 체포. 임시정부 김구, 남경에 한국특무대예비훈련소 설치. 총독부, 산미증식계획 중단.

1935. 1. 이동휘, 블라디보스토크에서 죽음. 여성 농촌운동가 최용신 죽음. 2. 지석영 죽음. 함북 명천에서 비밀결사 조직 혐의로 130여 명 검거. 3. 〈식산계령〉 공포. 5. 지방세제조사위원회 설치. 6. 충남 장항에 조선제련주식회사 설립. 총독부, 소작관을 증원해 소작쟁의 철저 단속. 인천곡물협회와 선항동맹회의 분규로 노동자 1천여 명 파업. 7. 의

열단 · 한국독립당 · 신한독립당 · 조선혁명당 · 대한인독립당 등 5당 대표, 남경에서 조선민족혁명당 창당. 일본산업 진남포제련소 한인노동자 1천 2백여 명 동맹파업. 8. 〈신원보증령〉 공포. 고등보통학교에 현역장교 배치하여 군사교육 실시. 대전 군시제사공장 여공 5백여 명 파업. 부산 삼화고무 제 1공장 노동자 780여 명 파업. 삼화고무 파업 2, 3, 5 공장으로 확대. 9. 조소앙 등, 민족혁명당 이탈하여 항주에서 한국독립당 재건. 총독부, 각 학교에 신사참배 강요. 10. 조선 주둔 일본군, 사단 대항 훈련 실시. 임시정부, 가흥으로 피난. 11. 평양의 기독교계 사립학교장 신사참배 거부. 임정 의정원, 항주 비상회의에서 주석 이동녕, 김구 · 조완구 등을 국무위원에 보선. 이동녕 · 김구 등, 항주에서 한국국민당 창당. 전남운동협의회사건으로 558명 피검. 함북 길주의 농민조합운동 관련자 216명 피검. 12. 경성부민관 준공.

1936. 1. 평양 숭실전문학교 · 숭실학교 교장 맥큔, 신사참배 거부 이유로 교장 인가 취소. 총독부, 학무국 내에 사상계 설치. 2. 조선질소비료주식회사, 유안비료 가격 대폭 인상. 〈조선소작조정령〉 개정 공포. 평양 숭의여학교 교장대리 스눅크, 신사참배 거부로 교장대리 취소. 임시정부, 가흥 피난에서 남경으로 복귀. 신채호, 여순감옥에서 순국. 4. 경성부 관할구역 변경. 〈도제 · 부제 · 읍면제 시행규칙〉 개정. 〈지방세 부과에 관한 법령〉 시행. 5. 조선 · 대만의 미곡 통제를 위한 〈미곡자치관련법〉 공포. 김일성, 무송현 동강에서 조국광복회 조직. 6. 조선제련주식회사 장항제련소 준공. 8. 일본 육군성, 나진을 요새로 선정. 〈조선불온문서취체령〉 공포. 제 7대 총독 미나미 지로. 총독 관할 선만척식주식회사 설립. 만주 신경에 만선척식회사 설립. 손기정, 베를린 올림픽 마라톤 우승(세계 최고기록 2시간 29분 19초 2). 태풍 3693호(사망 1,232명). 10. 미나미 총독과 관동군 사령관, 도문에서 조선 독립운동가 공동토벌 논의. 11. 부산~베이징 직통열차 운행. 총독부 · 관동군, 간도성 · 안동성을 특별행정구역으로 설정 합의. 전국 12도에 미곡통제조합 설립 완료. 12. 전남 · 전북의 장로교 경영 초 · 중학교 17개

교 폐교 결정. 〈조선사상범보호관찰령〉 공포. 이재유 체포됨. 0. 경부
선 복선공사 착공.

1937. 1. 최백지·김득수 등, 중국 화북지방에서 한족항일동지회 조직. 부
산 택산형제상회 인부 150여 명 동맹파업. 장항제련소 전 직공 파업.
2. 일본의 중요산업통제에 관한 법률 조선에도 적용. 박윤옥 등, 평양
에서 열혈회 조직. 총독부, 사상범 보호단체 대화숙 설치. 백백교 교주
전용해와 간부들, 교도 3백여 명 살해혐의로 검거(백백교 사건). 전용
해 자살. 3. 선만척식회사, 제1차 간도이민 모집(11,928명). 총독부,
일본어 사용 강화. 진해시멘트공장 직공 6백여 명 임금쟁의. 4. 김동삼,
경성감옥에서 순국. 총독부, 〈5대시정방침〉 발표(국체명징·선만일여·
교학진작·농공병진·서정쇄신). 5. 경복궁 후원에 총독 관저 준공. 일
본 척식성, 만주에 한인노동자 10만 명 이주 결정. 6. 수양동우회 회원
검거 시작. 경북 봉화 금정광산 광부 2백여 명 파업. 7. [중일전쟁 발발].
총독부, 경기·함북에 외사경찰과 신설. 8. 임시정부를 중심으로 중국·
미주 등의 9개 단체, 한국광복운동단체연합회 결성. 친일 부인들, 애국
금차회 결성. 함북 명천농민조합 199명 피검. 경성 전역에 등화관제
실시. 전국에 음향관제 실시. 9. 〈조선산금령産金令〉 공포. 전주 신흥학
교·기전여학교, 신사참배 거부하고 폐교. 소련 정부, 극동 시베리아
거주 한인 20만 명 강제 이주시킴. 10. 총독부, 〈황국신민서사誓詞〉 암
기토록 함. 〈황국신민체조〉 시행. 〈자본조정법〉〈군기보호법〉 공포. 11.
경성·인천에서 방공훈련 실시. 조선민족혁명당·조선민족해방자동맹·
조선혁명자연맹·조선청년전위동맹, 남경에서 조선민족전선연맹 결성.
12. 일본 천황 사진을 각 학교에 배부하고 경배케 함. 임시정부, 남경
에서 장사로 이전. 0. 라디오 보급 10만 대 돌파(111,836대).

1938. 1. 전국에 일본어 강습소 1천여 곳 개설. 전 국민에게 일어강습 실
시. 2. 평북 노회, 장로교 최초로 신사참배 승인. 총독부, 시국대책준비
위 신설. 경찰, 각 전문학교 도서관과 경성 시내 서점에서 불온서적 검
색 압수. 3. 제2차 간도이민 시작. 평양 숭의학교·숭실학교, 신사참

배 거부하고 폐교. 안창호 죽음. 제 3차 〈조선교육령〉 공포. 수양동우회 181명 검거(수양동우회 사건). 4. 〈국가총동원법〉 제정. 총독부, 중학교 조선어 시간을 일어ㆍ한문ㆍ역사ㆍ수학 등으로 대체. 조선에 중일전쟁특별세 적용. 총독부, 〈육군병지원자훈련소관제〉 공포. 양기탁, 중국 강소성에서 죽음. 원료 부족으로 전국 고무공장 휴업. 5. 총독부, 〈공장사업장관리령〉 공포. 한국독립당ㆍ한국국민당ㆍ조선혁명당 대표들이 장사 조선혁명당 본부에서 통합 논의 중 총격으로 현익철 사망, 김구 등 중상(남목청 사건). 조선ㆍ대만ㆍ사할린에 〈국가총동원법〉 시행. 조선ㆍ대만ㆍ사할린에 〈임시통화법〉 공포. 안재홍 등 흥업구락부 간부 검거됨(흥업구락부 사건). 총독부, 각종 토목공사에 〈부인동원령〉 시달. 6. 경성제대 강당에서 육군지원병 입소식. 전국에서 방공훈련 실시. 친일 민간단체들, 국민정신총동원조선연맹 결성. 7. 경성제대ㆍ연희전문에 근로보국대 조직. 임시정부, 장사에서 광동성 광주로 이전. 친일 좌우익전향자들, 시국대응전선사상보국연맹 결성. 전국의 교원ㆍ관리 제복 착용. 8. 〈조선방공협회〉 창설. 총독부, 물가위원회ㆍ시국대책조사회 설치. 〈동ㆍ연ㆍ아연ㆍ주석 사용제한령〉 공포. 9. 육군특별지원병훈련소 준공. 평양 장로교 총회, 신사참배 결의. 조선혁명군 총사령 김호석, 일본군에 체포. 10. 조선민족혁명당의 김원봉, 중국 한구에서 조선의용대 조직. 임시정부, 광주에서 광서성 유주로 이전. 해상방공연습 시작. 서해에 등화관제. 조선금융단 창설. 11. 경제경찰제 실시. 수양동우회 사건 이광수 등 29명, 사상전향서 제출.

1939. 1. 총독부, 새로운 물자동원계획 수립. 〈국민직업능력신고령〉 공포. 3. 〈국경취체령〉 공포. 〈조선지나사변특별세령〉 개정. 4. 남궁억 죽음. 국가총동원법에 의한 〈회사이익배당 및 자금융통령〉 공포. 못ㆍ철사ㆍ철판 등 배급통제 실시. 5. 총독부, 노무동원 할당모집 시작. 임시정부, 유주에서 사천성 기강으로 이전. 총독부, 각종 운동단체를 산업ㆍ경제 방면은 농촌진흥운동, 정신적 방면은 국민정신총동원운동으로 통합. 이수영 등, 일본 나고야에서 민족부흥회 조직. 7. 〈국민징용령〉 공포로

징용 실시. 경호단·소방조·수방단을 경방단으로 통합. 마산 창신학교·의신학교 신사참배 거부로 폐교. 고교·전문교 입학시험에서 영어 과목 폐지. 8. 국민정신총동원조선연맹 전국 순회강연. 매월 1일을 흥아봉공일(애국일)로 제정. 식품가격 폭등. 쌀값 폭등을 막기 위해 각 도에 협정표준미가 고시. 산금產金정책 강화. 목탄자동차 시험. 지주 등 부유층의 지방 이탈 현상 만연. 9. 김구계의 한국광복운동단체연합회와 김원봉계의 조선민족전선연맹, 통합하여 전국연합진선협회 발족. 통제에도 불구 쌀값 계속 급등. 박영효 죽음. 총독부, 총동원법을 발동하여 가임·소작료 및 봉급·상여금 인상 통제. 10. 〈가격등통제령〉〈지대임대통제령〉〈임금임시조치령〉〈회사직원급여임시조치령〉〈전력조정령〉 등 공포. 11. 창씨개명을 위한 〈조선민사령〉 개정. 〈외국인의 입국, 체재 및 퇴거에 관한 법령〉 공포. 임시정부, 향후 3년 간의 운동방략 결정. 박윤옥 등 열혈회원 7명, 일본 경찰에 체포. 12. 〈조선미곡도정제한규칙〉〈소작료통제령〉 공포. 일본 정부, 미곡 부족 해결을 위해 조선에서 150만 석 도입키로 결정(조선 금년 가뭄으로 1천만 석 감수). 〈조선미곡통제령〉〈조선미곡배급조정령〉 공포. 0. 김포비행장 개장.

1940. 1. 각 도·부·군에 식량배급조합 결성. 〈육운통제령 및 해운통제령〉 공포. 2. 총독부, 물가위원회 확충 방안으로 총무위원회 설치. 창씨개명 실시. 박헌영 등, 경성콤그룹 결성. 3. 〈석유배급통제규칙〉 공포. 4. 〈카바이트배급통제규칙〉 공포. 5. 한국국민당·조선혁명당·한국독립당, 통합하여 새로운 한국독립당 창당(위원장 김구). 국민정신총동원조선연맹, 〈내선일체정의〉 배포. 경성 부민의 쌀 배급에 매출표제 실시. 6. 이수영 등, 나고야에서 민족부흥회 조직. 이수영 등 23명 체포됨. 7. 총독부, 전문대학생 1백여 명을 선발하여 만주국 건설 봉사학생근로대 파견. 〈잡곡배급통제규칙〉〈사치품제조판매제한규칙〉 공포. 8. 국민정신총동원연맹, 전시생활체제 강요. 9. 임시정부, 기강에서 중경으로 이전. 임시정부, 한국광복군 창설. 총독부, 〈조선기독교불온분자일제검거령〉 실시. 10. 임시정부, 국무령제에서 주석제로 변경(주석 김구). 총독

부, 국민정신총동원조선연맹을 국민총력조선연맹으로 개편. 총력연맹, 황국신민화운동 강제 시행. 11. 광복군 총사령부, 중경에서 서안으로 이전. 미국인 선교사 160명 본국으로 출국. 12. 총력연맹, 전 애국반원에게 미곡공출 독려와 5억 원 강제저축운동 전개 지시. 총력연맹, 사상통일·총훈련·생산력확충 등 3대강목 실천요강 결정. 시국대응전선사상보국연맹 해소. 신봉조 등 각계인사 46명, 친일단체 황도학회 설립. 0. 총독부 명령으로 조선물산장려회 해산.

1941. 1. 〈신문지 등 게재제한령〉 공포. 2. 조선인 일본군 지원병모집 마감(3천 명 모집에 139,123명 지원). 일본 내의 생산력 확충을 위한 조선인 노동자 동원 방침 결정. 총독부, 내선일체정신대로 조선인 소학교 6학년 졸업생 6백 명을 선발하여 일본의 공장·사업장에 파견키로 결정. 3. 평양 등지의 영·미 선교사 및 부인 등 15명, 반전운동계획 혐의로 검거. 〈국방보안법〉 공포. 소학교를 국민학교로 개칭. 소학교에서 조선어학습 폐지. 4. 부녀자의 갱내 노동 허용. 미주 9개 단체 대표, 호놀룰루에서 재미한족연합위원회 조직. 평원선 완전 개통(평안남도 소포~함경남도 고원). 조계사를 조계종 총본산으로 결정. 5. 〈무역통제령〉 공포. 총독부, 광물 증산운동 전개. 6. 함경남도 허천강수력발전소 준공. 각급학교 학생 연중 30일 근로봉사 방침 결정. 선만척식회사·만선척식회사, 만주척식공사로 통합. 7. 〈조선잡곡배급통제규칙〉 공포. 8. 총독부, 전국 총호수의 87.4%가 창씨 개명하였다고 발표. 외국인의 입국 제한. 〈금속류회수령〉 공포. 9. 전국에 국민개로운동 시행. 10. 각도의 양곡배급조합 해산. 각도 양곡통제회사 설립. 11. 수양동우회사건 상고심 공판에서 36명 전원에게 무죄선고. 임정, 중국군이 제시한 〈한국광복군행동준승 9개항〉 승인. 임정, 〈대한민국 건국강령〉 발표. 〈국민근로보국협력령〉 공포. 12. [일본, 미국 하와이 진주만 공격. 태평양전쟁 개전]. 임정, 일본·독일에 선전포고. 〈농업생산통제령〉 공포.

1942. 1. 〈조선군사령〉 공포. 중소상공업자를 위한 갱생금융제도 실시. 구정舊正 폐지. 조선체육진흥회 설립. 노기남, 서울대교구장에 임명. 2.

노무동원 관알선 시행. 〈식량관리법〉 공포. 재미 9개 단체, 하와이에서 재미한족연합위원회 설립. 로스엔젤리스에서 한인국방경위대 조직. 3. 〈조선사법보호사업령〉 공포. 각종 세율 인상. 〈전시해운관리령〉 공포로 1백 톤 이상 선박 징발. 김교신 등 18명 〈성서조선〉 사건으로 구속. 4. 중앙선 전 구간 개통(경경선. 청량리~경주). 김원봉의 조선의용대, 광복군에 편입. 5. 〈조선염전매령〉 공포. 제 8대 총독 고이소 구니아키 취임. 6. 쌀 대용으로 면미 배급 실시. 총독부, 국민개로운동 강화. 세 브란스 의학전문학교, 아사히 의학전문학교로 개칭. 7. 총력연맹, 가정의 놋그릇 공출 지시. 김두봉 등, 조선독립동맹 결성. 9. 경성부, 가정용 육류 윤번 구입표제, 쌀배급 통장제, 된장·간장 배급제 실시. 광복군 총사령부, 서안에서 다시 중경으로 이전. 10. 조선어학회 이중화·장지영·최현배 등 구속(조선어학회 사건). 〈조선청년특별연성령〉 공포. 임정, 의정원의원 선출(의장 홍진, 부의장 최동오). 징병제 실시 대비 호적일제조사 실시. 김구·쑨커 등, 〈한중문화협회〉 설립. 11. 〈조선총독 및 대만총독의 감독에 관한 건〉 공포로 총독은 내무대신 지시를 받음. 대종교 교주 윤세복 등 간부 21명, 조선·만주에서 체포. 일본 내각, 〈조선징병제도〉 실시요강 결정. 12. 노기남, 한국인 최초의 주교 서임. 전국 121개소에서 청년특별연성소 입소식.

1943. 1. 보국정신대 창설. 조선농지개발영단 창단. 2. 임시정부, 중국에 〈한국광복군행동준승 9개항〉 폐기 요구. 조선신궁, 경성제대에 신도神道 강좌 개설. 대학·중학·실업교 연한 1년씩 단축. 총독부, 〈출판사업령〉 공포. 김순애 등, 중경에서 대한애국부인회 재건. 3. 총독부, 〈개정병역법〉 시행. 집회·결사에 〈임시보안법〉 적용. 4. 재 쿠바한족단 출범. 〈조선석유전매령〉 공포. 5. 중경의 한인 3백여 명, 전후 한국 신탁통치설 비판. 6. 경성에 구제區制 실시. 광복군 사령관 지청천, 주 인도 영국군 동남아전구 사령관과 상호군사협정 체결. 7. 총독부, 〈학도전시동원체제확립요강〉 시달. 8. 해군지원병제 실시. 광복군, 연합군 사령부의 요구로 사관 1개 부대를 미얀마 전선에 파견. 9. 〈개정국민징

용령〉 공포. 10. 해군지원병 1기 1천 명, 진해훈련소 입소. 〈생산증강노무강화대체요강〉 발표. 〈조선인학도육군특별지원병제도〉 공포. 제 1회 학도지원병 징병검사 실시. 토요일 반휴제 폐지. 11. 관부연락선 곤론마루, 미 잠수함 공격에 침몰(544명 사망). 〈교육에 관한 전시비상조치령〉 공포. 문과계대학·전문학교·고등학교에 징집영장 일제 발부. 중추원, 학병 불지원자는 휴학·징용키로 결정. 학병 적격자 1천 명 중 959명 입영. [미국·영국·중국 정상 카이로 회담]. 카이로 회담에서 한국의 자유와 독립에 합의(카이로 선언). 평북 삭주 압록강 수풍댐 1기 발전기 1~6호기 가동. 12. 〈수도소개疏開실시요강〉 발표. 징병 연령을 1년 낮춤. 조선어학회사건 이윤재 함흥감옥에서 옥사. 0. 제 1지원병 훈련소 13기생 및 제 2지원병 훈련소 2기생 수료로 지원병제도 종료 (1938년부터 17,664명 배출).

1944. 1. 〈긴급국민근로동원방책요강〉 발표. 조선인 학생 4,385명 강제 입영. 식산은행, 제 1회 할증금부애국채권 발행. 2. 총동원법에 의해 현원現員징용 실시. 〈조선총독부재판소령전시특례〉 공포. 형사재판에 2심제 적용. 조선어학회사건 한징 함흥감옥에서 옥사. 관청의 일요일 휴무 폐지. 3. 〈학도군사교육요강〉〈학도동원비상조치요강〉 공포. 총독부에 학도동원부 설립. 조선중요물자영단 창단. 임시정부, 국내공작특파위원회 및 군사외교단 설치. 금융기관의 일요일 휴무 폐지. 4. 징병 대상자 징병검사 실시. 군수광공업책임생산제 실시. 해군지원병 2기 2천 명, 진해훈련소 입소. 임시정부, 제 5차 개헌. 주기철 목사 평양감옥에서 옥사. 총독부, 보성전문을 경성척식경제전문학교, 연희전문을 경성공업경영전문학교로 개편. 5. 여자정신대 경남반, 일본에 동원. 한성 인구 947,630명. 6. 미곡강제공출제(할당제) 실시. 〈전시비상금융대책정비요강〉 발표. 여자정신대 경북반, 일본에 동원. 임시정부, 중·미·영·소 등 30여 국가에 정부 승인 요청. 프랑스·폴란드, 임정 승인 통고. 한용운 죽음. 7. 제 9대 총독 아베 노부유키. 여자정신대 경기반, 일본에 동원. 8. 중국 군사위, 임정 군무부에 〈한국광복군행동준승 9개

항) 취소 통보. 일본 후생성, 〈여자정신대근로령〉 공포. 여운형 등, 조선건국동맹 조직. 일반징용 실시. 대구에서 학병 집단 탈영. 9. 징병검사 합격자 징집 시작. 조선어학회사건 최현배 등 12명 예심 종결. 10. 〈군수회사법〉 시행. 〈학도근무령〉 공포. 이재유 서대문형무소에서 옥사. 12. 평양사단 조선 학병들, 탈출과 항일 게릴라전 계획 발각되어 70여 명 검거. 각 종교 연합하여 친일조직 조선전시종교보국회 결성.

1945. 2. [미국·영국·소련 정상, 얄타 회담]. 윤치호·박춘금 등, 친일단체 대화동맹 창립. 각 군에 근로동원과 설치. 4. 주요도시 소개 실시. 5. 유만수·조문기 등, 대한애국청년당 창당. 6. 박춘금 등, 친일단체 대의당 창당. 7. 조선국민의용대 조직(12~65세의 모든 남자, 12~45세의 모든 여자). 대한애국청년당, 대의당 주최 부민관 연설회장에 폭탄 투척. 7. 26. [미국·영국·중국·소련 정상, 포츠담 회담]. 포츠담 회담에서 전후 대일 방침 등 〈포츠담 선언〉. 8. 6. [미군, 일본 히로시마에 원폭 투하]. 8. 8. 소련군, 두만강 건너 경흥 일대로 진군. 8. 9. [미군, 일본 나가사키에 원폭 투하]. 8. 10. [일본, 포츠담 선언 수락]. 소련군, 웅기 진출. 8. 12. 소련군, 나진·청진 상륙. 8. 13. 송진우, 총독부의 정권 이양 교섭 거절. 8. 14. 여운형, 아베 총독의 정권 이양 교섭에 동의.

14. 대한민국

1945. 8. 15. 일본 천황 히로히토, 무조건항복 방송. 조선 광복. 전국에서 해방 경축 시위. 조선건국준비위원회(건준) 발족(위원장 여운형, 부위원장 안재홍). 전국 형무소에서 독립운동자 2만여 명 석방 시작. **8. 16.** 건준 보안대 조직. 은행 등에 현금인출 인파 쇄도. **8. 17.** 건준 중앙조직 수립 완료. 일본군, 경성 요지에서 방어벽 치고 저항. **8. 20.** 일군·일경, 각지에서 조선인 시위대에 발포. 재일조선인 귀국 시작. **8. 21.** 소련군, 평양 진주. **8. 22.** 일본군의 물자 소각으로 민심 격분. **8. 24.** 일본군, 군수품 창고 폭파. **8. 25.** 소련군, 평양에 사령부 설치. 미군, 인천 상륙. 미국에서 미·소 양군의 북위 38°선 분단 점령 보도. **9. 1.** 안재홍 등, 조선국민당 결성. 왕익권 등, 조선학병동맹 결성. **9. 2.** [일본, 미조리 함상에서 연합국에 항복 서명]. 연합군 사령부, 북위 38°선을 경계로 미·소 양군 조선분할점령책 발표. **9. 6.** 건준, 조선인민공화국 수립 선언. **9. 7.** 미 극동사령부, 남한에 군정 선포. 건준 해체. **9. 8.** 군정청 사령관 하지 중장, 인천에 상륙. 하지, 38선 이남 일본군의 항복 받음. **9. 11.** 박헌영, 조선공산당(조공) 재건. **9. 12.** 군정장관에 아놀드 소장. 하지, 미군정 시정방침 발표. 경성인민위원회 조직. **9. 13.** 각지 건준 지부, 인민위원회로 개조. **9. 14.** 경성을 서울로 개칭. **9. 15.** 미 군정청, 방송국 접수. **9. 16.** 송진우 등, 한국민주당(한민당) 창당. **9. 18.** 군정청, 집회·행렬에 허가제 실시. **9. 23.** 아놀드, 각 정당에 대해 중립 표명. **9. 24.** 조선국민당 등, 국민당으로 통합. **9. 25.** 군정청, 일본 정부 및 일본인의 재산을 군정청 소유로 전환. 소련군 위원단, 서울에 들어옴. **9. 26.** 조선은행권, 8·15 당시보다 2배 가까이 남발. **10. 4.** 군정청, 〈최고소작료결정권〉 발표(소작료 1/3 이하로). **10. 5.** 미 군정장관 고문에 한인 11명 임명(위원장 김성수). 서중석 등, 적색구원회 등 통합하여 반일운동자구원회 조직. **10. 9.** 한글날 10월

9일로 확정. 군정청, 〈치안유지법〉〈예비검속법〉 등 12개 일제특별법 폐지. 10. 10. 아놀드, 군정청이 38선 이남의 유일한 정부라고 선포하고 인민공화국 부인. 32개 정당 및 사회단체, 38선 철폐 요구. 북한, 조선노동당 창당. 10. 12. 여운형, 군정 고문 사임. 공산당·건국동맹·한민당·국민당 대표, 통일전선 협의. 10. 13. 조선공산당, 북조선분국 창설. 10. 16. 이승만, 미국에서 귀국. 10. 17. 군정청, 남한 각지의 인민위원회 해산 지시. 경성제국대학을 경성대학으로 개칭. 10. 19. 시중운행 정상업무 개시. 10. 20. 미 국무성, 한국에 대한 신탁통치 의사 표명. 10. 23. 이승만, 독립촉성중앙협의회(독촉) 결성. 10. 24. 군정청, 일본인 철수령 발표. 10. 25. 각 정당, 신탁통치 반대 성명. 11. 1. 이승만·박헌영 회담. 11. 3. 조만식, 평양에서 조선민주당 창당. 11. 5. 조선공산당, 독립촉성중앙협의회 탈퇴. 조공 산하 조선노동조합전국평의회(전평) 결성. 11. 7. 이승만, 조선인민공화국 주석 취임 거부. 11. 12. 여운형 등, 조선인민당 창당. 11. 13. 군정청, 국방사령부 설치. 11. 15. 박헌영·하지 회담. 11. 19. 북한의 5도 인민위원회, 5도 행정국으로 개편. 11. 23. 중경 임시정부 주석 김구 등, 개인자격으로 귀국. 신의주반공학생의거(23명 사망). 11. 24. 김구, 환국성명. 11. 30. 여운형·하지, 인민공화국 해체 문제로 회담. 8·15 이후 도매물가 30배 이상 폭등. 12. 1. 조선독립동맹 김두봉·최창익·무정 등, 연안에서 입북. 12. 2. 중경 임정 요인 2진 귀국. 12. 8. 전국농민조합총연맹(전농) 결성. 12. 9. 아놀드 군정장관 해임되고 후임 러치 소장. 12. 14. 이갑성·김여식 등, 신한민족당 창당. 12. 15. 군정청, 석유배급회사 설립. 12. 19. 군정청, 미곡소매최고가격 결정. 12. 21. 임정 지지 43개 청년단체, 대한독립촉성청년총연맹(독청) 결성. 12. 22. 조선공산당 외곽단체 조선부녀총동맹(부총) 결성. 12. 24. 조공, 독촉과 결별선언. 12. 27. 미·영·소 모스크바 삼상회의에서 미소공동위원회 설치 및 5년간 신탁통치 합의. 12. 28. 임정 주도로 신탁통치반대국민총동원위원회 결성. 12. 30. 송진우 피살. 12. 31. 신탁통치 반대운동

각지로 파급. 0. 태평양전쟁 이후 해방 이전까지 신사참배를 거부한 기독교도 2천여 명 투옥(50여 명 옥사, 2백여 교회 폐쇄).

1946. 1. 조선공산당, 신탁통치 지지선언. 좌익 주최 반탁서울시민대회, 친탁으로 급변. 조만식, 반탁 이유로 소련군에 구금 후 행방불명. 평양에서 대규모 찬탁시위. 서울 학생들 반탁시위. 군정청, 국방경비대 창설. 서울에서 미소공동위원회 예비회담(아놀드·스티코프). 북한, 북조선신민당 창당. 북한, 북조선민주청년동맹(민청) 결성. 독립촉성중앙협의회 해체. 군정청, 〈미곡수집령〉 공포. 서울 양곡배급 실시. 2. 임정 주도로 비상국민회의 결성. 남양 각지 징용동포 3천여 명 환국. 이승만의 독촉과 김구의 신탁통치반대국민총동원위원회 연합하여 대한독립촉성국민회 결성. 평양에서 북조선임시인민위원회 발족(위원장 김일성). 군정 자문기관 대한국민대표민주의원 구성(의장 이승만, 부의장 김구·김규식, 의원 25명). 좌파 연합으로 남조선민주주의민족전선(민전) 결성. 군정청, 〈정당등록제〉 공포. 군정청, 동척을 신한공사로 개조. 6·3·3제로 학제개편. 3. 3·1절 기념식(우익은 서울운동장, 좌익은 남산공원). 북조선임시인민위, 토지개혁 실시(일본인 소유지 및 5정보 이상 소유지·소작지 무상몰수·무상분배). 우파, 대한독립촉성노동총동맹(대한노총) 결성. 개성에서 제 1회 남북간우편물교환. 제 1차 미소공동위원회 개회(서울. 아놀드·스티코프). 김일성, 20개 정강 발표. 평양의 조선독립동맹, 조선신민당으로 개칭. 4. 김창숙 등, 성균관유도회儒道會총본부 결성. 김두한·박용직 등, 대한민주청년총동맹 결성. 경무국, 8관구의 경찰청 개설. 한국독립당, 조선국민당·신한민족당과 통합. 북한, 조선공산당 북조선분국을 북조선공산당으로 개칭. 5. 노동절 기념행사(대한노총 서울운동장 주경기장, 전평 서울운동장 야구장). 군정청, 남조선국방경비사관학교 창설. 제 1차 미소공동위원회 결렬. 우익, 자율적 정부수립 촉진 선언. 조선정판사위폐사건 발표. 공사립 전문학교, 대학으로 승격. 38선 무허가 월경 금지. 군정청, 공산당본부 건물 명도령. 6. 3월말 물가지수 524(1945. 8. 15. 100). 이승만, 정읍에서

남한단독정부 수립 주장. 군정청, 〈국립서울종합대학안〉(국대안) 발표. 학생들, 국대안 반대투쟁. 이범석 등 광복군 환국. 이승만, 남한단독정부 수립을 위한 민족통일총본부(민통) 결성. 하지, 좌우합작 지지성명. 7. 윤봉길·이봉창·백정기 국민장 거행. 우익의 김규식과 좌익의 여운형 등, 좌우합작위원회 설립. 8. 여운형, 조공·인민·신민 등 남한의 좌익정당 합당운동 시작. 북한, 〈산업국유화법령〉 공포. 군정청, 국립서울종합대학안 시행 및 서울대학교 설립. 북한 북조선공산당·조선신민당, 합당하여 북조선노동당 창당. 북한, 제 1차 노동당대회. 9. 6·6·4제 학제개편. 군정청, 박헌영·이주하·이강국 체포령. 군정청, 민전 사무실 명도령. 부산 철도노동자 파업. 전평, 전국 철도노동자 4만 명에게 파업 지시. 군경·우익청년·대한노총원, 전평회관 기습하여 간부 다수 검거. 경찰, 용산 철도 파업단 공격. 콜레라 만연(사망 1만 1천여 명). 10. 대구에서 노동자·농민 1만여 명 과격시위(대구 10월사건). 대구에 계엄령 선포. 경북 일대에 소요 만연. 철도운행 재개. 철도파업 관련자 1천 7백여 명 구속. 남한 전역 해운노조 총파업. 좌우합작위, 합작 7원칙에 합의. 한민당·조공, 합작 7원칙 비난. 이범석, 우익 조선민족청년당(족청) 창당. 경무부장 조병옥 피습. 서울 비상경계령. 경북·경남에 이어 경기에도 소요. 서울시 입법의원 선거. 전남 소요로 계엄령. 국립서울대학교, 9개 단과대학으로 개교. 11. 서울 민선 입법의원 45명 선출. 최고노동시간 공포(1주 48시간, 긴급 시 60시간). 박헌영 등, 남조선노동당 결성(남로당). 12. 이승만 도미. 서울 관선 입법의원 45명 선임. 남조선 과도입법의원 개원(의장 김규식). 대구 10월사건 관련자 537명 선고 공판(사형 16명). 서울 인구 124만 명.

1947. 1. 하지, 미소공동위원회 재개 시사. 임정계, 반탁독립투쟁위원회 결성. 2. 학생들, 국대안 반대투쟁 재연. 이승만, 미국에서 남한 과도정부 수립을 전문으로 발표. 하지, 반탁을 비난하고 귀국. 북한, 북조선인민회의 창설. 북한, 제 1차 인민회의에서 인민경제계획 채택. 3. 3·1절 기념행사(우익은 서울운동장, 좌익은 남산). 좌우익 충돌로 경찰 발

포(38명 사상). 우익 테러단, 전평 습격. 민전, 테러폭압반대대책위원회 구성. 전평 지시로 남한 전역에서 24시간 총파업(관련자 2,076명 검거). 수도경찰청, 남로당 등 좌익 5개 단체의 파업 계획과 간부 검거 발표. 4. 하지 서울 귀임. 군정청 개편(13부 2처 3원). 마샬 미 국무장관, 소련에 공동위원회 재개 제의. 군정청, 11개월 동안 미국에서 식량 33억 원 어치 수입했다고 발표. 이승만 귀국. 김두한 등, 대한민주청년총동맹 설립. 시공관에서 좌우익 충돌로 좌익 3명 피살(시공관 사건). 수도경찰청, 대한민주청년총동맹 본부 기습하여 김두한 등 체포. 서윤복, 보스턴 마라톤 대회에서 우승. 5. 노동절 기념행사에서 좌우익 충돌(21명 사망). 군정청, 대한민주청년총동맹(우익)·조선민주청년동맹(좌익) 해산령. 군정청, 공동위원회 중 정치집회 불허. 군정청, 38선 이남의 재조선미군정청한국인기관을 남조선과도정부로 호칭. 제 2차 미소공동위원회 개회(서울. 브라운·스티코프). 여운형 등, 근로인민당 창당. 입법의원, 선거법안 둘러싸고 관선·민선 간에 대립 격화. 군정청, 학교 운영에 민간인 이사와 한국인 총장 임명 승인. 38선 월남자 급증. 6. 김규식, 입법의원 의장 사퇴. 미소공동위원회의 자문 신청단체 남한 425개, 북한 38개. 각지에서 반탁시위. 군정청, 3백 명 이하의 옥내집회 허용. 대한노총 부산부두노동조합 결성. 7. 서재필 귀국. 서재필, 군정특별의정관 취임. 이승만, 하지와의 협조 포기선언. 민전, 반탁계열은 공동위원회 대상에서 제외 주장. 정치집회 자유화. 민전, 이승만 해외추방 주장. 제 2차 미소공동위원회 소련 대표, 우익단체 제외 주장. 여운형 피살. 경성전기 본사에서 전평계 노조원과 대한노총 연맹원 충돌. 우익학생단체, 전국학생총연맹 결성. 8. 8·15 폭동 음모혐의로 좌익계 1천 3백여 명 구속. 미소공동위 소련 대표, 미·소 양군의 3개월 간 철수 제안(미국 거부). 9. 마샬 미 국무장관, 유엔 총회에 한국문제 상정 제의. 비신스키 소련 유엔 대표, 미국 제안 반대하고 48년 1월까지 양군 철수 주장. 지청천, 32개 청년단체를 통합하여 대동청년단 결성. 유엔 총회, 한국문제 토의키로 함. 10. 신임 군정장관에 딘 소장.

유엔 총회, 한국에 유엔위원단 파견안 가결(41 : 0). 부산 일대 철도노동자 3백여 명 검거. 11. 유엔 총회, 〈남북 총선을 통한 정부수립안〉〈유엔한국임시위원단 설치안〉〈정부수립 후 양군 철수안〉 가결. 민전, 유엔의 한국문제 결정안 반대 성명. 각선 열차, 연료 부족으로 대량 운휴. 12. 장덕수 피살. 북조선 화폐개혁. 북조선의 송전시설 고장으로 남한에 전기공급 중단. 김구, 남한단독정부수립 반대성명.

1948. 1. 유엔한국임시위원단 내한. 소련측, 위원단의 입북 거부. 이승만, 남한 단독선거 주장. 김구, 남북주둔군 철수 후 자유선거 주장. 전기료 6배 인상. 2. 전평, 2·7구국총파업투쟁 전개. 군정청, 2·7구국투쟁 진압. 김구, 남한 단독정부수립 반대하는 〈삼천만 동포에 읍소함〉 성명. 유엔 소총회, 유엔한국위원단 접근 가능 지역(남한)에서만 선거 실시 결의. 민전, 유엔소총회 결정 반대 및 양군 철수 주장. 3. 〈국회의원선거법〉 공포. 유엔위원단, 남한 총선 실시 발표. 김구, 남북협상 제의. 김구·김규식·김창숙·조소앙·조성환·조완구·홍명희, 총선 반대. 북한·중공, 〈비밀군사협정〉 체결. 군정청, 중앙토지행정처 신설. 신한공사 해체. 군정청, 적산농지 27만 정보에 대한 〈농민불하법령〉 공포. 북한, 김구의 남북협상안 수락. 북한, 제 2차 노동당대회. 4. 귀속농지 불하 시작. 우익 청년단체 향보단 조직. 제주도 남로당 무장대 350명, 12개 지서 공격(4·3 사건). 김구·김규식, 남북대표자연석회의 참석차 방북. 구 조선은행권 유통금지. 5. 김구·김규식 귀경. 유엔한국위원단 감시 아래 국회의원선거 실시. 5·10 선거(투표율 95.5%. 200석 중 무소속 85, 독립촉성국민회 55, 한국민주당 29, 대동청년단 12). 좌익 단체, 각 지방에서 5·10 선거 무효성명. 북한, 남한에 송전 중지. 향보단 해체. 제헌국회 개원(의장 이승만). 6. 군정재판 폐지. 미 하원 세출위 한국구제위원회, 1억 7백만 달러 지원 가결. 7. 1. 국회, 국호를 〈대한민국〉으로 결정. 7. 17. 국회, 〈대한민국헌법〉〈정부조직법〉 공포. 7. 20. 국회, 정·부통령 선거(재적 198명 중 197명 출석. 대통령 이승만 182, 김구 13, 부통령 이시영 선출). 7. 24. 정·부통령 취임. 8.

2. 국회, 이범석 국무총리 인준. 8. 4. 국회, 의장 신익희, 부의장 김약수 선출. 국회, 김병로 대법원장 인준. 8. 15. 〈대한민국〉 정부수립 선포. 미군정 종료. 8. 24. 〈한미잠정적군사안전에 관한 행정협정〉 체결. 8. 26. 대한독립촉성노동총동맹, 대한노동총연맹으로 개편. 9. 5. 국군창설. 국방경비대를 육군, 해안경비대를 해군, 경비사관학교를 육군사관학교로 개편. 연호를 〈단기〉로 정함. 9. 8. 북한, 〈조선민주주의인민공화국헌법〉 제정. 9. 9. 북한, 〈조선민주주의인민공화국〉 성립. 9. 22. 〈반민족행위처벌법〉 공포. 10. 〈국회법〉 공포. 〈한글전용에 관한 법률〉 공포. 제주 출동 일부 군인, 여수·순천에서 반란. 여수·순천 계엄령. 여수·순천 사건 진압. 반민족행위특별조사위원회(반민특위) 구성. 국회의원 10명, 반민특위 조사위원에 선임. 중고교 남녀공학제 폐지. 11. 김구, 양군 철수 후 통일정부 수립 성명. 제주도에 계엄령 선포. 12. 〈국가보안법〉 공포. 〈한미원조협정〉 체결. 유엔 총회, 대한민국정부를 한국 유일 합법정부로 승인. 소련군, 북한 철수 완료 발표. 제주도 계엄령 해제.

1949. 1. 미국, 한국정부 공식 승인. 미국 초대대사 무초 부임. 주일대표부 설치. 정부, 남북협상 반대 성명. 2. 한국민주당 해체되고 민주국민당 창당. 반민특위 활동 개시. 여수·순천 계엄령 해제. 3. 호남지구 및 지리산 전투사령부 설치. 제주도지구 전투사령부 설치. 북한, 소련과 〈경제문화협정〉 체결. 정부, 대 북한 무역금지. 4. 4월 5일 식목일을 공휴일로 지정. 유엔 안전보장이사회, 한국 가입안 부결. 해병대 창설. 〈한일통상잠정협정〉 체결. 반공교화단체 국민보도연맹 창설. 아편환자 급증(등록 5,124명, 추산 12만 명). 5. 인구조사 실시(남한 20,166,758명). 남로당 국회 프락치 사건 적발. 미 국무성, 미군 철수 발표. 제주도에 재선거 실시. 6. 서울경찰, 반민특위 습격하여 특위 소속 특경대 해산. 〈농지개혁법〉 공포. 북한, 남북민주주의민족전선 통합해 조국통일민주주의전선 결성. 김구 피살. 미군 철수 완료. 미 군사고문단 5백 명 잔류. 북조선노동당, 남조선노동당과 통합하여 조선노동당으로 개칭.

주한미군사령부 활동 종료. 7. 주한미군사고문단 창설. 〈지방자치법〉 공포. 반민특위 조사위원 총사직. 8. 장개석 중국 총통 방한. 〈병역법〉 제정. 국회 프락치 사건으로 의원 10명 기소. 세계보건기구WHO 가입. 〈반민족행위처벌법〉 공소시효 종료. 9. 〈법원조직법〉 제정. 학도호국단 창설. 목포형무소 350여 명 탈옥사건. 10. 공군 창설. [중화인민공화국 수립]. 반민특위·특별검찰부·특별재판부 해체. 유엔 총회, 한국대표·북한대표 초청 부결. 남로당 등 전 민전 산하 133개 정당·단체 등록 취소. 대한적십자사 재조직. 11. 유엔식량농업기구FAO 가입. 북한, 중공과 국교 수립. 외자구매청 신설. 윤치영·이인 등, 대한국민당 창당. 남로당 당원 9천 명 자수. 12. 〈귀속재산처리법〉 공포. 국립서울대학교, 서울대학교로 개명. 〈교육법〉 공포.

1950. 1. 애치슨 미 국무장관, 미국의 극동방위선은 알류산열도·일본·오키나와·필리핀이라고 언명(애치슨 라인. 한국·대만 제외). 이승만, 내각책임제 개헌안 불찬성 표명. 〈한미상호방위원조협정〉 체결. 2. 신학기 시작 4월로 결정. 3. 제 1차 개헌안 국회에서 부결. 남로당 총책 김삼룡·이주하 검거. 4. 농지개혁 시행. 전국에 56개 고교 설치안 발표. 5. 〈은행법〉 제정. 제 2대 국회의원 선거(투표율 91.9%. 210석 중 무소속 126, 대한국민당 24, 민주국민당 24). 제 2대 국회 개원(의장 신익희). 6. 6년제 의무교육 실시. 한미환율 1,800 : 1. 북한, 남북총선 제안. 중앙은행 한국은행 발족. 덜레스 미 대통령 고문, 한국·일본 방문. 한국, 유네스코UNESCO 가입. 6. 23. 북한측에 조만식과 이주하·김삼룡 교환 제의. 6. 25. 북한공산군, 새벽에 38선 전역에 걸쳐 대거남침 개시(6·25 한국전쟁). 유엔한국위원단, 북한의 남침을 발표하고 정전 요구. 6. 26. 국회, 유엔과 미국에 긴급원조 결의. 미국, 유엔 안보리 긴급소집 요구. 유엔 안보리, 북한군의 공격을 침략으로 규정하고 철군 요구. 6. 27. 정부, 대전으로 이전. 유엔 안보리, 한국군 원조 결의. 미 정부, 해군·공군에 참전 명령. 6. 28. 서울 함락됨. 한강인도교 폭파. 한강 남안에 방어선 구축. 6. 29. 미 극동군사령관 맥아더, 내한하

여 전면적 군사지원 약속. 6. 30. 미 정부, 미 육군에 출동명령. 7. 1. 이승만, 대전에서 부산으로 이동. 유엔 지상군, 부산 상륙. 7. 2. 호주 공군, 한강 주변 폭격. 7. 3. 북한군, 영등포 점령. 7. 6. 미군, 오산 부근에서 북한군과 접전. 7. 7. 유엔 안보리, 미국에 최고지휘권 위임. 유엔군 총사령관에 맥아더 임명. 한국군, 유엔군에 편입. 김일성, 서울 시찰. 7. 8. 전국에 계엄령 선포. 대한학도의용대 결성. 7. 11. 한국 해군, 미 극동해군에 편입. 7. 14. 한국군 작전통제권 미군에 이양. 7. 16. 정부, 대전에서 대구로 이전. 7. 20. 북한군, 대전·전주 점령. 7. 24. 도쿄에 유엔군 사령부 설치. 7. 25. 북한군, 순천 진출. 8. 3. 유엔군, 워커 라인 구축(마산·왜관·영덕 방어선). 8. 16. 미군, 왜관 폭격. 8. 18. 정부, 대구에서 부산으로 이전. 8. 23. 칠곡 유학산 전투 승리. 8. 28. 조선은행권 유통금지 및 한국은행권으로 등가교환(제 2차 화폐개혁). 8. 30. 대구 다부동 전투 승리. 9. 15. 유엔군, 인천상륙작전 감행. 9. 16. 낙동강 전선에서 유엔군 총반격 개시. 9. 20. 국군 해병대, 한강 도하. 9. 28. 국군 해병대, 서울 수복. 9. 30. 워커 사령관, 38선 돌파 명령. 10. 1. 국군, 38선 돌파. 10. 4. 지리산 공비 토벌작전 개시. 10. 7. 유엔 총회, 유엔군의 38선 이북 진격 승인. 유엔 총회, 국제연합한국 통일부흥위원회UNCURK 설립. 10. 19. 유엔군, 평양 점령. 10. 24. 유엔군, 청천강 도하. 10. 25. 중공군, 한국전에 참전. 10. 26. 한국군, 압록강변 초산 도달. 10. 27. 정부, 서울로 환도. 11. 11. 〈부역자처벌 특별조치령〉 공포. 11. 15. 북한군·중공군, 총반격 개시. 11. 27. 장진호 전투(미 해병 1사단 철수작전). 12. 1. 유엔한국재건단UNKRA 설립. 12. 4. 유엔군, 평양 철수. 북한 주민, 남하 피난. 12. 14. 유엔 총회, 한국정전위원단(이란·인도·네덜란드) 설치 결의. 12. 17. 〈제 2국민 병소집령〉으로 국민방위군 창설. 12. 23. 미 8군 사령관 워커 중장 전사. 후임 리지웨이 중장. 12. 24. 서울 시민에 대피령. 북한 주민, 흥남에서 대규모 철수. 0. 6·25 이후 국민보도연맹원 집단 학살됨.

1951. 1. 중공군, 38선 넘어 남진. 30만 서울 시민, 한강 건너 피난(1·4

후퇴). 정부, 부산으로 이전. 서울 다시 함락됨. 유엔군, 원주 탈환. 유엔군, 전면 반격 개시. 해병대, 인천 상륙. 유엔, 중공을 침략자로 규정. 2. 유엔군, 인천과 영등포 탈환. 국군, 경남 거창에서 민간인 719명 학살(거창양민학살사건). 부산에서 전시연합대학 개강. 3. 남하한 재 부산 중학 일제 개학. 정부, 120만 소작인에게 농지분배 발표. 서울 재수복. 맥아더, 38선 이북 진격 명령. 유엔군, 38선 돌파. 문교부, 6·3·3·4 신학제 실시. 국회, 국민방위군 간부의 착복사건 폭로. 전국 피난민 총수 5,817,012명. 수용소 939개소. 4. 트루먼 미 대통령, 유엔군 사령관 맥아더 해임. 후임 리지웨이. 중공군, 제 1차 춘계공세. 국민방위군·향토방위대 해체안 국회 통과. 정부, 〈대충자금운용특별회계법〉 제정. 전국편집기자회 창립총회. 화천발전소(파로호) 전투. 5. 이시영 부통령, 이승만 대통령 성토하고 사직. 국회, 부통령 김성수 선출. 국민방위군 해체. 중공군, 제 2차 춘계공세. 유엔 총회, 중공·북한에 전략물자 수출금지 결의. 부역자합동수사본부 해체. 6. 철의 삼각지대 수복. 소련 유엔 대표 말리크, 정전 제의. 리지웨이, 정전 동의. 거제포로수용소에 17만 3천 명 수용. 7. 소련, 정전 교섭에 동의. 개성에서 정전회담 시작. 탄핵재판소 구성. 서울~부산 급행열차 운행 재개. 8. 각지에서 정전회담 반대 국민대회. 9. 이승만, 정전 수락 4대원칙 제시. 유엔군, 추계 대공세. 양구 피의 능선 전투. 양구 단장의 능선 전투. 양구 펀치볼 전투. 10. 한국조폐공사 설립. 김창숙 인심교란죄로 구속. 도쿄에서 한일예비회담. 지리산 공비, 남원에서 2백여 명 납치. 국무회의, 대통령직선제·양원제 개헌안 의결. 정전회담 장소를 개성에서 판문점으로 이동. 11. 전북에 비상계엄령. 국무총리서리 허정. 버클레이 미 부통령 내한. 12. 부산·대구 제외 전국에 비상계엄령 선포. 지리산·덕유산지구 공비소탕작전 개시. 자유당, 원내·원외로 분열 창당.

1952. 1. 국회, 포로석방 건의안 가결. 이승만, 독도 포함한 〈평화선〉 선포. 국회, 제 2차 개헌안(대통령 직선제) 부결. 2. 도쿄에서 제 1차 한일회담. 3. 〈광무신문지법〉 폐기. 조선방직 노동자 6천여 명 파업(파업

실패, 1천여 명 해고). 전국 피난민 일제등록 10,464,491명. 4. 국회의원 123명, 제 3차 개헌안(내각책임제) 제출. 장면 총리 사임. 장택상 총리 지명. 개헌 반대 폭동사건. 서민호 의원, 순천에서 현역 대위 총격 살해. 전국 시·읍·면 의원 선거. 한일회담 중단으로 대표단 귀국. 유엔군 사령관 리지웨이 사임. 후임 클라크. 나환자 다수 발생. [샌프란시스코 강화조약 발효]. 5. 거제도 포로소요사건. 미 국무성, 일본에 대한국재산권 청구무효각서 전달. 제 1회 전국 도의원 선거. 정부, 제 4차 개헌안(대통령 직선제, 양원제) 제출. 민중자결단·땃벌레·백골단 등, 국회 해산 요구. 〈한미경제조정협정〉 체결. 부산·경남·전남·전북에 계엄령 선포. 야당의원 50여 명, 헌병대에 연행. 김성수 부통령, 이승만 대통령 탄핵하고 사퇴. 6. 거제도 친공포로, 수용소장 도드 준장 납치. 거제도 포로 친공·반공 분리 수용. 정전회담 가조인. 반독재호헌구국투쟁위원회 결성하려는 재야인사들 피습(국제구락부 사건). 미군, 평북 삭주 수풍발전소 폭격. 이승만 대통령 암살미수 사건. 국회, 자주적 해산결의안 제출. 민중자결단, 국회의사당 포위하고 60여 의원 연금. 7. 군사재판에서 서민호 의원에 사형선고. 국회, 경찰 포위 속에 제 3·4 개헌안 발췌 통과(발췌개헌. 기립표결 163 : 0. 제 1차 개헌). 국회, 의장 신익희 부의장 조봉암·윤치영 선출. 공비, 해인사에 방화하고 32명 납치. 중석불사건 국회로 비화. 자유당 전당대회에서 대통령 이승만, 부통령 이범석 지명. 부산부두 노동자 1천 6백여 명, 임금 인상 요구 총파업. 8. 정·부통령 선거(투표율 88.1%. 대통령 이승만 523만 표, 조봉암 79만 표. 부통령 함태영 당선). 9. 일본 어선의 해양 침범 규탄 국민대회. 장택상 총리 사임. 10. 국무총리서리 백두진. 정전회담 무기휴회. 철원 백마고지 전투. 김화 저격능선 전투. 11. 노총 전국대의원 회의에서 전진한 위원장 사퇴. 12. 미국 대통령 당선자 아이젠하워 방한. 유엔 총회, 한국전 포로 중립지대 이송안(인도안) 통과. 봉암도 북한군 포로수용소 폭동. 한국, 국제민간항공기구ICAO 가입.

1953. 1. 이승만 일본 방문. 미 8군 사령관 테일러 중장. 부산 다대포 앞바

다에서 여객선 창경호 침몰(3백여 명 사망). 부산 국제시장 화재. 2. 중공 주은래, 한국전 즉시정전 용의 표명. 이승만, 중국 본토 해안봉쇄 요구. 〈긴급통화조치령〉(제 3차 화폐개혁. 100원 : 1환). 3. [소련 스탈린 죽임]. 용초도 북한군 포로수용소 폭동. 유엔 총회, 한국 경제원조 결의. 헌병총사령부 설치. 병역기피자 일제단속. 4. 정전반대 시민궐기 대회. 〈상이포로교환협정〉 체결. 도쿄에서 제 2차 한일회담. 이시영 죽음. 정전회담 재개. 부산대학 국립대학으로 인가. 홍순칠 등 독도의용수비대 33명, 독도 경비. 5. 〈근로기준법〉 공포. 미 국무성, 송환 불원 공산포로 4만 8천여 명 공개. 이승만, 미 정부에 정전 불수락 통고. 화천발전소 복구. 정전회담 한국대표 출석 거부. 6. 〈포로교환협정〉 조인. 이승만, 반공포로 전원 석방(2만 7천여 명). 일본인, 독도에 불법 상륙. 7. 이승만, 정전에 동의. 공산군, 7 · 13 대공세. 김화 · 화천 금성 전투(1,701명 전사, 4,136명 포로 · 실종). 공산측, 정전협정 조인에 동의. 한국 정부, 정전협정 불참 언명. 7. 27. 유엔군 · 북한군 · 중공군 사령관, 판문점에서 정전협정 조인. 군사정전위원회 설치. (6 · 25전쟁 전사 · 실종 군인-국군 27만 8천, 북한군 52만, 유엔군 3만 6천, 중공군 20만 6천). 8. 아이젠하워 미 대통령, 의회에 한국 원조 2억 달러 요청. 중립국감시위원단, 군사정전위원회에서 활동개시. 평양방송, 남로당의 박헌영 · 이승엽 · 이강국 등 12인 숙청 발표. 정부, 서울 환도. 미군 사령부, 서울대 건물 반환하고 용산으로 이전. 9. 전국 비상계엄령 해제. 송환 불원 포로 관리를 위한 중립국감시위원단 인도군 내한. 유엔군 총사령관 클라크 해임. 후임 헐 대장. 이승만, 족청계 제거 성명. 전국호구조사 실시. 시민증 · 도민증 소지자에 한강 도하 허가. 10. 워싱턴에서 〈한미상호방위조약〉 체결. 제 3차 한일회담, 구보다 망언으로 결렬. 판문점에서 정전협정에 의한 정치회담 예비회담 개시. 11월 3일을 학생의 날로 지정. 11. 닉슨 미 부통령 방한. 북한 · 중공, 〈경제문화협정〉 조인. 이승만, 대만 방문. 이기붕, 자유당 최고위원에 선임. 부산역전 화재. 12. 삼남지방에 계엄령 선포. 한 · 미, 〈경제재건과 재정안정계획에 관한 합동경제위원회협정〉 체결.

1954. 1. 독도에 영토표시 설치. 유네스코 한국위원회 설립. 2. 포로교환
감시 인도군, 진해에서 철수. 문교부, 초등학교 3백 개교 증설과 교원
25,500명 양성 계획 발표. 3. 정전협정에 따른 중립국 포로 송환 완료.
4. 한국산업은행 설립. 한국·인도차이나 문제를 위한 19개국 제네바
극동평화회의. 5. 미국, 〈한국전쟁백서〉 발표. 제 3대 국회의원 선거
(투표율 91.1%. 203석 중 자유당 114, 무소속 68, 민주국민당 15).
연합참모본부 발족. 아시아 경기대회에서 역도 유인호 선수 세계신기
록 수립. 이승만, 대처승은 일제의 잔재라 언급. 불교계 비구승·대처
승 대립 표면화. 남일 제네바회의 북한대표, 6개 항의 〈통한방안〉 제
시. 변영태 제네바회의 한국대표, 14개 항의 〈통한방안〉 제시. 6. 제
3대 국회 개원(의장 이기붕). 한국 참전 16개국, 제네바 회의에서 한국
문제 토의 종결과 유엔 감시하의 통한 선언. 국무총리 변영태. 7. 이승
만 방미. 한·미, 유엔 방침 아래 통일노력 선언. 야간통행금지 시간
단축(22:00~04:00). 8. 국회, 주한미군 철수 반대 결의. 보건부, 가짜
의사 275명 적발. 부산 미군부대 한국인 종업원 1만 2천여 명, 임금인
상 요구 파업. 9. 북한, 중공군 40만 철수 발표. 〈형사소송법〉 공포.
미곡 40만 석 수출 결정. 10. 정부, 유엔군으로부터 수복지구 행정권
인수. 미국, 석유공급 중지. 유류 부족으로 부산 버스 전면 운행중지.
함상훈, 신익희·조소앙의 뉴델리 비밀회담 발설. 호남선에 특급열차
태극호 운행 개시. 11. 불교계 비구승과 대처승의 대립 격화. 국회, 초
대 대통령 중임 철폐 개헌안 부결. 국회, 개헌안 부결 번복하고 헌법개
정안 통과(사사오입 개헌. 제 2차 개헌). 개헌반대 야당, 원내단체 호헌
동지회 결성. 12. 최순주 국회 부의장 사퇴. 곽상훈 부의장 불신임 가
결. 자유당 의원 12명 탈당. 유엔 총회, 유엔의 통한원칙 의결.

1955. 1. 영동지방 절량농가 3만 호. 2. 정부 직제 개정. 김성수 죽음. 북
한, 일본에 국교 수립 제의. 동화백화점 개점. 3. 미극동군 사령관 테일
러 대장. 박태선, 천부교 창시. 4. 피푼 태국 수상 방한. 5. 〈병기창 건

설에 관한 한미협정〉 체결. 〈한미잉여농산물협정〉 체결. 서울시내 무허가건물 철거 시작. 대구 대한방직 노동쟁의. 6. 국회, 국방부 원면사건 조사위원위 구성. 양곡 11만 톤 일본에 수출. 미 제트기 5대 인수. 중요 도시에 양곡배급 실시. 조계사에서 비구·대처 충돌. 이승만, 대처승에게 불교계 퇴진 요구. 박인수 사건. 7. 미 극동지상군사령부 및 미 8군사령부 서울로 이동. 서울 동작동에 국립묘지 건립. 8. 정부, 중립국감시위의 적성대표(체코·폴란드) 퇴거 요구. 환율 1달러 : 18환에서 50환으로 인상. 정부, 일반인의 일본 왕래 금지. 정부, 대일무역 중지. 한국, 국제통화기금IMF·국제부흥개발은행IBRD 가입. 정전위원회, 중립국감시위 축소에 합의. 비구승, 전국 사찰 장악. 소 2만 2천 마리 유행성감기 감염. 비구승, 해인사·통도사·범어사 접수 시도. 9. 대구매일신문, 학생의 정치도구화 반대사설로 필화사건. 신익희·장면 등, 민주당 창당. 문경선 개통(점촌~가은). 10. 서울에서 해방 10주년기념 산업박람회 개최. 4년제 육군사관학교 1기생 156명 졸업. 한일무역 재개. 일본 의원단, 김일성과 회담. 전국에 뇌염 발생(761명 사망). 축첩 군인 파면. 무시험입시 중학교 20개교 선정. 학도군사훈련 중지. 11. 대통령직속 사정위원회 발족. 12. 청계천 노점상인 3백여 명, 노점 철거 반대시위.

1956. 1. 국회, 국방부 군 월동용 원면 시중 유출사건 조사결과 발표. 김창룡 육군 특무대장 피살. 2. 〈원자력의 비군사적 사용에 관한 대한민국 정부와 미합중국 정부 간의 협력을 위한 협정〉 체결. 〈북일무역협정〉 체결. 3. 증권거래소 개장. 덜레스 미 국무장관 방한. 영동지방 폭설(300㎝). 한국, 세계기상기구WMO 가입. 전국 절량농가 227,174호 약 110만 명으로 추산. 4. 이승만, 대공협상 및 친일주장 불가 담화. 신익희·조봉암, 이승만 담화 반박. 북한, 제 3차 노동당대회. 서울 시내 댄스홀 7개소 허가. 5. 신익희 민주당 대통령후보, 유세 도중 이리에서 급사. 경무대 부근에서 시민과 경찰 충돌(708명 피검). 서울에 비상경계령. 제 3대 정·부통령 선거(투표율 94.4%. 대통령 이승만, 부통령 장면 당선). 이승만 대통령 취임. 전국에 비상경계령. 자유당 의원 50명, 혁

신정치 단행 호소. 7. 야당의원 64명, 지방선거에 대한 관권개입 규탄 국민주권옹호투쟁위원회 결성. 8. 전국 시 · 읍 · 면장 및 의원 선거. 서울시 의원 및 전국 도의원 선거. 북한노동당 중앙위, 부수상 최창익 체포. 남산에 이승만 동상 건립. 9. 국회, 장면 부통령 경고결의안 가결. 민주당, 대표최고위원 조병옥 선출. 10. 10월 1일 제 1회 국군의 날 기념행사. 11. 정부기구 개편(12부 1원 3청 2실). 조봉암 · 박기출 · 김달호 등, 진보당 창당. 〈한미우호통상 및 항해조약〉 체결. 12. 삼척시멘트공장 6백여 명, 체불임금 요구 쟁의. 독도의용수비대, 독도 수비업무를 경찰에 인계.

1957. 1. 유엔 총회, 유엔 감시 아래 통한 총선거 실시 결의. 인천 미군 유류보급창 노동자 460여 명, 부당해고 항의 농성. 지청천 죽음. 2. 국무회의, 군사재판 3심제 의결. 대충자금 방출 지연으로 76개 공장 조업중단. 〈농업은행법〉〈농업협동조합법〉 공포. 3. 쿠바 친선사절단 내한. 이기붕 장남 이강석, 이승만 양자로 입적. 4. 진보당 서울시 · 경기도 결성대회에 괴한 난입으로 유회. 〈한미항공협정〉 체결. 일본, 2차 세계대전 한인 전범 도쿄에서 전원 석방. 서울법대생들, 이강석 부정편입 항의 동맹휴학. 5. 경상북도 결식아동 1천여 명 퇴학조치. 마해송 · 강소천 등, 〈어린이헌장〉 제정 공포. 제 1회 소파상 시상. 야당 주최 장충단 시국강연회 테러 난동. 6. 주일대사, 일본 수상과 한일회담 재개 및 억류자 석방 등 합의. 영월탄광 붕괴사고(15명 사망). 7. 유엔군 사령부, 도쿄에서 서울로 이동. 한일예비회담 재개. 부산에서 디젤기관차 인수식. 삼남지방 간디스토마 환자 1백만 명 추산. 8. 김정제 간첩사건. 전국 수해(사망 247명, 이재민 6만여 명). 전국 소아마비 환자 14만 명, 결핵 환자 80만 명. 9. 한국 유엔가입안, 안보리에서 소련의 반대로 무산. 응고 딘 지엠 베트남 대통령 방한. 문경시멘트공장 준공. 인천판유리공장 준공. 최남선 죽음. 혼혈아 80명 첫 미국 이민. 11. 김준연 등, 통일당 창당. 박태선, 경기도 소사에 신앙촌 건설. 12. 서울대 문리대 교지 게재 논문 필화사건. 한 · 일, 일본의 재한재산권 포기 및

억류자 상호석방 등의 각서 조인.

1958. 1. 한 · 일, 문화재반환 및 한국재산권 고려하는 비밀조약 체결. 조봉암 등 진보당 간부 7명 간첩혐의로 구속. 미국, 주한미군 핵무기 도입 발표. 〈한글전용 실천요강〉 발표. 전국문맹퇴치운동 전개(문맹 99만 명 추산). 2. 중공, 주한외국군 철수 제의(미국 거부). 진보당 정당등록 취소. KNA 여객기 창랑호 납북(탑승자 34명, 3월 6일 26명 귀환). 〈민법〉 공포. 전국 깡패 일제단속(2,289명 검거, 학생 711명). 3. 〈원자력법〉 제정. 북한, 〈천리마운동〉 시작. 북한, 김두봉 당에서 제명. 한 · 미, 국군 6만 명 감축 합의. 서울~제주 항공로 개통. 4. 농업은행 설립. 공군 수송기 납북 미수사건. 제 4차 한일회담. 비원 · 종묘 일반 공개. 시립 마약중독자 치료소에서 집단탈출 사건. 5. 제 4대 국회의원 선거(투표율 87.8%. 233석 중 자유당 126, 민주당 79, 무소속 27). 한강인도교 개통. 6. 제 4대 국회 개원(의장 이기붕). 민주당의 대통령경고안, 자유당 반대로 부결. 군납 비누 부정사건(탈모 비누사건). 청계천 복개공사 착공. 7. 국제연합한국재건단UNKRA 활동 종료. 산업은행 연계자금 부정대출 사건. 8. 뇌염으로 전국 초등학교 휴교(전국 뇌염환자 3,230명, 사망 635명). 9. 국회 상임위원장 선거에서 자유당 독점. 〈로마자의 한글화표기법〉 공포. 서울운동장 야구장 개장. 10. 에르하르트 서독 경제상 방한. 고등법원, 진보당 조봉암 · 양명산에 사형, 나머지 5명에 유죄선고. 중공군, 북한 철수 완료. 미국 개발차관기금, 한국에 564만 달러 차관 승인. 제 5차 한일회담. 11. 이승만 월남 방문. 부산 대한조선공사, 체불임금 요구 쟁의. 12. 부산 조병창 낙성식. 〈신국가보안법〉〈59년도예산안〉〈지방자치법개정안〉 등 경위권 발동 아래 여당 의원만으로 통과(24파동). 문교부, 이력서 위조 교사 313명 파면.

1959. 1. 전국에 〈신보안법〉 반대 데모. 신보안법 발효. 한일회담 무기연기. 평화시장 화재. 2. 〈여적餘滴〉 기사로 경향신문 필화사건. 일본 정부, 재일동포 북송 결정. 서울운동장에서 재일교포북송반대전국대회 개회. 전국섬유노조, 노동시간 단축 요구 쟁의. 3. 〈북소기술원조협정〉 체결.

일본선박 부산취항 재개. 4. 경향신문 폐간 처분. 6. 정부, 재일교포 북송 대응책으로 대일교역 중단. 경향신문 무기정간 처분으로 변경. 자유당, 대통령후보 이승만, 부통령후보 이기붕 지명. 7. 주한 유엔군 사령관 매그루더. 부산수용소의 일본인 어부, 집단탈출 시위. 제네바 대한민국 대표부 설치. 대법원, 조봉암 재심청구 기각. 최초의 연구용 원자로시설 TRIGA Mark-II 도입. 부산 구덕운동장 시민위안의 밤 압사사고(59명 사망). 조봉암 사형집행. 8. 한일회담 속개. 일본 적십자사, 북한 적십자사와 〈교포북송협정〉 조인. 석탄광노조연합회, 임금인상 요구 쟁의. 9. 서울고등법원, 경향신문 행정소송 기각. 맥켈로이 미 국방장관 방한. 태풍 사라호(사망 849명). 10. 대일교역 중단 해제. 전국노동조합협의회 결성(전국노협). 11. 민주당, 대통령후보 조병옥, 부통령후보 장면 지명. 서울 남산 정상에 우남정 낙성. 12. 민간출자 지방은행 서울은행 개점. 재일교포 북송 1진 238세대 975명, 일본 니가타에서 북한 청진으로 출발.

1960. 1. 해안경비정 701호, 흑산도 해상에서 중공 무장어선에 피격. 설날 이틀 전 서울역 압사사고(31명 사망). 2. 민주당 대통령후보 조병옥, 미국에서 신병 치료 중 심장마비로 급사. 3. 제 4대 대통령 선거(투표율 97%. 이승만 유효투표의 100%). 민주당, 3 · 15선거 무효선언. 마산에서 부정선거 규탄 데모. 부산에서 학생 데모. 4. 〈민사소송법〉 공포. 4. 6. 민주당 · 민권수호총연맹 · 공명선거추진위원회, 합동으로 3 · 15 부정선거 규탄 데모. 4. 11. 마산 앞바다에서 피살된 김주열 시체 인양. 제 2 마산 데모. 4. 15. 이승만, 마산사건 배후에 공산세력 있다고 언명하고 난동자 처벌 강조. 4. 18. 고대생들 데모 후 귀갓길에 정치 깡패의 습격으로 40여 명 부상. 4. 19. 3만 명 이상의 학생 · 시민 데모. 경찰 발포로 경무대 앞 등에서 142명 사망. 데모대, 서울신문사 · 반공회관에 방화. 데모 전국으로 확대. 서울 등 5개 도시에 비상계엄령 선포. 데모 철야 계속(4 · 19혁명). 4. 21. 전 국무위원 일괄 사표. 이승만, 자유당 총재 사임. 이기붕, 부통령 사임. 서울에서 대학교수단 데모. 서울

전역에서 철야 데모. 데모 군중 10만으로 증가. 4. 26. 이승만, 하야 성명. 4. 27. 이승만, 국회에 사직서 제출. 국회, 사직서 즉시 수리. 4. 28. 과도내각 수립(내각수반 허정). 이기붕 일가 자살. 이승만, 이화장으로 퇴거. 5. 과도정부, 3·15선거 무효 확인. 국회, 의장 곽상훈 선출. 최인규 내무장관 구속. 대한노총 간부 총사퇴. 정부, 일본인 기자의 무제한 입국 허용. 국회, 내각책임제 개헌안 제출. 전국 초·중·고교 교사 및 대학교수 3백여 명, 한국교원노조연합회 결성. 학도호국단 해산. 각 대학 자치적으로 학생회 조직. 거창사건 유족, 당시 신도면장 생화장. 서울 등 비상계엄 해제. 이승만, 하와이로 망명. 6. 정부, 부정축재 자수기간 설정. 삼성 등 9개 재벌, 탈세 등 자진신고. 서울지검, 부정선거 혐의로 전 각료 9명 및 자유당 기획위원 13명 구속. 제 2공화국 개헌안 국회 통과. 개헌안 당일 공고(제 3차 개헌). 아이젠하워 미 대통령 방한. 국회, 군정법령 55호·88호 폐기. 국회, 신문·정당등록제 법안 통과. 7. 서울대 문리대 학생 1,500여 명, 국민계몽대 결성. 전국은행 노동조합연합회 결성. 문교부, 4·19를 〈4월 혁명〉으로 용어 통일. 민의원·참의원 선거. 8. 민의원·참의원 개원(참의원 의장 백낙준, 민의원 의장 곽상훈). 민·참의원 합동회의에서 대통령 선출(출석의원 259명 중 윤보선 208). 제 4대 대통령 윤보선 취임. 제 2공화국 출범. 김일성, 남북연방제 제의. 국회, 장면 국무총리 인준. 남산의 이승만 동상 철거. 전국 3천여 교원노조원, 탄압반대 궐기대회. 장면 내각 수립. 9. 민주당 구파, 분당 선언. 서울 79개 남녀 중·고교, 신생활계몽대 결성. 〈노동법개정안〉 폐기. 10. 맨스필드 미 상원의원, 오스트리아식 중립화 통한방안 제의(정부 반박). 제 5차 한일회담. 〈지방자치법〉 개정. 효창 국제축구경기장 개장. 11. 서울대 학생, 서울대민족통일연맹 결성. 대한노총·전국노동조합협의회, 한국노동조합총연맹(한국노련)으로 통합. 〈소급입법개헌〉 성립(제 4차 개헌). 12. 민주당 구파, 신민당 창당. 해방 후 한일정기해상항로로 첫 취항(부산~하카다). 박태선 장로 신도 1천여 명, 동아일보사 습격. 전국 25개 시·도 및 읍·면 의원 선거. 경무대를 청와대로 개칭. 한국, 국제언론인협회IPI 가입. 〈특별재판소 및 특별검찰부조직법〉 국회 통과. 〈부정선거관련자처리법〉〈반민주행위자 공민권제한법〉 공포.

1961. 1. 신민당 소장 의원들, 남북 간 경제교류 주장. 혁신계, 통일사회당 창당. 2. 민의원, 대일정책결의안 채택(선 국교, 후 경제). 〈한미경제조정협정〉 종결. 7년간 공권박탈자 609명 1차 공고. 병역기피 공무원 2천 7백여 명 해임. 3. 혁신계 및 학생, 데모규제법과 반공법 반대 데모. 61개 우익단체, 용공 규탄 데모. 창신동 화재로 판잣집 225동 소실. 학기 시작 4월 1일에서 3월 1일로 변경. 5. 장면 내각 2차 개편. 민족통일전국학생연맹(민통련) 결성준비대회. 〈계량법〉 공포. 북한, 조국평화통일위원회(조평통) 창설(위원장 홍명희). 5. 16. 군사정변 발생. 군사혁명위원회 구성(의장 장도영, 부의장 박정희). 전국에 비상계엄 선포. 혁명위원회, 〈혁명공약 6개항〉 발표. 그린 미 대리대사와 매그루더 유엔군 사령관, 합헌정부 장면 내각 지지 성명. 5. 18. 윤보선 대통령, 비상계엄 추인. 장면 내각 총사퇴. 미국, 군사정권 인정. 5. 19. 윤보선 대통령 하야 성명. 5. 20. 윤보선, 하야 성명 번복. 혁명위원회, 국가재건최고회의로 개칭. 최고회의, 혁명내각 조직. 5. 21. 국가재건최고회의 포고령으로 지방자치 · 정당 · 사회단체 · 노조 해산. 5. 22. 치안국, 용공분자 2천 명과 깡패 4천 2백 명 검거 발표. 통일사회당 해산. 5. 23. 최고회의, 정기간행물 1천 2백여 종 폐간. 5. 24. 도지사와 9개 시장에 현역군인 임명. 5. 26. 한국군 군사지휘권이 유엔군에 복귀. 5. 27. 비상계엄 해제. 경비계엄 선포. 5. 28. 최고회의, 〈부정축재처리요강〉 발표. 5. 29. 미 국무성, 신 군사정권에 협력 발표. 6. 대학생 교복 착용. 중고생 삭발령. 윤보선, 조속한 정권 이양과 혁명지지 촉구. 깡패 965명 국토개발사업장에 동원. 〈국가재건비상조치법〉 공포. 〈국가재건최고회의법〉 공포. 〈중앙정보부법〉〈농어촌고리채정리법〉 공포. 〈재건국민운동에 관한 법률〉 공포. 국제연합한국통일부흥위원회UNCURK, 의회제도의 부활을 군정에 요구. 〈혁명재판소 및 혁명검찰조직법〉 공

포. 주한 미 대사 버거. 7. 〈반공법〉 공포. 최고회의 의장 겸 내각수반 장도영 해임. 최고회의 의장 박정희 취임. 내각수반 송요찬 임명. 반혁명 음모혐의로 장도영 등 44명 체포. 혁명재판소·혁명검찰부 발족. 〈북소상호방위조약〉 체결. 〈북중상호원조조약〉 체결. 〈부정축재처리법〉 공포. 러스크 미 국무장관, 군사정권 지지성명. 남원·영주 지방에 수해(사망 119명). 8. 박정희, 민정이양 시기 등 발표. 한국경제인협회 설립. 농업협동조합중앙회 설립. 한국노동조합총연맹(한국노총) 결성. 9. 부정축재처리위원회 활동 종결. 혁명재판소, 3·15부정선거, 경무대 앞 발포, 마산 발포, 서울대 민통련사건에 대한 선고. 부정축재조사단의 부정사건. 한국신문윤리위원회 발족. 북한, 제4차 노동당대회. 10. 제6차 한일회담. 〈부정축재환수절차법〉 제정. 5개 시중은행 정부에 환속. 민족일보 조용수 등 3명 사형선고. 11. [미국국제개발처USAID 설립]. 박정희, 일본 경유 미국 방문. 부정축재처리위, 부정축재액 최종 발표. 정부, 사립대학 정리. 12. 국토건설단 창단. 청계천 복개공사 완료(광교~오간수교). 최고회의, 〈경제개발 5개년계획〉 채택. 최인규 사형집행. 학사자격국가고시 실시.

1962. 1. 단기에서 서기로 연호 변경. 구 정치인 연금 해제. 혁명재판소, 장도영 사형선고. 〈제1차 경제개발 5개년계획〉(1962~1966) 발표. 〈상법〉〈건축법〉〈도시계획법〉 공포. 혁명재판소, 부정축재 등 관련자에 선고. 2. 울산공업센터 기공식. 3. 〈정치활동정화법〉 공포. 윤보선 대통령 사임. 박정희 최고회의의장, 대통령권한대행 겸임. 4. 한국자산관리공사 설립. 최고회의, 정치활동정화법 해당자 4,374명 발표. 미곡 4만 톤 일본 수출 확정. 불교계, 새 종단 구성하고 종정 효봉(비구), 총무원장 기산(대처) 취임. 5. 혁명재판소에서 유죄판결 받은 102명 형집행 확인(장도영 등 8명 형집행면제). 혁명재판소·혁명검찰 해체. 정치활동정화위원회, 정치활동 적격판정자 1,336명 공고. 증권시장, 5월분 수도결제 불이행으로 거래중단(5월 증권파동). 일제 새나라자동차 60대 첫 입하. 5·16특사로 3,227명 출감. 〈주민등록법〉 제정. 파주에서

미군이 한국인 집단폭행. 6. 김상돈 등 민주당계 41명, 반정부 음모혐의로 피검. 고려대·서울대 학생들, 미군폭행사건 항의 및 한미행정협정 촉구 등 요구 데모. 긴급통화조치 및 긴급금융조치(제 4차 화폐개혁. 10환을 1원으로 평가절하). 송요찬 내각수반 사임. 박정희, 내각수반 겸임. 최고회의, 언론정책 발표. 대한무역투자진흥공사KOTRA 발족. 7. 내각수반 김현철. 증권시장 재개. 8. 장면, 민주당계 반혁명음모사건 관련 혐의로 법정구속. 장준하, 막사이사이상 언론부문 수상. 9. 서울에 무인 공중전화 등장. 10. 〈국민투표법〉 공고. 파친코 영업정지. 11. 〈개헌안〉 공고. 김종필·오히라, 대일청구권문제에 대한 메모 합의. 교통부, 대한국민항공사KNA 허가 취소하고 국영 대한항공공사 설립. 국토건설단 해체. 12. 경비계엄 해제. 개헌안 국민투표 실시(투표율 85%, 찬성률 75%. 제 5차 개헌). 한일회담 예비회담에서 재산권청구문제 타결(무상 3억 달러, 차관 3억 달러). 박정희, 민정이양 절차 발표. 〈정당법〉 공포. 〈집회 및 시위에 관한 법률〉 공포. 브라질 이민 17세대 92명 출국.

1963. 1. 부산, 직할시로 승격. 최고회의, 민간인 정치활동 재개 허용. 민주공화당 발기선언(위원장 김종필). 송요찬, 박정희 대통령 출마 반대 표명. 전남 영암 앞바다에서 여객선 연호 침몰(140명 사망). 2. 〈대통령선거법〉 공포. 박정희, 5·16 혁명 인정 등 9개항의 제안이 수락되면 민정 불참선언. 김종필, 당직 사퇴 후 외유. 주가 폭락으로 증권시장 마비. 민주공화당 창당(총재 정구영). 박정희, 민정 불참 선언. 장충체육관 개관. 3. 중앙정보부, 4대 의혹사건(증권 파동, 워커힐 사건, 새나라자동차 사건, 파친코 사건) 수사경위 발표. 박정희, 군정 4년 연장 국민투표 실시 성명. 동아일보·조선일보 15일간 무 사설. 미 국무부, 군정연장 반대 성명. 서울문리대 학생들, 군정연장 반대 데모. 박정희·윤보선·허정 영수회담. 노동절을 근로자의 날로 개칭. 한국, 국제표준화기구ISO 가입. 4. 워커힐 호텔 개관. 버거 미 대사, 군정 종결을 희망하는 케네디 대통령친서 박정희에 전달. 박정희, 군정연장 국민투표 보류 성명. 〈노동조합법〉〈노동쟁의조정법〉〈노동위원회법〉 공포. 5. 공화

당, 대통령후보에 박정희 지명. 6. 연합참모본부, 합동참모본부로 개칭. 16개 정부관리 기업체, 보수통제법 폐기 요구. 민정당 창당(대표 김병로, 대통령후보 윤보선). 7. 중앙정보부장 김형욱. 민주당 재창당(총재 박순천). 한미경제협력위원회 설립. 8. 박정희 예편. 박정희 공화당 입당. 광복절 특사. 박정희, 당 총재 및 대통령후보 수락. 노동청 발족. 9. 철도청 발족. 자유민주당 창당(대표 김준연, 대통령후보 송요찬). 국민의당 창당(대통령후보 허정). 윤보선, 박정희의 사상문제 거론. 부산에 콜레라 만연. 10. 가정법원 개원. 〈국토건설종합계획법〉 제정. 송요찬·허정 대통령후보 사퇴. 제 5대 대통령 선거(투표율 85%. 박정희 470만 표, 윤보선 454만 표). 김종필 귀국. 외기노조원 1만 3천여 명, 대우개선 요구 쟁의. 서울대 황성모 교수 지도로 민족주의비교연구회 발족. 11. 박정희, 미 케네디 대통령 장례식 참석차 방미. 영친왕 이은 귀국. 제 6대 국회의원 선거(투표율 72.1%. 175석 중 공화당 110석, 민정당 41석). 원내교섭단체 삼민회 구성. 12. 공화당 의장 김종필. 최고회의, 신정부 기구 확정(1원 13부 3처 5청). 제 3공화국 초대내각 구성(총리 최두선). 신헌법 발효. 제 5대 대통령 박정희 취임. 제 3공화국 발족. 제 6대 국회 개원(의장 이효상). 국가재건최고회의 해체. 서독에 광부 247명 송출. 〈미터법〉 완전 실시.

1964. 1. 러스크 미 국무장관 내한하여 한일회담 촉구. 2. 민주당 의원들, 삼성물산 삼분폭리(밀가루·설탕·시멘트) 폭로. 국회, 야당의 4대 의혹사건 규명을 위한 국정감사안 폐기. 정부, 국회에서 새나라자동차 250대는 교육용이라고 증언. 3. 야당 및 각계대표 2백여 명, 대일굴욕외교반대범국민투쟁위원회 결성. 한일농상회담 개회. 제 6차 한일회담 본회담 개막. 대일굴욕외교반대투위, 전국 순회유세. 김종필·오히라 회담에서 3월 타결, 5월 조인 원칙 확인. 서울대·고대·연대 학생 5천여 명, 대일굴욕외교 반대 데모. 학생 데모 전국에 파급. 정부, 대학생 대표에게 김·오히라 메모 비공식 설명. 대한항공 서울~오사카 항로 개설. 4. 국회, 김·오히라 메모 공개로 소란. 정부, 삼분폭리사건 국회

에 국정감사 보고. 대학생들, 한일회담 반대 데모. 우간다에 의사 6명 송출. 전국에 결핵환자 1백만 명 추산(매년 12만 명 증가, 4만 명 사망). 5. 최두선 내각 사퇴. 정일권 내각 발족. 서울대 문리대에서 민족적 민주주의 장례식 및 성토대회. 공수단 군인, 법원 난입. 6. 서울대·고대 학생 2천여 명, 박정희 하야 요구 데모. 1만여 대학생 데모. 서울 일원에 비상계엄령 선포(6·3사태). 김종필, 공화당 의장 사퇴. 공수단 군인, 동아일보사 난입. 김종필, 2차 외유. 박정희, 국회에서 시국수습교서 발표. 7. 비상계엄 해제. 〈산업재해보상보험〉 시행. 8. 〈언론윤리위원회법〉 공포. 전국언론인대회, 언론윤리법 철폐 투쟁 결의. 중앙정보부, 인민혁명당사건 발표. 검찰, 인혁당사건 13명 기소. 한국기자협회 창립. 한국, 국제의원연맹IPU 가입. 조선일보, 납북인사 송환을 위한 1백만인 서명운동 종결. 9. 정부, 〈언론윤리위원회법〉 시행 보류. 국회, 4년만에 국정감사 실시. 정부, 일본 차관 2천만 달러 승인. 북한 억류 어부 219명 인천 귀환. 중부지방 폭우(187명 사망). 월남파견 비전투요원 1진 140명 출국. 10. 번디 미 국무성 차관보, 내한하여 한일협상에 적극 개입. 한국·월남, 〈월남 지원을 위한 국군 파견에 관한 협정〉 체결. 11. 민정당, 자유민주당 흡수 통합. 이상백, 국제올림픽위원회IOC 위원에 피선. 12. 박정희 서독 방문. 김종필 귀국. 소년범죄 격증(연간 129,670건. 전년의 2배).

1965. 1. 제 7차 한일회담. 제 2한강교(양화대교) 개통. 2. 한은 총재, 사카모토·화신 등에 특혜융자 시인. 〈한일기본조약〉 가조인. 중학교 입시시험 정답 오류(무즙 파동). 3. 한일농상회담 개막. 워싱턴에서 한미외상회담. 정부, 〈한일회담백서〉 발표. 월남에 비전투 비둘기부대 2천 명 파견. 단일변동환율제 실시. 한·일 외상, 도쿄에서 청구권문제 합의. 서울 구로동 수출산업공단 기공. 서울시 인구 3,424,385명. 4. 한·일 양국대표, 청구권·교포법적지위·어업 등 3대 현안 가조인. 야당, 한일회담 저지 극한투쟁 선언. 서울 시내 대학생 4천여 명, 대일굴욕외교 반대 데모. 효창공원에서 시민궐기대회. 5. 민정당·민주당, 민중당으

로 통합(대표 박순천). 육군 장교의 반정부 쿠데타 계획 적발. 박정희 방미. 시중 판매 진통제에서 마약 성분 검출로 20개 제약회사 영업정지. 전국에 죽음의 재 경고. 6. 전국 대학생들, 한일회담 반대 데모. 전국 13개 대학과 서울 58개 고교 조기방학 및 휴교. 도쿄에서 〈한일기본조약〉〈재산과 청구권에 관한 문제해결과 경제협력에 관한 협정〉 조인(이동원·시나). 야당과 1만여 학생, 한일협정 조인 규탄 데모. 쌀값 폭등. 청소년 선도 위해 밤 10시에 사랑의 종 타종. 7. 정부, 1개 전투사단 월남 파병 결정. 각계 대표, 한일협정 비준 반대 서명. 외환 보유고 위기(1억 1백만 달러). 폭우로 한강 유역 수재(사망 67명). 이승만 하와이에서 죽음. 8. 야당의원 61명, 한일협정 반대 총사퇴. 야당 불참리에 〈한일협정비준동의안〉〈전투부대월남파병안〉 국회 통과. 전국 대학생, 비준 무효 데모. 서울에 위수령 발동. 예비역 장성 11명, 군의 정치적 중립 호소(김홍일 등 4명 구속). 9. 고대·연대 무기 휴업령 및 학사감사 착수. 서울상대 학생들, 군화 화형식. 의문의 심야 테러사건 연발. 경인선 철도 복선 개통(영등포~동인천). 위수령 해제. 대법원, 인혁당사건 13명에 대해 유죄 확정선고. 수도사단(맹호부대) 1진 월남 도착. 주월한국군사령부 창설(사령관 채명신). 정부, 금리현실화 단행. 10. 민중당 의원 14명 국회 복귀. 11. 신진공업, 새나라자동차 공장 인수. 12. 〈한일협정비준서〉 교환. 한일국교 정상화. 공화당, 항명파동으로 김용태·민관식 의원 등 7명 징계. 65년 말 전국 인구 2,865만 명, 서울 347만 명.

1966. 1. 한·일 양국 초대대사 임명(김동조·기무라). 험프리 미 부통령 방한. 초·중·고 교사에 단일호봉제 실시. 2. 박정희, 말레이시아·태국 방문. 순종비 순정효황후 윤씨 죽음. 외기노조 근로자들, 미군과 충돌. 한국과학기술연구원KIST 설립. 3. 정부관리 기업체 주식 증권시장에 상장. 미 정부, 한국 정부에 〈한국군 월남 증파에 따른 미국의 대한협조에 관한 주한 미대사 공한〉(브라운 각서) 전달. 국군 2만 명 월남증파동의안 국회 통과. 국세청, 부동산평가기준가격 인상. 〈한일무역협

정〉조인. 외기노조, 미군측과 대우조건 합의. 용화교주 서백일 피살. 신한당 창당(총재 윤보선). 4. 서울 시장에 김현옥. 한국은행, 65년도 GNP 3,413억 원, 개인소득 110달러로 집계. 5. 서민호, 김일성과 면담용의 표명. 여·야, 통일정책문제로 논란. 서울 시내버스 요금 60%, 합승 50% 인상. 6. 서민호 반공법위반 혐의로 구속. 아시아태평양이사회ASPAC 설립 및 제 1차 서울 총회. 장창선, 세계아마레슬링대회에서 금메달. 김기수, 권투 WBA 주니어 미들급 세계 챔피언전 승리. 7. 한·미 외무장관, 서울에서 〈한미행정협정〉(주한미군 지위협정SOFA) 조인. 정부, 〈제 2차 경제개발 5개년계획〉(1967~1971) 발표. 경인지구 미군부대 경비원 8백여 명, 처우개선 요구 파업. 경부선 특급열차 맹호호 운행(5시간 45분). 8. 북한, 중공·소련 노선에서 이탈해 자주노선 선언. 주월야전지휘소 창설. 일본, 재일교포 북송 1년 연장 후 폐기 결정. 서울에서 쌀 품귀 현상. 9. 삼성 계열 한국비료의 사카린 원료 밀수사건 정치문제화. 김두한 의원, 한국비료 밀수사건으로 국무위원에게 오물 살포(의원직 자퇴 및 구속). 삼성 이병철, 한국비료 국가에 헌납 성명. 10. 민중당, 대통령후보 유진오 지명. 박정희, 월남 참전 7개국 정상회담 차 필리핀 방문. 장준하, 대통령 명예훼손혐의로 구속. 서독에 간호원 251명 송출. 존슨 미 대통령 방한. 11. 정부, 현 병력 4만 5천 명 이상의 월남파병 불가 미국에 통보. 쌀값 폭락. 12. 〈중소기업기본법〉 공포. 국세청, 주한 28개 일본상사에 법인세 부과. 민주사회당 창당(대표 서민호).

1967. 1. 남해 가덕도 앞 해상에서 여객선 한일호와 구축함 충남함 충돌(93명 사망). 해군 56함, 동해에서 북한에 피격 침몰(39명 전사). 한국외환은행 설립. 2. 공화당, 대통령후보 박정희 지명. 야당, 신민당으로 통합(대통령후보 윤보선, 대표 유진오). 한국, 국제전기통신위성기구 ITSO 가입. 불교계, 비구·대처로 분종 선언. 3. 뤼프케 서독 대통령 방한. 민주사회당, 대중당으로 개칭. 대중당, 대통령후보 서민호 지명. 북한 조선중앙통신사 부사장 이수근, 판문점에서 귀순. 전주공업단지

기공. 서울시, 무허가 건물 2만여 동 철거 시작. 4. 한국, 관세 및 무역에 관한 일반협정GATT 가입. 구로동 수출산업공단 준공. 타놈 태국 수상 방한. 홀트 호주 수상 방한. 한국비료공업 준공. 한국여자농구단, 제 5회 세계여자농구선수권대회 준우승(최우수선수 박신자). 5. 제 6대 대통령 선거(투표율 83.6%. 박정희 568만 표, 윤보선 452만 표). 장준하 등 선거법 위반혐의로 구속. 서민호 반공법 위반혐의로 구속. 외환 보유고 3억 달러 돌파. 외국인 토지소유 증가(492만 평). 6. 제 7대 국회의원 선거(투표율 76.1%. 175석 중 공화 129, 신민 45). 신민당, 6·8선거를 부정선거로 규정. 전국 대학생·고교생, 부정선거 규탄 데모. 전국 28개 대학, 57개 고교 휴교령. 공화당, 부정선거 관련 당선자 9명 제명. 7. 제 6대 대통령 박정희 취임. 중앙정보부, 동베를린 거점 북한 대남공작단사건 발표. 중앙정보부, 민족주의비교연구회가 동베를린 사건의 공작부서라고 발표. 제 7대 국회 개원(의장 이효상). 상공부, 네거티브 시스템에 의한 무역자유화정책 실시 발표. 8. 제 1회 한일각료회담(도쿄). 신민당, 〈6·8 부정선거백서〉 발표. 청계고가도로 착공. 국민 80%가 11종 기생충에 감염. 증기기관차 퇴역. 9. 공화당, 양찬우 등 의원 4명 해당행위로 제명. 충남 청양 구봉광산에서 광부 양창선 15일 8시간 만에 구출. 10. 이병철, 한국비료 주식 51% 정부에 헌납. 공화당, 의원 4명 추가 제명. 11. 세운상가 A·B지구 완공. 여·야, 6·8선거 합의의정서에 서명. 부동산투기억제세 부과. 12. 신민당, 이효상 의장 불신임안 제출(부결). 여당 단독으로 예산안 통과. 농어촌개발공사 창사. 전국 마이크로웨이브망 준공.

1968. 1. 북한 무장 게릴라 31명 서울 침입(1·21사태). 미 정보함 푸에블로호, 원산 앞 공해에서 북한에 피랍. 2. 경부고속도로 착공. 경전선(삼랑진~송정) 개통. 일본에서 재일교포 김희로 사건. 영월탄광 광부 가족 2천여 명, 폐광 반대 데모. 3. 오산에 미 제 5공군 전방사령부 설치. 한국경제인협회, 전국경제인연합회(전경련)로 개칭. 한국올림픽위원회, 제 6회 아시아경기대회 개최 반납 결정. 4. 포항종합제철주식회사 설

립. 향토예비군 창설. 국방부, 기갑여단 창설. 쌀값 억제선 돌파. 광화문에 이순신 동상 건립. 5. 에티오피아 황제 하일레 셀라시에 방한. 신민당, 단일 지도체제 채택(총재 유진오). 공화당, 국민복지회사건으로 김종필계 의원 3명 제명. 제 1차 한미국방장관회담(워싱턴). 6. 여의도 윤중제 착공. 김종필, 공화당 의장 사퇴 및 의원직 상실. 공화당 의장서리 윤치영. 정부, 폭력배들을 국토 건설에 투입. 7. 유엔군 사령부, 한국군에 작전권 대폭 이양. 문교부, 중학입시제도 폐지 발표. 8. 정치활동정화법 6년 5개월 만에 시효만료. 정치인 70명 자동 해금. 중앙정보부, 김종태 등 통일혁명당간첩사건 발표. 제주공항, 국제공항으로 승격. 9. 서울 구로동 제 1회 한국무역박람회 개최. 외국인의 한국투자 98건 8,476만 5천 달러. 대한금융단, 전국토지시가표 작성. 북악 스카이웨이 개통. 10. 문교부, 대학입시예비고사 실시 발표. 종로 3가 사창가 폐쇄. 11. 무장공비 30여 명, 경북 울진·삼척에 침투. 서울의 전차 철거. 12. 〈국민교육헌장〉 반포. 정부, 유엔의 한국문제 연례 자동 상정에서 재량 상정으로 변경. 경인고속도로 개통. 광화문 복원 준공.

1969. 1. 공화당 의장, 3선개헌 언급. 서독 특별사절단, 동베를린 사건 협의 차 내한. 정치정화법 해금 인사들, 호헌운동 전개. 〈가정의례준칙에 관한 법률〉 공포. 쌀값 통제령 발표. 정부, 매주 수요일·토요일을 분식의 날로 지정. 2. 한일협력위원회 발족. 중앙정보부, 위장간첩 이수근 체포 발표. 동베를린 사건 윤이상 형집행정지 석방. 서울 시내 중학교 무시험진학 추첨 실시. 3. 국토통일원 개원. 한미연합공수기동훈련 포커스 레티나 실시. 3·1고가도로 개통. 대법원, 동베를린 사건 선고. 대법원, 민족주의비교연구회 사건 선고. 김수환 대주교, 추기경 서임. 4. 양순식 의원 등 5명, 공화당에서 제명. 미 정찰기 EC 121, 동해 상공에서 북한에 피격(31명 사망). 5. 유진오 신민당 총재, 3선개헌 저지 투쟁 표명. 응우엔 반 티에우 월남 대통령 방한. 6. 예비군에 소총 지급. 3선개헌 반대 학생 데모. 한진그룹, 국영 대한항공공사 인수하여 대한항공KAL로 상호 변경. 7. 이수근 사형집행. 전국에 3선개헌 반대

데모. 서울대 휴교. 공화당, 중앙위원 11명과 당원 93명 제명. 김재준 등 329명, 3선개헌반대범국민투쟁위원회 발족. 신민당 의원 3명 개헌 지지. 8. 신민당 의원들 개헌 반대 가두데모. 박정희 방미. 전국에 콜레라 만연(125명 사망). 9. 고려대 · 서울대 등 학생 데모. 신민당, 3선개헌 저지를 위해 당 해산. 공화당 의원총회, 박정희 1기 재임 결의. 개헌 반대투위, 구국선언대회 개최. 국회, 공화당 · 정우회 의원 122명만으로 〈3선개헌안〉〈국민투표법안〉 통과. 신민당 재창당. 제 1회 주택복권 발행. 10. 인왕 스카이웨이 개통. 3선개헌안 국민투표 실시(투표율 77.1%, 찬성 65.1%. 제 6차 개헌). 11. 3선개헌반대투쟁위원회 해체. 문교부, 70년부터 고교 이상 학교에 교련 실시 확정. 한국, IMF의 특별인출권 SDR 가맹국이 됨. 전주공업단지 완공. 제 1회 대입예비고사 실시. 12. 강릉발 서울행 KAL 여객기 북한에 납치(승객 47명 승무원 4명). 제 3 한강교(한남대교) 개통.

1970. 1. 〈해저광물자원개발법〉〈농촌근대화촉진법〉 공포. 〈외국인 투자 기업의 노동조합 및 노동쟁의조정에 관한 임시특례법〉 공포. 재야인사 2백여 명, 신민당 입당. 신민당, 당수 유진산 선출. 한국노총, 노동조합의 정치참여 선언. 노동청, 노총의 정치참여 반박. 대처승단 한국불교 태고종 발족(종정 법운). 10개 도시 중학교 무시험 추천 실시. 2. 윤보선, 신민당 탈당. 납북된 KAL 여객기 51명 중 39명 귀환. 3. 일본 적군파 9명, JAL 요도호를 납치하여 김포에 승객 석방 후 평양행. 한강변에서 정인숙 여인 피살. 4. 서울 마포구 와우시민아파트 붕괴(사망 33명). 서울시장 김현옥 사퇴. 서울 지하철 1호선 건설 착공. 새마을운동 시작. 5. 마포대교 개통. 윤보선 등, 제 2야당 운동 표면화. 서울 · 부산 쌀값 통제. 6. 김지하의 담시 〈5적〉 전재한 신민당 기관지 〈민주전선〉 압수. 주 캄보디아 대표부 개설. 서울시 위생시험소, 서울시의 대기오염 · 수질오염 5년 전 대비 10배라고 발표. 서울 인구 5백만 명 돌파. 금산위성통신지구국 개국. 7. 경부고속도로 개통. 우편번호제 실시. 8. 박정희, 〈8 · 15평화통일구상선언〉 발표. 북한, 8 · 15선언 거부. 동베

를린 사건 관련 정규명·정하룡 등 특별사면 석방. 애그뉴 미 부통령 방한. 경찰, 히피족 및 장발 단속. 남산 1호 터널 개통. 관세청 개청. 9. 신민당, 대통령후보 김대중 지명. 11. 김대중, 광주 유세. 공화당, 김대중에 발언 자제 촉구. 북한 제 5차 노동당대회. 서울시, 남서울(강남)개발계획 발표. 서울 평화시장 재단사 전태일, 분신자살. 12. 남산 2호 터널 개통. 서울 세종대로 정부종합청사 준공. 국회, 비적성 공산국가와 교역 가능 무역거래법 개정안 통과. 조오련, 제 6회 방콕 아시아경기대회 수영 400m·1500m 우승. 백옥자, 여자 투포환 우승. 제주~부산 여객선 남영호 침몰(326명 사망).

1971. 1. 경제기획원, 70년 말 현재 외자도입액 30억 달러로 집계. 국민당 창당(총재 윤보선). 김대중 후보 집에 폭발물 사건. 〈대일민간청구권 신고에 관한 법률〉 제정. 2. 북한·소련, 〈통상지원 5개년협정〉 체결. 정부, 〈제 3차 경제개발 5개년계획〉(1972~1976) 발표. 3. 한미합동공수기동훈련 프리덤 볼트 실시. 국군, 서부전선 미 제 2사단 지역 20㎞ 접수. 155마일 전 휴전선 한국군이 담당. 공화당, 대통령후보 박정희 지명. 한미국방장관회의, 한미안보협의회의로 개칭. 4. 미 7사단 철수. 각 대학, 교련 반대 데모. 재야단체 민주수호국민협의회 결성. 학생들, 선거 참관. 제 7대 대통령 선거(투표율 79.8%. 박정희 634만 표, 김대중 539만 표). 신민당, 4·27선거 부정선거로 규정. 5. 서울 각 대학 학생들, 부정선거 규탄 데모. 신민당 유진산 당수, 전국구 1번 등록(진산 파동). 유진산 당수 사퇴. 김홍일 당수 권한대행. 제 8대 국회의원 선거(투표율 73.2%. 204석 중 공화 113, 신민 89). 서울대 문리대·법대·상대·사대 휴업령. 6. 정부 개각(총리 김종필). 국립의료원 인턴들, 처우개선 요구(의료파동). 제 7대 대통령 박정희 취임. 7. 신민당, 당수 김홍일 선출. 제 8대 국회 개원(의장 백두진). 서울지검, 뇌물수수 혐의로 이범렬 판사 구속. 서울 형사지법 판사 39명, 사법권 독립침해라며 집단사표. 전국 판사들 이에 동조(사법파동). 개발제한구역(그린벨트) 확정고시. 8. 대한적십자사, 북한적십자사에 이산가족찾기 회담

제의. 남·북 적십자사 대표, 판문점에서 정전 후 첫 대좌. 판사들, 집단 사표 철회. 서울대 교수협의회 6백여 교수, 대학 자치의 제도화 촉구. 인천 앞바다 실미도 특수부대원 24명, 경인가도에서 총기 난동 후 자폭. 경기도 광주대단지사건. 9. 판문점에 남북 직통전화 가설. 파월기술자 등 4백 명, KAL 빌딩에서 체불임금 지불 요구. 10. 공화당 항명사건으로 길재호·김성곤 의원 탈당 및 의원직 상실. 남북적십자사 본회의 서울·평양 개최 합의. 서울 일원에 위수령 발동. 10개 대학에 무장군인 진주 및 휴업령. 각 대학에서 데모 주동학생 174명 제적. 대학 휴업령 해제. 〈제 1차 국토종합개발계획〉(1972~1981) 공고. 11. 위수령 해제. 천주교 주교단, 부정부패·빈부격차·도의타락 등의 시정 요구 공동교서 발표. 12. 주월 해병대 청룡부대 1진 철수 귀국. 박정희, 국가비상사태 선언. 부두노조 전국 12개 지부, 태업 결의. 서울 대연각 호텔 화재(163명 사망). 대통령에 비상대권 부여하는 〈국가보위에 관한 특별조치법〉 제정. 수출 10억 달러 돌파.

1972. 1. 매월 15일에 민방공훈련 실시. 2. 남북적십자회담 첫 실무회담. 3. 한국방송통신대학 설립. 박정희, 북한에 4대 군사노선 포기 등 5개 평화원칙 제시. 국제사면위원회(앰네스티) 한국 지부 창설. 4. 대일민간청구권 최종집계(14만 건, 39억 원). 서울~평양 직통전화 1회선 가설. 5. 연구용 원자로 트리가마크 III 준공. 서울시, 새마을운동에 소극적인 통반장 1만 8천여 명 해임. 6. 신민당 의원들, 국회정상화·비상사태철회 등 요구하며 국회 앞 연좌데모. 주한 태국군 고별식. 제 1회 전국소년체육대회. 7. 남북한, 서울과 평양에서 동시에 평화통일원칙 등 발표(7·4 남북공동성명). 정부, 북괴를 북한으로 호칭 변경. 8. 박정희, 긴급명령으로 모든 기업사채 동결 및 은행금리 대폭인하(8·3 조치). 정부, 물가를 8·3선으로 동결. 제 1차 남북적십자사 본회담(평양). 태풍 베티(사망 550명). 남북적십자사 간 전화선 22회선 연결. 중고등학교 기초한자 1,800자 확정. 9. 제 2차 남북적십자사 본회담(서울). 신민당, 전당대회에서 비주류 불참 아래 유진산 당수 선출. 신민당

비주류, 별개 전당대회. 중앙선관위, 유진산의 신민당 당수 변경신청 수리. 10. 남북조절위 공동위원장 제 1차 회의(판문점). 박정희, 〈비상 조치에 관한 특별선언〉으로 국회 해산하고 전국에 비상계엄 선포(10월 유신). 전국 대학 휴교. 언론·방송·출판 사전검열. 제 3차 남북적십자 사 본회담(평양). 〈국민투표특례법〉〈비상국무회의법〉 공포. 비상국무회 의, 〈헌법개정안〉 공고(대통령의 3권 통제, 임기 8년, 중임제한 철폐, 통일주체국민회의 설치 등). 서울 인구 6백만 명 돌파. 11. 문교부, 전국 초등학교에 주 1회 자유학습의 날 실시. 남북조절위 공동위원장 제 2 차 회의(평양). 〈유신헌법안〉 국민투표 실시(투표율 91.9%. 찬성 91.5%. 제 7차 개헌). 남북조절위 공동위원장 제 3차 회의(서울). 남북조절위 원회 발족. 제 1차 남북조절위원회 본회의(서울). 12. 서울시민회관 화 재(51명 사망). 전국대학 개교. 비상계엄 해제. 국민 직접선거로 초대 통일주체국민회의 대의원 선거(2,359명). 통일주체국민회의, 대통령 박정희 선출. 제 8대 대통령 박정희 취임. 〈유신헌법〉 공포. 제 4공화국 출범. 〈국토이용관리법〉 제정.

1973. 1. 〈공업진흥청〉〈공업단지관리청〉 신설. 민주통일당 창당(대표 양일 동). 2. 〈신형사소송법〉 발효. 비상국무회의, 〈국회법개정안〉〈국정감사 폐지법〉 등 4개 법안 의결. 〈모자보건법〉 제정. 제 9대 국회의원 선거 (투표율 71.4%. 지역구 146명 중 공화 73, 신민 52). 3. 통일주체국민 회의, 대통령 추천 국회의원 73명 선출(유신정우회). 주월 수도사단(맹 호부대) 귀국. 제 9대 국회 개원(의장 정일권). 비상국무회의 해체. 제 2차 남북조절위원회 본회의(평양). 남북적 제 5차 본회담(평양). 고교 제 2외국어에 일본어 포함. 〈가정의례에 관한 법률〉 공포. 4. 전국 검 사 2백 명 이동. 반사회적 기업인 73명 공개. 구엔 반 티우 월남 대통 령 방한. 주민세 신설. 한국여자 탁구팀, 사라예보 제 32회 세계탁구선 수권대회 단체전 우승. 5. 남북적 제 6차 본회담(서울). 서울 능동에 어 린이대공원 개원. 어머니날을 어버이날로 개칭. 6. 제 3차 남북조절위 원회 본회의(서울). 박정희, 평화통일외교정책 발표(6·23 선언). 김일

성, 6 · 23 선언 거부. 중앙선 전철화(청량리~제천). 남해대교 준공. 서울시, 지하철공채 발행. 7. 포항종합제철 1기 설비 준공. 제 7차 남북 적십자사 본회담(평양). 8. 일본 도쿄에서 김대중 납치사건 발생. 김대중, 5일 만에 서울 자택에 돌아옴. 남북조절위원회 북측 공동위원장, 남북대화중단 선언. 남북 적십자사회담 단절. 9. 전국에서 장발족 단속. 10. 서울문리대 학생들, 유신반대 데모. 전국에 데모 파급. [제 4차 중동전쟁][중동전쟁 여파로 전 세계에 오일 쇼크]. 해병대, 해군에 통합. 소양강다목적댐 준공. 11. 김종필 총리, 일본에서 김대중 납치사건에 유감 표명. 전국적 대학생 데모. 호남고속도로(논산~순천) 개통. 남해고속도로(순천~부산) 개통. 유엔 총회, 국제연합한국통일부흥위원회 UNCURK 해체 결의. 12. 서울 각 대학 · 고교 조기방학. 10부 장관 및 중앙정보부장 경질. 유류 등 9개 품목 가격 대폭인상. 윤보선 · 백낙준 · 김수환 등 재야인사 11명, 대통령 면담 요청. 전국대학 총장회의, 학원 사태 논의. 장준하 등 30여 명, 유신헌법 개헌청원 백만인 서명운동 전개. 박정희, 개헌서명운동 즉각 중지 요구.

1974. 1. 이희승 등 문인 61명, 개헌 지지 선언. 박정희, 대통령 긴급조치 1호(헌법 논의 금지), 2호(비상군법회의 설치), 3호(국민생활 안정을 위한 조치) 선포. 대구 고교입시 부정 적발. 〈한일대륙붕협정〉 체결. 2. 산업기지개발공사 발족. 석유파동으로 석유가 82%, 교통요금 5~78%, 전기요금 30%, 각종 생필품값 7~51% 대폭 인상. 문공부, 긴급조치 비난 일본 아사히신문 수입허가 취소. 충무에서 해군 YTL정 전복사고로 해군 신병 등 159명 익사. 4. 긴급조치 4호(전국민주청년학생총연맹관련 활동금지) 선포. 민청학련 및 인혁당 관련 180명 구속 기소. 유진산 죽음. 5. 노조 구성 규제 마산수출자유지역에서 대량 해고. 6. 해경 경비정 863호, 동해 휴전선 부근에서 북한 함정에 피격 침몰. 7. 농수산부, 전 농가의 34%가 소작이라고 발표. 민청학련사건 선고공판(김지하 · 이철 등 7명 사형, 7명 무기). 비상보통군법회의, 민청학련사건 관련 일본인 2명에 징역 20년 선고. 민청학련사건 관련 김지하 · 이철 무기

로 감형. 문교부, 중·고 교과서에 한자 병용키로 확정. 8. 광복절 기념
식장에서 박정희 저격 미수사건. 육영수 피격 사망. 저격범 재일교포
문세광 현장 체포. 서울지하철 1호선 개통(서울역~청량리역 7.8㎞).
광복절 저격사건 관련 일본 규탄 데모. 신민당, 당수 김영삼 선출. 긴급
조치 1·4호 해제. 9. 반일 데모대, 일본대사관 난입. 시이나 에쓰사부
로 일본 진사특사 방한. 민주수호국민협의회, 유신 규탄 성명. 천주교
정의구현전국사제단 창단. 울산 현대조선소 폭동사건. 테헤란 제 7회
아시아경기대회 원신희 역도 3관왕, 백옥자 여자 투포환 대회신기록
우승, 조오련 수영 2관왕. 10. 전국대학 대거 휴교. 동아일보 기자들,
자유언론실천 선언. 김종필 총리, 외국인 교역자의 반정부 선동에 경고.
포드 미 대통령 방한. 11. 청량리 대왕코너 화재(88명 사망). 연천 고
랑포에서 북한 제 1땅굴 발견. 자유실천문인협의회 결성. 민주회복국
민회의 발족. 12. 신민당 의원 55명, 국회에서 무기한 농성. 환율 20%,
석유류 31.3%, 전기료 42.4% 인상. 교육부, 백낙청 서울 문리대 교수
파면. 문세광 사형 집행.

1975. 1. 동아일보·동아방송 무더기 광고해약 사태. 박정희, 유신헌법에
대한 찬반투표 실시 공고. 민주회복국민회의·신민당, 국민투표 거부
선언. 한일의원연맹 창설. 2. 유신헌법 찬반국민투표(투표율 79.8%,
찬성률 74.4%). 긴급조치위반 및 민청학련 관련 구속자 석방(인혁당
관련자 등 일부 제외). 3. 조선일보, 농성 주도자 5명 해직. 동아일보,
일부 기구 폐지 및 일부 기자 해직. 국가모독죄 신설한 〈형법개정안〉 국
회 통과. 강원도 철원에서 북한 제 2땅굴 발견. 4. 연대 임시휴강. 연대
박대선 총장 사퇴. 서울대 임시휴강. 대통령 긴급조치 7호(고대 휴교령
등) 선포. 고대 휴교. 대법원, 민청학련·인혁당 사건 관련자 36명 전원
원심 확정(사형 8명, 무기 9명). 인혁당 사건 관련자 8명 사형 집행.
휴강 대학 21개교. 서울농대생 김상진, 양심선언 후 할복자살. 고대 김
상협 총장 사퇴. 한국, 핵확산금지조약NPT 가입. 5. 전국에서 총력안
보궐기대회 연속 개회. 대통령 긴급조치 9호(유신헌법 반대 금지 등)

선포. 박정희·김영삼 청와대 요담. 서울대생, 긴급조치 9호 반대 데모. 서울대 한심석 총장 사퇴. 한일의원연맹 발족. 베트남 난민 1,573명 부산에 수용. 6. 정부, 도피성 이민 우려 있는 인사 84명 출국 규제. 내무부, 경찰 기자실 폐쇄. 남대문시장 화재(3백여 점포 소실). 8. 유엔 안보리, 한국의 유엔 가입신청 부결. 여의도 국회의사당 준공. 남산서 울타워 준공. 장준하 등산 중 사망. 9. 민방위대 창설. 키신저 미 국무 장관, 한국 정전당사국회담 제의(북한·중공 거부). 전국중앙학도호국단 발족. 조총련계 재일동포 모국성묘단 1진 720명 입국. 10. 주민등록증 일제 갱신. 17명 살해범 김대두 체포. 영동고속도로(인천~강릉) 개통. 동해고속도로(속초~삼척) 개통. 11. 정부 전면 개각(총리 최규하). 12. 수출 50억 달러 돌파.

1976. 1. 박정희, 영일만에서 석유 발견되었다고 발표. 서울지검, 김영삼 신민당 총재 긴급조치 9호 위반혐의로 불구속기소. 2. 기획원, 35개 도시 주택부족률 46%라고 발표. 신민당 이철승·신도환 등, 비주류연맹 결성. 전국 98개 대학 교수 재임용에서 국공립 212명, 사립 248명 탈락. 3. 명동성당 3·1절 기념미사에서 재야인사 등, 〈3·1민주구국선언〉 발표(3·1 명동사건). 명동사건 관련자 11명 구속. 4. 학술단체 한국사회과학협의회 발족. 5. 정부, 쇠고기 수입 결정. 신민당 양파, 별도 전당대회. 중앙선관위, 신민당 양파의 당대표 갱신 신청을 모두 각하. 전국에서 반상회 실시. 6. 신민당 비주류, 김영삼 총재의 지위와 자격에 대해 선관위에 유권해석 의뢰. 중앙선관위, 김영삼의 총재 지위 소멸 해석. 김영삼, 총재직 사퇴. 한미연합군사훈련 제 1회 팀스피릿 훈련 실시. 경제기획원, 〈제 4차 경제개발 5개년 계획〉(1977~1981) 발표. 7. 키신저 미 국무장관, 한반도 문제에 4자회담·교차승인·유엔동시 가입안 제시. 동일방직 근로자 1천여 명 농성. 8. 판문점에서 북한 병사들, 미군 장교 2명 도끼로 타살(판문점 도끼만행사건). 김일성, 도끼 사건 사과문을 유엔군에 전달. 청계고가도로 완공. 명동사건 1심 재판에서 관련자 18명 전원에 실형 선고. 양정모, 몬트리올 올림픽 레슬링

에서 해방 후 첫 금메달 획득. 남북 직통전화 단절. 9. 판문점 공동경비 구역JSA 남·북 분할경비. 신민당 전당대회에서 집단지도체제 채택(대표 이철승). 10. 미 워싱턴포스트지, 박동선의 미 의회 로비사건 보도(박동선 사건). 덴마크 정부, 북한 공관원 전원을 밀수·마약밀매 혐의로 추방. 안동다목적댐 준공. 11. 국무회의, 주민세 인상(최고 67%) 및 사업소득세 신설 등의 지방세법 개정안 의결. 12. 5부장관·중앙정보부장 경질. 중앙정보부장 김재규. 정부, 김상근 사건 및 청와대 도청사건과 관련하여 미국 비난 성명. 정부, 한미 간의 기본유대 불변 및 미 언론의 신중 촉구 성명. 조선일보사 해직기자들이 제기한 부당해고 무효 확인 청구소송에서 기자들 패소.

1977. 1. 박정희, 남북한불가침조약 체결 제의. 북한, 이를 거부하고 남북 정치협상 제의. 2. 방림방적 여성근로자 6천여 명, 처우개선 요구 진정서 노동청에 제출. 3. 카터 미 대통령, 주한 미 지상군의 4~5년에 걸친 철수계획 발표. 대법원, 명동사건 피고인의 상고 기각. 일본 중의원, 한국에 폐유 7만 드럼 수출 논란. 검인정 교과서 부정사건. 반월공업단지 공업지역으로 지정. 4. 김영삼 등 신민당원 34인, 야당성회복투쟁동지회 발족. 미국 정부, 재미 영주 외국인의 북한여행 제한 철폐. 부산~제주 간 카페리 취항. 5. 정부, 일본 요미우리신문 서울지국 폐쇄. 카터, 주한미군 철수 반대 발언한 싱글러브 소장 본국 소환. 6. 미 뉴욕타임스지, 75년 이후 미 CIA의 청와대 도청사실 보도. 김형욱, 미 하원에서 박동선 사건 증언. 7. 부가가치세 시행. 직장의료보험제 시행. 9. 미 법무성, 박동선을 증뢰혐의로 기소. 서울 청계천 피복상가 근로청소년 2백여 명, 노동교실에서 유혈 데모. 고상돈, 한국인 최초로 에베레스트 정상 등정. 10. 버스 토큰제 실시. 서울대·연대 학생들, 민주회복·학원자유·유신철폐 등을 요구하며 데모. 미 하원 윤리위, 박동선 사건 공청회. 미 하원, 박동선 사건에 한국 정부의 협조 요구 결의안 채택. 11. 이리역에서 한국화약 화약열차 폭발사고(59명 사망). 서울대생, 도서관 점거 유혈 데모. 전 외무장관 최덕신 미국 망명. 이영희 〈8억인과

의 대화〉 내용 일부 반공법위반 혐의로 구속. 12. 긴급조치 9호 위반자 11명 석방. 한미 정부, 박동선 사건 관련 2개 협정 합의 발표. 명동사건 관련자 5명 석방. 14년 만에 쌀막걸리 제조 허용. 구마고속도로(대구~마산) 개통. 〈영해법〉 제정. 〈반국가행위자처벌특별조치법〉 제정. 수출 100억 달러 돌파.

1978. 1. 박정희, 헬기 · 대포 · 미사일 등 국산무기 생산 중이고 항공기산업 착수 발표. 여배우 최은희 홍콩에서 실종. 2. 우리나라 성씨 249개 (김씨 22%, 이씨 15%, 박씨 5%). 동일방직 근로자에 오물투척 및 폭행사건. 3. 긴급조치 수감자, 서대문 구치소에서 3 · 1절 기념시위. 서울 지하철 2호선 착공. 난지도에 쓰레기 매립 시작. 4. 박동선, 미 하원 윤리위에서 의원 32명에게 85만 달러 제공 증언. 상공부, 수입자유화 및 예시품목 321개 발표. 신민당원 46명 탈당. 파리발 서울행 KAL 여객기 항로 이탈로 소련 무르만스크 호수에 강제 착륙. 정부, 영해 12해리 선포. 동일방직 근로자 124명 해고. 국내 최초의 원자력 발전기 고리원자력 1호기 준공. 5. 전남 함평 고구마 피해보상투쟁 해결. 제 2대 통일주체국민회의 대의원 선거(투표율 78.9%. 2,538명 선출). 6. 서울 대생 3천여 명, 유신 철폐 요구 데모. 전남대에서 송기숙 · 성내운 등 교수 11명, 〈우리의 교육지표〉 선언. 청와대 사정보좌관실, 유명인사 259명에 압구정동 현대아파트 특혜분양사실 발표. 7. 제 9대 대통령 선거에 박정희 단일 입후보. 통일주체국민회의, 제 9대 대통령 박정희 선출. 경상북도 교육위원회, 7년 간 중등교사 자격증 불법발급 사실 적발. 9. 서울대 · 고대 학생들, 유신 철폐 데모. 10. 국기하강식 실시. 〈자연보호헌장〉 선포. 판문점 남방에서 북한 제 3땅굴 발견. 11. 한미 연합군사령부 창설. 제세산업 도산. 12. 제 10대 국회의원 선거(투표율 77.1%. 선거구 154 중 공화 68, 신민 61. 득표율 공화 31.7%, 신민 32.8%. 유신정우회 77). 제 9대 대통령 박정희 취임. [OPEC 원유가 인상으로 전 세계에 2차 석유파동].

1979. 1. 법무부, 일본 마이니치신문 서울 특파원 강제 퇴거명령. 박정희,

남북한 당국자회담 제의. 북한, 전 민족대회 주장. 2. 기획원, 78년 말 차관 총액 122억 달러, 상환이자 24억 달러로 집계. 3. 윤보선·함석헌·김대중 등, 민주주의와 민족통일을 위한 국민연합 결성. 제 10대 국회 개원(의장 백두진). 4. 율산실업 도산. 중앙정보부, 크리스찬 아카데미 사건과 관련된 7명 용공혐의로 구속 발표. 강원도 함백탄광에서 화약 폭발(26명 사망). 경주 보문관광단지 개장. 서울 잠실실내체육관 준공. 5. 발트하임 유엔 사무총장 방한. 79년도 물가억제선 15% 4개월 만에 붕괴. 기획원, 10년 간 기초생활필수품 가격 최고 1,200% 상승했다고 발표. 신민당, 신임총재 김영삼 선출. 6. 김영삼, 김일성과 면담 용의 표명. 북한 부주석 김일, 신민당에 판문점이나 제 3국에서 예비접촉 제의. 카터 미 대통령 방한. 7. 한·미, 남한·북한·미국 3당국자 회의 제의. 긴급조치 9호 위반 구속자 86명 출감. 카터 미 대통령, 81년까지 주한 미 지상군 철수 중지 발표. 가톨릭 안동교구, 오원춘이 중앙정보부에 연행되어 조사 중 행방불명되었다고 발표. 신민당 기관지 〈민주전선〉 주간 문부식 구속. 경북도경, 오원춘 구속. 차범근, 서독 프로축구단 입단. 김진호, 세계양궁선수권대회에서 5관왕. 8. 안동에서 가톨릭 신부·신도 9백여 명 가두시위. YH무역 여공 2백여 명, 마포 신민당사에서 농성(YH사건). YH무역 근로자 172명 및 신민당원 26명 강제 연행됨(1명 사망). 대구지검, 오원춘 사건 발표. 태풍 주디 (사망 135명). 미 연방지법, 박동선 사건 종결. 9. 서울민사지법, 신민 총재단 직무정지가처분 결정. 김영삼, 법원 결정에 불복선언. 대검찰청, 도시산업선교회 실태조사보고서 발표. 공화당, 김영삼 징계동의안 국회에 제출. 10. 국회, 김영삼 신민당 총재 제명. 미 국무성, 주한대사 소환. 김형욱 전 중앙정보부장 파리에서 실종. 내무부, 남조선민족해방전선 수사결과 발표. 신민당·통일당 의원 전원, 국회의원 사직서 제출. 카터 미 대통령, 김영삼 제명 비난. 부산대·동아대 학생들, 시민과 합세하여 대규모 과격 시위. 부산에 비상계엄령 선포. 계엄 하에 부산 시민들 데모. 마산대·경남대 학생들, 마산 시내에서 데모(부마사태).

마산·창원에 위수령 발동. 여천석유화학공업단지 준공. 박정희, 중앙정보부장 김재규의 총격으로 사망. 차지철 경호실장 피격 사망(10·26 사태). 전국에 비상계엄 선포. 계엄사령관 정승화. 최규하 총리, 대통령 권한대행. 전군 비상태세 돌입. 경북 문경 은성탄광 화재(42명 사망). 김재규 중앙정보부장 해임. 보안사령관 전두환, 계엄사 합동수사본부장에 임명. 전두환, 박정희 시해사건 중간수사 발표. 11. 박정희 국장 거행. 공화당, 김종필 총재 추대. YWCA회관 위장결혼식 사건(140여 명 연행). 12. 통일주체국민회의, 제 10대 대통령 최규하 선출. 전두환 등, 정승화 계엄사령관 강제연행(12·12 사태). 전두환 등, 국방장관 조재현 체포. 최규하, 정승화 연행 사후 재가. 신임 계엄사령관 이희성. 육군계엄보통군재, 김재규·김계원에 사형 선고. 최규하 10대 대통령 취임. 위컴 한미연합군 사령관, 군의 정치초연·방위개념 강조. 북한, 80년 모스크바 올림픽에 남북한 단일팀 출전 제의.

1980. 1. 1월 4일을 기준시점 100으로 국내종합주가지수 KOSPI 산출. 석유류 가격 평균 59.4% 인상. 국토통일원, 78년 현재 남북한 GNP 5.2 : 1, 1인당 소득 1,279달러 : 541달러로 발표. 2. 남북 직통전화 재개통. 고정환율제에서 변동환율제로 변경. 윤보선·김대중 등 678명 복권. 4. 전두환 보안사령관, 중앙정보부장서리 겸임. 강원도 정선 사북 탄광 광부 7백여 명 유혈시위. 부산 동국제강 근로자 1천여 명 과격농성. 5. 전국 각 대학, 〈시국선언문〉 발표. 연세대 등 6개 대학 3천여 학생 가두시위. 30개 대학 학생 10만, 서울역 광장에서 계엄해제 요구 및 신군부 퇴진요구 시위. 전국 55개 대학 대표 95명, 제 1회 전국대학총학생회장단회의. 계엄포고 10호로 전국에 비상계엄 확대선포. 계엄사, 김대중·김종필 등 체포. 대한올림픽위원회, 모스크바 올림픽 불참 결정. 계엄사, 국회의사당·중앙청 폐쇄. 광주 학생·시민, 대규모 시위. 광주 시위, 인접 시군으로 확대(5·18 민주화운동). 신현확 내각 총사퇴. 이희성 계엄사령관, 광주항쟁 관련 담화 발표. 내각 개편(총리서리 박충훈). 10·26사태 김재규 등 5명 교수형 집행. 최규하, 광주

현지에서 사태 해결 당부 담화. 내무부, 전남 행정을 직접 담당. 계엄군, 광주 진입. 광주항쟁 종결. 정부, 계엄하의 대통령자문 보좌기관으로 국가보위비상대책위 신설(상임위원장 전두환). 6. 정부, 일본 교토통신 서울지국 폐쇄하고 특파원 출국령. 계엄사, 광주사태 사망자 148명 명단 발표. 계엄사, 부정축재·국기문란·시위모의·배후조종 등 혐의로 329명 지명수배. 한국장기신용은행 개설. 경찰, 음주운전감지기로 음주운전 단속. 경제기획원, 79년 말 현재 인구 3,760만 명이라고 발표. 청소년들의 본드 흡입 사고 빈발. 7. 국보위, 고위공무원 숙정작업. 정부, 유언비어 보도로 일본 아사히신문과 지지통신 서울지국 폐쇄. 계엄사, 광주항쟁 수사결과 발표. 계엄사, 김대중 등 5·18내란음모사건 관련자 37명을 계엄보통군법회의에 송치. 대학교수 80여 명, 시국 관련 해직. 중부지방 폭우(96명 사망). 교육개혁조치 발표(과외금지 등). 8. 군경 합동 사회정화작업으로 삼청교육대 설치. 최규하 대통령 사임. 전두환 전역. 통일주체국민회의, 전두환 국보위 위원장을 대통령에 선출. 국보위, 신원기록 일제정리 및 연좌제폐지 결정. 9. 11대 대통령 전두환 취임. 내각 구성(국무총리 남덕우). 20대 재벌 계열기업 정리 및 대기업의 모든 부동산 신고 의무화. 전국 대학 109일 만에 정상 수업. 정부, 헌법개정안 공고. 10. 북한, 제 6차 노동당대회. 북한, 김정일을 김일성의 후계자로 발표. 북한, 〈주체사상〉을 지도이념으로 채택. 헌법개정안 국민투표(투표율 95.5%, 찬성 91.6%. 제 8차 개헌). 제 5공화국 헌법 공포(대통령 7년 단임, 간접선거 등). 국회·정당 자동 해산. 국가보위입법회의 개회. 국보위, 사회악 사범 4만 6천여 명 검거. 11. 육군본부 대법정, 김대중에 사형선고. 국가보위입법회의, 〈정치풍토쇄신특별조치법〉 제정. 정치쇄신 4인위원회 구성. 쇄신위, 구시대 정치인 567명 정치활동 규제. 한일해저케이블(부산~하마다) 개통. 12. 컬러 TV 방영 시작. 김지하 등 8명 석방. 정부, 산업별 노조를 기업별 노조로 변경. 정부, 제 3자 개입금지 및 노조 설립요건 강화. 최초의 프로 축구팀 할렐루야 창단. 중앙정보부를 국가안전기획부로 개칭.

〈반공법〉을 〈국가보안법〉에 통합.

1981. 1. 민주정의당 창당(총재 겸 대통령후보 전두환). 민주한국당 창당 (총재 겸 대통령후보 유치송). 대법원, 김대중에 사형 확정. 김대중, 사형에서 무기로 감형. 비상계엄 해제. 전두환 미국 방문. 삼청교육대에서 39, 742명 순화교육. 2. KBS, 교육방송 실시. 직접선거로 대통령선거인단 5,272명 선출. 선거인단, 대통령 전두환 선출(찬성 90.2%). 승용차 생산 현대·새한으로 이원화. 3. 제 12대 대통령 전두환 취임. 제5공화국 출범. 정부, 5,221명 특별사면·복권·감형. 제 11대 국회의원 선거(투표율 77.7%. 276석 중 민정당 151, 민한당 82). 입법회의 154일 간의 활동 종료. 언론중재위원회 출범. 4. 공정거래위원회 출범. 제11대 국회 개회(의장 정래혁). 국정자문회의 발족(의장 최규하). 5. 마리아 테레사 수녀 방한. 경산 열차추돌사고(55명 사망). 한국자연보존협회, 국내 멸종위기 및 희귀 동식물 251종 목록 발표. 6. 전두환, 동남아시아국가연합ASEAN 5개국 순방. 한국, 미주기구OAS 영구 옵서버국가로 가입. 7. 가계수표 시행. 대구·인천 직할시로 승격. 8. 광주민주화운동과 김대중 사건 관련자 등 1,061명 사면. 경제기획원, 〈제5차 경제사회발전 5개년계획〉(1982~1986) 발표. 이북 5도청사 준공. 9. 국제올림픽위원회IOC, 1988년 제 24회 하계올림픽 개최지 서울로 결정. 10. 대우 거제 옥포조선소 준공. 11. 아시아올림픽평의회OCA, 1986년 제 10회 아시아경기대회 개최지 서울로 결정. 12. 〈공직자윤리법〉 제정. 〈제 2차 국토종합개발계획〉(1982~1991) 공고. 수출 200억 달러 돌파.

1982. 1. 경기·강원 일부를 제외한 야간통행금지 전면해제. 스톤스 정전위 유엔측 대표, 비무장지대에 12개 이상의 북한 땅굴 굴착 발표. 미국방부, 81년 말 현재 주한미군 39,317명이라고 발표. 2. 65세 이상 경로우대제 실시. 의료보험 임의적용대상을 16인에서 5인 이상 사업장으로 확대. 3. 부산 고신대 학생들, 부산 미문화원에 방화. 체육부 발족. 프로야구 출범. 4. 경남 의령경찰서 우범곤 순경, 주민들에게 총기

난사(사망 62명)하고 자폭. 5. 이철희·장영자 부부, 어음사기 혐의 등으로 구속. 조훈현, 국내 첫 바둑 9단. 6. 국무총리서리 김상협. 7. 〈사채양성화 및 금융거래정상화를 위한 경제조치〉 발표. 정부, 일본 역사교과서 왜곡 기술에 대해 시정 요구. 잠실종합운동장 야구장 개장. 8. 국회 문공위, 일본 교과서 왜곡 시정 촉구 4개항 결의문 채택. 한일의원연맹 일본측 의원, 왜곡 시정에 스즈키 수상의 결단 촉구. 전두환, 아프리카 4개국과 캐나다 순방. 뉴욕 금융계, 한국의 외채 81년 말 현재 350억 달러로 세계 5위라고 발표. 체육부, 86 아시안게임 및 88 올림픽 종합계획 확정. 유네스코, 한국 첫 생물권보전지역으로 설악산 지정. 9. 제 27회 세계야구선수권대회 서울에서 개최(한국 우승). 제 1회 서울국제무역박람회 개최. 한강종합개발사업 기공. 11. 농수산부, 82년 쌀 생산량 3,593만 섬(백미 기준)으로 집계. 일본 정부, 한국이 제시한 교과서 왜곡 내용 중 일부만 시정. 중공방송, 중공 거주 한국인 1,763,870명이라고 발표. 권투선수 김득구, WBA 라이트급 선수권 도전경기 후 사망. 12. 〈금융실명거래에 관한 법률〉 제정. 김대중, 형집행정지로 석방 후 신병 치료 차 도미. 〈공직자윤리법〉 제정.

1983. 1. 나카소네 일본 총리 방한. 도쿄~상하이~베이징 항로의 한국 비행정보구역 통과 허용. 50세 이상에 해외관광여행 허용. 토지·건물의 면적에도 〈미터법〉 실시. 2. 정부, 부동산투기 특정지역 고시와 부동산투기 억제책 발표. 정치활동 피규제자 중 1차 250명 해제. 북한군 조종사 이웅평, MIG 19기 몰고 귀순. 3. 중고등학교 교복자율화. 대법원, 부산 미문화원 방화사건 문부식·김현장 사형 확정. 조치훈, 일본 바둑 명인·본인방·기성 대삼관 달성. 4. 최초의 가압중수로형 경주 월성 원자력발전소 1호기 준공(설비용량 67만 8천 kw). 외무부, 여권발급 업무 지방에 이관. 5. 105명 탑승 중공여객기, 납치되어 춘천 기지에 불시착. 중공의 송환 협상 대표 33명 내한. 〈법령안 입법예고에 관한 규정〉 제정. 신용관리기금 설립. 6. 김영삼, 민주화와 정치 피규제자 해금을 위한 단식투쟁. 한국 청소년축구 대표팀, 제 4회 멕시코 세계청

소년축구선수권대회 4위. KBS 이산가족찾기 특별생방송 시작. 7. 창경궁 복원 착수. 부분적 금융자산 실명거래제 시작. 전국 인구 4천만 명 돌파. 8. 중공 정기여객기, 한국비행정보구역 통과 시작. 중공 조종사, 중공제 MIG 21기 몰고 귀순(서울·경기 일원에 공습경보 발령). 82년도 식량 해외 의존도 47%. 대검, 명성그룹 관련자 16명 구속(명성사건). 문교부, 졸업정원제 개선안 확정. 9. 뉴욕발 서울행 KAL 007 여객기, 사할린 부근에서 소련 전투기에 의해 격추됨(탑승자 269명 전원 사망). 대구 미문화원에 사제폭탄 폭발(1명 사망). 김근태 등, 민주화운동청년연합(민청련) 결성. 10. 국제의원연맹IPU 제 70차 서울 총회. 미얀마 수도 랭군 아웅산 묘소에서 폭탄 폭발(서석준 부총리 등 17명 사망). 미얀마 경찰, 범인으로 보이는 코리언 1명 사살 1명 체포. 11. 미얀마 경찰, 아웅산 폭파 북한 특공대의 소행임을 확인. 미얀마, 북한과 단교 및 북한 승인 취소. 레이건 미 대통령 방한. 12. 문교부, 학원 사태 관련 제적대학생 1,363명 84학년도 복교 허용. 정부, 학원소요 관련 314명과 일반형사범 등 형 확정자 1,451명 특별조치. 창경원, 창경궁으로 명칭 환원.

1984. 1. 강만길·이영희 등, 국가보안법 위반 혐의로 구속. 통일원, 북한의 3자회담 제의에 대해 남북한 최고책임자 회담 촉구. 미국, 남·북·미·중 4자회담 제의. 서울대의 졸업정원제 개선방안 발표로 졸업정원제 유명무실. 부산 대아호텔 화재(38명 사망). 2. 정치활동 피규제자 중 2차 202명 해금. 공직자들에 대해 양담배 등 외래품 사용금지. 한국 테니스팀, 중공 입국. 3. 제적 대학생들의 복교 진행. 대학 상주 경찰 철수하고 대학 자율화 진행. 동해에서 훈련 중이던 미국 항공모함과 소련 잠수함 충돌. 4. 일부 대학, 학원자율화 요구하며 시위. 국내 외국은행, 총 여신의 10%. 안전기획부, 78년에 실종된 최은희·신상옥 북한에 납치되었다고 발표. 5. 김영삼·김대중·김상현 등, 민주화추진협의회(민추협) 결성. 교황 요한 바오로 2세 방한. 교황, 한국 순교 성인 103위 시성. 서울 지하철 2호선 전 구간 개통(43개 역, 48.8㎞). 서울

대공원 동물원 개원. 6. 해직교수의 복직 허용. 정래혁 국회의장, 재산 상태 물의로 공직 사퇴. 재무부, 채권시장 대중화방안 발표. 국내 증권 시장에 외국인 투자 허용. 강남 일대의 퇴폐 향락업소 단속. 88올림픽 고속도로(광주~대구) 개통. 7. 80개 업종에 외국인 투자 완전 개방. 제 23회 LA 하계올림픽(한국 10위). 9. 폭우로 망원동 유수지 붕괴. 서울·경기·강원 침수(사망·실종 75명). 전두환, 일본 방문. 일본 천황, 양국의 불행한 과거는 유감이라고 표명. 해운업계 통폐합. 잠실 서울종합운동장 주경기장 완공. 10. 전국 부도율 급상승. 서울 도심에서 대학생 시위 격화. 11. 대학생들, 민정당사 진입 농성. 정치활동 피규제자 84명 3차 해금. 판문점에서 제 1차 남북경제회담. 12. 외국인에 20개 업종 투자 개방. 프랑스 정부, 북한 통상대표부를 총대표부로 승격. 정부, 주불대사 소환.

1985. 1. 1일 0시 기준 전국인구 40,894,769명. 신한민주당 창당(총재 이민우). 2. 김대중, 미국에서 귀국. 12대 국회의원선거(투표율 84.6%. 276석 중 민정 148, 신민 67, 민한 35, 국민 20). 구정을 〈민속의 날〉로 공휴일 지정. 국제그룹 해체. 민정당 대표 노태우. 3. 정치활동 피규제자 김대중·김영삼·김종필 등 마지막 14명 해금. 민주통일민중운동연합(민통련) 결성. 4. 민한당 조윤형 총재, 신민당에 무조건 합당 선언. 전두환 방미. 전국학생총연합(전학련) 결성. 전학련, 산하에 민족통일민주쟁취민중해방투쟁위원회(삼민투) 조직. 한국, 〈남극해양생물자원보존에 관한 협약〉 발효. 5. 전국 자동차 1백만 대 돌파. 경찰, 불온서적 218종 추가하고 29개 출판사 수색. 5개 대학생 73명, 서울 미문화원 점거 농성. 12년 만에 제 8차 남북적십자회담(서울). 서울대공원 식물원 개원. 6. 가락동 농수산물도매시장 개장. 정부, 국회 국방위에 광주민주화운동 사망자 191명이라고 보고. 국내에서 첫 후천성면역결핍증 AIDS 감염자(미국인) 발견. 경찰, 9개 대학 수색해 수배학생 65명 검거. 경찰, 110개 대학 일제점검. 7. 검찰, 전국 19개 대학의 삼민투위 학생 56명 구속. 부산 지하철 1호선 1단계 개통. 한국은행, 84년 경제

성장율 7.5%, 1인당 국민소득 1,999달러로 집계. 8. 신민당 총재 이민우 재선. 경희궁 복원 착수. 〈민중교육〉지에 기고한 교사 9명 파면, 7명 자진사표. 제 9차 남북적십자사회담(평양). 9. 박찬종·조순형 의원, 고대 앞 시위 선동혐의로 기소. 남북이산가족 고향 방문단 각 151명, 서울과 평양 방문. 최초의 해외개발 유전 인도네시아 마두라 유전에서 생산 개시. 제 1회 공인중개사 시험 실시. 10. 제 40차 서울 IBRD·IMF 총회(148개국, 3,200여 명). 서울 지하철 3호선(구파발~양재), 지하철 4호선(상계~사당) 개통. 미국의 한국 앨범 덤핑 판정에 시정 요구. 11. 축구국가대표팀, 32년 만에 제 13회 멕시코 월드컵 축구대회 본선 진출. 국립대전현충원 준공. 서울 14개 대학생들, 민정당 중앙연수원 기습 점거. 12. 11월 말 현재 외채 463억 달러. 국회, 민정당 의원만으로 예산안 및 7개 법안 통과. 제 10차 남북적십자회담(서울). 한강하류 수중보 착공. 북한, 핵확산금지조약NPT 가입. 수출 300억 달러 돌파.

1986. 1. 〈외래어표기법〉 공포. 대입논술고사 첫 실시. 북한, 팀스피릿 훈련을 이유로 모든 남북회담 중지. 한국, 북측에 회담 촉구. 현대자동차, 포니 엑셀 첫 대미 수출. 2. 14개 대학 1천여 명, 서울대에서 시위. 팀스피릿 훈련 개시. 3. 서울 가정법원, 타인 정자 인공수정아를 생모 호적에 올릴 수 없다고 판결. 이민우·김영삼·김대중, 난국타개 6개항 제시. 최은희·신상옥, 오스트리아 빈에서 미 대사관으로 탈출. 4. 전두환 유럽 4개국 순방. 서울대 교수 47명, 시국선언. 전두환, 3당 대표와 회동. 서울 몽촌토성 일대에 올림픽공원 및 6개 경기장 완공. 5. 자동차 안전벨트 착용 의무화. 대처 영국 수상 방한. 올림픽대로(행주대교~암사동) 개통. 서울대생 김세진·이재호 분신자살. 정부, 〈제 6차 경제사회발전 5개년〉(1987~1991) 계획 발표. 6. 전국 23개 대학교수 265명 시국선언. 대법원, 일제 때 작성된 토지조사부상의 소유자가 실소유자라고 판결. 교수 234명 재임용 탈락. 국회, 개헌특위 구성 결의. 7. 서울대생 권인숙, 부천 경찰서에서 취조 중 성고문 당했다고 고소. 김대중 등 12명 자택연금. 8. 충남 천원 독립기념관 본관 8·15개관 11

일 앞두고 화재. 강남 룸살롱에서 조직폭력배 난동(4명 피살). 과천 국
립현대미술관 개관. 전남 영광 한빛원자력발전소 1호기 준공. 9. 양담
배 시판 개시. 한강종합개발사업 준공. 김포공항에서 폭탄 테러(5명 사
망). 제 10회 서울 아시아경기대회(22개국 4,839명 참가. 한국 종합
2위). 10. 일제 징용으로 숨진 473위 환국. 대검, 조직폭력배 38개파
1,697명 구속. 신민당 유성환 의원, 국회에서 〈국시는 반공보다 통일〉
발언. 한강유람선 운항 시작. 26개 대학 학생 2천여 명, 건국대에서 시
위 후 철야 농성(건대사태. 1,525명 연행). 11. 광주, 직할시로 승격.
정부, 금강산댐 수공에 대비한 평화의 댐 건설 발표. 문교부, 88학년도
대입제도 개선안 발표(선지원 후시험). 12. 한국, 〈남극조약〉 가입. 법
조계 주변 부조리 관련자 95명 구속.

1987. 1. 서울대생 박종철, 경찰의 물고문으로 사망. 동진호, 서해에서 조
업중 북한 경비정에 피랍. 한국은행, 86년 경상흑자 46억 달러로 집계.
2. 경찰, 박종철 범국민추도회 봉쇄. 김만철 일가 11명, 북한 탈출하여
타이페이 경유 김포 도착. 보사부, AIDS를 지정전염병으로 고시. 평화
의 댐 착공. 3. 경찰, 전국에서 시위자 439명 연행. 신민당 의원 70명,
이민우 구상 배격하고 김영삼·김대중 개헌노선 지지. 4. 경기도 포천
광릉수목원에 산림박물관 개관. 경찰, 김대중 자택 봉쇄. 전두환, 개헌
논의 금지(4·13 호헌조치). 야권, 강력 비난. 천주교·개신교 성직자들,
개헌 요구 단식농성. 5. 통일민주당 창당(총재 김영삼). 포항제철, 광양
제철소 1기 준공. 전남 영광 한빛원자력발전소 2호기 준공. 민주당·
재야단체 등, 민주헌법쟁취국민운동본부 발족. 6. 중앙기상대, 강수확
률예보 실시. 민주당·국민운동본부, 박종철 고문치사 규탄 및 호헌철
폐 국민대회 강행. 민정당, 대통령후보 노태우 지명. 전국 8개 도시 및
65개 대학에서 격렬 시위. 10개 대학 조기방학. 전국 79개 대학 시위
계속. 서울 51개 중고교 교사 105명 시국성명. 28개 대학의 교수 80
명, 민주화를 위한 전국교수협의회(민교협) 발족. 서울 각 대학 총학생
회장들, 서울지역대학생대표자협의회(서대협) 결성. 서대협 소속 25개

대학 2만 5천여 명, 호헌 철폐와 군부독재 종식을 위한 결의대회. 국민운동본부, 국민평화대행진 강행. 전국 33개 도시에서 학생·시민 수십만 명, 직선제개헌 등을 요구하며 시위. 노태우 민정당 대표, 8개항의 시국수습방안 발표(6·29선언). 7. 전두환, 6·29선언 8개항 수용 담화 발표. 시위 중 경찰 최루탄에 맞은 연대생 이한열 사망. 정부, 김대중 등 2,335명 사면 복권. 전두환, 민정당 총재직 사퇴. 태풍 셀마(사망 345명). 전국에 수해(사망 125명). 수도권에 수해(사망 97명). 전국 전화 완전자동화. 8. 노태우, 민정당 총재 취임. 김대중 민추협 공동의장, 민주당 입당. 충남 천원 독립기념관 개관. 〈동백아가씨〉 등 공연금지 가요 186곡 해금. 전국 95개 대학 4천여 대학생, 전국대학생대표자협의회(전대협) 결성. 노사분규 2천 건 돌파. 용인의 오대양 여사장 등 32명 시체로 발견. 9. 문공부, 영화 시나리오 사전검열 폐지. 노사분규 3천 건 돌파. 〈아침이슬〉 등 방송금지 가요 5백 곡 해금. 김영삼·김대중, 대통령후보 단일화 실패. 10. 박찬종 등 의원 12명, 대통령후보 단일화 위해 계보 탈퇴. 김영삼, 대통령후보 출마 선언. 대통령직선제 개헌안 국회 통과. 정부, 77년 이후 판금도서 650종 중 431종 해금. 김대중, 김영삼의 대통령후보 단일화를 위한 경선 거부. 대통령직선제 개헌안 국민투표(투표율 78.2%, 찬성 93.1%. 제 9차 개헌). 신민주공화당 창당(총재 겸 대통령후보 김종필). 11. 해병대 사령부, 14년 만에 해군으로부터 독립하여 재창설. 이민우 신민당 총재 정계 은퇴. 평화민주당 창당(총재 겸 대통령후보 김대중). 바그다드발 서울행 KAL 858 여객기, 미얀마 인근 해상에서 공중 폭발(탑승자 115명 전원 실종). 12. 민정·민주·평민·공화 4당, TV를 통한 선거 유세. 중부고속도로 개통(하남~청원). 야권, 대통령후보 단일화 실패. 제 13대 대통령 선거(투표율 89.2%. 노태우 36.6%, 김영삼 28.0%, 김대중 27.0%, 김종필 8.1%). 수출 400억 달러 돌파.

1988. 1. 전국 야간통행금지 완전 해제. 국민연금제 시행. 정부, KAL 858 기 폭파는 북한 대남공작원의 소행이라고 발표. 2. 한국은행, 87년 경

상흑자 97억 9천만 달러라고 발표. 교통부, 금호그룹에 제 2민간항공허가. 대검, 국가보안법상 반국가단체는 북한만 해당된다고 발표. 남극대륙 킹 조지섬에 세종과학기지 준공. 제 13대 대통령 노태우 취임. 제 6공화국 출범. 3. 보사부, 65세 이상에 공공·민영 시설 전액무료 실시. 치안본부, 조선총독부가 작성한 독립운동가 수사자료 2만 4천여 점 공개. 납북 시인 정지용·김기림 해금. 4. 옥포 대우조선 근로자 9천여 명 파업. 전경환 등 12명, 새마을 비리로 구속 기소. 제 13대 국회의원 선거(299석 중 민정 125, 평민 70, 민주 59, 공화 35). 5. 제 13대 국회 개원(의장 김재순). 6. 법관 2백여 명, 대법원의 전면개편 요구. 김용철 대법원장 사퇴. 소련, 조종사 파견 등 6·25 참전 첫 시인. 국회, 광주·5공비리 등 7개 특위 구성. 시국사범 46명 포함 499명 가석방. 이라크기, 이란의 대림산업 건설현장 폭격으로 근로자 10명 사망. 7. 주 유고무역사무소 개설로 비동맹국가와 첫 직교역. 노태우, 〈민족자존과 번영을 위한 대통령특별선언〉 6개항 발표. 중공을 중국으로 호칭 변경. 포항제철, 광양제철소 2기 설비 준공. 월북 작가 1백여 명의 해방 전 작품 해금. 8. 양재동 양곡도매시장 개장. 통일원, 87년 북한 GNP 139억 7천만 달러, 1인당 국민소득 936달러, 실질성장률 3.3%라고 발표. 〈범죄인인도법〉 제정. 전대협 소속 22개 대학생 6천여 명, 가두시위 및 제 2기 전대협 발대식. 제 52차 서울 국제PEN대회. 9. 정부, 북한·공산권 자료 공개. 경북 울진원자력발전소 1호기 운전 개시. 제 24회 하계 서울올림픽대회 개막(160개국 13,840명 참가. 한국 4위). 10. 국회, 16년 만에 국정감사. 제 8회 서울장애인올림픽대회(61개국, 4,319명). 노태우, 유엔 총회 연설. 국방부, 5공 초기 삼청교육대 사망자 54명이라고 발표. 월북·납북 예술가 104명 해금. 11. 전두환 친인척 3명 비리혐의로 구속. 국회, 광주 청문회 개회. 전두환, 설악산 백담사로 은둔. 한국, IMF 8조국에 가입. 12. 김현희, KAL기 폭파 시인. 정부, 금리자유화계획 발표. 정부, 92년까지 주택 2백만 호 건설 계획 확정. 한국과학기술원 등 4개 정부출연연구소 연대파업. 북한, 전대협에 제 13차 세계청년학생축전(평양축전) 참가 요청. 수출 600억 달러 돌파.

1989. 1. 대우, 북한 예술·공예품 첫 직교역. 전국민족민주운동연합(전민련) 발족. 정주영 현대그룹 명예회장, 북한 방문. 남북한 첫 구상무역. 대전, 직할시로 승격. 2. 민속의 날을 설날로 개칭. 공산권 헝가리와 국교 수립. 효성물산, 직항로 통해 북한 무연탄 도입. 문교부, 대학생의 과외교습 및 중고생의 학원수강 허용. 판문점에서 남북고위급회담 예비회담. 럭키금성, 북한에 컬러TV 1만 대 수출. 부시 미 대통령 방한. 3. 〈한글맞춤법〉〈표준어규정〉 시행. 대학생 교련 폐지. 문익환 방북. 4. 공안합수부, 출판사·서점 수색하여 좌경 이념서적 10,191권 압수. 공안합수부, 문익환·유원호 귀국 즉시 구속. 외환은행, 소련에 1천만 달러 차관 제공 결정. 정부, 분당·일산에 18만 가구 건설계획 발표. 5. 부산 동의대 학생 농성 중 학교 건물에 화재(경찰 7명 사망). 전국교사협의회, 전국교직원노동조합(전교조) 발기인 대회. 문교부, 전교조 결성 불법이라고 규정. 전교조 결성. 6. 문교부, 각 대학에 평양축전 참가 불허 지시. 정부, 신상옥·최은희 납치사건 공개. 평민당 서경원 의원, 방북 혐의로 구속. 전대협, 임수경을 평양축전에 파견했다고 발표. 북한 중앙방송, 임수경 평양 도착 보도. 7. 이라크와 국교 수립. 경제정의실천시민연합(경실련) 발족. 천주교전국사제단, 문규현 신부 평양 파견 발표. 8. 문교부, 전교조 탈퇴 시한 넘긴 교사 2,173명 징계위에 회부. 임수경·문규현 신부, 판문점 통해 귀환. 대검에 마약과 신설. 9. 한국인구보건원, 한국 성인 표준체위 남자 171㎝ 64㎏, 여자 160㎝ 53㎏이라고 발표. 제 1회 세계한민족축전 개회(서울·경기도. 50개국 1,326명 참가). 10. 교황 요한 바오로 2세, 세계성체대회 참석 차 방한. 대전 대덕에 한국항공우주연구소 설립. 노태우 방미. 11. 폴란드와 국교 수립. 서울지검, 불량 라면 시판 혐의로 삼양식품 대표 등 구속. 남한사회주의노동자동맹(사노맹) 출범. 한국 등 12개국, 아시아태평양경제협력체APEC 출범. 12. 토지공개념 3개 법안 〈택지소유상한에 관한

법률〉〈개발이익 환수에 관한 법률〉〈토지초과이득세법〉 국회 통과. 유고와 국교 수립. 전두환, 국회 광주특위·5공특위 출석 증언. 평화의 댐 1단계 준공.

1990. 1. 재무부, 89년 말 외채 294억 달러라고 발표. 노태우·김영삼·김종필, 3당 통합선언. 전국노동조합협의회(전노협) 출범. 2. 사할린 동포 120명 방한. 민정·민주·공화 3당 합당으로 민주자유당 창당. 교통부, 대한항공과 소련 아에로플로트사 간 서울~모스크바 정기항로 개설협정 체결 발표. 재무부, 한국·폴란드 간 이중과세방지 등의 조약 체결 발표. 무역진흥공사, 체코 프라하에 무역관 개설. 전민련·전대협 등, 3당 통합 반대 시위. 3. 양구에서 북한 제 4 땅굴 발견. 법무부, 89년 1년 간 시국사범 구속 967명이라고 발표. 북한, 땅굴 굴착 시인. 몽골과 국교 수립. 체코슬로바키아와 국교 수립. 불가리아와 국교 수립. 대법원, KAL기 폭파범 김현희에 사형 확정. 소련 국영 항공기, 정기항공편으로 첫 김포 도착. 루마니아와 국교 수립. 평민당, 3당 통합 반대 1천만 서명운동 돌입. 4. 북한 유학생 2명, 소련에서 한국에 귀순. 대법원, 전교조 활동은 교육민주화 행위로 볼 수 없다고 판결. 노태우, 김현희 특별사면. 광주시, 5·18 피해자 1,302명에게 총 165억 원의 보상금 지급. 전기통신공사, 고흥~제주 172㎞ 해저광케이블통신망 준공. 현대중공업 직원 백여 명, 골리앗 크레인에서 농성. 전국농민회총연맹(전농) 결성. 5. 민자당 전당대회에서 노태우 총재, 김영삼·김종필·박태준 최고위원 선출. 노태우 일본 방문. 아키히토 일왕, 〈통석痛惜의 염念〉 언급. 6. 노태우 미국 방문. 노태우·고르바초프, 사상 첫 한·소 정상회담. 노태우·부시 정상회담. 민주당 창당(총재 이기택). 7. 전기통신공사, 홍콩~일본~한국 해저 광케이블 개통. 정부, 팔당·대청호 주변 54개 읍면을 수질보존특별대책지구로 선포. 평민당·민주당·무소속 의원 76명 국회의원직 사퇴. 8. 〈남북교류 협력에 관한 법률〉〈남북협력기금법〉 제정. 일본 정부, 7만 9천 명의 한국인 강제연행자 명부 발표. 정부, 유엔의 이라크 경제제재 동참 결정. 제 1 회 범민

족대회, 서울과 판문점에서 별도 개회. 제 2차 세계대전 전후 일본에 강제 징용된 2,351명의 명단 히로시마에서 추가 발견. 9. 남·북 총리, 제 1차 남북고위급회담(서울). 폭우로 행주대교 부근 한강제방 붕괴(사망·실종 57명). 이상룡 등 5명의 민족지사 유해 중국에서 봉환. 10. 소련과 국교 수립. 국군합동참모본부, 육해공 3군 지휘권 통합. 노태우, 범죄와 폭력에 대한 전쟁 선포. 제 2차 남북고위급회담(평양). 청와대 관저 건립. 11. 야당의원들, 의원직 사퇴 118일 만에 등원. 일본 정부, 재일동포 1, 2세대 지문채취제도 폐지. 신규 민간방송 SBS 서울방송 개국. 37개 여성단체, 한국정신대문제대책협의회(정대협) 결성. 남·북·해외동포 3자, 베를린에서 조국통일범민족연합(범민련) 결성. 12. 대법원, 미수복지구 거주자 및 공산국가 교포 중 한국 국적 취득 희망자 취적토록 각 법원에 지시. 제 3차 남북고위급회담(서울). 노태우 소련 방문. 〈한러과학기술협력협정〉 체결. 중앙기상대, 기상청으로 승격. 전두환, 백담사 은둔 769일 만에 자택으로 귀가. 서해안고속도로(서울~목포) 기공.

1991. 1. 국군보안사령부를 국군기무사령부로 개칭. 걸프전쟁에 국군의료 지원단 파견. 정부, 소련에 현금 10억 등 30억 달러 규모 차관 3년에 걸쳐 제공. 〈주한미군 지위협정SOFA〉 1차 개정. 서울대 음대 입시부정 관련자 9명 구속. 2. 정태수 한보 회장과 의원 5명, 수서택지사건 관련 구속. 3. 유엔군 사령부, 군사정전위 유엔군측 수석대표에 첫 한국군 장성 임명. 보사부, 생수(광천음료수) 내수판매 허용. 낙동강 페놀 오염사건. 한국은행, 90년도 GNP 130조 3,735억 원, 1인당 국민소득 5,569달러로 집계. 전국 기초지방자치단체 의원 선거. 4. 출생·개명 한자 2,731자로 제한. 보사부, 90년도 평균수명 남자 66.9세 여자 75세로 발표. 기초지방자치단체 의회 개원. 고르바초프 소련 대통령 방한. 통일부 산하 민족통일연구원 설립. 명지대 학생 강경대 시위 중 경찰의 구타로 사망. 전남대 박승희 분신자살. 5. 대학생·노동자, 강경대 치사 규탄과 노동절 기념집회 후 시위. 안동대 김영균 분신자살. 경

원대 천세용 분신자살. 전민련 사회부장 김기설 유서 남기고 분신자살. 서울형사지법, 강기훈이 김기설의 유서 대필했다고 판결. 6. 광역지방 자치단체 의원 선거. 7. 광역지방자치단체 의회 개원. 8. 금리자유화 재시행. 주 유엔대사, 유엔가입신청서 유엔 사무총장에 제출. 강원도 고성에서 제 17회 세계잼보리대회(130개국, 2만여 명). 중국 장춘에서 7개국 두만강 개발 국제회의. 9. 신민당·민주당, 민주당으로 통합(공동대표 김대중·이기택). 문화부, 일제강점기와 6·25 당시 해외 유출 문화재 11,985점으로 확인. 유엔 총회, 159개 전 회원국의 만장일치로 남북한유엔동시가입 승인. 10. 제 4차 남북고위급회담(평양). 11. 북한 중앙방송, 북한에는 핵무기가 없고 생산능력도 없으므로 포기할 것도 없다고 보도. 50명 이내 기업체 전체 종업원의 10%까지 외국인 고용 허용. 전국농민회총연맹, 미국쌀 수입저지 등 요구 전국농민대회 개최. 제 3차 아시아태평양경제협력체APEC 서울 각료회의. 12. 14개 재야운동단체와 13개 지역운동단체, 민주주의민족통일전국연합(전국 연합) 결성. 태평양전쟁 희생자 유족, 일본 정부를 상대로 보상요구 소송. 한국, 국제노동기구ILO 152번째 회원국 가입. 제 5차 남북고위급회담 (서울). 남·북, 〈남북한 화해와 불가침 및 교류협력에 관한 합의서〉(남 북기본합의서) 채택. 순천 주암댐 준공. 수출 700억 달러 돌파.

1992. 1. 부시 미 대통령 방한. 통일원, 91년 남북한 왕래 인원 13건 412 명, 교역 2억 달러로 발표. 남북, 〈한반도 비핵화 공동선언〉 교환. 북한· IAEA 〈핵안전협정〉 체결. 〈제 3차 국토종합개발계획〉(1992~2000) 공고. 2. 통일국민당 창당(대표 정주영). 제 6차 남북고위급회담(평양). 〈남북기본합의서〉 교환. 국방부, 월남전 국군 전사자수 4,624명이라고 발표. 3. 제 14대 국회의원 선거(투표율 71.9%. 299석 중 민자 149, 민주 97, 국민 31). 4. 정부, GATT에 〈우루과이 라운드 농산물협상 이행계획서〉 제출. 남한사회주의노동자동맹 해체. 5. 제 7차 남북고위 급회담(서울). IAEA 사무총장, 북한 영변 등의 원자력시설 사찰 위해 평양 도착. 국민당, 대통령후보 정주영 선출. 남북기본합의서 이행을

위한 4개 실천기구 발족. 민자당, 대통령후보 김영삼 선출. 민주당, 대통령후보 김대중 선출. 6. 25개 사립 단과대, 학교명을 대학에서 대학교로 개칭. 한국, 〈유엔기후변화협약〉 체결. 제 14대 국회 개원(의장 박준규). 7. 정부, 정신대 피해 신고자 390명이라고 발표. IAEA, 제 2차 북한 핵관련시설 특정사찰 개시. 제 25회 바르셀로나 하계올림픽(한국 7위). 8. 한국 최초 과학위성 우리별 1호 발사 성공. 조국통일범민족청년학생연합(범청학련) 결성. 통일교, 서울에서 국제합동결혼식(131개국, 30,625쌍). 한국, 대만과 단교. 한국, 중화인민공화국과 국교 수립. 9. 제 8차 남북고위급회담(평양). 남북교류협력 3개 부속합의서 채택 및 〈남북기본합의서〉 발효. 〈한중과학기술협력협정〉 체결. 삼성전자, 64메가D램 자체 개발. 사할린 거주 무연고 동포 1세 150여 명 영구 귀국. 10. 국내기술로 건조한 최초 잠수함 이천함 진수. 북한, 팀스피릿 훈련중지 요구. 한국, 핵위협 해소되지 않으면 팀스피릿 훈련 진행. 북한, 4개 공동위 1차 회의 거부. 11. 인천국제공항 기공. 옐친 러시아 대통령 방한. 민주화운동청년연합 해체. 12. 서울대병원, 뇌사판정기준 선포. 제 14대 대통령 선거(투표율 81.9%. 김영삼 42.0%, 김대중 33.8%, 정주영 16%). 김대중, 정계은퇴 선언. 북한, 팀스피릿 훈련 재개를 이유로 제 9차 남북고위급회담 거부. 베트남과 국교 수립.

1993. 1. 체코와 국교 수립. 슬로바키아와 국교 수립. 세계은행, 91년 한국 1인당소득 6,340달러로 세계 30위라고 발표. 2. 정주영, 정계은퇴 선언. 광운대 등 6개 대학 부정입시 관련자 59명 구속. 김영삼 14대 대통령 취임. 인왕산 등산로 개방. 부산 베트남난민보호소 폐쇄. 3. 의학협회, 뇌사 공식 인정. 공안사범 5,823명, 일반사범 46,063명 특별사면. 북한, 팀스피릿 훈련에 대해 준전시상태 선언. 북한, 핵확산금지조약NPT 탈퇴 선언(조건 미비로 보류). 정부, 북한의 NPT 탈퇴 문제 해결될 때까지 북한과의 대화 중단. 정부, 비전향 장기수 이인모 무조건 북한 송환. 서울 난지도쓰레기매립장 폐쇄. 부산 구포역에서 무궁화호 열차 전복(78명 사망). 4. 환경운동연합 창립. 북한, 김정일을 국방위

원장에 추대. 한미연합군사훈련 팀스피릿 훈련 실시. 한국대학총학생
회연합(한총련) 설립. 5. 남북한 발해유적공동발굴단, 최초의 공동 발
굴조사. 6. 과학 1호 로켓 KSR-420 서해안에서 발사. 연천 동원예비
군훈련장 폭발사고(20명 사망). 북한, NPT 탈퇴 유보. 국제민간항공협
회ICAO, 소련은 KAL 여객기가 민간항공기임을 인지하고도 격추시켰
다고 결론. 7. 클린턴 미 대통령 방한. 정승화 전 육군참모총장 등 22명,
전두환·노태우 등 34명 반란 및 내란죄 혐의로 대검에 고소. 아시아
나항공 733편 여객기 전남 해남 화원면에 추락(68명 사망). 육군 상록
수부대 소말리아 유엔평화유지군PKO으로 출병. 8. 임시정부 박은식·
신규식·노백린·김인전·안태국 유해를 중국 상해에서 봉환해 국립
묘지에 안장. 〈대전세계박람회〉(93 대전엑스포) 개막(110개국, 33개
국제기구). 공직자윤리법에 따라 21,291명 재산등록. 김영삼, 〈금융실
명거래 및 비밀보장에 관한 대통령긴급재정경제명령〉(금융실명제) 발
동 및 실시 발표. 제 1회 1차 대학수학능력시험 전국 실시. 정부, 경부
고속철도의 차종을 프랑스 알스톰사의 TGV로 확정. 안중근 83년 만
에 천주교도 복권. 9. 〈공직자윤리법〉에 따라 지방공직자 재산공개 실
시. 10. 정부, 일본 정부로부터 일제 때 징병·징용된 243,992명의 명
단 접수. 전북 부안 위도 앞바다에서 서해페리호 침몰(292명 사망). 북
한 중앙통신, 북한은 향후 IAEA와 협상하지 않고 미국과 직접 협상하
겠다고 보도. 구 조선총독부 총독관저 철거. 그린피스, 러시아가 동해
에 핵폐기물 방기했다고 폭로. 전교조 해직교사 1,490명 중 1,424명
복직신청, 66명 복직신청 거부. 11. 한국·타이완, 서울과 타이페이에
각 대표부 설치. 제 1회 2차 대학수학능력시험 전국 실시. 12. 총무처,
중앙 행정기관의 123개 기능을 지방자치단체로 이양. GATT 제 8차
다자간 무역협상 우루과이 라운드 타결. 수출 800억 달러 돌파.

1994. 1. 서울대·연대·고대 등에서 14년 만에 대입 본고사 부활. 낙동
강 수질오염으로 경상도 수돗물에 악취. 소말리아 PKO 상록수부대 본
대 귀국. 아시아태평양평화재단 출범(이사장 김대중). 2. 대통령 자문

기구 교육개혁위원회 발족. 농민·대학생 2만여 명, 우루과이 라운드 재협상 요구 시위. 정부, 개인 외화 보유한도 철폐 및 해외에서 2만 달러까지 보유 허용. 정부, 75개 공기업 민영화 확정. 3. 국방부, 팀스피릿 훈련 중단 발표. 팀스피릿을 대신한 한미연합전시증원연습RSOI 훈련 실시. 〈공직선거 및 선거부정방지법〉 제정. 김영삼 중국 방문. 4. 서재필·전명운 유해 미국에서 봉환하여 국립묘지에 안장. 국민고충처리위원회 발족. 박찬호, 미국 프로야구 메이저리그에 첫 출전. 5. 근로자의 날을 3월 10일에서 5월 1일로 변경. 6. 김영삼, 러시아·우즈베키스탄 방문. 북한, 조선중앙통신 통해 국제원자력기구IAEA 탈퇴 발표. 한국고속철도건설공단, 프랑스 GEC 알스톰 그룹과 경부고속철도 차량도입 계약 체결. 정부, 카터 전 미대통령의 남북정상회담 제의 수락. 남·북, 7월 25~27일 김영삼 평양 방문 합의. 7. 북한 김일성 7월 8일 사망. 김영삼 평양 방문 무산. 전국 폭염(대구 39.4°, 서울 38.4°). 가뭄 계속. 8. 교육부, 총학생회의 교내 수익사업 금지. 제주도·경주시·설악산·유성·해운대 5개 지역을 관광특구로 지정. 삼성전자, 256메가D램 시제품 제작 성공. 9. 북한 중앙통신, 김정일을 수령이라 호칭. 시민단체 국민참여연대 창립. 외무부, 우리나라 문화재 64,852점 세계 176 국가에 산재해 있다고 발표. 10. 한국, 〈생물다양성협약〉 가입. 북한, 평양에 단군릉 건립. 성수대교 교각 상판 일부 붕괴(사망 32명). 북·미, 핵문제 해결을 위한 〈북미제네바기본합의서〉 서명. 6·25 전사자로 알려진 조창호 소위 북한에서 탈출 귀환. 검찰, 12·12 사태 기소유예 처분. 광주 5·18묘역 성역화사업 기공. 11. 북한 정무원 산하 고려민족산업발전협회 서울사무소 설치 허용. 한·미·일, 대북경수로사업 주계약자를 한국기업 선정 합의. 서울 남산골 한옥마을에 〈서울 천년 타임캡슐〉 매설. 12. 유엔군 사령부, 한국군에 평시작전통제권 이양. 정부, 삼성그룹의 승용차사업 진출 허용. 대한항공·아시아나항공, 서울~베이징 직항로 개통. 정부, 남북경협을 위해 6개 기업 방북 승인. 직할시 폐지되고 광역시로 개칭. 수출 960억 달러.

1995. 1. 우루과이 라운드 발효로 세계무역기구WTO 출범. GATT 종료. 정부, 개인의 외환보유 완전자유화 등 외환 개혁. 정부, 해외 부동산 투자 허용. 헌법재판소, 12·12 사태 기소유예처분 취소 청구 각하. 김종필, 민자당 당대표 사퇴. 통일부 산하 북한경수로사업지원기획단 설립. 2. 세계은행·아시아개발은행, 한국 산성비의 33%가 중국 아황산가스 때문이라고 발표. 자유민주연합 창당(총재 김종필). 3. 케이블 TV 20개 채널 본방송 개시. 한·미·일, 한반도에너지개발기구KEDO 설립. 대북경수로사업 착수. 한·미, 북한에 제공되는 경수로는 한국형이어야 한다는 입장 재확인. 전남 영광 한빛원자력발전소 3호기 준공. 〈부동산 실권리자 명의등기에 관한 법률〉(부동산실명제) 제정. 4. 재정경제원, 1994년 조세부담률 20% 초과 발표. 중국·홍콩·대만 등 중화경제권 수출이 대미 수출 초과. 대구 지하철공사장 가스폭발 사고(101명 사망). 5. 정부, 에볼라 바이러스 비상령 발령. 정부, 첫 남북 합작사업으로 대우 남포공단사업 승인. 86 우성호, 서해에서 북한 경비정에 피랍. 6. 정부, 북한에 쌀 15만 톤 무상제공. 제 1회 전국동시지방자치단체장 선거 실시. 서울 삼풍백화점 붕괴사고(502명 사망). 7. 김대중, 정계 복귀 선언. 서울지검, 전두환·노태우에 공소권 없음 처분. 여천 앞바다에서 유조선 시프린스호 좌초로 기름 유출. 외무부, 러시아의 북한 벌목공 7명 귀순 발표. 8. 국민학교를 초등학교로 개칭. 최초의 방송통신위성 무궁화 1호 발사 성공. 구 조선총독부 건물 첨탑 철거로 해체 시작. 경기 용인의 경기여자기술학원 원생들, 탈출 시도 중 화재(38명 사망). 중서부지방 집중호우(29명 사망). 9. 새정치국민회의 창당(대표 김대중). 제 1회 광주비엔날레 개막. 10. 대법원, 서소문에서 서초동 신청사로 이전. 대우 남포공단 가동. 국방부, 〈국방백서〉에 주적主敵 용어 명시. 11. 한국, 유엔 안보리 비상임이사국에 선출. 전국민주노동조합총연맹(민주노총) 출범. 노태우, 뇌물수수 혐의 등으로 구속. 국민회의·자민련, 김영삼의 대선자금 공개 촉구. 헌법재판소, 검찰의 5·18 공소권 없음은 부당하다고 결론. 검찰, 12·12 사태와 5·18 항쟁에 대

한 재수사 착수. 12. 〈영해법〉을 〈영해 및 접속수역법〉으로 개정. 전두환 구속. 정부, KEDO와 북한이 체결한 〈대북경수로공급협정안〉 승인. 최규하, 재임 시 행한 국정운영에 대해 검찰 조사를 받을 수 없다는 입장 확인. 서울지법, 노태우 등 15명에 대한 1차 공판. 12·12 및 5·18 특별수사본부, 전두환을 군형법상의 반란수괴 등 6개 죄목으로 기소. 납북된 제 86 우성호 선원 5명 및 유해 3구, 7개월 만에 귀환. 교육부, 〈종합생활기록부〉 시행계획 확정 발표. 수출 1,250억 달러.

1996. 1. 54개 농수산 가공식품과 146개 국산 농산물에 원산지 표시제 실시. 110개 중앙정부 업무를 지방자치단체에 이양. 무궁화 2호 위성 발사 성공. 재정경제원, 94년도 1인당 국민소득 8,220달러라고 발표. 전남 영광 한빛원자력발전소 4호기 준공. 2. 민자당, 신한국당으로 개명. 충남 태안과 중국 산동성 칭다오 간 549㎞의 해저 광케이블 개통. 중소기업청 발족. 민족통일연구원, 55년 이후 강제 납북된 3,738명 중 미송환 442명이라고 발표. 헌법재판소, 전두환·노태우 등 28명이 낸 헌법소원 각하. 3. 한국·EU, 〈경제정치협력협정〉 체결. 4. 강원 탄광 지구와 충북 보은 등 7개 지구를 1차 개발촉진지구로 지정. 광우병과 관련 영국·아일랜드산 소와 가공식품 수입금지 조치. 제 15대 국회의원 선거(투표율 63.9%. 299석 중 신한국당 139, 국민회의 79, 자민련 50). 김영삼·클린턴, 한반도 평화를 위한 남·북·미·중 4자회담 제의. 북한, 4자회담 거부. 강원도 고성 산불(산림 3,834ha 소실). 북한, 평양에 CNN지국 개설 허가. 통일원, 삼상전자·태창·대우전자 등이 신청한 1,920만 달러 대북투자사업 승인. 5. 한국은행, 95년 말 총외채 789억 달러로 집계(전년 대비 38.9% 증가). 국제축구연맹FIFA, 2002년 월드컵 축구대회 한·일 공동개최 결정. 6. 98년까지 외국인에게 증권·은행 설립 전면개방. 7. 북한·KEDO, 통신의정서 등 3개 의정서에 서명. 북한 홍수로 27만 ha 이상의 농경지 침수. 제 26회 애틀랜타 하계올림픽(한국 12위). 8. 경찰, 연세대 범청학련통일대축전행사 강제 해산시킴. 김영삼, 친북세력 응징 공표. 〈배타적경제수역법〉 제정.

온두라스 선적 원양 참치어선 선상 반란으로 한국인 선원 7명 피살. 9. 김영삼 중남미 순방. 교육부, 한의대 수업거부 학생 649명 유급 확정. 강릉 앞바다에서 북한 잠수함 1정 좌초(11명 자폭, 1명 생포). 10. 헌법재판소, 공연윤리위원회의 사전심의는 위헌이라고 결정. 한국·EU, 〈무역과 협력을 위한 기본협정〉 체결. 11. 구 조선총독부 건물 철거 완료. 조선의 마지막 황태손 이구, 일본에서 영구 귀국. 헌법재판소, 사형제도 합헌 결정. 12. 한국, OECD 29번째 회원국으로 가입. 서울고법, 전두환 무기징역, 노태우 징역 17년 선고. 신한국당, 〈안기부법〉〈노동관계법개정안〉 등 단독처리. 부안 다목적댐 준공. 수출 1,297억 달러.

1997. 1. 〈북한이탈주민의 보호 및 정착지원에 관한 법률〉 제정. 1월 1일 현재 전국인구 4,575만 명. KEDO·북한, 대북경수로사업서비스 및 부지의정서 서명. 상암동 난지도쓰레기매립장 안정화 개시. 한보그룹 부도. 2. 황장엽 북한 노동당 비서, 베이징에서 한국 망명 신청. 한국·일본·타이완 등 아시아 9개국 연결하는 아태해저광케이블 개통. 3. 초등학교 전면 무료급식 실시. 노동부, 96년 12월 말 외국인 합법취업자 1만 3천, 연수생 6만 8천, 불법체류자 12만 명이라고 발표. 삼미그룹 부도. 〈노동조합 및 노동관계조정법〉 제정. 4. 김영삼, 북한에 4자회담 촉구. 미 국무부, 북한에 4자회담 촉구. 대법원, 12·12 및 5·18 관련 전두환 무기징역, 노태우 징역 17년 확정. 진로그룹 부도. 황장엽 서울 도착. 5. 국민회의, 총재·대통령후보에 김대중 선출. 공보처, 케이블TV 2차 종합유선방송국 23개 권역의 사업자 선정 발표. 6. 외국인에 국내 채권시장 개방. 김영삼, DMZ 보존을 위한 남북한협력 제의. 7. 북한, 태양절 및 주체연호 채택. 전국 자동차 1천만 대 돌파. 기아그룹 부도유예협약 적용. 헌법재판소, 동성동본 혼인금지 민법조항 헌법 불일치 결정. 신한국당, 대통령후보 이회창 선출. 한국, 국제습지조약(람사르 조약) 101번째로 가입. 8. 남·북·미·중 4자회담 예비회담. KAL 801편 보잉 747기 괌 공항 인근에 추락(사망 229명). KEDO·북한, 함남 신포 금호지구에서 대북경수로사업 착공식. 9. 경주 월성원

자력발전소 2호기 준공. 민주당, 대통령후보 조순 선출. 신한국당, 당 총재 이회창 추대. 기아그룹 법정관리 시작. 10. 국방과학연구소, 단거리 지대공 천마미사일 시험발사 성공. 북한, 노동당 총비서에 김정일 추대. 캄보디아와 대사급 수교. 국민회의·자민련, 대통령 단일후보 김대중 추대. UNDP, 서울에 국제백신연구소 설립. 11. 해태그룹 부도. 주가 최대 폭락. 환율 1달러 : 1,000원 돌파. 정부, IMF에 200억 달러 긴급구제금융 요청. 신한국당·민주당, 한나라당으로 통합(대통령후보 이회창, 총재 조순). 12. IMF와 구제금융지원 양해각서 체결(IMF 사태). IMF, 3년간 210억 달러 지원 승인. IMF, 1차 56억 달러 지원. 한라그룹 부도. 제 1차 4자회담 본회의(제네바). 재정경제원, 5개 종금사 업무정지. IMF, 2차 35억 달러 지원. 제 15대 대통령선거(투표율 80.7%. 김대중 40.3%, 이회창 38.7%). 아시아개발은행 ADB, 한국에 40억 달러 지원 결정. 환율 최고치 기록 1달러 : 1,995원. 외환보유액 39억 달러. IMF, 3차 20억 달러 지원. 전두환·노태우 포함 19명 특별사면. 수출 1,361억 달러.

1998. 1. 재정경제원, 97년 11월 말 총외채 1,569억 달러라고 발표. 〈금융산업의 구조개선에 관한 법률〉 제정. 노사정위원회 출범. 금융통화운영위원회, 제일·서울은행을 부실 금융기관으로 지정. 재정경제원, 10개 종합금융회사 폐쇄 결정. 전국적 금모으기운동 전개. 2. 김대중 제 15대 대통령 취임. 3. 북한, 비행정보구역 개방. 제 2차 4자회담 본회의(제네바). 4. 김대중 유럽 방문. 남산골 한옥마을 개관. 5. 리틀엔젤스 예술단 북한 공연. 외국인 주식투자 한도 폐지. 6. 제 2회 전국동시지방선거 실시. 〈한미범죄인인도조약〉 체결. 정주영 현대그룹 명예회장, 소 5백 마리 이끌고 방북. 속초 앞바다에 북한 잠수정 침투. 금융감독위원회, 퇴출대상 55개 기업 발표. 금융감독위원회, 5개 은행 퇴출 결정. 7. 외환매입제한 폐지. 박세리, US여자오픈골프대회 우승. 8. 현대그룹, 북한과 금강산종합개발사업 의정서 체결. 북한, 무수단리에서 인공위성 광명성 1호 발사. 정부, 광복 50주년 7,007명 사면. 9. 북한,

김정일 국방위원장 재추대. 10. 정주영, 소 501마리 이끌고 2차 방북. 정주영·김정일, 금강산관광사업 합의. 제 3차 4자회담 본회의(제네바). 현대자동차, 기아자동차 인수. 11. 외교통상부, 독도 영유권 문제는 거론될 성질의 문제가 아니라고 공표. 금강산 관광유람선 현대금강호 첫 운항. 김대중 중국 방문. 〈신한일어업협정〉 체결. 강화도에 북한 잠수정 침투. 12. 여수 앞바다에 북한 잠수정 침투. IMF 자금 28억 달러 상환. 외환보유액 520억 달러. 수출 1,323억 달러.

1999. 1. 은행감독원·증권감독원·보험감독원·신용관리기금 통합하여 금융감독원 설립. 제 4차 4자회담 본회의(제네바). 국가안전기획부를 국가정보원으로 개칭. 2. 사할린 거주 동포 60명 영구 귀국. 현대그룹, ㈜ 아산 설립. 〈국민건강보험법〉 제정. 3. 국가정보원, 정전 이후 북한 억류 납북자는 454명, 생존 미송환 국군 포로는 231명이라고 발표. 4. 엘리자베스 영국 여왕 방한. 한국선물거래소 개장. 제 5차 4자회담 본회의(제네바). 5. 〈공직자 등의 병역사항 신고 및 공개에 관한 법률〉 제정. 6. 국군화생방방호사령부 재편성. 서해 연평도 앞바다에서 한국 해군과 북한군 교전(제 1연평해전). 경기 화성군 씨랜드 청소년수련원 화재(유치원생 등 23명 사망). 7. 김대중, 미국·캐나다 방문. 8. 제 6차 4자회담 본회의(제네바). 9. 무궁화 위성 3호 발사 성공. 김대중·기업 총수, 기업구조개혁 등 8개 항의 합의문 발표. 미국, 대북경제제재 완화 발표. IMF 보완준비금융 135억 달러 조기상환. 남북통일농구대회(평양). 10. 평화유지군PKO 상록수부대 419명 동티모르 파병. 현대·북한, 금강산개발 30년 독점사용권 합의. 대우그룹 12개 계열사 워크아웃 계획 확정. 11. 정몽준 대한축구협회 회장 방북. 12. KEDO·한국 전력, 북한 경수로 본공사 주계약 체결. 한국항공우주연구원, 다목적 실용인공위성 아리랑 1호 발사 성공. 한국우주항공산업KAI 설립. 대법원, 한총련을 이적단체로 규정. ㈜ 아산, ㈜ 현대아산으로 개칭. 남북통일농구대회(서울). 수출 1,436억 달러.

2000. 1. 국방대학교 재창설. 〈제 4차 국토종합계획〉(2000~2020) 공고.

제일은행 해외매각. 3. 북한 해군사령부, 서해북방한계선 NLL 부정. 동남아시아-중동-서유럽-3(SEA-ME-WE-3) 국제해저광케이블, 한국 등 추가연장사업 완료. 김대중 독일 방문. 김대중, 한반도 평화 정착을 위한 베를린 선언. 4. 남·북, 김대중·김정일 회담 예정 발표. 중앙선거관리위원회, 총선 출마후보자의 전과기록 공개. 제 16대 국회의원 선거(투표율 57.2%. 273석 중 한나라 133, 민주 115). 5. 평양학생소년예술단 서울 공연. 6. 평양교예단 서울 공연. 김대중 평양 방문. 김대중·김정일, 5개 사항 합의(6·15 남북공동선언). 미국, 대북경제제재완화 조치 발표. 7. 제 1차 남북장관급회담(서울). 8. 의약분업 시행. 한국 언론사 사장단 방북. 제 2차 남북장관급회담(평양). 남북경제협력추진위원회 발족. 현대자동차 등 현대 9개 회사, 현대그룹에서 분리하여 현대자동차그룹 출범. 기아자동차, 현대자동차그룹에 편입. 제 1차 남북이산가족 상봉(서울과 평양 각 151명). 현대·조선아시아태평양평화위원회, 〈북한의 7대 사업에 관한 경제협력 합의서〉 체결. 9. 비전향 장기수 63명 북한으로 송환. 제 1차 조총련 재일동포 고향방문단 63명 입국. 제 3차 남북장관급회담(제주). 제 1차 남북국방장관회담(제주). 제 27회 시드니 하계올림픽(한국 12위). 10. 중앙정부와 3천 5백여 전 읍·면·동을 연결하는 정보통신망 개통. 의문사진상규명위원회 설립. 제 3차 아시아유럽정상회의ASEM 서울에서 개회. 경찰청 내 사이버경찰청 개설. 현대건설 1차 부도. 11. 2차 29개 퇴출 대상 기업 발표. 대우자동차 부도. 동아건설 부도. 제 2차 조총련 재일동포 고향방문단 120명 입국. 제 2차 남북이산가족 상봉(서울과 평양 각 100명). 제 1차 남북군사실무회담(판문점). 12. 김대중, IMF 차관 전액상환 발표. 김대중, 노벨평화상 수상. 행정자치부, 시·군·구 행정종합전산망 구축 완료. 제 4차 남북장관급회담(평양). 남·북, 〈남북경협 4대 합의서〉 서명. 〈주한미군지위협정SOFA〉 2차 개정. 수출 1,722억 달러.

2001. 1. 축구 국가대표팀 감독에 네덜란드의 거스 히딩크 선임. 클린턴 미 대통령, 1950년 7월 노근리 사건에 대해 유감 표명. 2. 제 3차 남북

이산가족 상봉. 북한 경제시찰단 미국 방문. 푸틴 러시아 대통령 방한. 공적자금관리위원회 신설. 3. 서울 홍제동 화재로 소방관 6명 순직. 남북이산가족 첫 서신 교환(각 3백 통). 한국, 미사일기술통제체제MTCR 33번째 회원국으로 가입. 국군 하사관을 부사관으로 개칭. 인천국제공항 개항. 7. 국회 특별위원회, 일본 역사교과서 왜곡 시정 촉구 결의안 채택. 8. 민족통일대축전(평양). 문화관광부, 한류산업 육성책 발표. IMF 구제금융 195억 달러 전액상환으로 IMF 관리체계 조기종료. 9. 제 5차 남북장관급회담(서울). [미국 뉴욕 9·11 테러]. 10. 한일역사공동연구위원회 발족. 11. 제 6차 남북장관급회담(금강산). 세계 27개국 5백여 명의 한인 경제인·무역인, LA에서 남북경제교류활성화 등 4개항의 결의문 채택. 김대중, 새천년민주당 총재 사퇴. 12. 한국통신, 멀티미디어통신 시범서비스 개시. 북한 경수로 관계자 20명 방한. 서해안고속도로 완공(서울 금천구~전남 무안). 외환보유액 1,028억 달러. 수출 1,504억 달러.

2002. 1. 재정경제부, 외환위기 이후 1998년~2001년 투입된 공적자금 155조 3천억 원이라고 발표. 2. 조지 부시 미 대통령 방한. 3. 한국디지털위성방송, 다채널위성방송(스카이라이프) 개시. 전국공무원노동조합(전공노) 결성. 4. 제 4차 남북이산가족 상봉. 5. 최경주, 미 PGA 뉴올리언즈 콤팩 클래식 우승. 제 17회 FIFA 2002 한일월드컵 축구대회(한국 4위). 6. 여중생 2명, 미군 장갑차에 치어 사망. 제 3회 전국동시지방선거 실시. 연평도 앞바다에서 한국 해군과 북한군 교전(제 2연평해전. 6명 전사). 7. 전경련, 러시아 극동자바이칼협회와 〈협력의정서〉 체결. 8. 카트먼 KEDO 사무국장, 북한의 IAEA 특별사찰 촉구. 8·15 민족통일대회(서울). 제 7차 남북장관급회담(서울). 9. 태풍 루사(사망 246명). 제 8차 남북군사실무회담. 제 5차 남북이산가족 상봉. 제 1차 북일정상회담(평양). 남·북, 경의선·동해선 연결공사 각각 착공. 남북군사직통전화 첫 개통. 제 14회 부산 아시아경기대회(43개국 9,782명 참가. 한국 2위). 제 7차 남북군사실무회담. 대구 실종 초등학생 5명

유골 11년 만에 발견. 10. 제 8차 남북장관급회담(평양). 11. 한국항공우주연구원, 액체추진로켓 KSR-Ⅲ 발사 성공. 12. 전자정부 출범. 미사일 적재 북한 선박, 아라비아해에서 스페인 군함에 나포. 제 16대 대통령선거(투표율 70.8%. 노무현 48.9%, 이회창 46.6%). 수출 1,624억 달러.

2003. 1. 통일부, 현대아산이 제출한 대북협력사업 변경신청 승인. 북한, 핵확산금지조약NPT 탈퇴 선언. 북한, NPT 탈퇴 지지 평양 100만 군중대회. 타이완, 한국인의 무비자 입국 허용. 제 9차 남북장관급회담(서울). 2. 노무현 정부 명칭 〈참여정부〉로 확정. 한국·칠레 FTA 서명. 정몽헌 현대그룹 회장, 대북 7대사업 대가로 2002년에 북한에 5억 달러 송금했다고 공개. 대구지하철 화재사고(사망 192명). 제 6차 남북이산가족 상봉. 노무현 제 16대 대통령 취임. 3. 법무부, 2012년 말 현재 국내 불법체류 외국인 289,239명이라고 발표. 한국노총·민주노총 위원장 평양 방문. 4. 교육인적자원부, 교육행정정보시스템NEIS 시행. 한·중·일·ASEAN국가, 중증급성호흡기증후군SARS 증상의심자 출국금지 합의. 제 10차 남북장관급회담(평양). 이라크 전후복구지원 등을 위한 서희·제마부대 673명 출국. 5. 4월 말 국내 승용차 1,001만 대. 한국가스공사, 러시아 가스프롬사와 〈천연가스공동개발협정〉 체결. 6. 비무장지대 군사분계선에서 경의선·동해선 철도 연결식. 제 7차 남북이산가족 상봉. 개성공단 착공식. 7. 청계천 복원공사 착수. 국방부, 북한정권과 북한군을 적으로 하는 주적主敵개념 규정. 제 11차 남북장관급회담(서울). 8. 정몽헌 현대그룹 회장 투신자살. 8·15 민족통일대회(평양). 〈남북경협합의서〉 발효. 베이징에서 북한 핵문제 해결을 위한 제 1차 6자회담(남·북·미·일·중·러). 외국인근로자고용허가제 시행. 9. 북한, 김정일 국방위원장 재추대. 통일부, 1995년 6월부터 2003년 6월까지 대북지원금은 총 7억 8,436만 달러라고 발표. 한국 관광단 114명, 육로로 금강산 관광. 태풍 매미(사망 130명). 제 8차 남북군사 실무회담(판문점). 제 8차 남북이산가족 상봉(금강산). 과학기술위성 1

호 우리별 4호 지상국과 교신 성공. 10. 평양 류경 정주영체육관 개관. 한·중·일 정상회담에서 한반도 비핵화 등 14개 분야에 합의. 고건 총리 등 국무위원, 노무현 재신임 관련 일괄사표 제출. 제 12차 남북장 관급회담(평양). 국방부, 6·25전쟁 중 북한 억류 국군포로 1,186명으로 확인. 동티모르 파견 상록수부대 철수. 11. KEDO, 대북경수로 건설 사업 한시적 중단 발표. 열린우리당 창당(의장 김원기). 12. 부안 방사성폐기물처리장 건립 반대시위. 소해면상뇌증(광우병) 발생으로 미국산 쇠고기 수입금지. 반추동물 원료를 함유한 미국산 가공식품 수입금지. 전남 순천만 등 5곳을 습지보호지역 및 생태계보존지역으로 추가 지정. 수출 1,938억 달러.

2004. 2. 제 13차 남북장관급회담(서울). 이라크 추가파병 동의안 국회 통과. 제 2차 6자회담(베이징). 3. 한나라당·민주당, 노무현 대통령에 대한 탄핵소추안 국회에 제출. 국회, 노무현 대통령 탄핵소추안 가결. 대법원, 매향리 주민 승소판결 확정. 제 9차 남북이산가족 상봉(금강산). 〈일제강점하 반민족행위 진상규명에 관한 특별법〉 제정. 4. 한·칠레 FTA 발효. 제 17대 국회의원 선거(투표율 60.6%. 299석 중 열린우리당 152, 한나라당 121). 김종필 정계은퇴 선언. 5. 제 14차 남북 장관급회담(평양). 헌법재판소, 국회의 노무현 탄핵청구 기각. 제 1차 남북장성급군사회담(금강산). 제 2차 북일정상회담(평양). 친일반민족 행위진상규명위원회 설립. 6. 미국, 2005년 말까지 주한미군 12,500명 감축 한국에 통보. 제 2차 남북장성급군사회담(속초). 남북 함정 첫 교신 성공. 우리민족대회(인천). 개성공단 시범단지 부지조성 완료(2만 8천 평). 제 3차 6자회담(베이징). 의문사진상규명위원회 활동 종료. 7. 제 10차 남북이산가족 상봉(금강산). 주 5일근무제 단계적 시행. 8. 제 28회 아테네 하계올림픽(한국 9위). 이라크 평화재건사단(자이툰 부대) 파견. 11. 석유공사, 울산 앞 해상천연가스 생산시설 완공. 12. 개성공단 시범단지 생산제품 첫 반출. 정부, 쌀 관세화 유예를 10년간 추가 연장. 수출 2,538억 달러.

2005. 1. 현금영수증제도 실시. 유태흥 전 대법원장 투신자살. 현대중공업, 1만 TEU급 울트라 컨테이너선 건조. 국방부, 〈국방백서〉에서 주적 용어 삭제. 〈국어기본법〉 제정. 2. LG전자, DMB 노트북 출시. 3. 한국전력, 개성공단에 전력 공급. 광복 60주년 및 부활절 남북특별기도회(금강산). 북한·중국, 〈투자 장려 및 보호에 관한 협정〉〈환경 협조에 관한 협정〉 체결. 전국 초·중·고교 토요일 휴무 실시. 5. 친일반민족행위진상규명위원회 출범. 6. 김우중 전 대우그룹 회장 구속. 제 15차 남북장관급회담(서울). 민족통일대축전(평양). 7. 강습상륙함 독도함 진수. 남북광통신망 연결. 대법원, 여성도 종중회원으로 인정. 남북 민간 직통전화 개통. 제 4차 6자회담(베이징). 제주, 주민투표로 단일광역체제 선택. 경동시장에 서울약령시 지정. 8. 서해상 우발충돌 방지를 위한 남북통신연락소 개소. 북한 화물선 제주해협 통과. 8·15민족통일대축전(서울). 제 1차 남북이산가족 화상 상봉. 상업 목적의 남 선박, 북 항구에 입항. 가수 조용필 평양 공연. 시범 기업도시 6곳 선정. 제 11차 남북이산가족 상봉(금강산). 개성 시범관광 실시. 9. 안중근의사 유해 공동발굴 및 봉환사업에 대한 제 1차 남북실무접촉(개성). 제 16차 남북장관급회담(평양). 노무현, 유엔 총회 기조연설. 전자어음 사용 시작. 10. 남영동 대공분실 경찰청 인권센터로 전환. 청계천 복원 완료. 〈북관대첩비〉 일본에서 국내로 귀환. 남북경제협력추진위원회 개성사무소 개소. 11. 뉴라이트 전국연합 창립. 방사성 폐기물처리장 부지 경주로 확정. 제 12차 남북이산가족 상봉(금강산). 남북 고구려유적 공동조사 학술회의(금강산). 유엔 총회, 북한인권결의안 채택. 제 5차 6자회담 1단계회의(베이징). 아시아태평양경제협력체APEC 정상회의(부산). 12. 진실화해위원회 설립. 국방부, 베트남전 외교문서 공개. 인혁당 사형집행 관련문서 공개. 제 17차 남북장관급회담(제주). 〈친일반민족행위자 재산의 국가귀속에 관한 특별법〉(친일파재산환수법) 제정. 유엔 총회, 북한인권결의안 채택. 수출 2,844억 달러.

2006. 1. 군의문사진상규명위원회 설립. 방위사업청 개청. KOSPI 1,400

선 돌파. 2. 신학기부터 초중고교 2·4 토요일 휴교. 3. 제 3차 남북장성급회담(판문점). 〈북관대첩비〉 북한으로 전달. 국방부, 군사보호구역 215㎢ 해제. 노무현 아프리카 순방. 황우석, 줄기세포 조작 시인. 친일파 재산환수 시작. 나이지리아와 20억 배럴 유전개발 계약. 새 교육행정정보시스템NEIS 운영. 대법원, 새만금사업 계속진행 결정. 전두환 등 176명 서훈 취소. 서울대, 황우석 교수 파면. 정진석 대주교, 추기경에 서임. 4. 통합 신한은행 출범. 북악산 등산로 일부 개방. 노동단체 대표단 방북. 제 18차 남북장관급회담(평양). 5. 〈주민소환에 관한 법률〉 제정. 한국, 유엔인권이사회 이사국에 선출. 남·북, 김대중 6월 하순 방북 합의. 제 4회 전국동시지방선거 실시. KEDO, 경수로사업 종료 결정. 6. 여당 열린우리당 지방선거 참패. 1,800t급 잠수함 손원일함 진수식. 제 14차 이산가족 상봉(금강산). 김대중 6월 방북 연기. 6·15 민족통일대축전(광주). 화천 평화의 댐 2단계공사 준공. 7. 제주특별자치도 출범 및 단일광역체제로 전환. 북한, ICBM급 대포동 2호 등 미사일 7기 동해상에 시험발사. 전군 비상태세. 전국적 FTA 반대 데모. 제 19차 남북장관급회담(부산). 남북장관급회담 결렬로 북측 대표 조기귀환. 유엔 안전보장이사회, 미사일 발사 관련 대북결의문 채택. 북한에 쌀·비료 지원 중단. 북한에 수해. 북한, 이산가족상봉 중단 선언. 북한, 현대아산에 금강산 면회소 현장철수 통보. 8. 북한, 수해 지원물자 요청. 정부·민간, 200억 원 상당 북한 수해 지원 확정. 정부, 동해·독도 표기된 세계지도 제작 배포. 9. 노무현 미국·유럽 순방. 중국 등 세계 24개 금융기관, 대북 거래중단. 전국공무원노조 사무실 140여 곳 폐쇄. 북한 미사일 대응을 위한 유도탄사령부 창설. 삼성전자, 40나노 32기가 낸드플래시 메모리 개발. 반 전교조 표방 뉴라이트 학부모연합 출범. 10. 북한, 1차 핵실험. 반기문 외교통상부 장관, 유엔 사무총장에 선출. 11. 교육·노동계 전국적 파업. 민노총 무기한 총파업. 수출 3,254억 달러.

2007. 1. 현대차, 노조에 손배소 청구. 서울대, 특이천체 퀘이사 40개 발

견. 서울중앙지법, 1975년 인혁당사건 무죄 선고. 중국 인민해방군 대표단 한국 방문. 북한, 영변 원자로 가동중단 및 IAEA 사찰단 재입국 허용. 2. 열린우리당 의원 23명 탈당. 열린우리당 의원들, 노무현 대통령에 탈당 요구. 제 5차 6자회담 3단계 회의에서 〈2 · 13 합의〉 채택(베이징). 미 하원, 첫 위안부 청문회 개회. 제 20차 남북장관급회담(평양). 노무현, 열린우리당 탈당. 3. UNDP, 대북사업 중단. 제 6차 6자회담 1단계 회의(베이징). 대북 지원 비료 30만 톤 1차 출항. 4. 한 · 미 FTA 협상 타결. 북악산 등산로 완전개방. 미국산 쇠고기 3년 5개월 만에 수입재개. 5. 한국 · EU, FTA 협상 개시. 제 15차 남북이산가족 상봉(금강산). 최초의 이지스함 세종대왕함 진수. 제 21차 남북장관급회담(서울). 뉴욕 KEDO 사무국 폐쇄. 6. 열린우리당 의원 16명 2차 탈당. 열린우리당 의원 16명 3차 탈당. 6 · 15민족통일대축전(평양). 제 21차 남북장관급회담(서울)으로 회담 종료. 7. 충남 태안 앞바다에서 고려청자 침몰선박 발견. KOSPI 2,000 돌파. 8. 〈자본시장과 금융투자업에 관한 법률〉(자본시장법) 제정. 남 · 북, 남북정상회담 평양 개최 동시 발표. 민영휘 등 친일파 10명 재산 257억 원 국가귀속 결정. 독립유공자 후손 32명 한국국적 취득. 북한에 수해. 남북정상회담 10월로 연기. 대통합민주신당 창당. 헌법재판소, 공무원 집단행위 금지조항은 합헌이라고 결정. 9. 국가핵융합연구소, 핵융합연구장치 KSTAR 완성. 한국진보연대 창립. 국가기록원, 비공개 기록물 147만 건 목록 공개. 제 6차 6자회담 2단계 회의에서 〈10 · 3 합의〉 발표. 10. 노무현 평양 방문. 노무현 · 김정일, 8개항의 〈10 · 4 남북공동선언〉 발표. 11. 방송위원회, 지상파방송 중간광고 허용. 제 1차 남북총리회담(서울). 12. 관광객 350명 개성 방문. 태안 앞바다에서 유조선 충돌로 원유 12,547리터 유출사고. 〈군사기지 및 군사시설 보호법〉 제정. 제 17대 대통령선거(투표율 63.0%. 이명박 48.7%, 정동영 26.1%). 아프가니스탄 주둔 다산 · 동의부대 마지막 병력 귀국. 김우중 · 박지원 등 75명 특별사면. 서울외곽순환고속도로 전 구간 개통(127.5km). 수출 3,714억 달러.

2008. 1. 기초노령연금 시행. 2. 외국 로펌 국내에 제한 진출. 숭례문 방화로 소실. 대통합민주신당·민주당 통합하여 통합민주당 출범. 제 17대 이명박 대통령 취임. 뉴욕 필하모닉 오케스트라 평양 공연. 민주주의민족통일전국연합 해산. 3. 로스쿨 제도 시행. 4. 제 18대 국회의원 선거(투표율 46.1%. 299석 중 한나라당 153석. 통합민주당 81석). 이명박, 미·일 방문. 한·미, 쇠고기 수입재개 합의. 19개 시군구에서 조류인플루엔자AI A/H5N1 확인. 5. 미국산 쇠고기 수입반대 촛불집회. 서울대공원 가금류 모두 살처분. 미국, 작년 6월부터 1년 간 북한에 식량 50만 톤 지원했다고 발표. 전교조 2만 명, 전국교사대회. 정부, 미 쇠고기 고시 발표. 6. 미 쇠고기 고시 무효 주장 10만 명 헌법 소원. 화물연대 총파업. 이명박, 쇠고기 파문 특별 기자회견. 한·미, 쇠고기 추가협상. 서울에서 OECD IT 장관회의. 북한, 핵신고서 제출. 북한, 영변 원자로 냉각탑 폭파. 7. 통합민주당, 민주당으로 개칭. 현대·기아차, 미국 시장점유율 6% 돌파. 모든 음식점에 쇠고기 원산지표기 의무화. 금강산에서 50대 여성 관광객 북한 초병에 피격 사망. 금강산 관광 중단. 쇠고기 국정조사 착수. 공공기관 차량 홀짝제운행 시행. 레바논 PKO 파견 연장안 국회 통과. 서울 첫 직선 교육감 선거. 헌법재판소, 태아 성감별 금지 헌법에 불합치 결정. 8. 제 29회 베이징 하계올림픽(한국 7위). 29개 공공기관 통폐합. 지방공항 3개소 폐쇄. 25개 대학 로스쿨(법학전문대학원) 최종 인가. 9. 북한, 영변 핵시설 재가동할 것임을 IAEA에 통보. 그린벨트 308㎢ 해제. 10. 미국, 20년 9개월 만에 북한을 테러지원국에서 해제. 북한, 영변 핵시설 불능화작업 재개. 11. 정부, 민간지원단체 금강산 방문 허용. 한국, 미국비자 면제국이 됨. 대형마트 등, 미국산 쇠고기 판매 재개. 유엔 총회, 북한인권결의안 채택(한국 참가). 12. 북한, 개성관광 중단, 경의선철도 운행중단, 군사분계선 통행제한, 남북직통전화 단절, 개성공단 상주인구 절반 축소 등 시행. 개성공단 및 금강산 지역 비상주 인원 철수 완료. 자이툰·다이만 부대 이라크에서 철수 완료. 수출 4,220억 달러.

2009. 1. 북한 김정일, 후계자로 3남 김정은 지명. 용산 재개발 철거 중 화재(6명 사망). 14개 건설·조선사 워크아웃. 북한, 정치·군사 남북합의 모두 무효화 선언. 2. 고속철도터널 부산 금정터널 완공(20.3km). 3. 출자총액제한제도 폐지. 한미연합전시증원연습RSOI, 키 리졸브 훈련으로 전환. 북한, 미국의 식량지원 거부. 북한, 미국 국적 여기자 2명 억류. 헌법재판소, 주민소환제 합헌 결정. 4. 북한, 김정일 북방위원장 재추대. 신종인플루엔자 H1N1 법정전염병 지정. 대검찰청, 노무현 전대통령 소환조사. 5. 노무현 죽음. 북한 2차 핵실험. 한국, 대량살상무기확산방지구상PSI 참여. 6. 북한, 개성공단 임금 4배, 땅값 3배 요구. 전남 고흥 나로우주센터 준공. 우주발사체 나로호 1차 발사 실패. 7. 북한산 우이령길 개방. 서울~춘천 민자고속도로 개통. 서울 지하철 9호선 운행 개시. 8. 광화문광장 개장. 클린턴 전 미 대통령 방북. 9. 개성공단 육로통행 정상화. 북한, 예고 없이 댐 방류(6명 사망). 제 3회 세계델픽대회(제주). 10. 광화문광장 세종대왕상 제막. 연합자산관리회사설립. 국내최장 인천대교(18.38km) 완공. 11. 민족문제연구소·친일인명사전편찬위, 4,389명 수록 〈친일인명사전〉 발간. 해군, 서해 대청도 동쪽에서 북한과 교전(대청해전). 오바마 미 대통령 방한. 외국인노조 국내 설립. 한국, OECD의 개발원조위원회DAC 가입. 헌법재판소, 혼인빙자간음죄 위헌 판결. 친일반민족행위진상규명위원회, 〈친일반민족행위진상규명보고서〉 발간 후 해체. 북한 화폐개혁. 12. 군의문사진상규명위원회 활동 종료. 쇄빙선 아라온호 남극으로 출항. 한전, 400억달러 UAE 원전공사 수주. 수출 3,635억 달러.

2010. 1. 서울 관측 이래 최대 적설량 25.8cm. 3. 한미합동 군사훈련 키리졸브 개시. 중국, 안중근 추모행사 승인. 해군 초계정 천안함 북한군에 피격 침몰(46명 전사). 4. 천안함 실종자 수색 참여 금양 98호 침몰(9명 사망). 새만금 방조제 준공. 5. 이명박, 전군 주요지휘관회의 주재. 민군합동조사단, 천안함 침몰 원인 조사결과 발표. 정부, 북한 주적 개념 부활. 6. 제 5회 전국동시지방선거 실시. 정부, 천안함 사건 유엔 안보리에

회부. 나로호 2차 발사 실패. 삼성전자, 스마트폰 갤럭시S 국내 시판. 정지궤도위성 천리안 발사 성공. 자율형 사립고등학교 43개교 선정. 7. 유엔 안보리, 〈천안함 규탄선언〉 채택. 〈성폭력 범죄자의 성충동 약물 치료에 관한 법률〉 시행. 아동 성범죄자 정보 인터넷에 공개. 미 클린턴 국무장관과 게이츠 국방장관 동반 DMZ 방문. 8. 동해에서 조업중이던 55 대승호 납북. 북한, NLL 인근에서 해안포 130여 발 발사. 세종시 이전 정부기관 36곳 확정. 9. 납북 대승호 귀환. 일본, 〈독도는 일본땅 방위백서〉 발표. 서울시의회, 서울광장 집회 허용. 10. 한국 · EU, FTA 체결. 제 18차 남북이산가족 1단계 상봉(533명. 금강산). 11. 서울 초 · 중 · 고교에서 체벌금지. 제 18차 남북이산가족 2단계 상봉(297명. 금강산). 제 5차 서울 G20 정상회의. 북한, 연평도에 170여 발 포격(4 명 사망). 서해에서 한미연합훈련 실시. 12. 한 · 미 FTA 타결. 진실화 해위원회 5년간의 활동 종료. 구제역 경보 〈심각〉으로 격상. 인천공항 철도(서울역~인천공항역) 전 구간 개통. KT, 올레 1호(무궁화 6호) 발사 성공. 수출 4,663억 달러.

Ⅱ. 문화

1. 고려

937. 10. 해주 광조사 〈진철대사보월승공탑비〉 건립.

939. 8. 풍기 비로사 〈진공대사보법탑비〉 건립.

940. 태조, 원주 흥법사의 〈충담탑비문〉 지음.

950. 가요 〈한송정〉 이루어짐.

960. 승 체관, 〈천태사교의〉 지음.

973. 균여대사, 향가 〈보현십원가〉 지음. 춘천 〈백암선원〉 건립.

990. 송의 무악舞樂 전래.

993. 〈순화 4년〉 새겨진 청자 제작. 고려 비색翡色청자 시대 시작됨.

1007. 〈다라니경판〉 각인 인쇄.

1011. 〈초조대장경〉 조판 시작.

1013. 9. 최항 · 김심언, 〈국사〉 편찬.

1027. 송 강남인 이문통 등, 597책을 바침.

1029. 9. 현종, 〈중양 영국시〉 1수 지음.

1031. 개성인, 악곡樂曲 〈금강성곡〉 완성(1010~).

1032. 3. 왕가도 · 황동량, 〈7대실록〉 편찬 시작(~1034).

1044. 영변 묘향산 보현사 만세루 앞 〈사각구층석탑〉 건립.

1045. 4. 비서성에서 〈예기정의〉〈모시정의〉 간행.

1052. 김성택 〈십정력〉, 이인현 〈칠요역〉, 한위행 〈견향력〉, 양원호 〈둔갑력〉, 김정 〈태일력〉 등 역서易書 편찬됨.

1056. 8. 〈구경〉〈진서〉〈당서〉〈논어〉〈효경〉〈자사〉〈제가문십〉〈의〉〈복〉〈시리〉〈율〉〈산〉 등을 학원에 분배.

1058. 9. 충주목, 〈난경〉〈상한론〉〈천옥집〉〈목초괄요〉〈소아소씨병원〉 등의 신 조판본을 바침. 0. 〈황제내경〉 등 8종의 중국 의서 간행.

1059. 2. 안서도호부 · 경산부, 신조판본 바침. 4. 남원부사 이정공, 신조판본 〈삼례도〉〈손경자서〉를 바침.

1063. 3. 거란이 대장경을 보내옴.

1064. 3. 〈황룡사 구층탑〉 수리.

1067. 1. 흥왕사 완공. 흥왕사에서 연등회 열림.

1070. 2. 흥왕사에 삼층대전 〈자씨전〉 건립.

1072. 12. 요왕, 〈불장경〉을 보내옴.

1073. 2. 교방여제자 진경 등 13인이 전하는 〈답사행가무〉를 연등회에 사용키로 함.

1074. 김양감을 송에 보내 서적을 구하게 함.

1075. 혁련정, 〈대화엄수좌원통양중대사균여전〉 지음.

1076. 대성관현방 설치하여 음악 장려.

1077. 2. 교방여제자 초영, 연등회에서 〈왕모대가무〉 연주. 3. 금자 화엄경을 흥왕사에 옮김.

1080. 6. 흥왕사 금탑의 외호로 석탑 건조.

1081. 이정공, 〈국사國史〉 편수.

1083. 3. 송의 대장경을 개국사에 안치.

1085. 원주 봉명산 법천사 〈지광국사현묘탑비〉 건립.

1086. 6. 흥왕사에 교장도감을 두고 4천여 권의 불경 간행.

1087. 2. 흥왕사에서 〈초조대장경〉(1차 대장경) 완성.

1089. 9. 선종, 〈하성조사〉 지음. 10. 회경전에 13층 황금탑 안치.

1090. 8. 승 의천, 〈제종교장총록〉 편수하여 〈해동유본견행록〉이라 함. 의천, 〈신편제종교장총록〉 3권 편수. 0. 송에서 〈문원영화집〉 보내옴.

1096. 7. 문덕전에 비장되어 있는 문서를 문덕전·장형전·어서방·비서각에 나누어 보관. 0. 교장도감, 〈속대장경〉 완성. 〈속대장경〉 대구 부인사에 안치.

1097. 의천, 〈대각국사문집〉 지음.

1101. 4. 문선왕묘 좌우벽에 비서성 소장의 귀중 책판을 이장하여 간행. 6. 왕하·오연총, 송에서 돌아와 〈태평어람〉 1천 권 바침. 0. 개성 일월사 〈금자묘법연화경〉 완성. 〈61자 21현〉 화상 그림.

1102. 10. 숙종, 북숭산 신호사에서 〈오백나한재〉 베풂. 0. 기자의 무덤을 찾게 함.

1104. 손목, 〈계림유사〉 완성.

1106. 3. 〈해동비록〉 완성.

1107. 요에서 〈대장경〉 보내옴.

1113. 11. 김연 등, 〈시정책요〉 5책 지음.

1114. 6. 송직숭 등, 송 황제가 전한 새 악기 및 악보 바침. 10. 송악 연주 시작.

1115. 예종, 〈만년사〉 지음.

1116. 6. 왕자지·문공미 등, 송 휘종의 〈대성아악〉(대성악) 등 가져옴. 10. 고려악高麗樂 정비. 〈태묘악장〉 제정.

1117. 거란문화인의 〈거란가무잡희〉가 전해짐.

1120. 8. 예종, 〈수성명사〉를 지어 연주케 함. 10. 예종, 팔관회에서 잡희 를 보며 〈도이장가〉 지음.

1122. 9. 〈예종실록〉 찬수. 0. 예종, 〈벌곡조〉 지음.

1124. 송인 서긍, 〈고려도경〉 40권을 지어 바침.

1129. 〈효경〉〈논어〉를 민간 아동들에게 나누어줌.

1133. 윤포, 고사古事 악장 3백 수 찬진.

1134. 1. 적전의 제사에 처음 〈대성악〉 사용. 3. 〈효경〉〈논어〉를 민간 아 동들에게 나누어줌.

1137. 윤포, 〈정관정요〉를 바침.

1145. 12. 김부식, 〈삼국사기〉 50권 편찬.

1146. 2. 연등회에서 노래를 금함. 0. 윤포, 〈태평광기촬요시〉 1백 수 찬진. 윤포, 〈법화경〉 번역.

1151. 의종, 심향목으로 관음상을 조각하여 내전에 봉안.

1153. 3. 의종, 보제사에서 〈오백나한재〉 베풂.

1157. 〈고려사〉에 〈산대잡극〉 배우 등장.

1159. 고려청자 등 도자기 성행.

1161. 11. 〈상정예악〉가르침. 0. 유생들, 예종 때 들어온 송의 신악新樂 배척.

1166. 4. 동불銅佛 40구 주조.

1170. 의종, 대관전에서 연회를 베풀고 악장 5수를 지어 연주케 함. 정서, 〈정과정곡〉지음.

1171. 개경 부근에 청자 가마터 설치.

1172. 진주 지리산 단속사에 〈대감국사탑비〉건립.

1177. 〈대정 17년 정유〉새겨진 향로.

1186. 최세보, 〈국사〉편수.

1192. 4. 최선 등, 〈속자치통감〉교정 간행. 8. 송 상인, 〈태평어람〉바침.

1193. 이규보, 〈동명왕편〉지음.

1195. 8. 서경 중흥사탑 화재.

1196. 안동 봉정사 〈대웅전 관음상〉완성.

1197. 임춘, 가전체소설 〈공방전〉〈국순전〉지음.

1200. 지눌, 〈간화결의론〉〈목우자수심결〉지음.

1205. 5. 이인로, 〈정기〉지음. 이규보, 〈정기〉지음.

1214. 임유정, 〈백가의집〉지음. 금강산 정양사 헐성루 건립. 양산 통도사 〈향로〉제작.

1215. 고성 건봉사 〈은상감동제향로〉제작. 각훈, 〈해동고승전〉지음.

1222. 〈내소사 동종〉제작.

1223. 최우, 황금십삼층탑 및 화병을 만들어 흥왕사에 둠.

1225. 6. 동진인 주한, 여진소자女眞小子를 전함.

1226. 모심, 〈선문점송〉편찬.

1227. 9. 〈명종실록〉편찬.

1230. 5. 대묘 9실의 옥책 분실.

1232. 몽골병의 침입으로 대구 팔공산 부인사 소장 〈초조대장경〉불에 탐. 개경에서 〈남명천화상공증도가〉간행.

1234. 〈상정고금예문〉50권 금속활자로 인쇄.

1236. 10. 강화도에 대장도감을 두고 대장경 재조 시작. 0. 송경인, 〈처용희〉 시행. 의약서 〈향약구급방〉 간행.

1237. 최우의 발원으로 〈금강반야바라밀경〉 조판. 이규보, 〈동국이상국집〉〈백운집〉 지음.

1238. 윤4. 몽골군, 경주에서 황룡사탑 불태움. 황룡사 장륙상 불에 탐.

1244. 2. 최우, 가면극 등 잡희 관람.

1245. 강진 백련사 〈원묘국사중진탑비〉 건립.

1246. 5. 단오절에 남녀의 그네타기 및 북과 피리 금함.

1249. 〈월봉사 금고金鼓〉 제작. 〈호과목요〉 이루어짐.

1250. 대리석탑이 남경에서 강화로 옮겨짐. 〈한림별곡〉 이루어짐.

1251. 9. 〈재조대장경〉(팔만대장경) 조판 완성.

1254. 최자, 〈보한집〉 완성.

1260. 이인로의 〈파한집〉 간행됨. 법왕사에서 팔관회를 열고 환궁락 연주.

1261. 신유辛酉 새겨진 〈당초문수주〉 제작.

1267. 10. 이장용 등에게 신종·희종·강종 3대 〈실록〉을 편수케 함.

1269. 5. 진주에 소장 중인 〈국사〉를 진도로 옮김.

0000. 기사(1269)·경오(1270)·임신(1272)·계유(1273)·갑술(1274)· 임오(1282)·정해(1287)·을미(1295) 등 간지가 새겨진 운학雲鶴청자 구워짐. 고려청자 전성기

1272. 진주 자운사 〈진명국사보광탑비〉 건립.

1277. 2. 왕륜사 〈장육소상〉 완성. 5. 유경 등, 〈고종실록〉 편찬. 6. 육연, 강화에서 유리기와를 구워냄.

1278. 안향, 〈편관시〉 지음. 김양일, 〈성묘도〉 그림. 원 황제, 봉병·옥저 등 90여 점을 보냄.

1280. 순마巡馬 새겨진 상감청자 제작. 염승익, 개풍 현화사 불상 제작.

1281. 3. 금자대장사경소를 둠.

1282. 1. 송에서 가져온 대장경을 강화 전등사에 안치.

1284. 6. 원부 등, 〈고금록〉 편술.

1285. 일연, 〈삼국유사〉 지음.

1286. 11. 오양우 등, 〈국사國史〉 편수. 0. 흥양 불태사 〈자진원오국사정조탑비〉 건립.

1287. 〈4대실록〉 편찬. 이승휴, 〈제왕운기〉 지음.

1288. 향각 상화연에서 여악女樂 연주.

1289. 원 중서성, 청자 옹·분·병을 구함.

1290. 〈국사〉 및 서적을 강화로 옮김. 안향, 연경에서 〈주자서〉〈주자상〉 가져옴.

1291. 〈요동수정도〉 그려짐.

1294. 〈만수산요〉 지어짐.

1295. 3. 임익 등, 원 세조의 업적 찬수. 0. 군위 인각사 〈보각국사정조탑비〉 건립.

1296. 김원상, 〈태평곡〉 지음.

1297. 〈심요법문〉 간행. 원에 금화옹기 수출.

1298. 대구 팔공산 동화사 〈홍진국존비〉 건립.

1300. 순천 송광사 〈자정국사묘탑〉 내 청자상감합 제작. 〈김방경신도비〉 건립. 송방영·송영, 〈쌍연곡〉 부름.

1304. 국청사 금탑 수리. 〈금강산도〉 그려짐. 이혼, 〈인학송〉 지음. 임완, 〈애일잠〉 지음.

1307. 12. 선대의 〈역대실록〉 185권을 원에 보냄.

1308. 〈쌍화점〉 완성.

1309. 안축, 〈어부가〉 지음. 최성지, 원에서 시역법時易法 배움. 〈고종실록〉 찬수.

1311. 11. 〈원종실록〉 찬수. 0. 권부 등, 장경을 가지고 원에 감. 〈지대 4년〉 새겨진 동종 제작.

1312. 5. 충선왕, 〈역대실록〉을 고려에 돌려보냄. 0. 개성 민천사 〈금자장경서〉 그림. 일본 대은사 소장 〈관경서분변상도〉 그림.

1313. 개성 민천사 불상 주조.

1314. 민적·권황, 태조 이래의 〈실록〉 찬수. 순천 송광사 〈원감국사보월 명탑비〉 건립.

1317. 민지 등, 〈본조편년강목〉 찬진.

1319. 3. 충선왕, 〈행록〉을 짓게 함. 0. 순천 송광사 〈혜감국사광조탑비〉 건립.

1320. 〈석가대보살도〉 그림.

1322. 밀양 형원사 〈보감국사묘응탑비〉 건립.

1327. 영변 묘향산 보현사 대웅전 앞 〈팔각십삼층탑〉 건립.

1328. 체원, 〈백화도장발원문략해〉 지음. 지공선사, 양주 회암사 창건.

1330. 안축, 〈관동별곡〉〈죽계별곡〉 지음. 일본 호인사 소장 〈아미타삼존도〉 그려짐.

1331. 9. 〈충경왕실록〉 편수.

1336. 개성 묘련사 〈묘련사비〉 건립.

1339. 강릉 오대산 월정사 〈시장경비〉 건립. 채홍철, 〈자하동신곡〉〈동백목〉 지음.

1342. 이제현, 〈역옹패설〉 지음. 보은 속리산 법주사 〈자정국존보명탑비〉 건립.

1343. 강보, 역법서 〈수시력첩법입성〉 편찬.

1345. 여악女樂 채용. 금강산 장안사 〈중흥비〉 건립.

1346. 6. 개성 연복사 〈연복사종〉 완성. 10. 이제현 등, 〈편년강목〉 중수. 충선·충렬·충숙 3조의 〈실록〉을 찬수케 함. 해남성 남문 〈대흥사종〉 주조.

1348. 개성 경천사 〈십층석탑〉 건립.

0000. 〈사모곡〉〈만전춘〉〈정석가〉〈이상곡〉〈동동〉〈처용가〉〈야심사〉〈양화 사〉〈안동자청〉〈풍입송〉〈거사련〉 등 지어짐.

1350. 〈서경별곡〉〈청산별곡〉〈가시리〉 등 지어짐.

1352. 연등회에서 〈화산잡희〉 공연. 공민왕이 〈천산대렵도〉〈조경자사도〉 〈이어도〉를 그렸다고 전해짐.

1353. 원의 환관 등, 금슬 등 향악기鄕樂器를 가져옴.

1354. 조인규, 원에 화청자를 가져감. 최해 문집 〈졸고천백〉 간행됨.

1355. 최해 시문선집 〈동인지문〉 간행됨.

1356. 〈정릉〉 새겨진 청자상감 그릇이 강진요에서 구워짐. 이색, 시 〈산대
잡극〉 지음.

1357. 윤9. 이인복, 〈고금록〉 편수.

1359. 악기 새로 제작. 영광 불갑사 〈각진국사자운탑비〉 건립.

1362. 전악서 개편.

1363. 안동 봉정사 극락전 중수. 〈태묘악장〉 재 찬수. 이제현, 시문집 〈익
재집〉 편찬.

1364. 안동 봉정사 대웅전 관음상 개금. 이곡 시문집 〈가정집〉 간행됨.

1365. 공민왕, 노국대장공주 진영을 그림.

1366. 강화 전등사 향로 제작. 남양주 봉선사 〈성상도〉 제작.

1369. 대악서 개편.

1371. 이인복·이색 등, 역사서 〈본조금경록〉 중수. 태묘 친향親享에 악장
새로 엮음.

1372. 1. 인희전에서 향당악 연주. 3. 홍사범, 사직·문묘의 아악 중 빠진
종·경 수집. 9. 구정에서 태묘악 익히게 함. 0. 승도, 〈무상가〉 부름.

1374. 기철, 속악 〈총석정〉 지음. 공민왕릉 석인·석수·석등·호석 제작.

1377. 〈백운화상초록불조직지심체요절〉(직지심체요절) 금속활자로 인쇄
됨. 영주 부석사 조사당 건립되고 〈벽화천부상〉 그려짐.

1378. 양주 회암사 〈지공선사부도〉 건립.

1379. 9. 왜구로 인해 해인사 소장 역대실록을 선주 득익사로 옮김.

1381. 7. 포주 보문사 소장 사적을 충주 개천사로 옮김. 0. 경기 안양사
〈칠층전탑〉 중수.

1383. 충주 개천사 사적을 죽주 칠장사로 옮김. 여주 신륵사 대장각·장경
비 건립.

1384. 청주 안심사 〈사리탑비〉 건립.

1386. 수원 창성사 〈진각대사대각원조탑비〉 건립.

1388. 4. 우왕, 대동강에서 백희를 베풀어 호악을 연주케 하고 자신이 호적을 불고 호무를 춤. 원주 영전사 〈보제존자탑지〉 새김.

1389. 3. 예조에서 조회에 음악 사용 요청. 0. 식영암, 〈정시자전〉 지음.

1390. 12. 왜구로 인해 〈국사〉를 죽주 칠장사에서 충주로 옮김. 0. 권근, 성리학 입문서 〈입학도설〉 지음.

1391. 〈홍무 24년〉 새겨진 백자 구워짐. 아악서를 설치하고 종묘악가를 익히게 함.

1392. 1. 서적원 설치.

2. 조선

1393. 3. 개성 연복사 〈오층탑〉 건립. 10. 전악서에 무공방武工房을 두고 무악 연습. 정도전·왕강, 무공방에서 신악을 연주케 함. 0. 정도전, 송도가 〈문덕곡〉〈몽금척〉〈수보록〉〈납씨가〉〈궁수분곡〉〈정동방곡〉〈신도가〉 등 지음. 〈환조정릉신도비〉 건립. 가야산 해인사 고탑 중건.

1394. 2. 권중화 등, 〈동국역대제현비록촬요〉 편찬. 3. 정도전, 〈조선경국전〉 편찬.

1395. 1. 정도전 등, 〈고려국사〉 37권 간행. 2. 〈대명률직해〉 간행. 4. 태조, 정도전 등과 〈문덕곡〉을 부르며 즐김. 6. 정도전, 〈경제문감〉 찬진. 10. 권근 등 천문학자 12명, 〈천상열차분야지도〉 완성. 성균관 박사, 가요 〈천감〉〈화산〉〈신묘〉 등 지음. 11. 종묘악장 및 사직·환구·문선왕 등의 제사 악장을 개작.

1397. 12. 조준 등, 〈경제육전〉 찬진.

1398. 6. 명 사신, 여악 물리고 당악 들음. 0. 양평 용문사 〈정지국사비〉 건립. 강화 선원사 소장 〈고려대장경판〉 해인사로 옮김.

1399. 5. 제생원, 〈향약제생집성방〉 30권 편찬. 0. 김사형, 명에서 세계지도 〈성교광피도〉〈역대제왕혼일강리도〉 가져옴.

1400. 배우가 연극 공연. 한수 시집 〈유항시집〉 간행됨.

1402. 하륜, 악장 〈수명명 6장〉〈조선성덕가 12장〉 찬진. 〈조회연정지락〉 등의 악조 편찬. 사고史庫를 중추원에서 상의원으로 옮김. 김사형 등, 세계지도 〈혼일강리역대국도지도〉 제작.

1403. 8. 하륜 등, 〈동국사략〉 찬진.

1404. 이숭인 시문집 〈도은집〉 간행됨.

1405. 10. 〈국사〉를 경복궁 근정전 서랑으로 옮김. 0. 권근, 〈예기천견록〉 간행.

1406. 4. 명 사신, 동불銅佛을 구함. 7. 태종, 태평관에 나가 명 악기 수령.

10. 종묘에서 명 악기 사용.

1409. 4. 아악·전악의 천전지법 정함. 윤4. 아악서·전악서의 품계 정함. 7. 하륜 등에게 〈태조실록〉 편수케 함.

1410. 2. 주자소에서 서적 인쇄·간행·판매케 함.

1412. 1. 하륜, 악장 〈보동방〉〈수정부〉 찬진. 4. 송의 〈반락도〉 참고. 6. 하륜, 〈염농부지곡 4장〉〈염잠부지곡 4장〉〈진가언진곡 8장〉 찬진. 7. 주자소에서 〈17사史〉 간행. 8. 충주 사고의 책을 춘추관으로 옮김.

1413. 2. 하륜 등, 〈경제육전속집상절〉 간행. 3. 〈태조실록〉 15권 찬진.

1414. 4. 하륜, 〈도성형승지곡 8장〉〈도송도지곡 8장〉 찬진. 8. 하륜 등, 〈고려국사〉 개수.

1415. 〈법화경절본사경〉 완성됨.

1416. 3. 〈승선직지록〉 간행. 4. 하륜, 〈동국략운〉 간행.

1417. 7. 〈향약구급방〉 중간. 12. 서운관 소장 참서讖書 소각.

1418. 권근 시문집 〈양촌집〉 간행됨.

1419. 1. 변계량에 〈하황은곡〉 짓게 함. 9. 변계량 등에 〈고려국사〉 개수케 함. 12. 변계량, 〈하성명가 3장〉 찬진.

0000. 〈유림가〉〈연형제곡〉 등 지어짐.

1420. 3. 변계량, 〈자전지곡 3장〉 찬진.

1421. 1. 변계량 등, 개수 〈고려국사〉 찬진.

1423. 8. 주자소, 〈통감속편〉 간행. 12. 유관·윤회 〈고려사〉 개수.

1424. 8. 유관 등, 〈수교고려사〉 찬진.

1425. 8. 경기도 남양에서 경석輕石 발견. 0. 박연, 악장 정리 시작.

1426. 8. 춘추관, 〈정종실록〉 찬진. 12. 육전수찬색, 〈신속육전〉 간행.

1427. 5. 박연, 새로 만든 석경石磬 1가 12매 올림.

1428. 1. 제사에 향약 사용금지. 윤4. 정초 등, 〈신속육전〉 편찬.

1429. 정초, 농서 〈농사직설〉 편찬. 황희·허조, 〈시학절목〉 지음.

1430. 2. 〈농사직설〉 반포. 3. 상정소에서 아악과 전악의 시험과목 정함. 12. 〈아악보〉 완성.

1431. 1. 하정 예식에서 신 아악 연주. 3. 춘추관, 〈태종실록〉 찬진. 맹사성, 시조 〈강호사시가〉 지음. 0. 변계량 시문집 〈춘정집〉 간행됨.

1432. 1. 맹사성 등, 〈신찬팔도지리지〉 편찬. 12. 정초·정인지, 〈회례문무악장〉 편찬.

1433. 1. 황희 등, 〈신찬경제속육전〉 찬진. 6. 유효통 등, 〈향약집성방〉 찬진. 9. 민속가요 채록케 함. 0. 역서曆書 〈칠정산내외편〉 짓게 함.

1434. 7. 갑인자로 〈자활통감〉 간행. 11. 〈시정기〉 편찬. 0. 설순 등, 〈삼강행실도〉 편찬.

1436. 왕명으로 〈운부군옥〉 간행. 윤회, 악장 〈봉황음〉 지음.

1437. 11. 유구국의 문자 학습.

1439. 9. 명으로부터 예악제도의 책을 구함.

1441. 6. 정인지 등, 〈치평요람〉 완성.

1443. 11. 일본 사신, 대장경과 도자기 요청. 12. 정인지·성삼문·신숙주 등, 집현전에서 자음 17자 모음 11자의 〈훈민정음〉 창제. 0. 신숙주, 〈해동제국기〉 찬진. 일본국 관리 광엄우춘, 청자를 요청해 구해감.

1444. 2. 집현전에서 〈고금운회〉 언해. 7. 이순지 등, 천문서 〈사여전도통궤〉 간행. 10. 집현전에서 〈오례의주〉 상정. 0. 이순지 등, 〈칠정산내외편〉〈중수대명력〉 간행.

1445. 4. 〈용비어천가〉 10권 간행. 10. 〈의방유취〉 266권 완성.

1446. 9. 〈훈민정음〉 반포.

1447. 2. 〈용비어천가〉 주해 완성. 4. 안견, 〈몽유도원도〉 그림. 5. 〈용비어천가〉 간행. 6. 당시 사용하던 속악俗樂의 악보를 정함. 7. 〈석보상절〉〈월인천강지곡〉 완성.

1448. 10. 신숙주 등, 〈동국정운〉 간행. 0. 〈사성통고〉 편찬.

1449. 12. 〈석보상절〉〈월인천강지곡〉 간행.

1450. 3. 〈동국병감〉 완성. 일본왕에게 〈대장경〉 1부 보냄. 10. 안평대군, 화법 판본 올림.

1451. 8. 김종서 등, 〈고려사〉 139권 완성.

1452. 2. 김종서 등, 〈고려사절요〉 편찬. 〈세종실록〉 편찬. 11. 〈고려사〉 인쇄.

1453. 1. 〈문종실록〉 편찬. 2. 정인지 등, 〈역대병요〉 완성. 6. 박연, 〈세종어제악보〉 간행. 10. 양성지, 〈조선도도〉〈팔도각도〉 제작.

1454. 2. 양성지, 〈황극치평도〉 찬진. 3. 춘추관, 〈세종실록〉 163권 완성. 권근의 〈예기천견록〉〈입학도〉 간행하여 경연에서 강의.

1455. 4. 의서醫書를 명에서 구함. 8. 양성지에게 〈지리지〉를 찬수케 함. 11. 춘추관, 〈문종실록〉 13권 완성. 0. 〈사성통고〉 간행. 〈홍무정운역훈〉 완성.

1456. 1. 이석형·변효문, 가사 〈완산별곡〉 지음.

1458. 1. 태조·태종·세종·문종의 〈국조보감〉 7권 완성.

1459. 7. 〈월인석보〉 완성. 10. 양성지, 〈잠서蠶書〉를 새로 지음.

1460. 7. 〈신정경국대전호전〉 공포.

1461. 3. 최항 등, 〈잠서〉 언해. 4. 최항 등, 〈육전六典〉 상정. 6. 간경도감 설치. 7. 〈신정경국대전형전〉 공포.

1463. 9. 황수신·윤사로 등, 〈묘법연화경언해〉 간행.

1464. 1. 종묘 제사에 새로 만든 〈정대업〉〈보태평〉 사용. 김수온 등, 〈금강경〉 언해. 0. 안견, 〈묵죽도〉 그림. 〈삼갑전법〉 간행.

1465. 1. 원각사 〈대종〉 완성. 3. 〈원각경언해〉 간행. 6. 소장 지리서 수집 간행. 중국에서 〈지리서〉 구해 옴. 7. 양성지 등, 〈오륜록〉 찬수. 12. 김종직, 〈경상도지도지〉 편찬. 0. 이맹근 필 〈관경16관변상도〉.

1466. 4. 〈동국통감〉 수찬 완료. 서거정, 〈마의서馬醫書〉 편찬. 7. 〈대명률강해〉 등 간행. 11. 〈실록〉을 춘추관과 외방 3사고에 수장. 양성지, 서적에 관한 10조 진언. 〈신정경국대전 이전·예전·병전·공전〉 공포.

1467. 1. 양성지, 〈해동성씨록〉 찬진. 3. 세조, 〈인지의〉 제작. 4. 원각사 〈십층석탑〉 완성. 0. 신미, 〈목우자수심결〉 언해.

1468. 조석문·노사신, 〈북정록〉 편찬. 〈심경언해〉 간행.

1469. 7. 〈무정보감〉 완성. 9. 최항·김국광 등, 〈경국대전〉 찬진.

1471. 신숙주, 〈해동제국기〉 찬진. 〈대원각사비〉 건립.

1472. 정극인, 단가 〈불우헌가〉, 경기체가 〈불우헌곡〉 지음.

1473. 8. 〈실록〉을 모두 신설 전주 사고로 옮김.

1474. 2. 개찬 〈경국대전〉(갑오대전) 반포. 11. 신숙주 · 정척 등, 〈국조오
례의〉 완성. 서거정, 시화집 〈동인시화〉 간행.

1475. 인수대비 한씨, 〈내훈〉 간행.

1476. 12. 노사신 · 서거정 등, 〈삼국사절요〉 찬진.

1477. 5. 한계희 등, 〈의서유취〉 간행. 9. 윤자운, 〈몽한운요〉 지음.

1478. 서거정 등, 〈동문선〉 133권 편찬.

1479. 5. 세조의 훈시 · 병법 편찬.

1481. 3. 사대부 부녀자를 위한 〈언문삼강행실〉〈열녀도〉 간행 반포. 4. 노
사신 · 양성지 등, 〈동국여지승람〉 50권 찬진. 0. 정극인, 가사 〈상춘곡〉
지음. 〈두시언해〉 간행.

1482. 양성지, 서적의 간행 · 반포 및 소장에 관한 12사 올림.

1483. 10. 서거정 등에게 〈동국통감〉 편찬케 함. 0. 〈황산곡집〉〈연주시격〉
언해. 강희맹, 소화집 〈촌담해이〉 편찬.

1484. 11. 서거정 등, 〈동국통감〉 찬진.

1485. 1. 개수 〈경국대전〉(을사대전) 공포. 7. 〈신편동국통감〉 57권 찬진.
0. 〈불정심다라니경언해〉 간행. 〈오대진언집〉 간행.

1486. 12. 김종직 등, 〈동국여지승람〉 수정. 최항 시문집 〈태허정집〉 간행됨.

1487. 2. 〈신찬동국여지승람〉 간행. 4. 전순의, 〈식료찬요〉 편집.

1488. 윤1. 최부, 〈표해록〉 지음.

1489. 8. 일본 사신 승 혜인 등, 대장경 요청.

1492. 7. 〈대전속록〉 간행.

1493. 성현 등, 〈악학궤범〉 완성. 남양주 수종사 〈팔각오층석탑〉 건립.

1495. 6. 명 사신, 〈대명일통지〉 가져옴. 10. 성현, 〈종묘조천의〉 찬수.

1497. 11. 이극균, 〈경상우도지도〉 제작.

1499. 1. 춘추관, 〈성종실록〉 완성. 0. 〈동국여지승람〉 수정. 〈해인사 대

장경〉간행. 〈구급이해방〉〈구급이해방언해〉간행. 〈동국명가집〉간행.

1500. 9. 홍귀달 등, 〈속국조보감〉〈역대명감〉찬진. 12. 성현, 〈역대제왕
시문잡저〉찬진. 0. 이식 시집 〈사우정집〉간행됨.

1501. 윤7. 성준·이극균 등, 〈서북제번기〉〈서북지도〉편찬. 10. 성현·
임사홍 등, 〈동국여지승람〉수정. 0. 김맹성 시집 〈지지당시집〉간행됨.

1508. 〈대학〉〈중용직해〉간행.

1509. 5. 〈경국대전〉〈대전속록〉간행. 9. 〈연산군일기〉완성. 11. 화희火
戱를 시행하여 기술을 전승케 함.

1511. 3. 남악男樂 첫 사용. 4. 악학도감 폐지. 유실된 서적을 널리 구함.
5. 경적經籍을 인쇄하여 널리 반포. 8. 홍문관에서 〈천하여지도〉올림.
10. 〈삼강행실도〉반포. 0. 유숭조, 〈성리연원촬요〉찬진. 정희량 문집
〈허암집〉간행됨.

1512. 이륙 시문집 〈청파문집〉간행됨.

1513. 11. 〈삼국사기〉〈삼국유사〉재간행.

1514. 6. 신용개 등, 〈속삼강행실도〉편찬. 12. 성균관 존경각 화재로 소
장도서 전소. 0. 불국사 극락전 벽화 완성.

1516. 10. 김안국이 편찬한 〈이륜행실도언해〉〈여씨향약언해〉간행. 12.
〈경국대전예전〉의 도승조度僧條 삭제. 0. 이천 기록 〈서정록〉간행됨.
실상사 〈서진암나한석불〉건립. 〈치평요람〉150권 간행.

1517. 11. 최세진, 〈사성통해〉찬진.

1518. 4. 김안국, 〈여씨향약언해〉등 간행. 남곤에게 음사·석교에 관한
어구가 있는 악장을 다시 만들게 함. 7. 신용개 등, 〈속동문선〉찬진.
김전·최숙생 등, 〈번역소학〉간행. 11. 조신, 〈이륜행실도〉간행. 0.
김안국, 〈오속언해〉간행.

1519. 2. 외방 여악 폐하고 남악을 둠. 7. 전국에 〈여씨향약〉권장. 0. 유운,
〈진수해범〉지음. 김정국, 교양서 〈경민편〉지음.

1520. 4. 해인사 대장경 1부 간행. 8. 중외에 여악을 다시 둠. 0. 이서,
가사 〈낙지가〉지음.

1524. 〈신간배자예부운략〉 가정본 5권과 옥편 1권 간행.

1525. 1. 〈의방유취〉 간행. 5. 박세거 등, 〈간이벽온방〉 간행. 10. 이순,
〈관천기목륜〉 제작.

1527. 4. 최세진, 〈훈몽자회〉 찬진.

1529. 〈천자문〉〈유합〉 간행.

1530. 8. 이행·홍언필 등, 〈신증동국여지승람〉 55권 완성. 0. 개성에 〈정
몽주유허비〉 건립.

1532. 9. 최세진, 〈여훈〉을 언해 간행.

1533. 김구, 경기체가 〈화전별곡〉 지음. 송순, 가사 〈면앙정가〉 지음.

1536. 5. 권선계악勸善戒惡 서적 편찬 언해. 6. 최세진, 〈운회옥편〉 간행.

1537. 정지운, 〈천명도설〉 지음.

1538. 5. 명에서 천문·지리·명과학의 신서적 구입. 7. 김안국 찬집 〈이
륜행실〉 간행됨.

1539. 5. 최세진, 〈대유대주의〉〈황극경세서설〉 찬진. 7. 최세진, 〈이문속
집집람〉 찬진.

1543. 7. 근정청에서 〈대전후속록〉 반포. 0. 〈열녀전언해〉 간행.

1545. 1. 화국畫局을 두고 어용御容을 그리게 함.

1546. 1. 윤결, 〈유구풍속기〉 지음.

1548. 10. 〈속무정보감〉 완성.

1550. 이언적, 〈구인록〉〈봉선잡의〉 지음. 이현보, 〈어부사〉 지음.

1553. 3. 천문서·의서 간행. 0. 이황, 정지운의 〈천명도설〉 수정.

1554. 3. 한성에 거주하는 악공樂工은 자손이 업을 계승케 함. 11. 진휼청,
언해본 〈구황촬요〉 반포.

1555. 1. 〈경국대전주해〉 시행. 0. 〈제승방략〉 반포. 양사준, 가사 〈남정가〉
지음. 백광홍, 가사 〈관서별곡〉 지음.

1558. 〈대전원전〉〈대농속전〉〈대전속집〉 간행. 〈문헌통고〉 반사.

1560. 정철, 가사 〈성산별곡〉 지음.

1561. 이황, 〈주자서절요〉 간행. 〈시전대전〉 반포. 이지함, 도참서 〈토정

비결〉 지음.

1564. 이정, 시문집 〈성리유편〉 지음. 휴정, 〈선가귀감〉 지음.

1565. 이황, 시조 〈도산 12곡〉 지음. 진복창, 가사 〈역대가〉 지음. 양사언, 가사 〈미인별곡〉 지음.

1567. 차천로, 가사 〈강촌별곡〉 지음.

1568. 12. 이황, 상소문 〈성학십도〉 올림. 0. 〈월인석보〉(희방사본) 간행. 이황, 상소문 〈무진봉사〉 올림.

1569. 8. 이이, 〈동호문답〉 올림. 0. 〈칠대만법〉 간행. 〈월인석보〉(쌍계사 본) 간행.

1570. 유희춘, 〈국조유선록〉 편찬.

1573. 9. 이이, 향약을 논함. 12. 교서관, 〈향약〉 간행. 0. 〈내훈〉 반사.

1575. 6. 주희의 문집 〈주자대전〉 교정본 간행. 9. 이이, 〈성학집요〉 올림. 0. 이언적 문집 〈회재문집〉 간행됨.

1576. 10. 유희춘, 〈신증유합〉 지음. 12. 교정청, 〈맹자언해〉 간행.

1577. 이이, 교육서 〈격몽요결〉 지음. 남효온 시문집 〈추강집〉 간행됨.

1578. 이이, 시조 〈고산구곡가〉 지음.

1579. 김정국의 〈경민편〉 중간.

1580. 정철, 가사 〈관동별곡〉, 연시조 〈훈민가〉 지음.

1581. 주세붕 시문집 〈무릉잡고〉 간행됨.

1582. 이이, 평전 〈김시습전〉 지음.

1583. 12. 이언적 주석서 〈중용구경연의〉 간행됨. 0. 김시습 〈매월당집〉 간행됨. 한호, 교본 〈석봉천자문〉 간행.

1584. 〈구황촬요〉 재간. 공주 갑사 〈동종〉 제작. 남원 실상사 백장암 〈청 동은입사향로〉 제작. 황준량 시문집 〈금계집〉 간행됨.

1585. 1. 한백겸 등, 〈경서훈해〉 교정. 11. 김백간, 지침서 〈사송유취〉 지 음. 0. 권오복 시집 〈수헌시집〉 간행됨.

1586. 11. 휴정, 교리서 〈선교석〉 지음.

1587. 이경진, 상소문 〈신원우계율곡서〉 올림. 조종격 시문집 〈독암유고〉

간행됨.

1588. 1. 교정청, 〈소학언해〉 6권 간행. 10. 〈사서삼경〉의 음석언해 완성. 0. 정철, 가사 〈사미인곡〉〈속미인곡〉 지음.

1589. 이행 시문집 〈용재집〉 간행됨.

1590. 교정청, 〈맹자언해〉〈논어언해〉〈대학언해〉〈중용언해〉 간행. 서산대사, 〈심법요〉 지음. 윤두수, 〈평양지〉 지음.

1592. 허강, 〈역대사감〉 완성. 이원익, 가사 〈고공답주인가〉 지음. 서산대사, 〈회심곡〉 사설 지음. 정철, 사설시조 〈장진주사〉 지음.

1593. 권필, 한문소설 〈주생전〉 지음.

1595. 〈실록〉 해주에서 강화로 옮김. 이현, 가사 〈백상루별곡〉 지음.

1596. 황신, 사행使行일기 〈일본왕환일기〉 저술.

1598. 성혼, 주자학서 〈주문지결〉〈위학지방〉 지음. 이순신, 진중일기 〈난중일기〉 씀. 박인로, 가사 〈태평사〉 지음.

1599. 고유후, 기록서 〈정기록〉 씀. 윤계선, 한문소설 〈달천몽유록〉 지음.

1600. 〈사서언해〉 등을 구하도록 함. 〈효행록〉 간행케 함. 이제현의 시문집 〈익재난고〉 재간행.

1601. 8. 홍문관, 〈춘추〉 찬진. 0. 〈석봉천자문〉 중간.

1602. 한수의 시집 〈유항시집〉 재간행. 조식 문집 〈남명집〉 간행됨.

1603. 5. 남별궁에서 〈역조실록〉 3건 간행. 춘추관에서 〈실록〉을 등서. 강화사고 수리. 0. 이광정·권희, 마테오 릿치의 〈곤여만국전도〉를 연경에서 가져옴. 한효순, 병서 〈진설〉 간행. 묘향산 보현사 〈석가여래사리비〉 건립. 성운 시문집 〈대곡집〉 간행됨.

1604. 〈기효신서〉〈연병실기〉〈조련도식〉〈권보〉 등 병서·무예서 간행.

1605. 박인로, 가사 〈선상탄〉 지음. 서경덕 시문집 〈화담집〉 간행됨.

1606. 4. 문묘·명륜당 중건. 개보된 〈역조실록〉 3질 춘추관·묘향산·태백산에 보관하고 정본 1질 오대산에 보관. 0. 이덕홍·김만휴, 〈계산기선록〉 지음.

1607. 허균, 한글소설 〈홍길동전〉 지음. 이황 수양서 〈고경중마방〉 편찬됨.

1608. 허준, 의서 〈언해태산집요〉 지음. 허준의 〈언해두창집요〉 간행됨.

1609. 〈신증동국여지승람〉 재간. 〈사서삼경언해〉〈대학동자문답〉〈삼경사서석의〉〈동사찬요〉 간행.

1610. 8. 허준, 〈동의보감〉 25권 찬진. 윤8. 교문관에서 〈용비어천가〉 등 간행. 11. 〈선조실록〉 완성. 0. 〈악학궤범〉 중간. 양덕수, 악보 〈양금신보〉 편찬. 이제신 시문집 〈청강집〉 간행됨.

1611. 12. 허균, 〈성소부부고〉 지음. 0. 이이 시문집 〈율곡집〉 간행됨. 〈내훈〉〈대학언해〉 반사. 박인로, 가사 〈사제곡〉〈누항사〉 지음.

1612. 〈논어언해〉 간행. 장경세, 시조 〈강호연군가〉 지음. 휴정 시문집 〈청허당집〉 간행됨. 유정 시문집 〈사명당대사집〉 간행됨. 〈용비어천가〉 중간.

1613. 〈훈몽자회〉〈고려사〉〈동국여지승람〉〈경국대전〉〈동의보감〉〈시경언해〉 간행. 〈대전속록〉 간행. 허준, 의서 〈벽역신방〉 편찬.

1614. 이수광, 〈지봉유설〉 지음. 〈사성통해〉 중간. 조우인, 가사 〈속관동별곡〉 지음.

1615. 길재 시문집 〈야은선생언행습유〉(야은집) 간행됨.

1616. 조우인, 기행가사 〈출새곡〉 지음. 송몽인 시문집 〈금암집〉 간행됨. 윤선도, 시조 〈견회요〉 지음.

1617. 3. 이성 등, 〈동국신속삼강행실〉 간행. 8. 〈선조실록〉 간행. 0. 심광세, 악부시 〈해동악부〉 지음. 이홍남 시문집 〈급고유고〉 간행됨.

1618. 유사규 시집 〈상유집〉 간행됨. 이달 시집 〈손곡집〉 간행됨. 윤선도, 시조 〈우후요〉 지음. 정충신, 일기 〈백사북천일록〉 기록. 중국 사신 영접에 〈산대희〉 공연.

1619. 박인로, 가사 〈독락당〉 지음.

1621. 조위한, 소설 〈최척전〉 지음. 유몽인, 야담집 〈어우야담〉 지음. 임제 시문집 〈백호집〉 간행됨.

1622. 이항복 계몽서 〈사례훈몽〉 간행됨. 〈계축일기〉 지어짐.

1623. 가집 〈오륜가언해〉 간행. 일기 〈계해정사록〉 간행. 고상안 문집 〈효

빈잡기〉간행됨. 조우인, 가사 〈매호별곡〉 지음.

1625. 안방준, 기록 〈항의신편〉 씀.

1627. 강우성, 학습서 〈첩해신어〉 지음.

1628. 안신, 〈가례부췌〉 지음. 남양주 수종사 〈팔각오층석탑〉 중수.

1629. 조익, 교육서 〈학교절목〉 지음. 조존성, 연시조 〈호아곡〉 4수 지음. 기대승 시문집 〈고봉집〉 간행됨.

1630. 신흠 시문집 〈상촌집〉 간행됨.

1631. 5. 〈삼강행실〉 전국에 반포. 0. 의창군 이광, 역대왕 문집 〈열성어제〉 간행. 이목 시문집 〈이평사집〉 간행됨. 권필 시문집 〈석주집〉 간행됨. 경주 오릉에 비석 세움.

1632. 신식 예서 〈가례언해〉 간행됨. 〈두시언해〉 중간. 황정욱 시문집 〈지천집〉 간행됨.

1633. 1. 묘향산 사고의 〈실록〉 적상산 사고로 옮김. 0. 유성룡 시문집 〈서애집〉, 기록서 〈징비록〉 간행됨. 정철 시문집 〈송강집〉 간행됨. 〈황화집〉 편집.

1634. 박인로, 연시조 〈오륜가〉 지음. 이수광 문집 〈지봉집〉 간행됨. 송인 시문집 〈이암유고〉 간행됨. 홍성민 시문집 〈졸옹집〉 간행됨.

1635. 이서, 병서 〈화포식언해〉 간행. 박인로, 가사 〈영남가〉 지음. 장유, 수필집 〈계곡만필〉 지음.

1636. 이정환, 시조 〈비가〉 지음. 박인로, 가사 〈노계가〉 지음. 영암 도갑사 〈도선국사비〉 건립. 이호민 시문집 〈오봉집〉 간행됨. 이경석, 〈삼전도비〉 비문 지음.

1637. 병자호란으로 유실된 악기 수집. 박인로, 단가 〈입암가〉 지음. 김상용, 연시조 〈오륜가〉 지음. 보우 불교소설 〈왕랑반혼전〉 재간행. 보우 불교서 〈권념요록〉 재간행.

1638. 10. 강복중, 시조 〈수월정청흥가〉 지음. 0. 채득기, 가사 〈봉산곡〉 지음. 김육, 기록서 〈기묘록〉 씀.

1639. 작자미상 일기 〈산성일기〉 쓰여짐. 이민구 시문집 〈동주집〉 간행됨.

1640. 이안눌 시문집 〈동악집〉 간행됨. 정훈, 가사 〈성주중흥가〉〈수남방옹가〉, 시가 〈탄궁가〉〈우활가〉 등 남김. 김상용 시문집 〈선원유고〉 간행됨.

1641. 2. 〈선조실록〉 수정 착수. 0. 이정 시문집 〈구암집〉 간행됨.

1642. 정극후, 〈서악지〉 지음. 윤선도, 연시조 〈산중신곡〉 지음.

1643. 장유 시문집 〈계곡집〉 간행됨. 〈칙사증급록〉 기록(~1786).

1644. 7. 신익성, 중국 서적 〈황극경세서〉〈동사보편〉 등 올림. 0. 김육, 연경에서 〈시헌력서〉 가져옴. 김육, 〈종덕신편〉 지음. 김담 시문집 〈김문절일고〉 간행됨.

1645. 장현광 역학서 〈역학도설〉 간행됨. 윤선도, 연시조 〈산중속신곡〉〈초연곡〉 지음.

1646. 조정 역사서 〈동사보유〉 간행됨.

1647. 8. 조빈, 〈서연비람〉 지음. 0. 이명한 문집 〈백주집〉 간행됨.

1648. 8. 북경에서 〈두씨통전〉〈문헌통고〉 수입.

1649. 12. 조익, 〈곤지록〉〈대학주해〉〈중용주해〉 찬진. 0. 정태제, 한문소설 〈천군연의〉 지음. 한문소설 〈강도몽유록〉 지어짐.

1650. 12. 윤빈, 〈고감록〉 찬진.

1651. 윤선도, 연시조 〈어부사시사〉 지음.

1652. 노수신 문집 〈소재집〉 간행됨. 홍만종, 시화집 〈시화총림〉 지음.

1653. 김진, 유서 〈신보휘어〉 지음. 김시습 한문소설집 〈금오신화〉 간행됨.

1654. 1. 〈시헌력〉 사용. 0. 신익성 시문집 〈낙전당집〉 간행됨.

1655. 3. 〈악학궤범〉 재간행하여 사고에 분산 보관. 11. 신속, 농업서 〈농가집성〉 간행.

1656. 7. 〈내훈〉 재간행 반포.

1657. 9. 〈선조수정실록〉 완성. 11. 태백산에 〈실록〉 봉안. 0. 정양, 중국속어사전 〈어록해〉 간행.

1658. 4. 오대산에 〈실록〉 봉안. 0. 〈경민편〉 재간행 반포. 김류 시문집 〈북저집〉 간행됨.

1659. 3. 〈용비어천가〉 재간행.

1660. 11. 신속, 〈구황보유방〉 간행. 0. 안명로, 병서 〈연기신편〉 간행.

1662. 일본 사신, 〈동의보감〉〈의림촬요〉 등을 구해 감.

1663. 12. 대마도주, 〈동국통감〉〈동국여지승람〉 등을 구함.

1664. 12. 김익렴, 천문서 〈역대요성록〉 편찬.

1665. 이현보 시문집 〈농암집〉 간행됨.

1666. 1. 〈등서실록〉 강화도 사고에 보관.

1667. 심열 시문집 〈남파상국집〉 간행됨.

1668. 11. 송준길, 〈태극음양도〉 올림.

1669. 민주면, 〈동경잡기〉 간행.

1675. 3. 허목, 〈심학도〉 올림.

1676. 강우성 학습서 〈첩해신어〉 간행됨. 박세당, 농서 〈색경〉 지음.

1677. 9. 〈현종실록〉 완성.

1678. 박세채, 〈심학지결〉 간행.

1681. 9. 이덕홍 주석서 〈심경부주석의〉 간행됨. 0. 교서관, 〈열성지장〉 간행.

1682. 4. 홍문관, 〈농가십이월도〉 간행. 0. 박세채, 〈율곡집〉 간행.

1683. 3. 〈개수현종실록〉 완성. 6. 송시열, 〈주자대전차의〉 지음. 조광조 시문집 〈정암집〉 간행됨.

1684. 이단하 등, 〈선묘보감〉 간행.

1685. 김장생 예서 〈가례집람〉 간행됨. 박세채, 〈삼선생유서〉 지음.

1686. 정충신 일기 〈백사북천일록〉 간행됨.

1687. 8. 〈대전후속록〉〈열조수교〉 간행.

1688. 유계 시문집 〈시남집〉 간행됨.

1689. 김만중, 〈구운몽〉〈사씨남정기〉 지음.

1690. 이정걸, 〈노회록〉 간행. 신이행 등, 〈역어유해〉 간행.

1692. 1. 숙종, 〈대명집례〉 서문 집필.

1693. 신여철, 함경도지지 〈북관지〉 간행.

1694. 〈김충장공유사〉 간행.

1695. 양대박 문집 〈청계집〉 간행됨. 박세채 시문집 〈남계집〉 남김.

1696. 1. 〈종묘악장〉 수정. 0. 이세필, 음악서 〈악원고사〉 간행. 고전소설 〈전우치전〉 지어짐.

1697. 박태한 시문집 〈박정자유고〉 간행됨. 임상 일화집 〈교거쇄편〉 간행됨.

1698. 김지남, 과학기술서 〈신전자초방〉 지음. 이익 등, 법전 〈수교집록〉 편찬.

1700. 8. 왕실족보 〈선원계보기략〉(첫째 계통) 간행. 0. 이경석 시문집 〈백헌집〉 간행됨.

1704. 11. 〈노산군일기〉를 〈단종실록〉으로 올리고 부록 찬집.

1705. 3. 홍만종, 사서 〈역대총목〉 편찬.

1706. 1. 이이명, 지도 〈요계관방지도〉 올림. 2. 최석정, 〈동국여지승람〉의 수정 요청.

1707. 9. 최석정 등, 통합법전 〈전록통고〉 간행.

1708. 마테오 릿치의 〈만국곤여지도〉 모사.

1710. 김창협 시문집 〈농암집〉 간행됨. 정곤수 시문집 〈백곡집〉 간행됨. 허원, 천문서 〈세초유휘〉 간행.

1711. 유계 예서 〈가례원류〉 간행됨.

1715. 4. 관상감, 허원이 청에서 가져온 〈의상지〉〈의상도〉 간행.

1718. 홍만선, 농업서 〈산림경제〉 지음.

1720. 김지남, 기록문서 〈통문관지〉 간행.

1721. 사역원, 중국어 학습서 〈오륜전비언해〉 간행.

1723. 남구만 시문집 〈약천집〉 간행됨.

1725. 〈열조어필간본〉 완성. 박수춘 시문집 〈국담문집〉 간행됨.

1726. 〈열성어제〉 목록 범례 첨간.

1727. 평양 광법사 〈광법사사적비〉 건립.

1728. 〈숙종실록〉 완성. 김천택, 가집 〈청구영언〉 편찬. 정상기, 〈동국지도〉 제작. 이현석 역사서 〈명사강목〉 간행됨.

1729. 송인명·박사수, 〈감란록〉 편찬. 오일도 시문집 〈서파집〉 간행됨.

1730. 5. 이덕수 등, 〈숙묘보감〉 완성. 0. 송진명, 〈백두산지도〉 제작.

1732. 2. 〈경종실록〉 완성. 관상감 관원, 청에서 〈만년력〉 가져옴. 5. 동지
사, 〈명사조선열전〉 가져옴. 0. 윤증 시문집 〈명재유고〉 간행됨. 권두
경 〈퇴계선생언행통록〉 간행됨.

1733. 11. 이수연, 〈퇴계선생언행록〉 간행.

1736. 이덕수, 〈여사서언해〉 간행. 송징은·송성명, 역사서 〈역대사론〉 편찬.

1739. 2. 청에서 개정 〈명사조선전〉 가져옴.

1740. 4. 청에서 〈명사〉 전권 가져옴.

1741. 7. 영조, 훈유문 〈어제대훈〉 내림. 9. 〈황단아악기〉 완성. 0. 이최대
등, 〈몽어노걸대〉 간행. 이병성 시문집 〈순암집〉 간행됨.

1742. 8. 영조, 〈악학궤범〉 서문 지음. 〈병장도설〉 간행. 11. 안중관, 〈천
문도〉〈오층륜도〉 모방 완성.

1743. 6. 조현명 등, 〈양역총수〉 올림.

1744. 1. 〈소학훈의〉 편찬. 2. 교서관, 〈사서〉〈사략〉〈소학〉 등 간행. 8.
〈국조속오례의〉 완성. 11. 〈속대전〉 완성.

1746. 2. 영조, 〈어제자성편〉 지음. 4. 〈속대전〉 간행.

1747. 3. 〈황단의궤〉 완성. 11. 〈승정원일기〉 548책 개수 완료. 0. 정철
시가집 〈송강가사〉(성주본) 간행됨.

1748. 6. 조현명 등, 〈양역실총〉 올림. 9. 〈무원록〉 반포.

1749. 11. 조관빈 등, 병서 〈속병장도설〉 간행. 0. 한순계 시문집 〈시은집〉
간행됨. 이이 시문집 〈율곡전서〉 간행됨.

1750. 신경준, 〈훈민정음운해〉 지음.

1751. 이중환, 지리서 〈택리지〉 지음.

1752. 〈일성록〉 기록 시작.

1754. 8. 영조, 〈위장필람〉 지음.

1755. 3. 영조, 〈어제첨간대훈〉 내림.

1758. 2. 홍계희 등, 예서 〈국조상례보편〉 간행. 0. 위창조, 지리서 〈북도
능전지〉 지음. 신방 시문집 〈둔암집〉 간행됨. 이재형 시문집 〈송암집〉

간행됨. 정문부 시문집 〈농포집〉 간행됨.

1759. 이영보 시문집 〈동계유고〉 간행됨. 심지원 시문집 〈만사고〉 간행됨.

1760. 송상기 문집 〈옥오재집〉 간행됨. 김주신 시문집 〈수곡집〉 간행됨.

1763. 김수장, 가집 〈해동가요〉(계미본) 간행. 이익, 논저 〈성호사설〉 남김.

1764. 김인겸, 기행가사 〈일동장유가〉 지음. 송계연월옹, 가집 〈고금가곡〉
편찬.

1765. 지리지 〈여지도서〉 완성. 〈용비어천가〉 중간. 〈태묘악장〉〈무법舞法〉
개정. 홍대용, 기행문집 〈연행록〉 기록.

1768. 정철 시가집 〈송강가사〉(관서본) 간행됨.

1769. 11. 유형원 논저 〈반계수록〉 간행됨. 0. 성헌징 시문집 〈통허재문집〉
간행됨.

1770. 8. 홍봉한 등, 사료집 〈동국문헌비고〉 완성.

1771. 7. 이현석 역사서 〈명사강목〉 재간행. 0. 역사서 〈신묘중광록〉 완성.
서명응, 유학서 〈고사신서〉 지음.

1773. 원접사(1450~1633) 시집 〈황화집〉 간행됨. 가객 이세춘에 의해 시
조 창법 변화.

1775. 10. 승문원, 〈괴원등록〉 간행.

1776. 장지항 등, 병서 〈병학통〉 편찬. 김홍도, 〈군선도〉 그림.

1777. 3. 김치인 등, 〈명의록〉 편찬. 0. 관상감, 〈천세력〉 제작.

1778. 안정복, 역사서 〈동사강목〉 간행. 홍명복 등, 어휘집 〈방언집석〉 간행.
이담, 〈통문관지〉 속편 간행. 이만운, 역사서 〈기년아람〉 간행.

1781. 6. 〈규장각총목〉 완성. 규장각, 예절서 〈내각고사절목〉 간행. 8.
〈검암기적비〉 건립.

1782. 2. 〈문헌통고〉 수정 착수. 11. 〈국조보감〉 13조 보감 완성.

1783. 박지원, 일기 〈열하일기〉 씀.

1784. 3. 이승훈, 연경에서 천주교 서적 휴대 귀국. 6. 규장각, 〈규장각지〉
간행. 이노춘 등, 〈홍문관지〉 간행. 0. 유득공, 역사서 〈발해고〉 간행.

1785. 7. 〈일성록〉 공식 국정 기록으로 전환. 9. 찬집청, 통합법전 〈대전

통편〉 간행.

1786. 4. 이복원 등, 역사서 〈갱장록〉 간행. 0. 정극인 시문집 〈불우헌집〉 간행됨.

1787. 8. 규장각, 정조의 〈춘저록〉 등 올림. 0. 존현각 · 이문원, 〈문원보불〉 간행.

1788. 6. 우정규, 진언서 〈경제야언〉 지음. 12. 승문원, 외교문서집 〈동문 휘고〉 간행.

1789. 6. 규장각, 지리지 〈해동여지통재〉(해동읍지) 편찬 시작. 12. 이의 봉, 어학서 〈삼학역어〉, 사전류 〈고금석림〉 지음. 0. 김영, 천문서 〈누 주통의〉 씀. 정약용, 유학서 〈편주광효론〉 씀.

1790. 4. 장용영, 무예서 〈무예도보통지〉 완성. 정조, 〈주교지남〉 편찬. 0. 지도책 〈여지도〉 제작. 구윤명, 법의학서 〈증수무원록대전〉 편찬.

1792. 서유린 등, 〈증수무원록언해〉 간행.

1795. 왕실족보 〈선원계보기략〉(둘째 계통) 간행. 8폭 병풍도 〈화성능행 도〉 완성. 혜경궁 홍씨, 〈한중록〉 완성. 교서관, 〈충무공이순신전서〉 간행. 이시원 등, 심법서 〈양현전심록〉 간행.

1796. 서유규 등, 목록 〈누판고〉 간행. 이덕무 등, 한자 운서韻書 〈규장전 운〉〈전운옥편〉 편찬.

1797. 이병모 등, 〈오륜행실도〉 간행.

1798. 7. 정조, 〈어정오경백편〉 간행. 0. 정약용, 의서 〈마과회통〉 지음. 서유문, 기행문 〈무오연행록〉 지음. 박제가, 견문록 〈북학의〉 지음. 안 조원, 유배가사 〈만언사〉 지음.

1799. 3. 박지원, 농서 〈과농소초〉, 토지개혁안 〈한민명전의〉 지음. 10. 정조, 시선집 〈아송〉 간행. 12. 규장각, 정조의 〈홍재전서〉 편찬. 0. 남 명학 시문집 〈오룡재록〉 간행됨. 홍양호, 역사서 〈흥왕조승〉 지음. 심환 지 등, 〈양대사마실기〉 간행.

1800. 김건서 등, 외교기록 〈교린지〉 간행. 정약종, 종교서 〈주교요지〉 지 음. 이의준, 사례집 〈존주휘편〉 간행.

1801. 김종후, 예서 〈가례집고〉 지음.

1802. 6. 김건서 등, 〈증정교린지〉 간행. 0. 박준원, 주학서 〈소학문답〉 간행.

1803. 김만중의 소설 〈구운몽〉 한문본 출간. 안시중 등, 기록서 〈죽계지〉 간행.

1804. 김상정 시문집 〈석당유고〉 간행됨.

1805. 8. 〈정조실록〉 간행.

1806. 10. 이긍익, 역사서 〈연려실기술〉 남김. 0. 김홍도, 〈단원풍속도첩〉 남김.

1808. 서영보 등, 〈만기요람〉 찬진. 민요 〈박연폭포〉 이루어짐.

1809. 성사제 기록 〈두문동실기〉 간행됨. 김녕 시문집 〈돈봉문집〉 간행됨.

1810. 6. 이지영, 예서 〈국조오례통편〉 지음. 0. 이규경, 〈오주연문장전산고〉 지음.

1811. 정약용, 역사지리서 〈아방강역고〉 지음.

1814. 3. 규장각, 정조 문집 〈홍재전서〉 간행. 0. 이이 〈율곡전서〉 간행됨.

1815. 정약전, 어보漁譜 〈자산어보〉 저술.

1816. 7. 김정희·김경연, 〈북한산진흥왕순수비〉 조사.

1817. 5. 이종인, 의서 〈시종통편〉 저술. 6. 김정희·조인영, 〈북한산진흥왕순수비〉 68자 해독. 0. 정약용, 〈경세유표〉 저술.

1818. 12. 성주덕, 〈서운관지〉 편찬. 0. 정약용, 〈목민심서〉 저술.

1822. 정약용, 〈흠흠신서〉 저술.

1824. 유희, 〈문통〉〈언문지〉〈시물명고〉〈물명유고〉 저술. 장경세 시문집 〈사촌집〉 간행됨.

1825. 전기, 〈설경산수도〉 그림.

1826. 신위, 관극시 〈관극절구12수〉 지음.

1829. 어휘서 〈이두편람〉 간행. 의유당 남씨 문집 〈관북유람일기〉〈의유당일기〉 간행됨. 윤광계 시문집 〈귤옥집〉 간행됨.

1830. 오경원, 역사서 〈소화외사〉 저술.

1832. 조기영, 생육신 시문집 〈생육신합집〉 간행. 유언술 시문집 〈송호집〉
　　　간행됨.

1834. 김정호, 지도 〈청구도〉 제작. 서유구, 농서 〈종저보〉 지음. 장한종
　　　재담집 〈열청재어수신화〉 간행됨.

1835. 서유구, 박물학서 〈임원경제지〉 저술.

1838. 윤4. 〈순조실록〉 완성.

1844. 6. 〈동국사략〉 재간. 0. 한산거사, 풍물가사 〈한양가〉 지음.

1845. 1. 〈문원보불〉 재간.

1848. 10. 〈삼조보감〉(정조·순조·익종) 완성.

1849. 정학유, 가사 〈농가월령가〉 지음.

1850. 3. 〈헌종어제〉 간행.

1851. 7. 사역원, 〈동문고략〉 간행. 10. 〈헌종실록〉 간행.

1853. 김진형, 유배가사 〈북천가〉 지음.

1855. 11. 〈양현전심록〉 중간. 0. 남병길, 수학서 〈무이해〉 지음.

1856. 5. 제주 〈삼성혈비〉 건립됨.

1858. 길재 시문집 〈야은선생속집〉 간행됨.

1859. 〈관동장유가〉 지어짐. 〈오륜행실도〉 중간. 주세붕 시문집 〈무릉잡
　　　고〉 중간. 전경창 시문집 〈계동집〉 간행됨. 박종여 시문집 〈냉천유고〉
　　　간행됨.

1860. 변중일 시문집 〈간재집〉 간행됨. 변영청 시문집 〈동호집〉 간행됨.
　　　오효석 시문집 〈생로당유고〉 간행됨. 남병길, 역서 〈시헌기요〉 저술.

1861. 김정호, 〈대동여지도〉 제작. 남병길, 천문서 〈성경〉 저술.

1862. 이준양, 천문서 〈신법보천가〉 저술.

1863. 최찬 시문집 〈고송유고〉 간행됨. 한글 가집 〈남훈태평가〉 지어짐.

1864. 관상감, 〈천세력〉 속편 제작. 김정호, 절첩식 〈대동여지도〉 제작.
　　　안방준 시문집 〈은봉전서〉 간행됨.

1865. 4. 〈철종어제〉 간행. 윤5. 〈철종실록〉 간행. 11. 법전 〈대전회통〉
　　　간행. 남병길 등, 법전 〈양전편고〉 간행. 0. 정학유 만물지 〈시명다식〉

간행됨.

1866. 김정호, 〈대동지지〉 완성. 홍직필 시문집 〈매산문집〉 간행됨. 최충성 문집 〈산당집〉 간행됨. 홍순학, 기행가사 〈연행가〉 지음. 한글 가집 〈여창가요록〉 지어짐. 조희룡, 〈홍매대련〉〈홍매도〉 남김.

1867. 5. 법전 〈육전조례〉 반포. 12. 남상길, 수학책 〈산학정의〉 간행.

1868. 김정희 시문집 〈완당집〉 간행됨.

1870. 4. 〈홍문관지〉 중간. 안영로 시문집 〈면암집〉 간행됨.

1872. 임종칠 시문집 〈둔오집〉 간행됨. 이기발 시문집 〈서귀유고〉 간행됨.

1873. 오국헌 시문집 〈어은유고〉 간행됨.

1874. 1. 〈일성록〉 수정 보완. 2. 〈승정원일기〉 수정 보완. 0. 달레, 〈한국 천주교회사〉 파리에서 간행.

1876. 단군현성전, 자료집 〈해동성적지〉 간행. 박효관·안민영, 가집 〈가곡원류〉 간행.

1877. 2. 김기수, 〈일동기유〉 기록. 0. 유득공 한시집 〈이십일도회고시〉 간행됨.

1878. 김응하 시문집 〈정수재유고〉 간행됨. 로스, 〈한국어론〉 저술.

1879. 애스턴, 〈일한어비교연구〉 저술. 김매순 시문집 〈대산집〉 간행됨.

1880. 6. 최시형, 동학경전 〈동경대전〉 간행. 0. 고종의 명으로 〈과화존신〉〈삼성훈경〉 간행. 파리외방선교회 한국선교단, 〈한불자전〉 간행. 로스, 〈한국의 역사·풍속·습관〉(영문) 간행.

1881. 1. 오페르트, 〈금단의 나라 조선 기행〉(독일어판) 간행. 6. 최시형, 포교가사집 〈용담유사〉 간행. 10. 〈동문휘고〉 속편 간행. 12. 일본 상인, 부산에서 조선신보 창간.

1882. 로스 목사·백홍준·김진기 등, 〈누가복음〉〈요한복음〉 번역 간행. 윤대순 시문집 〈활수옹유고〉 간행됨.

1883. 1. 한성부, 신문 발행·반포 허용. 8. 박문국 설치. 10. 박문국, 한성순보 발행. 0. 성근묵 시문집 〈과재집〉 간행됨. 한성에 사진관 등장.

1884. 2. 출판사·인쇄소 광인사 설립. 10. 한성순보 정간. 0. 이우규, 잠서

〈잠상촬요〉 저술.

1885. 3. 한성순보 속간. 4. 지석영, 〈우두신설〉 저술. 0. 정행, 불교의식집 〈경문찬초〉 간행.

1886. 1. 한성주보 창간. 0. 윤용구, 악보 〈현금오음통론〉 지음. 정병하, 농서 〈농정촬요〉 저술. 김정대 문집 〈휴각재유고〉 간행됨.

1887. 언더우드·아펜젤러 등, 〈성서번역위원회〉 설립. 스코트, 영문 한국어 문법서 〈언문말책〉 간행. 지송욱, 신구서림 개점. 〈교린지〉 중간.

1888. 1. 화재로 〈승정원일기〉 3백여 권 소실. 6. 박문국 폐지. 7. 한성주보 폐간. 9. 민영준, 향약서 〈향례삼선〉 간행.

1889. 헐버트, 지리서 〈사민필지〉(한글판) 간행. 언더우드, 〈한영문법〉 간행. 정희보 시문집 〈당곡실기〉 간행됨.

1890. 12. 일기청, 〈승정원일기〉 개수 완료. 0. 언더우드, 〈한영영한자전〉 간행. 송국택 시문집 〈사우당집〉 간행됨. 전우, 〈삼은합고〉 간행.

1891. 다블뤼·방달지, 〈나한소자전〉 간행. 이순인 시문집 〈고담일고〉 간행됨.

1892. 1. 올링거 부부, 영문잡지 *Korean Repository* 창간. 0. 고악보 〈속악원보〉 정비됨. 존스·로스와일러, 찬송가집 〈찬미가〉 간행. 오희상 시문집 〈노주집〉 간행됨. 김영작 시문집 〈소정고〉 간행됨.

1893. 성서공인번역위원회 설립.

1894. 1. 아다치 겐조, 한성신보(일문) 창간. 8. 내각 관보과, 관보 제 1호 발행. 10. 〈승선원일기〉 기록됨. 0. 모리스 쿠랑, 논문 〈조선서지〉(불문) 발표. 박흥생 생활지침서 〈촬요신서〉 간행됨. 박운수 시문집 〈덕은유고〉 간행됨. 조병덕 시문집 〈숙재집〉 간행됨.

1895. 1. 관보 국한문 혼용. 3. 〈궁내부일기〉 기록됨. 4. 유길준, 국정개혁서 〈서유견문〉 간행. 0. 학부, 목활자로 교과서 발행. 이준영·정현 등, 사전 〈국한회어〉 간행. 헐버트, 지리서 〈사민필지〉(한문판) 간행. 게일, 〈천로역정〉 한글 번역. 강헌규 시문집 〈농려집〉 간행됨. 언더우드, 찬송가집 〈찬양시〉 간행.

1896. 4. 서재필, 독립신문 및 *Independent* 창간. 6. 독립신문에 광고 등장. 11. 독립협회 기관지 대조선독립협회회보 창간. 12. 내각기록국, 〈법규유편〉 간행. 0. 새문안교회, 창가 〈황제탄신경축가〉 부름. 신기선, 〈유학경위〉 간행. 정원용 시문집 〈경산집〉 간행됨. 안기원 시문집 〈방산집〉 간행됨.

1897. 1. 일본 〈정토종〉 전래됨. 2. 이봉운, 연구서 〈국문정리〉 저술. 6. 학부, 마간서의 〈태서신사〉 번역 출간. 8. 대조선독립협회회보 종간. 0. 게일, 사전 〈한영자전〉 편찬. 일본 군가 〈군함 행진곡〉 유행.

1898. 3. 윤치호, 경성신문 창간. 4. 경성신문, 대한황성신문으로 개제. 양홍묵·이승만 등, 매일신문 창간. 시무라, 한성월보 창간. 8. 이종일 등, 제국신문 창간. 9. 남궁억 등, 황성신문 창간. 미국인 이스트 하우스, 프랑스 단편영화 〈가스등〉 상영. 0. 학부 편집국, 교과서 〈중일략사합편〉 발행. 네덜란드 화가 보스, 고종의 초상화 그림. 유휘문 시문집 〈호고와문집〉 간행됨. 조병유, 무주읍지 〈적성지〉 편찬.

1899. 1. 황국협회, 시사총보 간행. 4. 매일신문 종간. 8. 시사총보 폐간. 12. 독립신문 폐간. 0. 학부, 국사 교과서 〈동국역대사략〉〈대한역대사략〉, 지리서 〈대한지지〉 간행. 최림 시문집 〈외와집〉 간행됨. 한치원 시문집 〈동랑집〉 간행됨. 김정집 시문집 〈석세유고〉 간행됨. 안찬 시문집 〈치사집〉 간행됨. 안영로 시문집 〈면암집〉 간행됨.

1900. 1. 한성월보 종간. 12. 군악대 신설. 0. 〈신약전서〉 완역. 러시아 대장성, 학술서 〈한국지〉(러시아어) 발행. 홍세공 시문집 〈봉계일고〉 간행됨. 군악대 대장 백우용, 〈국가〉 편곡 및 아악을 서양악보로 고침.

1901. 김택영, 박지원의 〈연암집〉 간행. 광문사, 정약용의 〈목민심서〉〈흠흠신서〉 간행. 김헌기 시문집 〈초암전집〉 간행됨.

1902. 11. 상설극장 협률사 창설. 12. 협률사, 〈소춘대유희〉 공연. 0. 김택영, 국사교과서 〈동사집략〉 간행. 에케르트, 〈대한제국 애국가〉 작곡.

1903. 6. 한성전기회사, 활동사진 상영. 0. 장지연, 역사지리서 〈대한강역고〉 간행. 윤기진, 역사서 〈대동기년〉 간행. 허전 시문집 〈성재집〉 간행

됨. 활동사진 상영 시 변사 등장.

1904. 3. 최운백 등, 호놀룰루에서 신조신문 창간. 7. 베델·양기탁 등, 대한매일신보 및 *The Korea Daily News* 창간. 9. 일진회 기관지 일진회회보 1호 간행 후 폐간. 10. 김인식, 〈학도가〉 작사 작곡.

1905. 4. 신조신문 폐간. 7. 학부, 지석영의 국문개혁안 〈신정국문〉 시행. 11. 미주의 공립협회, 공립신보 창간. 0. 헐버트, *The History of Korea* 저술. 김택영, 역사서 〈역사집략〉 저술.

1906. 1. 일진회, 일간지 국민신보 창간. 4. 협률사 폐장. 6. 현채, 역사서 〈중등교과 동국사략〉 저술. 천도교, 일간지 만세보, 잡지 〈조양보〉 창간. 장응진, 도쿄에서 〈태극학보〉 창간. 7. 이인직, 신소설 〈혈의 루〉 연재. 〈대한자강회월보〉 창간. 9. 통감부 기관지 경성일보(국한문판·일문판) 창간. 10. 이인직, 신소설 〈귀의 성〉 연재. 천주교, 경향신문 창간. 11. 양재건 등, 소년잡지 〈소년한반도〉 창간. 12. 서우학회, 기관지 〈서우〉 창간. 0. 주시경, 논문 〈대한국어문법〉 저술. 장지연, 한문교과서 〈대동문수〉 저술.

1907. 2. 오영근, 잡지 〈야뢰〉 창간. 3. 재동경대한유학생회, 〈대한유학생회학보〉 창간. 4. 〈소년한반도〉 종간. 5. 극장 광무대 개장. 〈대한유학생회학보〉 종간. 6. 극장 단성사 개장. 〈만세보〉 종간. 7. 〈광무신문지법〉 공포. 이인직, 친일계 신문 대한신문 창간. 박은식, 전기소설 〈서사건국지〉 번역 출판. 〈야뢰〉 종간. 10. 하와이 한인합성협회, 주간지 한인합성신보 창간. 11. 극장 연흥사 개장. 12. 〈조양보〉 종간. 0. 학부, 교과서 〈국어독본〉 발행. 이인직, 신소설 〈치악산〉(상편) 간행. 송내희 시문집 〈금곡집〉 간행됨. 한미전기회사, 동대문 차고에 활동사진 관람소 설치. YMCA 회관에서 환등 상영. 최남선, 출판사 신문관 설립.

1908. 1. 〈서우〉 종간. 2. 장지연 등, 블라디보스톡에서 한글 일간지 해조신문 창간. 7. 이인직·박정동 등, 극장 원각사 개장. 이길선, 극장 장안사 개장. 8. 신채호, 논설 〈독사신론〉 게재. 주시경·김정진 등, 학술단체 국어연구학회 창설. 9. 박승필, 전통연희극장 광무대 재개관. 10. 주

시경, 연구서 〈국어문전음학〉 간행. 11. 최남선, 월간종합지 〈소년〉 창간. 최남선, 신체시 〈해에서 소년에게〉 발표. 이인직, 신작 〈은세계〉 원각사에서 공연. 0. 칙명으로 〈증보문헌비고〉 간행. 신채호, 전기 〈이순신전〉〈을지문덕〉 저술. 이해조, 소설 〈철세계〉 번안. 최남선, 창가 〈경부철도가〉 발표.

1909. 2. 신문관, 십전총서 1권 〈걸리버 유람기〉 간행. 샌프란시스코 국민회, 주간지 신한민보 간행. 하와이 국민회, 주간지 신한국보 간행. 3. 유길준 문법서 〈대한문전〉 간행. 박은식, 논문 〈유교구신론〉 게재. 6. 대한협회, 대한민보 창간. 8. 조선고서간행회 설립. 조선고서간행회, 〈조선군서대계〉 간행 시작. 11. 세키노 다다시 등, 북한 유적 조사. 0. 신채호, 〈동국거걸 최도통전〉 저술. 이화합창단, YMCA 강당에서 〈할렐루야〉 공연. 민간 음악교육기관 조양구락부 설립.

1910. 1. 민원식, 친일지 시사신문 창간. 2. 상설 영화관 경성고등연예관 개관. 3. 주시경, 〈국어문법〉 저술. 안중근, 옥중에서 자서전 〈안응칠역사〉, 논문 〈동양평화론〉 남김. 5. 통감부, 귀중도서 1,500권 및 문화재 다수 일본으로 반출. 학부, 〈보통교육창가집〉 간행. 7. 이해조, 정치소설 〈자유종〉 간행. 8. 제국신문 폐간.

3. 일제강점기

1910. 8. 황성신문을 한성신문으로 개제. 총독부, 대한매일신보를 매일신
보로 바꾸고 기관지로 함. 대한신문 폐간. 9. 한성신문 폐간. 최남선 등,
조선광문회 설립. 10. 임성구, 신파극단 혁신단 창단. 11. 총독부, 〈을
지문덕〉 등 서적 압수. 총독부, 신한민보 등 간행물 발매금지. 0. 천도
교, 인쇄소 보성사 설립.

1911. 2. 박영효 등, 음악 후원단체 정악유지회 설립. 시천교, 기관지 〈시
천교월보〉 창간. 3. 윤영기 등, 경성서화미술원 설립. 4. 이해조, 신소
설 〈모란병〉 지음. 이해조, 장편 〈화의 혈〉 연재. 5. 잡지 〈소년〉 폐간.
6. 〈조선의학잡지〉 창간. 조양구락부, 조선정악전습소로 재발족. 7.
〈서사건국지〉 등 발매금지. 박영효 등, 문예구락부 창설. 10. 임성구,
신파극단 혁신단 창단. 11. 주시경의 〈국어문법〉, 〈조선어문법〉으로 개
제. 0. 조선고서간행회, 〈발해고〉 등 20여 권 발행. 김택영 시문집 〈소
호당집〉(창강고) 간행됨. 김교제, 신소설 〈치악산〉(하편) 발간.

1912. 1. 이해조, 신소설 〈옥중화〉 연재. 2. 총독부, 황현의 〈매천집〉과 김
택영의 〈창강고〉 압수. 조선불교월보 창간. 3. 최찬식, 신소설 〈추월색〉
발간. 이해조, 신소설 〈탄금대〉 연재. 윤백남·조일재, 신파극단 문수성
창단. 4. 권업회, 블라디보스토크에서 권업신문 창간. 11. 이기세, 신파
극단 유일단 창단. 조중환, 희곡 〈병자삼인〉 발표. 12. 하야시다, 영화
관 우미관 개관. 0. 장지연, 열전 〈일사유사〉 저술. 박승필, 영화관 단
성사 개축.

1913. 1. 최남선, 어린이잡지 〈붉은 저고리〉 창간. 2. 이인직, 신소설 〈모
란봉〉 연재. 4. 최남선, 월간 〈새별〉 창간. 한용운, 불교서 〈불교유신
론〉 발간. 〈시천교월보〉 종간. 5. 조중환, 번안소설 〈장한몽〉 연재. 6.
〈붉은 저고리〉 종간. 7. 이상협, 장편 〈눈물〉 연재. 8. 대한인국민회 하
와이지방총회, 주간지 〈신한국보〉를 〈국민보〉로 개제. 9. 이승만 등,

호놀룰루에서 잡지 〈태평양잡지〉 창간. 최남선, 아동잡지 〈아이들보이〉 창간. 지송욱, 소설 〈부용의 상사곡〉 발간. 11. 불교잡지 〈해동불보〉 창간. 일본 영화관 황금연예관 개관. 12. 경학원, 기관지 〈경학원잡지〉 창간. 0. 남궁억, 문법서 〈조선문법〉 발간. 선우일, 신소설 〈두견성〉 발간. 제 1차 석굴암 중수 시작.

1914. 1. 이상춘, 소설 〈서해풍파〉 발간. 조중환, 장편 〈단장록〉 연재. 황석우, 도쿄에서 〈근대사조〉 발간. 〈조선불교월보〉 종간. 4. 동경유학생 학우회, 잡지 〈학지광〉 창간. 주시경, 문법서 〈말의 소리〉 발간. 5. 강진에서 고려 도자기터 발견. 6. 박용만, 하와이에서 〈아메리카 혁명사〉 번역 발행. 〈해동불보〉 종간. 8. 김윤식, 시문집 〈운양집〉 발간. 김인식, 〈영산회상〉 채보. 최찬식, 신소설 〈금강문〉 발간. 9. 기독교중앙청년회, 월간지 〈중앙청년회보〉 창간. 박영운, 신소설 〈최근풍화소설〉(상) 발간. 10. 최남선, 잡지 〈청춘〉 창간. 매일신보, 기보 〈사활묘방〉 연재. 11. 현상윤, 단편 〈한의 일생〉 발표. 12. 남궁억, 교과서 〈신편언문체법〉 저술. 장지연, 〈고재만필〉 연재. 0. 한용운, 〈불교대전〉 발간. 권상로, 월간 〈불교〉 창간.

1915. 1. 〈새별〉 폐간. 8. 안국선, 단편집 〈공진회〉 발간. 9. 시천교, 〈중앙 시천교회종보〉 발간. 숭실학교, 〈숭실학보〉 창간. 0. 박은식, 역사서 〈한국통사〉 발간. 어윤적, 역사서 〈동사연표〉 발간. 홍난파, 악보집 〈통속창가집〉 발간.

1916. 1. 일본 중추원 산하 조선반도사편찬위원회 설립. 2. 이상협, 번안소설 〈해왕성〉 연재. 3. 이기세 등, 신파극단 예성좌 창단. 김관호의 〈다모〉, 도쿄미술학교 최우수 졸업작품 선정. 4. 불교진흥회, 기관지 〈조선불교계〉 창간. 김두봉, 문법서 〈조선말본〉 발간. 한간석, 거문고 악보 〈방산한씨금보〉 발간. 5. 감리교회, 계간지 〈신학세계〉 창간. 6. 동서의학보사, 월간 〈동서의학보〉 창간. 예성좌·문수성·혁신단, 단성사에서 합동공연. 극단 문수성 해산. 8. 최찬식, 신소설 〈도화원〉 발간. 11. 이광수, 문학론 〈문학이란 하오〉 발표. 12. 극단 예성좌 해산.

1917. 1. 이광수, 장편 〈무정〉 연재. 안확, 〈조선문법〉 발간. 2. 김도산, 신파극단 개량단 창단. 3. 노령 한족회, 기관지 〈청구신보〉 창간. 4. 이 왕가에 아악생연구소 설치. 최영년, 문예지 〈조선문예〉 창간. 도쿄의 일본인, 〈반도시론〉 창간. 5. 현상윤, 단편 〈광야〉 발표. 6. 이광수, 단편 〈소년의 비애〉 발표. 7. 이광수, 단편 〈어린 벗에게〉 발표. 블라디보스 토크 한인, 〈한인신보〉 창간. 8. 홍난파, 〈조선구악보〉 3편 발간. 11. 이광수, 장편 〈개척자〉 연재. 12. 동경여자유학생친목회, 〈여자계〉 창간. 0. 권상로, 〈조선불교략사〉 발간. 김도산, 신파극단 신극좌 창단.

1918. 1. 이하몽, 장편 〈무궁화〉 연재. 양건식, 〈홍루몽〉 번역 연재. 2. 김 소랑 등, 신파극단 취성좌 창단. 3. 이광수 단편 〈방황〉 발표. 4. 조선 예수교장로회, 연구지 〈신학지남〉 창간. 6. 안중식·고희동·오세창 등 13명, 서화협회 창설. 7. 최재익, 학습서 〈조선어의 선생〉 발간. 9. 한 용운, 불교잡지 〈유심〉 창간. 장두철, 주간문예지 〈태서문예신보〉 창간. 잡지 〈청춘〉 종간. 10. 배재학교, 교지 〈배재학보〉 창간. 이광수, 논문 〈신생활론〉〈자녀중심론〉 발표. 11. 박용만, 호놀룰루에서 주간지 〈태 평양시사〉 창간. 12. 〈유심〉 종간. 0. 김억, 자유시 〈겨울의 황혼〉 발 표. 민태원, 번역소설 〈애사〉(레미제라블) 연재. 이일, 시 〈나의 노래〉 〈해안의 고독〉 발표. 이능화, 〈조선불교통사〉 발간.

1919. 1. 방정환·유광렬 등, 문예잡지 〈신청년〉 창간. 2. 윤백남, 단편 〈몽금〉 발표. 김동인·전영택·주요한, 도쿄에서 동인지 〈창조〉 창간. 김동인, 단편 〈약한 자의 슬픔〉 발표. 전영택, 단편 〈혜선의 사〉 발표. 주요한, 자유시 〈불놀이〉 발표. 홍난파 등, 도쿄에서 음악잡지 〈삼광〉 창간. 3. 만주 한족회, 〈한족신보〉 창간. 〈반도시론〉 종간. 4. 이기세, 대구에서 신파극단 문예단 창단. 6. 일본인 제작 기록영화 〈고종황제의 국장사건〉 공개. 8. 상해임시정부, 기관지 〈獨立〉 창간. 9. 임시정부, 〈한일관계사료집〉 발행. 10. 임시정부, 〈獨立〉을 〈獨立新聞〉으로 개제. 홍난파·김형준·김영환 등, 경성악우회 창립 공연. 박승필 제작 김도산 주연, 최초의 한국영화 〈의리적 구투〉 상영. 11. 백대진, 가정소설 〈박

명〉 연재. 12. 이병조, 종합월간지 〈서광〉 창간. 장도빈, 잡지 〈서울〉
창간. 0. 간도 교포, 〈간도시보〉 창간.

1920. 1. 이양전 등, 도쿄에서 〈여자시론〉 창간. 2. 현철, 예술학원 설립.
3. 조진태·예종석 등, 조선일보 창간. 도쿄 유학생 김우진·홍해성·
최승일 등, 극예술협회 조직. 전영택, 중편 〈생명의 봄〉 연재. 4. 김성
수·박영효 등, 동아일보 창간. 〈삼광〉 종간. 6. 천도교 개벽사, 월간
종합지 〈개벽〉 창간. 〈여자계〉 종간. 7. 고경상, 동인지 〈폐허〉 창간.
8. 조선일보 논설 〈자연의 화〉로 첫 정간. 9. 조선일보, 〈우열한 총독부
당국자여 하고로 우리일보의 정간을 시켰다뇨〉로 무기정간. 조선노동
공제회, 기관지 〈공제〉 창간. 김소월, 시 〈낭인의 봄〉 발표. 동아일보
사설 〈제사문제를 재론하노라〉로 무기정간. 11. 김규진, 〈금강유람가〉
발간. 12. 양재기·한석원 등, 어린이잡지 〈새동무〉 창간. 〈서울〉 종간.
0. 박은식, 역사서 〈한국독립운동지혈사〉 발간. 홍난파 작곡 김형준 작사
〈봉선화〉.

1921. 1. 오상순, 시 〈힘의 숭배〉 등과 평론 〈종교와 예술〉 발표. 현진건,
단편 〈빈처〉 발표. 〈폐허〉 종간. 〈서광〉 종간. 2. 시사신문 종간. 3. 김
억, 번역시집 〈오뇌의 무도〉 발간. 조선중앙기독교청년회, 잡지 〈청년〉
창간. 4. 서화협회, 제 1회 서화협회전 개최. 〈반도시론〉 종간. 5. 방정환
등, 〈천도교소년회〉 창설. 변영로·황석우 등, 시 전문지 〈장미촌〉 창간.
김약수, 도쿄에서 잡지 〈대중시보〉 창간. 6. 김동인, 단편 〈배따라기〉
발표. 〈공제〉 종간. 8. 염상섭, 단편 〈표본실의 청개구리〉 발표. 9. 남
궁혁, 잡지 〈반도지광〉 창간. 〈대중시보〉 종간. 10. 서화협회, 〈서화협
회보〉 발간. 11. 현진건, 단편 〈술 권하는 사회〉 발표. 극단 혁신단 해
체. 12. 임경재·최두선 등, 조선어연구회 조직. 0. 전영택, 단편 〈K와
그 어머니의 죽음〉 발표. 이상준, 악보집 〈신선속곡집〉 발간. 장도빈,
〈조선연표〉 발간.

1922. 1. 홍사용·박종화 등, 동인지 〈백조〉 창간. 나도향, 단편 〈젊은이의
시절〉 발표. 윤백남, 신파극단 민중극단 창단. 박희도, 잡지 〈신생활〉

창간. 3. 이광수, 기행수필집 〈금강산유기〉 연재. 4. 김상회 등, 신문 〈시사평론〉 창간. 5. 이광수, 논설 〈민족개조론〉 발표. 6. 총독부, 제 1회 조선미술전람회(선전) 개최. 8. 조선고학생갈돕회 기관지 〈갈돕〉 창간. 9. 홍난파, 연악회 창설. 연악회, 기관지 〈음악계〉 창간. 11. 장도 빈, 종합잡지 〈조선지광〉 창간. 나도향, 장편 〈환희〉 연재. 나도향, 단 편 〈옛날의 꿈은 창백하더이다〉 발표. 황원균, 극장 조선극장 개장. 12. 총독부, 조선반도사편찬위원회를 산하 조선사편찬위원회로 개편. 0. 장 지연, 〈조선유교연원〉 발간. 박태준 작곡 이은상 작사 〈사우〉. 방정환, 세계명작동화집 〈사랑의 선물〉 발간. 안확, 〈조선문학사〉 저술.

1923. 3. 이상범·노수현·이용우·변관식 등, 미술단체 동연사 창립. 방 정환, 아동잡지 〈어린이〉 창간. 4. 김억, 타고르의 시집 〈기탄잘리〉 번역. 5. 방정환 등, 〈색동회〉 조직. 박승희·김기진 등, 도쿄에서 극단 토월 회 창단. 6. 김억, 시집 〈해파리의 노래〉 발간. 윤심덕 소프라노 독창회. 7. 기독교 잡지 〈신생명〉 창간. 염상섭, 장편 〈해바라기〉 연재. 8. 이필 수, 문법서 〈정음문전〉 발간. 9. 현진건, 단편 〈할머니의 죽음〉 발표. 나도향, 단편 〈여이발사〉 발표. 박종화, 단편 〈목매는 여자〉 발표. 개벽 사, 여성잡지 〈신여성〉 창간. 〈백조〉 종간. 10. 김갑제, 아동잡지 〈신소 년〉 창간. 11. 유엽 등, 문예지 〈금성〉 창간. 조선물산장려회, 기관지 〈산업계〉 창간.

1924. 1. 상해임시정부, 기관지 〈獨立新聞〉을 〈독립신문〉으로 개제. 염상섭, 동인지 〈폐허이후〉 창간. 〈폐허이후〉 종간. 2. 최찬식, 신소설 〈춘몽〉 발간. 4. 염상섭, 중편 〈만세전〉 연재. 이경손·김정원 등, 무대예술연 구회 조직. 6. 박종화, 시집 〈흑방비곡〉 발간. 현진건, 단편 〈운수 좋은 날〉 발표. 7. 일본인, 부산에 영화제작사 조선키네마주식회사 설립. 8. 염 상섭, 단편집 〈견우화〉 발간. 10. 이광수·방인근, 문예지 〈조선문단〉 창간. 최학송, 단편 〈고국〉 발표. 11. 이광수, 장편 〈재생〉 연재. 12. 주요한, 시집 〈아름다운 새벽〉 출간. 0. 변영로, 시집 〈조선의 마음〉 출 간. 윤극영, 동요 〈반달〉 발표. 엄필진, 〈조선동요집〉 발간. 김기진, 단편

〈붉은 쥐〉 발표. 이필우, 체육기록영화 〈전조선여자올림픽대회〉 촬영.
1925. 1. 현진건, 단편 〈불〉 발표. 전영택, 단편 〈화수분〉 발표. 2. 현진건, 단편 〈B사감과 러브레터〉 발표. 동아일보, 신춘문예 시행. 3. 김동환, 장시집 〈국경의 밤〉 발간. 최학송, 단편 〈탈출기〉 발표. 윤백남, 영화사 윤백남프로덕션 창설. 4. 주요섭, 단편 〈인력거꾼〉 발표. 잡지 〈신생명〉 종간. 5. 이광수, 장편 〈마의태자〉 연재. 최남선, 논문 〈조선국민문학으로서의 시조〉 발표. 6. 총독부, 조선사편찬위원회를 조선사편수회로 개편. 김승묵, 대구에서 잡지 〈여명〉 창간. 나도향, 단편 〈벙어리 삼룡이〉 발표. 7. 현진건, 단편 〈새빨간 웃음〉 발표. 8. 박영희 · 김기진 · 최학송 등, 조선프롤레타리아예술가동맹KAPF 결성. 9. 상해임시정부 〈독립신문〉 폐간. 홍난파, 음악잡지 〈음악계〉 창간. 나도향, 단편 〈물레방아〉 발표. 노자영, 장편 〈표백의 비탄〉 발간. 12. 김소월, 시집 〈진달래꽃〉 발간. 나도향, 단편 〈뽕〉 발표. 최학송, 단편 〈큰물 진 뒤〉 발표. 이돈화, 잡지 〈조선농민〉 창간. 0. 이경손, 영화사 고려키네마 설립.
1926. 1. 김기진, 장편 〈약혼〉 연재. 2. 카프, 〈문예운동〉 창간. 토월회 해산. 3. 동아일보, 무기정간. 4. 천도교, 잡지 〈신인간〉 창간. 5. 최남선, 논문 〈조선국민문학으로서의 시조〉 발표. 수양동우회, 월간종합지 〈동광〉 창간. 한용운, 시집 〈님의 침묵〉 발간. 6. 이상화, 시 〈빼앗긴 들에도 봄은 오는가〉 발표. 이경손 · 김영팔 · 최승일 등, 라디오극연구회 설립. 8. 〈개벽〉 폐간. 10. 나운규 각본 · 감독 · 주연 영화 〈아리랑〉 개봉. 이하윤 · 김진섭 등, 도쿄에서 문학단체 해외문학연구회 조직. 조태연, 시선집 〈조선시인선집〉 발간. 11. 조선어연구회, 음력 9월 29일(양력 11월 4일)을 가갸날로 제정. 심훈, 장편 〈탈춤〉 연재. 이상협, 일간신문 중외일보 창간. 개벽사, 월간잡지 〈별건곤〉 창간. 전영택, 소설집 〈생명의 봄〉 발간. 12. 최남선, 시조집 〈백팔번뇌〉 발간. 0. 최현배, 〈조선민족 갱생의 도〉 연재. 최학송, 단편집 〈혈흔〉 발간. 이경손 · 조일제, 계림영화사 설립.
1927. 1. 하준석 · 이관용 · 이긍종 등, 종합잡지 〈현대평론〉 창간. 해외문

학연구회, 기관지 〈해외문학〉 창간. 2. 조선어연구회, 기관지 〈한글〉 창간. 조선일보사, 월간 〈신조선〉 창간. 경성방송국, 방송 개시. 3. 이경손·김을한·안종화 등, 조선영화예술협회 조직. 7. 김교신 등, 동인지 〈성서조선〉 창간. 9. 나운규, 영화사 나운규 프로덕션 창설. 10. 홍난파 작곡 이원수 작사 〈고향의 봄〉. 11. 이유아, 상해에서 한인신문 〈민성〉 창간. 12. 연희전문 상과, 학술지 〈경제연구〉 창간. 소년조선사, 아동잡지 〈소년조선〉 창간. 0. 김희상, 문법서 〈울이글틀〉 발간.

1928. 1. 〈시사평론〉 종간. 조선일보, 신춘문예 시행. 4. 경성방송국 오케스트라 조직. 백우용, 아악의 5선보 채보. 7. 최남선, 수필집 〈금강예찬〉 발간. 10. 조선어연구회, 〈한글〉 휴간. 11. 이광수, 장편 〈단종애사〉 연재. 홍명희, 장편 〈임꺽정〉 연재. 황석우, 시 전문지 〈조선시단〉 창간. 0. 전수린 작곡 이애리수 노래, 대중가요 〈황성옛터〉 유행. 오세창, 서화사전 〈근역서화징〉 발간.

1929. 4. 최현배, 〈소리갈〉(〈우리말본〉 첫째 매) 발간. 5. 방인근·양주동, 문예잡지 〈문예공론〉 창간. 고병돈, 문예지 〈조선문예〉 창간. 6. 김동환, 대중잡지 〈삼천리〉 창간. 8. 아동잡지 〈소년조선〉 종간. 9. 김기진, 장편 〈전도양양〉 연재. 10. 조선어학회 회원 등 108명, 조선어사전편찬회 조직. 염상섭, 장편 〈광분〉 연재. 조선물산장려회, 기관지 〈조선물산장려회회보〉 창간. 이광수·주요한·김동환, 〈삼인시가집〉 발간. 11. 황석우, 시집 〈자연송〉 발간. 토월회, 재기 공연 〈아리랑고개〉. 12. 총독부, 민요 〈아리랑〉 금지령. 김동인, 장편 〈여인〉 연재. 0. 홍난파, 〈조선동요백곡집〉 발간. 이상준, 악곡집 〈조선속곡집〉 발간. 무용가 배구자, 배구자예술연구소 설립. 무용가 최승희, 최승희무용연구소 설립.

1930. 1. 안재홍, 논설 〈조선상고사관견〉 연재. 김동인, 단편 〈광염 소나타〉 발표. 김기진, 장편 〈해조음〉 연재. 2. 이상, 중편 〈12월 12일〉 연재. 3. 박용철, 〈시문학〉 창간. 상해임시정부, 〈임시정부공보〉 발행. 4. 장지영, 〈조선어철자법강좌〉 연재. 〈학지광〉 종간. 5. 조선농민사, 기관지 〈농민〉 창간. 6. 〈조선농민〉 종간. 8. 안재홍, 〈백두산등척기〉 연재. 9.

김동인, 장편 〈젊은 그들〉 연재. 10. 한경석, 과학잡지 〈백두산〉 창간. 12. 연희전문 문과, 〈조선어문연구〉 창간.

1931. 1. 조선어연구회, 조선어학회로 개칭. 4. 경성제대 출신 조윤제·이희승 등, 조선어문학회 조직. 5. 현제명, 〈현제명 작곡집〉(제 1집) 출간. 6. 이광수, 장편 〈이순신〉 연재. 이효석, 단편집 〈노령근해〉 발간. 중외일보 종간. 박영희·김기진 등 카프 동맹원 70여 명 피검(제 1차 카프 사건). 7. 조선어문학회, 기관지 〈조선어문학회보〉 창간. 김진섭·서항석·유치진 등 12명, 극예술연구회 창립. 10. 최정희, 단편 〈정당한 스파이〉 발표. 〈시문학〉 종간. 11. 김찬성, 중앙일보 창간. 박용철·이하윤 등, 〈문예월간〉 창간. 동아일보사, 잡지 〈신동아〉 창간. 12. 박승빈, 조선어학연구회 설립. 0. 한용운, 잡지 〈불교〉 속간. 최학송, 단편집 〈홍염〉 발간.

1932. 1. 김동인, 단편 〈발가락이 닮았다〉 발표. 2. 〈조선지광〉 종간. 3. 이효석, 단편 〈오리온과 능금〉 발표. 〈문예월간〉 종간. 4. 이광수, 장편 〈흙〉 연재. 이은상, 시조집 〈노산시조집〉 발간. 현제명, 조선음악가협회 창설. 5. 조선어학회, 〈한글〉 재창간. 최영환, 논문 〈조선민요론〉 발표. 0. 양주동, 시집 〈조선의 맥박〉 발간.

1933. 1. 조선민속학회, 기관지 〈조선민속〉 창간. 김극배 등, 조선문흥회 조직. 〈동광〉 폐간. 2. 〈경제연구〉 종간. 3. 여운형, 조선중앙일보 창간. 4. 김동인, 단편 〈붉은 산〉 발표. 김동인, 장편 〈운현궁의 봄〉 연재. 5. 이동백 등 14명, 판소리 연구단체 조선성악연구회 창설. 6. 현제명, 〈현제명 작곡집〉(제 2집) 발간. 7. 〈조선어문학회보〉 종간. 8. 이종명·김유영 등, 문학단체 구인회 구성. 9. 총독부, 정기간행물의 원고검열을 교정검열로 전환. 10. 조선물산장려회, 기관지 〈신흥조선〉 창간. 이무영 등, 문예잡지 〈조선문학〉 창간. 모윤숙, 시집 〈빛나는 지역〉 발간. 조선어학회, 〈한글맞춤법통일안〉 제정. 12. 현진건, 장편 〈적도〉 연재. 〈농민〉 종간. 0. 채만식, 장편 〈인형의 집을 찾아서〉 연재. 김소운, 민요집 〈조선구전민요집〉〈조선동요선〉(일어판) 발간. 김동진, 가곡 〈가고

파〉 작곡. 이덕봉 등, 조선박물연구회 설립. 〈불교〉 종간.

1934. 1. 박용철, 동인지 〈문학〉 창간. 〈신흥조선〉 종간. 박영준, 단편 〈모범경작생〉으로 등단. 2. 조선어학연구회, 기관지 〈정음〉 창간. 4. 〈신여성〉 종간. 〈문학〉 종간. 5. 이병도 등, 학술단체 진단학회 창설. 채만식, 단편 〈레디메이드 인생〉 발표. 〈신소년〉 종간. 이기영·박영희 등 60여 명 피검(제 2차 카프 사건. 신건설사 사건). 7. 노자영, 문예잡지 〈신인문학〉 창간. 〈어린이〉 종간. 8. 이상, 시 〈오감도〉 연재. 박태원, 중편 〈소설가 구보씨의 일일〉 연재. 최학송 문학평론 〈현대 주지주의 문학이론〉 조선일보에 게재. 9. 신백수, 문예동인지 〈삼사문학〉 창간. 11. 진단학회, 학술지 〈진단학보〉 창간. 0. 유치진, 희곡 〈소〉 발표. 고복수, 가요 〈타향살이〉 출반.

1935. 1. 조병구, 시 동인지 〈출발〉 창간. 김동리, 단편 〈화랑의 후예〉로 등단. 김유정, 단편 〈소낙비〉〈노다지〉로 등단. 안수길, 단편 〈적십자병원장〉으로 등단. 2. 오희병, 시 전문지 〈시원〉 창간. 5. 카프 해산. 계용묵, 단편 〈백치 아다다〉 발표. 8. 이무영, 장편 〈먼동이 틀 때〉 연재. 9. 권상로, 불교잡지 〈금강산〉 창간. 심훈, 장편 〈상록수〉 연재. 이난영, 가요 〈목포의 눈물〉 출반. 10. 김유정, 단편 〈봄봄〉 발표. 11. 조선일보사, 잡지 〈조광〉 창간. 주요섭, 단편 〈사랑방손님과 어머니〉 발표. 김윤식, 〈영랑 시집〉 발간. 김동인, 잡지 〈야담〉 창간. 12. 경성부, 극장 부민관 준공. 〈삼사문학〉 종간. 〈시원〉 종간. 0. 김경중, 역사서 〈조선사〉 발간. 정지용, 〈정지용 시집〉 출간. 박승빈, 문법서 〈조선어학〉 출간.

1936. 1. 백윤문·김기창·장우성 등, 동양화 단체 후소회 설립. 이효석, 단편 〈분녀〉 발표. 김동리, 단편 〈산화〉로 등단. 최인화, 아동잡지 〈동화〉 창간. 3. 박종화, 장편 〈금삼의 피〉 연재. 구인회, 동인지 〈시와 소설〉 창간. 4. 모윤숙, 산문집 〈렌의 애가〉 연재. 5. 염상섭, 장편 〈불연속선〉 연재. 김유정, 단편 〈동백꽃〉 발표. 김동리, 단편 〈무녀도〉 발표. 6. 안익태, 〈애국가〉 작곡. 불교잡지 〈금강산〉 종간. 8. 동아일보, 일장기 말살사건으로 무기정간. 오정민·이백희 등, 조선연극협회 창설. 박

영준, 단편 〈목화씨 뿌릴 때〉 발표. 9. 이상, 단편 〈날개〉 발표. 잡지 〈신동아〉 폐간. 10. 조선어학회, 〈조선어표준말모음〉 발간. 이효석, 단편 〈메밀꽃 필 무렵〉 발표. 11. 서정주·오장환 등, 〈시인부락〉 창간. 0. 김기림, 시집 〈기상도〉 발간. 임선규 희곡 〈사랑에 속고 돈에 울고〉 〈홍도야 우지마라〉 공연.

1937. 1. 전영택, 문예종합지 〈백광〉 창간. 정비석, 단편 〈성황당〉으로 등단. 2. 김유정, 단편 〈땡볕〉〈따라지〉 발표. 3. 최현배, 문법책 〈우리말본〉 발간. 김말봉, 장편 〈찔레꽃〉 연재. 4. 윤곤강, 시집 〈대지〉 발간. 최정희, 단편 〈흉가〉 발표. 5. 이상, 단편 〈종생기〉 발표. 6. 동아일보 정간 해제. 조선극장 화재로 소실. 10. 채만식, 장편 〈탁류〉 연재. 11. 조선중앙일보 폐간. 김은호, 〈금차봉납도〉 그림. 12. 박종화, 장편 〈대춘부〉 연재. 문예동인지 〈시인부락〉 종간. 0. 박영희, 시집 〈회월시초〉 발간. 장만영, 시집 〈양〉 발간. 박상준, 문법책 〈조선어법〉 발간. 이서구 희곡 〈어머니의 힘〉 공연. 조선박물연구회, 식물도감 〈조선식물향명집〉 발간.

1938. 1. 김동환, 문예지 〈삼천리문학〉 창간. 가수 남인수, 〈애수의 소야곡〉 발표. 2. 극예술연구회 해체. 임화, 시집 〈현해탄〉 발간. 덕수궁 미술관 완공. 4. 유진오, 단편 〈창랑정기〉 발표. 〈삼천리문학〉 종간. 5. 한용운, 장편 〈박명〉 연재. 유치진·서항석, 극단 극연좌 설립. 7. 문세영, 〈조선어사전〉 발간. 총독부 산하 조선사편수회, 〈조선사〉(37책) 〈조선사료총간발간〉(20종) 〈조선사료집진〉(3책) 발간. 현진건, 장편 〈무영탑〉 연재. 홍난파, 산문집 〈음악만필〉 발간. 9. 〈성경개역〉 출간. 이은상, 수필집 〈무상〉 발간. 11. 이광수, 장편 〈사랑〉 발간. 12. 신조선사, 〈여유당전서〉 발간. 0. 김광섭, 시집 〈동경〉 발간. 박태원, 장편 〈천변풍경〉 발간. 노천명, 시집 〈산호림〉 발간. 김동명, 시집 〈파초〉 발간. 최학송 평론집 〈문학과 지성〉 간행됨.

1939. 1. 박계주, 장편 〈순애보〉 연재. 계용묵, 단편 〈병풍에 그린 닭이〉 발표. 임화, 〈현대조선시인선집〉 발간. 2. 이태준, 장편 〈딸 삼형제〉 연

재. 김래성, 장편 〈마인〉 연재. 김연만·이태준, 문예지 〈문장〉 창간. 3. 인문사, 〈조선작품연감〉 발간. 조연현 등, 시 동인지 〈시림〉 창간. 김동인, 단편 〈김연실전〉 발표. 4. 김정기, 시 전문지 〈시학〉 창간. 5. 극연좌 해체. 8. 이병기, 〈가람 시조집〉 발간. 임옥인, 단편 〈봉선화〉로 등단. 조선영화인협회 결성. 9. 임화, 평론 〈개설 신문학사〉 연재. 10. 최재서, 문예지 〈인문평론〉 창간. 이광수 등, 조선문인협회 결성. 현진건, 장편 〈흑치상지〉 연재. 〈시학〉 종간. 0. 김상용, 시집 〈망향〉 발간. 신석정, 시집 〈촛불〉 발간. 유치환, 시집 〈청마시초〉 발간.

1940. 1. 친일잡지 〈내선일체〉 창간. 총독부, 〈조선영화령〉 공포. 2. 조지훈, 시 〈봉황수〉 발표. 4. 최정희 중편 〈인맥〉 발표. 만주 집안현에서 고구려벽화 다수 발견. 5. 강화 전등사에서 〈묘법연화경판〉 발견. 7. 경북 안동에서 〈훈민정음해례본〉 정본 발견. 8. 조선일보 폐간. 동아일보 폐간. 10. 〈조선민속〉 종간. 11. 박종화, 장편 〈다정불심〉 연재. 12. 안익태, 〈한국환상곡〉 완성. 이서구 등, 조선연극협회 창설. 0. 최현배, 학술서 〈한글갈〉 발간. 박남수, 시집 〈초롱불〉 발간. 김소운, 동요집 〈구전동요선〉 발간.

1941. 1. 조선어학회, 〈외래어표기법통일안〉 발표. 노익형, 잡지 〈신시대〉 창간. 2. 서정주, 시집 〈화사집〉 발간. 강소천, 동시집 〈호박꽃초롱〉 발간. 김동인, 장편 〈대수양〉 연재. 황순원, 단편 〈별〉 발표. 3. 양재하, 잡지 〈춘추〉 창간. 김종찬·이쾌대·이중섭 등, 조선미술가협회(신미술가협회) 결성. 유치진 등, 극단 현대극장 창설. 박계주, 장편 〈애로역정〉 연재. 4. 채만식, 장편 〈아름다운 새벽〉 연재. 〈문장〉 폐간. 〈인문평론〉 폐간. 〈정음〉 폐간. 5. 지방신문 1도 1지로 통폐합. 6. 〈진단학보〉 종간. 11. 최재서, 문예지 〈국민문학〉 창간. 김인승·김은호·이상범 등, 조선미술가협회 결성. 0. 정지용, 시집 〈백록담〉 발간. 〈청년〉 종간.

1942. 1. 잡지 〈삼천리〉 종간. 2. 채만식, 장편 〈아름다운 새벽〉 연재. 3. 김동환, 잡지 〈대동아〉 창간. 유치환, 시 〈수〉 발표. 〈성서조선〉 폐간. 5. 조선어학회 기관지 〈한글〉 폐간. 양주동, 연구서 〈조선고가연구〉 발

간. 7. 조선연극협회 · 조선연예협회 통합하여 조선연극문화협회 설립.
8. 미국의 소리VOA, 한국어방송 시작.

1943. 3. 〈대동아〉 종간. 4. 조선문인협회 · 조선하이쿠작가협회 · 조선센
류협회 · 국민시가연맹, 통합하여 조선문인보국회 결성. 6. 임정 기관지
독립신문(중국어판) 복간.

1944. 1. 전국 신문의 석간 폐지. 4. 임정 기관지 독립신문 속간. 10. 〈내
선일체〉 종간. 〈춘추〉 종간. 0. 신미술가협회 해체.

1945. 2. 〈야담〉 종간. 〈신시대〉 종간.

4. 대한민국

1945. 8. 조선학술원 창설. 조선문학건설본부 창설. 조선문화건설중앙협의회 조직. 전파관제 전면해제. 조선연극문화협회 해산. 9. 조선인민보 창간. 조선통신 창설. 경성방송국, 제 1방송(일본어) 폐지. 해방일보 창간. 현제명, 고려교향악단 창단. 조선프롤레타리아미술동맹 결성. 조선프롤레타리아문학동맹 결성. 변영로·양주동·유치진 등, 중앙문화협회 설립. 미 군정청, 경성일보 접수. 경성방송국, 서울중앙방송국으로 개편. 조선프롤레타리아예술동맹 결성. 10. 미 군정청, 매일신보 접수. 11. 조선일보 복간. 매일신보, 서울신문으로 개제 속간. 12. 동아일보 복간. 미국의 소리VOA, 서울중앙방송으로 중계. 조선문학건설본부·조선프롤레타리아문학동맹, 조선문학동맹으로 통합. 조선영화동맹 결성. 조선연극동맹 결성. 현제명, 경성음악전문학교 설립. 합동통신 창설. 0. 이육사 시집 〈육사시집〉 간행됨. 가요 〈가거라 38선〉〈귀국선〉 유행.

1946. 1. 조연현, 문예잡지 〈예술부락〉 창간. 서울신문사, 월간 〈신천지〉 창간. 2. 유자후 등, 세계일보 창간. 조선문화단체총연맹(문련) 결성. 3. 문교부 산하 국사관 설치. 정인보 등, 전조선문필가협회 결성. 평양에서 북조선문학예술총동맹 결성. 4. 조선어학회, 〈한글〉 속간. 김기림, 시집 〈바다와 나비〉 발간. 5. 박종화, 시집 〈청자부〉 발간. 해방일보 발행정지. 미 군정청, 신문·정기간행물의 허가제 실시. 6. 조지훈·박목월·박두진, 시집 〈청록집〉 발간. 조선무용예술협회 설립. 〈예술부락〉 종간. 9. 홍이섭, 개설서 〈조선과학사〉 발간. 9. 미 군정청, 조선인민보 등 6개 좌익신문 정간처분. 10. 천주교 서울교구, 경향신문 창간. 한동인, 서울발레단 창단. 11. 조선미술동맹 발족. 0. 신석초, 시집 〈석초시집〉 발간.

1947. 1. 부산일보·조선일일신문 폐간. 2. 곽복산 등, 조선신문학원 설립. 전국문화단체총연합회(문총) 설립. 3. 공보부, 정기간행물의 신규허가 정지. 4. 김상옥, 시조집 〈초적〉 발간. 5. 유치진 등, 극예술협회 설립.

6. 유치환, 시집 〈생명의 서〉 발간. 10. 국영 서울중앙방송국HLKA 개국. 조선어학회, 〈큰사전〉 1권 발간. 최호진, 〈근대조선경제사연구〉 발간. 11. 서정주, 시 〈국화 옆에서〉 발표. 12. 김구, 〈백범일지〉 발간. 0. 양주동, 주석서 〈여요전주〉 발간.

1948. 1. 김생려, 서울교향악단 창단. 12. 〈조광〉 종간. 0. 서정주, 시집 〈귀촉도〉 발간. 조윤제, 〈조선시가의 연구〉 발간. 김사엽, 〈조선문학사〉 발간. 조선미술가협회, 대한미술협회로 개편. 문교부, 외래어표기법 〈들온말 적는 법〉 공포.

1949. 1. 세계일보 폐간. 양우정, 연합신문 창간. 3. 국사관, 국사편찬위원회로 개편. 8. 모윤숙·김동리, 문예지 〈문예〉 창간. 김영수, 희곡 〈혈맥〉 발간. 9. 조선어학회, 한글학회로 개칭. 10. 부민관, 국립극장으로 개편. 11. 제 1회 대한민국미술전람회(국전) 개최. 12. 한국문학가협회 결성. 0. 박두진, 시집 〈해〉 발간. 조윤제, 개설서 〈국문학사〉 발간. 고정옥, 민요이론서 〈조선민요연구〉 발간.

1950. 4. 국립극장 개관. 황순원, 단편 〈독짓는 늙은이〉 발표. 제 1회 대한미술협회전 개최. 7. 유엔군총사령부방송VUNC 방송 개시. 10. 주한미군방송AFKN 방송 개시. 11. *The Korea Times* 창간.

1951. 4. 구 황궁아악부, 국립국악원으로 개칭.

1952. 2. 서울대학교, 대학신문 창간. 3. 학술단체 역사학회 창설. 4. 〈광무신문지법〉 폐지. 양우정, 동양통신 창설. 8. 〈문화보호법〉 공포. 11. 김익달, 학생잡지 〈학원〉 창간. 12. 학술단체 국어국문학회 창설. 0. 조지훈, 시집 〈풀잎단장〉 발간.

1953. 4. 장준하, 종합지 〈사상계〉 창간. 5. 황순원, 단편 〈소나기〉 발표. 임성남, 임성남발레연구소 개소. 12. 오영수, 단편 〈갯마을〉 발표. 0. 아세아재단·전국문화단체총연합회, 자유문학상 제정.

1954. 1. 정비석, 장편 〈자유부인〉 연재. 4. 김해랑, 한국무용예술인협회 창설. 6. 장기영, 한국일보 창간. 7. 대한민국학술원·대한민국예술원 개원. 9. 정재호, 동화통신 창설. 〈신천지〉 종간. 10. 국제PEN클럽 한

국본부 설립. 12. 민영방송 CBS 기독교방송 개국.

1955. 1. 황태랑, 문예지 〈현대문학〉 창간. 5. 장발, 한국미술가협회 창설. 6. 서울중앙방송국, 공개녹음방송 개시. 문학단체 자유문학자협회 발족. 〈사육신비〉 제막. 10. 국사편찬위원회, 〈조선왕조실록〉 영인 간행 시작. 김익달, 여성잡지 〈여원〉 창간. 12. 자유대한의 소리, 일본어방송 개시. 0. 박인환, 시집 〈박인환 선시집〉 발간. 한국문학가협회상 제정. 대한영화배우협회 설립. 이호우, 〈이호우 시조집〉 발간.

1956. 5. 이용희 등, 국제정치학회 창설. 황태영, 민간 상업텔레비전방송사 대한방송 설립. 자유문학자협회, 기관지 〈자유문학〉 창간. 7. 7개 음악단체, 한국음악단체연합회로 통합. 9. KBS 교향악단 창단. 10. 서울신문사, 한글판 서울신문 발행. 0. 진수방, 한국무용가협회 설립. 〈성경전서 개역한글판〉 발간.

1957. 1. 언론인단체 관훈클럽 설립. 2. 한국시인협회 설립. 4. 한국신문편집인협회 설립. 6. KBS 제 1방송, 종일방송 실시. 고려대학교, 아세아문제연구소 설립. 한국일간신문발행인협회 설립. 8. 서울시립교향악단 창단. 9. AFKN, TV방송 개시. 10. 한글학회, 〈큰사전〉 6권 완간. 12. KBS 제 2방송, 자유대한의 소리 대북방송 개시.

1958. 6. 노천명 시집 〈사슴의 노래〉 간행됨. 9. 문교부, 〈로마자의 한글화 표기법〉 제정. 12. 이근우, 잡지 〈자유공론〉 창간.

1959. 4. 경향신문 폐간. 7. 진단학회, 〈한국사〉 발간 시작. 10. 이범선, 단편 〈오발탄〉 발표. 박헌봉·박귀희, 국악예술학교 설립. 11. 김수영, 시집 〈달나라의 장난〉 발간. 12. 박목월, 시집 〈난·기타〉 발간. 0. 자유문학상 폐지.

1960. 1. 황순원, 장편 〈나무들 비탈에 서다〉 연재. 4. 경향신문 복간. 조종현·이태극 등, 〈시조문학〉 창간. 7. 정기간행물 등록제 실시. 8. 서울경제신문 창간. 11. 국제언론인협회IPI, 한국 가입 승인. 최인훈, 중편 〈광장〉 발표.

1961. 1. 서울대학교, 동아문화연구소 설립. 2. 대한일보 창간. 혁신계, 민

족일보 창간. 김지태, 민간상업방송 MBC 문화방송 설립. 5. 자유문학자협회 해체. 6. 전국문화단체총연합회 해체. 7. 대한방송 종방. 서울국제방송국HLCA 개국. 10. 예그린악단 창단. 12. 서울텔레비전방송국 KBS TV 개국. 대한미술협회·한국미술가협회, 통합하여 한국미술협회 설립. 김동리 등, 한국문인협회 설립. 한국무용협회 설립. 0. 박두진, 시집 〈거미와 성좌〉 발간.

1962. 1. 〈문화재보호법〉 제정. 10개 예술단체, 한국예술문화단체총연합회(예총) 설립. 연합신문 폐간. 2. 한국방송작가협회 창립. 3. 시공관, 국립극장 전용관으로 개수. 4. 유치진, 드라마 센터 개관. 8. 일간신문 단간제 실시. 10. 한국일간신문발행인협회, 한국신문발행인협회로 개칭. 0. 박경리, 장편 〈김약국의 딸들〉 발간.

1963. 1. KBS TV, 유료광고 실시 및 시청료 징수 개시. 한국방송윤리위원회 발족. 4. DBS 동아방송 개국. 〈자유문학〉 종간. 6. 최인훈, 장편 〈회색인〉 연재. 오종식, 잡지 〈세대〉 창간. 12. 〈신문 통신 등 등록에 관한 법〉 공포. 〈방송법〉 공포. 제 1회 청룡영화상 시상.

1964. 4. 문예지 〈문학춘추〉 창간. 한국신문연구소 발족. 신문연구소, 〈신문평론〉 창간. 5. 라디오 서울방송 개국. TBC 동양방송 개국. 7. 경주 석굴암 복원공사 완료. KBS, 아시아태평양방송연맹ABU 창립회원 가입. 8. 〈언론윤리위원회법〉 공포. 한국기자협회 창립. 〈신동아〉 복간. 10. 한국경제신문 창간. 11. 조남철, 바둑 국수전 9연패. 12. 〈종묘제례악〉 국가무형문화재 제 1호로 지정. 서울시립국악관현악단 창단. TBC TV 동양텔레비전방송 개국.

1965. 1. 월간종합지 〈정경연구〉 창간. 2. 〈소년조선일보〉 창간. 3. 남정현, 단편 〈분지〉 발표. 4. 〈소년동아일보〉 창간. 여성잡지 〈주부생활〉 창간. 5. 신아일보 창간. 6. 서울 FM방송 개국. 김승옥, 단편 〈서울, 1964년 겨울〉 발표. 〈문학춘추〉 종간. 9. 중앙일보 창간. 주월한국군방송 방송 개시. 진단학회, 〈한국사〉 7권 완간. 10. 합동통신, 해외송신 개시. 11. 라디오 서울, 중앙방송으로 통합. 유치환, 시집 〈파도야 어쩌란

말이냐〉 발간.

1966. 1. 백낙청 등, 계간문예지 〈창작과 비평〉 창간. 충남 논산 계백장군
묘 확인. 3. 매일경제신문 창간. 5. 일제강점기 일본에 반출된 문화재
중 1,326점 인수. 8. 동양FM방송 개국. 10. 불국사 석가탑에서 〈무구
정광대다라니경〉 발견. 한국신문발행인협회, 한국신문협회로 개칭.

1967. 6. 방영웅, 〈분례기〉 연재. 7. 경주 봉길리 앞바다에서 신라 문무대
왕릉 발견. 11. 〈여성동아〉 창간. 0. 신동엽, 서사시 〈금강〉 발표.

1968. 2. 윤이상, 오페라 〈나비의 미망인〉 초연. 3. 서울중앙방송국·서울
국제방송국·서울텔레비전방송국, 통합하여 중앙방송 출범. 4. 〈월간중
앙〉 창간. 5. 김자경 오페라단 창단. 8. 〈주간중앙〉 창간. 9. 한국문인
협회 기관지 〈월간문학〉 창간. 주간지 〈선데이 서울〉 창간. 10. 〈주간
조선〉 창간.

1969. 6. 박경리, 장편 〈토지〉 연재. 8. MBC 문화방송, MBC TV 개국.
태조 이성계 호적 원본 발견. 9. 〈일간 스포츠〉 창간. 10. 경복궁 내
국립현대미술관 개관. 한국음악협회, 제1회 서울음악제 개최. 11. 아
폴로 12호 달 착륙 장면 위성중계 생방송. 0. 권정생, 동화 〈강아지똥〉
발표. 김광섭, 시집 〈성북동 비둘기〉 발간.

1970. 4. 함석헌, 평론잡지 〈씨알의 소리〉 창간. 5. 김지하, 담시 〈오적〉
발표. 〈여원〉 폐간. 8. 김병익 등, 계간문예지 〈문학과 지성〉 창간. 9.
〈사상계〉 폐간. 12. 김지하, 시집 〈황토〉 발간.

1971. 2. 대구 한국 FM방송 개국. 3. 황석영, 중편 〈객지〉 발표. 6. 유엔군
총사령부방송VUNC 종료. 7. 공주에서 백제 무령왕릉 발견. 월간 시전
문지 〈시문학〉 창간.

1972. 3. 〈동국정운〉 원본 6권 발견. 4. 〈직지심체요절〉 파리에서 발견.
5. 이문구, 연작소설 〈관촌수필〉 연재. 8. 윤이상, 오페라 〈심청〉 공연.
경복궁 내에 국립중앙박물관 신축 개관. 9. 최인호, 장편 〈별들의 고향〉
연재. 10. 이어령, 문예잡지 〈문학사상〉 창간. 11. 중앙방송, 〈사회교
육방송〉 개시.

1973. 3. 국영 중앙방송, 공영 한국방송공사KBS로 전환. 주월한국군방송 종료. 4. 동화통신 폐간. 5. 대한일보 폐간. 7. 경주 황남동 155호 고분 (천마총)에서 신라 금제관식 및 금관 출토. 10. 장충동 국립중앙극장 개관. 0. 박두진, 시집 〈수석열전〉 발간. 오태석 희곡 〈초분〉 발표.

1974. 1. 내외통신 창설. 민속유품 5,028점 향토문화재 지정. 4. 주간 내외통신 창설. 6. 이영희, 비평서 〈전환시대의 논리〉 발간. 11. MBC·경향신문, 문화방송·경향신문으로 통합. 자유실천문인협의회 결성. 0. 영화 〈별들의 고향〉 최고 흥행기록.

1975. 10. 제 1회 대한민국국제음악제 개최. 0. 조태일, 시집 〈국토〉 발간. 김수영, 산문집 〈시여 침을 뱉어라〉 발간.

1976. 2. 한국미술 5천년전, 일본 도쿄 등지에서 전시. 10. 전남 신안 앞바다에서 송·원대 유물 대량 인양.

1977. 3. 경주에서 선사시대 주거지 발견. 4. 청원군에서 20만 년 전 동굴 벽화 발견. 5. 진천에서 마애여래입상 발견. 9. 제 1회 대학가요제 공연. 제 1회 대한민국연극제 개막. 0. 양성우, 시집 〈겨울공화국〉 출간.

1978. 4. 광화문 세종문화회관 개관. 6. 한국정신문화연구원 개원. 조세희, 소설집 〈난장이가 쏘아올린 작은 공〉 발간. 12. 국사편찬위원회, 〈한국사〉(25책) 완간. 0. 연천 전곡리에서 아슐리안형 주먹도끼 등 구석기유물 발견.

1979. 4. 염무웅, 평론집 〈민중시대의 문학〉 발간. 충북 충주에서 중원고구려비 발견. 6. 이문열, 장편 〈사람의 아들〉 발표. 7. 서울 암사동 선사유적지 사적 지정. 9. 〈학원〉 종간. 10. 연천 전곡리 구석기유적 사적 지정. 0. 조용필, 음반 〈창밖의 여자〉 1백만 장 판매.

1980. 3. 계간문예지 〈실천문학〉 창간. 7. 〈창작과 비평〉〈문학과 지성〉 등 정기간행물 172종 등록취소. 8. 전국 2,597개 출판사 중 617개 등록취소. 11. 정기간행물 67종 등록취소. TBC 종방. DBS 종방. 12. KBS, 컬러 TV 방송 개시. 동양통신 종간. 합동통신 종간. 연합통신 창설. 연합통신, 연합뉴스로 개칭.

1981. 6. 국립교향악단 해체. 12. 한글학회, 창립 60주년 기념식에서 〈한글모죽보기〉 공개.

1982. 1. 대한민국미술전람회(국전), 대한민국미술대전(미술대전)으로 개편. 5. 김지하, 시집 〈타는 목마름으로〉 발간.

1983. 2. 경산 임당동 고분군 발굴. 9. 조정래, 장편 〈태백산맥〉 연재.

1984. 3. 권정생, 동화 〈몽실언니〉 발간.

1985. 7. 경북 영풍에서 6세기 말 신라 고분벽화 발견. 8. 〈실천문학〉 폐간.

1986. 7. 제주 북촌리에서 신석기 유물 다량 출토. 8. 국립현대미술관 과천관 개관. 0. 유니버설 발레단, 〈발레 심청〉 초연.

1987. 9. 강수연, 베니스 영화제에서 〈씨받이〉로 여우주연상 수상.

1988. 2. 예술의 전당 음악당·서예관 개관. 3. 〈창작과 비평〉 복간. 〈문학과 지성〉 복간. 〈실천문학〉 복간. 4. 일본, 제 1회 후지쓰배 세계바둑선수권대회 주최. 5. 한겨레신문 창간.

1989. 6. 유네스코, 〈세종대왕상〉 제정. 7. 강수연, 제 16회 모스크바 국제영화제에서 〈아제아제바라아제〉로 최우수 여우주연상 수상. 9. 조훈현, 제 1회 응씨배 세계바둑선수권대회 우승.

1991. 10. 파고다공원 탑골공원으로 명칭 환원. 탑골공원 사적지로 지정. 한글학회, 〈우리말큰사전〉 전 4권 완간.

1993. 12. 부여 능산리에서 〈금동용봉봉래산향로〉(백제금동대향로) 출토.

1994. 1. 김해 양동리에서 가야시대 유물 1,030점 출토. 6. 서울 용산 전쟁기념관 개관. 0. 조용필, 음반판매량 1천만 장 돌파.

1995. 12. 〈석굴암과 불국사〉〈해인사장경판전〉〈종묘〉〈창덕궁〉 유네스코 세계문화유산에 등재.

1996. 9. 제 1회 부산국제영화제PIFF 개막.

1997. 8. 울릉도에 독도박물관 개관. 10. 〈훈민정음〉〈조선왕조실록〉 유네스코 세계기록유산에 등재. 12. 1997년 말 현재 지정문화재 7,315건.

1998. 12. 국립현대미술관 덕수궁 분관 개관. 내외통신 종간. 대한성서공회, 〈개역개정판 성경전서〉 발간.

2000. 12. 피아니스트 백건우, 프랑스 문예공로훈장 수상.

2001. 5. 〈종묘제례〉〈종묘제례악〉 유네스코 세계무형유산에 등재. 9. 〈승정원일기〉〈직지심체요절〉 유네스코 세계기록유산에 등재.

2004. 4. 유네스코, 〈직지세계기록유산상〉 제정. 7. 유네스코, 북한·중국이 신청한 고구려 유적을 세계문화유산에 등재. 0. 이미자, 1959년 데뷔 이후 2,100여 곡 발표.

2005. 2. 한국정신문화연구원, 한국학중앙연구원으로 개칭. 남북한 국어학자, 〈겨레말큰사전〉 공동편찬위원회 결성. 10. 서울 용산 국립중앙박물관 개관.

III. 인물

1. 고구려

출생~사망	이름	분야	
BC 58~BC 19	동명성왕 東明聖王	시조	(재위 BC 37~BC 19)
BC ? ~AD 18	유리왕 琉璃王	2대왕	(재위 BC 19~AD 18)
47~165	태조왕 太祖王	6대왕	(재위 53~146)
? ~197	고국천왕 故國川王	9대왕	(재위 179~197)
? ~203	을파소 乙巴素	관료	
? ~331	미천왕 美川王	15대왕	(재위 300~331)
? ~371	고국원왕 故國原王	16대왕	(재위 331~371)
374~413	광개토대왕 廣開土大王	19대왕	(재위 391~413)
394~491	장수왕 長壽王	20대왕	(재위 413~491)
? ~590	온달 溫達	장군	
579~631	담징 曇徵	승려·화가	
? ~642	영류왕 榮留王	27대왕	(재위 618~642)
? ~666	연개소문 淵蓋蘇文	무신	
634~679	연남생 淵男生	귀족	
? ~682	보장왕 寶臧王	28대왕	(재위 642~668)

고구려 유민

출생~사망	이름	분야	
? ~719	대조영 大祚榮	발해 시조	(재위 698~719)
? ~755	고선지 高仙芝	당 장군	

2. 백제

출생~사망	이름	분야	
BC ?~AD 28	온조 溫祚	시조	(재위 BC 18~AD 28)
? ~77	다루왕 多婁王	2대왕	(재위 28~77)
? ~375	근초고왕 近肖古王	13대왕	(재위 346~375)
? ~475	개로왕 蓋鹵王	21대왕	(재위 455~475)
462~523	무령왕 武寧王	25대왕	(재위 501~523)
? ~554	성왕 聖王	26대왕	(재위 523~554)
? ~641	무왕 武王	30대왕	(재위 600~641)
? ~656	성충 成忠	문신	
? ~660	계백 階伯	무신	
? ~660	의자왕 義慈王	31대왕	(재위 641~660)
? ~661	도침 道琛	승려	
? ~663	복신 福信	무신	
? ~ ?	부여풍 扶餘豊	왕자	(부흥군 왕 661~663)
615~682	부여융 扶餘隆	왕자	

3. 신라

출생~사망	이름	분야	
BC 69~AD 4	박혁거세 朴赫居世	시조	(재위 BC 57~AD 4)
? ~24	남해차차웅 南解	2대왕	(재위 4~24)
? ~57	유리이사금 儒理	3대왕	(재위 24~57)
? ~80	석탈해 昔脫解	4대왕	(재위 57~80)
65~ ?	김알지 金閼智	경주 김씨 시조	
? ~402	내물마립간 奈勿	17대왕	(재위 356~402)
363~419	박제상 朴提上	충신	
437~514	지증왕 智證王	22대왕	(재위 500~514)
506~527	이차돈 異次頓	종교인	
? ~540	법흥왕 法興王	23대왕	(재위 514~540)
534~576	진흥왕 眞興王	24대왕	(재위 540~576)
? ~579	거칠부 居柒夫	관료	
? ~632	진평왕 眞平王	26대왕	(재위 579~632)
555~638	원광 圓光	승려	
? ~647	선덕여왕 善德女王	27대왕	(재위 632~647)
? ~654	진덕여왕 眞德女王	28대왕	(재위 647~654)
590~658	자장 慈藏	승려	

4. 통일신라

출생~사망	이름	분야	자
595~673	김유신 金庾信	무장	
603~661	태종무열왕 太宗武烈王	29대왕	(재위 654~661)
616~686	원효 元曉	승려	
? ~681	문무왕 文武王	30대왕	(재위 661~681)
? ~692	신문왕 神文王	31대왕	(재위 681~692)
? ~692	강수 强首	유학자	
625~702	의상 義湘	승려	
629~694	김인문 金仁問	왕자	인수
655~ ?	설총 薛聰	학자	총지
? ~737	성덕왕 聖德王	33대왕	(재위 702~737)
700~774	김대성 金大城	재상	
704~787	혜초 慧超	승려	
711~791	김생 金生	서예가	지서
? ~822	김헌창 金憲昌	반란자	
? ~826	헌덕왕 憲德王	41대왕	(재위 809~826)
? ~846	장보고 張保皐	무장	
810~889	범일 梵日	승려	
827~898	도선 道詵	승려	
857~ ?	최치원 崔致遠	학자	고운·해운
? ~927	경애왕 景哀王	55대왕	(재위 924~927)
? ~978	경순왕 敬順王	56대왕	(재위 927~935)

5. 고려

출생~사망	이름	분야	자	호
? ~927	신숭겸 申崇謙	무신		
? ~936	배현경 裵玄慶	무신		
? ~936	홍유 洪儒	무신		
? ~941	유금필 庾黔弼	무신		
? ~ ?	복지겸 卜智謙	무신		
877~943	왕건 王建	태조	(재위 918~943)	
912~945	혜종 惠宗	2대왕	(재위 943~945)	
? ~945	왕규 王規	권신		
923~949	정종 定宗	3대왕	(재위 945~949)	
923~973	균여 均如	승려		
927~989	최승로 崔承老	문신		
929~975	광종 光宗	4대왕	(재위 949~975)	
942~998	서희 徐熙	문신	염윤	장위
948~1031	강감찬 姜邯贊	문신·장군		
955~981	경종 景宗	5대왕	(재위 975~981)	
960~997	성종 成宗	6대왕	(재위 981~997)	
980~1009	목종 穆宗	7대왕	(재위 997~1009)	
? ~1010	강조 康兆	무신		
? ~1011	양규 楊規	무신		
984~1068	최충 崔沖	문신	호연	성재·월포
992~1031	현종 顯宗	8대왕	(재위 1009~1031)	
1016~1034	덕종 德宗	9대왕	(재위 1031~1034)	
1018~1046	정종 靖宗	10대왕	(재위 1034~1046)	
1019~1083	문종 文宗	11대왕	(재위 1046~1083)	
1047~1083	순종 順宗	12대왕	(재위 1083. 7.~10.)	
1049~1094	선종 宣宗	13대왕	(재위 1083. 10.~1094)	

1054~1105	숙종 肅宗	15대왕	(재위 1095~1105)	
1055~1101	의천 義天	왕자·승려		우세
? ~1111	윤관 尹瓘	문신·무신	동현	문숙
1055~1116	오연총 吳延寵	문신		
? ~1126	이자겸 李資謙	문신		
? ~1127	김인존 金仁存	문신·학자	처후	
? ~1135	묘청 妙淸	승려		
? ~1135	정지상 鄭知常	문신		남호
? ~1144	척준경 拓俊京	무신		
1070~1159	탄연 坦然	승려		묵암
1075~1151	김부식 金富軾	문신·학자	입지	뇌천
1079~1122	예종 睿宗	16대왕	(재위 1105~1122)	
1084~1097	헌종 獻宗	14대왕	(재위 1094~1095)	
? ~1176	조위총 趙位寵	문신		
1106~1179	정중부 鄭仲夫	무신		
? ~1179	송유인 宋有仁	무신		
1109~1146	인종 仁宗	17대왕	(재위 1122~1146)	
1127~1173	의종 毅宗	18대왕	(재위 1146~1170)	
? ~1174	이의방 李義方	무신		
? ~1196	이의민 李義旼	무신		
1131~1202	명종 明宗	19대왕	(재위 1170~1197)	
1132~1196	유공권 柳公權	문신	정평	
? ~1197	두경승 杜景升	무신		
1144~1204	신종 神宗	20대왕	(재위 1197~1204)	
1149~1219	최충헌 崔忠獻	무신		
? ~1197	최충수 崔忠粹	무신		
1152~1213	강종 康宗	22대왕	(재위 1211~1213)	
1154~1183	경대승 慶大升	무신		
1158~1210	지눌 知訥	승려		목우자
1162~1225	이적 李勣	관료		
1168~1241	이규보 李奎報	문신·문인	춘경	백운거사

1171~1220	조충 趙冲	문신	담약	
1172~1234	김취려 金就礪	무신		
1181~1237	희종 熙宗	21대왕	(재위 1204~1211)	
? ~1249	최우 崔瑀	무신	(개명 최이)	
? ~1257	최항 崔沆	무신		
? ~1258	최의 崔竩	무신		
1188~1260	최자 崔滋	문신	수덕	동산수
1192~1259	고종 高宗	23대왕	(재위 1213~1259)	
? ~1268	김충 金冲	무신		
? ~1271	배중손 裵仲孫	무신		
? ~1273	김통정 金通精	무신		
1206~1258	홍복원 洪福源	반역자		
1206~1289	일연 一然	승려	회연	목암
1211~1289	유경 柳璥	문신	천년·장지	
1212~1300	김방경 金方慶	무신	본연	
1219~1274	원종 元宗	24대왕	(재위 1260~1274)	
1223~1283	왕준 王綧	왕족	(영녕공)	
1224~1298	정가신 鄭可臣	문신	헌지	
1236~1308	충렬왕 忠烈王	25대왕	(재위 1274~1308)	
1241~1305	정인경 鄭仁卿	문신	춘수	
1243~1306	안향 安珦	문신·학자	사온	회한
1244~1291	홍다구 洪茶丘	문신		
1259~1297	제국대장공주 齊國大長公主	(충렬왕비)		
1265~1330	최성지 崔誠之	문신	순부	송파
1269~1343	이조년 李兆年	문신	원로	매운당
1275~1325	충선왕 忠宣王	26대왕	(재위 1308~1313)	
? ~1315	계국대장공주 薊國大長公主	(충선왕비)		
1277~1348	김륜 金倫	문신	무기	죽헌
1287~1340	최해 崔瀣	문인	언명보·수옹	졸옹
1287~1354	한종유 韓宗愈	문신	사고	복재
1287~1367	이제현 李齊賢	문신·학자	중사	익재·역옹

1294~1339	충숙왕 忠肅王	27대왕	(재위 1313~1330, 1332~1339)	
? ~1319	복국장공주 濮國長公主		(충숙왕비)	
1298~1362	이방실 李芳實	무신		
1301~1382	보우 普愚	승려		태고
1312~1362	김득배 金得培	문신		난계
? ~1362	안우 安祐	무신		
? ~1362	정세운 鄭世雲	무신		
1315~1344	충혜왕 忠惠王	28대왕	(재위 1330~1332, 1339~1344)	
? ~1375	덕녕공주 德寧公主		(충혜왕비)	
? ~1371	신돈 辛旽	승려		청한거사
1316~1388	최영 崔瑩	장군		
1318~1375	전녹생 田祿生	문신	맹경	야은
1328~1396	이색 李穡	문신·학자	영숙	목은
1329~1398	문익점 文益漸	문신·학자	일신	삼우당
1330~1374	공민왕 恭愍王	31대왕	(재위 1351~1374)	
? ~1365	노국대장공주 魯國大長公主		(공민왕비)	
1337~1348	충목왕 忠穆王	29대왕	(재위 1344~1348)	
1337~1392	정몽주 鄭夢周	문신·학자	달가	포은
1338~1352	충정왕 忠定王	30대왕	(재위 1349~1351)	
1345~1394	공양왕 恭讓王	34대왕	(재위 1389~1392)	
1347~1391	정지 鄭地	무신		
1347~1392	이숭인 李崇仁	문신·학자	자안	도은
1365~1389	우왕 禑王	32대왕	(재위 1374~1388)	
1380~1389	창왕 昌王	33대왕	(재위 1388~1389)	
? ~1390	조민수 曹敏修	무신		

6. 조선과 그 이후

출생~사망	이름	분야	자	호
1315~1361	이자춘 李子春	추존왕 환조		
1325~1392	배극렴 裵克廉	무신	양가	필암 · 주금당
1325~1394	안종원 安宗源	문신	사청	쌍청당
1325~1395	최무선 崔茂宣	발명가		
1327~1405	자초 自超	승려		무학
1331~1402	이지란 李之蘭	장군	식형	
1335~1408	이성계 李成桂	태조	(재위 1392~1398)	
1337~1391	신의왕후 한씨 神懿王后 韓氏	(태조 정비)		
? ~1396	신덕왕후 강씨 神德王后 康氏	(태조 계비)		
1337~1403	우인열 禹仁烈	무신		
1341~1407	김사형 金士衡	문신	평보	낙포
1341~1420	이고 李皐	문신		망천
1342~1398	정도전 鄭道傳	문신 · 학자	종지	삼봉
1346~1405	조준 趙浚	문신	명중	우재 · 송당
1347~1404	최운해 崔雲海	무신	호보	
1347~1416	하륜 河崙	문신	대림	호정
1350~1428	법장 法藏	승려		고봉 · 지숭
1352~1409	권근 權近	문신 · 학자	가원 · 사숙	양촌
1353~1419	길재 吉再	학자	재보	야은
1355~1409	이무 李茂	문신	돈부	
1357~1419	정종 定宗	2대왕	(재위 1398~1400)	
1360~1425	이종무 李從茂	무신		
1360~1438	맹사성 孟思誠	문신	자명	고불 · 동포
1363~1452	황희 黃喜	문신	구부	방촌
1367~1422	태종 太宗	3대왕	(재위 1400~1418)	
1369~1430	변계량 卞季良	문신	거경	춘정

1369~1447	박안신 朴安臣	문신	백충	
1376~1451	이천 李蕆	무신·과학자	불곡	
?~1453	이징옥 李澄玉	무신·반란자		원봉
1378~1458	박연 朴堧	문신·음악가	탄보	난계
1383~1445	유계문 柳季聞	문신	숙행	
1383~1453	김종서 金宗瑞	문신	국경	절재
1383~1464	김말 金末	문신	간지	
1387~1445	권제 權踶	문신·학자	중의	지재
1387~1453	황보인 皇甫仁	문신	사겸·춘경	지봉
?~1467	이시애 李施愛	무신·반란자		
1390~1468	강순 康純	무신	태초	
1394~1462	양녕대군 讓寧大君	왕자	후백	
1396~1478	정인지 鄭麟趾	문신·학자	백저	학역재
1396~1486	효령대군 孝寧大君	왕자	선숙	
1397~1450	세종 世宗	4대왕	(재위 1418~1450)	
1401~1481	정극인 丁克仁	문신·학자	가택	불우헌·다헌
1406~1465	이순지 李純之	문신·천문학자	성보	
1406~1470	구치관 具致寬	문신	이율·경률	
1407~1467	황수신 黃守身	문신	수효	나부
1409~1474	최항 崔恒	문신·학자	정부	태허정
1410~1461	강맹경 姜孟卿	문신	자장	
1410~1481	김수온 金守溫	문신	문량	괴애
1412~1456	하위지 河緯地	문신	천장·중장	단계·연풍
?~1456	유성원 柳誠源	문신	태초	낭간
?~1456	유응부 兪應孚	무신	신지·선장	벽량
1414~1452	문종 文宗	5대왕	(재위 1450~1452)	
1415~1482	양성지 梁誠之	문신·학자	순부	눌재·송파
1415~1487	한명회 韓明澮	관료	자준	압구정
1416~1465	권람 權擥	문신	정경	소한당
1416~1478	윤자운 尹子雲	문신	지망	낙한재
1417~1456	이개 李塏	문신	청보·백고	백옥헌·의열

1417~1456	박팽년 朴彭年	문신	안수	취금헌
1417~1464	강희안 姜希顔	문신	경우	인재
1417~1468	세조 世祖	7대왕	(재위 1455~1468)	
1417~1475	신숙주 申叔舟	문신	범옹	희현당
1418~1453	안평대군 安平大君	왕자	청지	비해당
1418~1456	성삼문 成三問	문신	근보	매죽헌
1420~1488	서거정 徐居正	문신	자원 · 강중	사가정
1421~1484	성임 成任	문신	중경	일재 · 안재
1423~1482	한계희 韓繼禧	문신	자순	
1424~1483	강희맹 姜希孟	문신	경순	사숙재
1425~1475	홍윤성 洪允成	문신	수옹	영해
1427~1498	노사신 盧思愼	문신	자반	보진재
1427~1504	윤필상 尹弼商	문신	탕좌 · 양경	
1431~1492	김종직 金宗直	문신 · 학자	계온 · 효관	점필재
1431~1503	윤효손 尹孝孫	문신	유경	추계
1433~1489	정난종 鄭蘭宗	문신 · 서예가	국형	허백당
1434~1489	어유소 魚有沼	무신	자유	
1435~1493	김시습 金時習	학자 · 문인	열경	매월당
1435~1503	이극돈 李克墩	문신	사고	
1436~1502	신승선 愼承善	문신	자계 · 원지	사지당
1436~1504	성준 成俊	문신	시좌	
1438~1504	홍귀달 洪貴達	문신	겸선	허백당
1439~1504	성현 成俔	학자	경숙	용재 · 부휴자
1439~1512	유자광 柳子光	문신 · 간신	우후	
1441~1457	단종 端宗	6대왕	(재위 1452~1455)	
1441~1468	남이 南怡	무신		
1441~1517	유순 柳洵	문신	희명	노포
1445~1506	임사홍 任士洪	문신 · 간신	이의	
1450~1469	예종 睿宗	8대왕	(재위 1468~1469)	
1450~1504	정여창 鄭汝昌	문신 · 학자	백욱	일두
1450~1506	신수근 愼守勤	문신	근중	소한당

1452~1512	유숭조 柳崇祖	문신	종효	진일재
1454~1492	남효온 南孝溫	문신	백공	추강 · 행우
1454~1503	조위 曺偉	문신	태허	매계
1454~1504	김굉필 金宏弼	학자	대유	사옹 · 한훤당
1455~1482	폐비 윤씨 廢妃 尹氏	(성종 계비)		
1457~1494	성종 成宗	9대왕	(재위 1469~1494)	
1462~1538	정광필 鄭光弼	문신	사훈	수부
1463~1531	유인귀 柳仁貴	문신	자영	수재
1464~1498	김일손 金馹孫	문신	계운	탁영
1467~1510	박원종 朴元宗	무신	백윤	
1468~1542	최세진 崔世珍	어문학자	공서	
1471~1498	이목 李穆	문신	중옹	한재 · 정간
1471~1527	남곤 南袞	문신	사화	지정 · 지족당
1474~1530	박상 朴祥	문신	창세	눌재
1476~1506	연산군 燕山君	10대왕	(재위 1494~1506)	
1476~1552	이기 李芑	문신	문중	경재
1478~1534	이행 李荇	문신	택지	용재
1478~1543	김안국 金安國	문신	국경	모재
1481~1537	김안로 金安老	문신	이숙	희락당 · 용천
1481~1548	성세창 成世昌	문신	번중	돈재
1482~1519	조광조 趙光祖	문신	효직	정암
1485~1541	김정국 金正國	문신 · 학자	국필	사재
1487~1545	윤임 尹任	무신	임지	
1488~1544	중종 中宗	11대왕	(재위 1506~1544)	
1489~1546	서경덕 徐敬德	문인 · 학자	가구	화담 · 복재
1491~1553	이언적 李彦迪	문신 · 학자	복고	회재 · 자계옹
1494~1566	윤개 尹漑	문신	여옥	회재 · 서파
1495~1554	주세붕 周世鵬	문신 · 학자	경유	신재 · 손옹
1497~1579	백인걸 白仁傑	학자	사위	휴암
1499~1547	송인수 宋麟壽	문신	미수 · 태수	규암
1499~1572	이준경 李浚慶	문신	원길	동고 · 남당

1500~1549	구수담 具壽聃	문신	천로	
1501~1570	이황 李滉	문신·학자	경호	퇴계
?~1547	윤원로 尹元老	문신		
1503~1565	윤원형 尹元衡	문신	언평	
1504~1551	신사임당 申師任堂	문인·화가		
1504~1585	홍섬 洪暹	문신	퇴지	인재
1509~1565	보우 普雨	승려		허응당·나암
1515~1545	인종 仁宗	12대왕	(재위 1544~1545)	
1515~1590	노수신 盧守愼	문신·학자	과회	소재·이재
1517~1580	허엽 許曄	문신	태휘	초당
1517~1584	양사언 楊士彦	문신·문인	응빙	봉래·완구
1519~1582	이량 李樑	문신	공거	
1520~1604	휴정 休靜	승려·승군장	현응	서산대사
1521~1583	신세림 申世霖	화가		
1526~1582	김계휘 金繼輝	문신	중회	황강
1527~1572	기대승 奇大升	문신·학자	명언	고봉·존재
1527~1591	정언신 鄭彦信	문신	입부	나암
1532~1607	황정욱 黃廷彧	문신	경문	지천
1533~1592	고경명 高敬命	문인·의병장	이순	제봉·태헌
1533~1601	윤두수 尹斗壽	문신	자앙	오음·문정
1534~1567	명종 明宗	13대왕	(재위 1545~1567)	
1534~1602	김명원 金命元	문신	응순	주은
1535~1587	심의겸 沈義謙	문신	방숙	손암·간암
1535~1598	성혼 成渾	학자	호원	묵암·우계
1535~1623	정인홍 鄭仁弘	문신·의병장	덕원	내암
1536~1584	이이 李珥	문신·학자	숙헌	율곡·석담
1536~1593	정철 鄭澈	문신·문인	계함	송강
1536~?	황윤길 黃允吉	문신	길재	우송당
1537~1593	김천일 金千鎰	문신	사중	건재·극념당
1537~1599	권율 權慄	문신·명장	언신	만취당·모악
1537~1616	윤근수 尹根壽	문신	자고	월정

1538~1593	김성일 金誠一	문신·학자	사순	학봉
1538~1602	정곤수 鄭崑壽	문신	여인	백곡·경음
1539~1609	이산해 李山海	문신	여수	아계
1539~1615	허준 許浚	의관	청원	구암
1540~1597	원균 元均	무신	평중	
1542~1590	김효원 金孝元	문신	인백	성암
1542~1607	유성룡 柳成龍	문신	이현	서애
1543~1605	한호 韓濩	서예가	경홍	석봉·청사
1544~1592	조헌 趙憲	문신·의병장	여식	중봉·도원
1544~1610	유정 惟政	승려·승병장	이환	사명당·송운
1545~1598	이순신 李舜臣	무신	여해	
1545~1628	이직언 李直彦	문신	군미	추천
1546~1589	정여립 鄭汝立	문신·사상가	인백	
1546~1592	신립 申砬	무신	입지	
1546~1598	김응남 金應南	문신	중숙	두암
1547~1634	이원익 李元翼	문신	공려	오리
1548~1622	심희수 沈喜壽	문신	백구	일송
1550~1598	선거이 宣居怡	무신	사신	친친재
1550~1608	유영경 柳永慶	문신	선여	춘호
1552~1608	선조 宣祖	14대왕	(재위 1567~1608)	
1552~1615	한백겸 韓百謙	문신	명길	구암
1552~1617	곽재우 郭再祐	의병장	계수	망우당
1554~1592	김시민 金時敏	무신	면오	
1554~1593	고종후 高從厚	문신·의병장	도충	준봉
1554~1612	김직재 金直哉	문신	경어	
1554~1614	한응인 韓應寅	문신	춘경	백졸재·유촌
1556~1618	이항복 李恒福	문신·학자	자상	백사·필운
1557~1633	이귀 李貴	문신	옥여	묵재
1559~1623	유몽인 柳夢寅	문신	응문	어우당·간재
1559~1636	오윤겸 吳允謙	문신	여익	추탄·토당
1560~1613	김시헌 金時獻	문신	자징	애헌

1560~1617	황신 黃愼	문신	사숙	추포
1560~1623	이이첨 李爾瞻	문신	득여	관송 · 쌍리
1560~1627	강홍립 姜弘立	무신	군신	내촌
1561~1613	이덕형 李德馨	문신	명보	한음 · 쌍송
1561~1637	김상용 金尙容	문신	경택	선원 · 풍계
1561~1642	박인로 朴仁老	무신 · 시인	덕옹	노계 · 무하옹
1562~1613	김제남 金悌男	문신	공언	
1562~1624	기자헌 奇自獻	문신	사정	만전
1562~1640	박동선 朴東善	문신	자수	서포
1563~1589	허난설헌 許蘭雪軒	시인	(본명 허초희)	
1563~1628	이수광 李睟光	문신 · 학자	윤경	지봉
1564~1623	유희분 柳希奮	문신	형백	화남
1564~1624	김경서 金景瑞	무신	성보	
1564~1635	이정구 李廷龜	문신	성징	월사 · 보만당
1565~1640	남이공 南以恭	문신	자안	설사
1566~1628	신흠 申欽	문신	경숙	현헌 · 상촌
1566~1629	장만 張晩	문신	호고	낙서
1567~1618	강항 姜沆	문신 · 의병장	태초	수은
1567~1632	여우길 呂祐吉	문신	상부	치계
1569~1618	허균 許筠	문신 · 문인	단보	교산 · 학산
1569~1635	박동량 朴東亮	문신	자룡	기재 · 오창
1570~1652	김상헌 金尙憲	문신	숙도	청음
1571~1637	이안눌 李安訥	문신	자민	동악
1571~1648	김류 金瑬	문신	관옥	북저
1574~1656	김집 金集	문신 · 학자	사강	신독재
1575~1641	광해군 光海君	15대왕	(재위 1608~1623)	
1576~1636	정충신 鄭忠信	무신	가행	만운
1577~1642	구굉 具宏	무신	인보	군산
1579~1628	유효립 柳孝立	문신	행원	
1579~1655	조익 趙翼	문신	비경	포저 · 존재
1580~1619	김응하 金應河	무신	경의	

1580~1658	김육 金堉	문신	백후	잠곡 · 회정당
1581~1643	김시양 金時讓	문신	자중	하담
1581~1660	이시백 李時白	문신	돈시	조암
1581~ ?	정두원 鄭斗源	문신	정숙	호정
1584~1634	윤지경 尹知敬	문신	유일	창주
1584~1647	이식 李植	문신	여고	택당
1585~1657	이경여 李敬輿	문신	직부	백강 · 봉암
1586~1637	홍익한 洪翼漢	문신	백승	화포 · 운옹
1586~1647	최명길 崔鳴吉	문신	자겸	지천 · 창랑
1587~1624	이괄 李适	무신 · 반란자	백규	
1587~1671	윤선도 尹善道	문신 · 시인	약이	고산 · 해옹
1588~1644	신익성 申翊聖	문신	군석	낙전당
1588~1651	김자점 金自點	문신	성지	낙서
1593~1664	원두표 元斗杓	문신	자건	탄수 · 탄옹
1594~1646	임경업 林慶業	무신	영백	고송
1595~1649	인조 仁祖	16대왕	(재위 1623~1649)	
1595~1671	이경석 李景奭	문신	상보	백헌
1595~1682	허목 許穆	문신	문보 · 화보	미수
1597~1668	강유 姜瑜	문신	공헌	상곡
1602~1674	이완 李浣	무신	징지	매죽헌
1605~1687	홍우원 洪宇遠	문신	군징	남파
1606~1672	송준길 宋浚吉	문신 · 학자	명보	동춘당
1607~1664	유계 兪棨	문신 · 학자	무중	시남
1607~1689	송시열 宋時烈	문신 · 학자	영보	우암 · 우재
1609~1637	오달제 吳達濟	문신	계휘	추담
1610~1669	윤선거 尹宣擧	학자	길보	미촌 · 노서
1610~1680	허적 許積	문신	여차	묵재 · 휴옹
1612~1645	소현세자 昭顯世子	왕자		
1617~1680	윤휴 尹鑴	문신	희중	백호 · 하헌
1619~1659	효종 孝宗	17대왕	(재위 1649~1659)	
1619~1675	김우명 金佑明	문신	이정	

1619~1689	김익훈 金益勳	문신	무숙	광남
1622~1673	유형원 柳馨遠	실학자	덕부	반계
1625~1691	여성제 呂聖齊	문신	희천	운포
1626~1690	김수흥 金壽興	문신 · 학자	기지	퇴우당
1629~1689	김수항 金壽恒	문신	구지	문곡
1629~1711	남구만 南九萬	문신	운로	약천 · 미재
1630~1709	송규렴 宋奎濂	문신	도원	제월당
1631~1695	박세채 朴世采	문신 · 학자	화숙	현석 · 남계
1634~1684	김석주 金錫胄	문신	사백	식암
1636~1707	유상운 柳尚運	문신	유구	약재 · 누실
1637~1692	김만중 金萬重	문신	중숙	서포
1641~1674	현종 顯宗	18대왕	(재위 1659~1674)	
1641~1721	권상하 權尚夏	학자	치도	수암 · 한수재
1646~1715	최석정 崔錫鼎	문신 · 학자	여시 · 여화	존와 · 명곡
1648~1722	김창집 金昌集	문신	여성	몽와
1649~1698	김홍복 金洪福	문신	자회	동원
1658~1721	김창업 金昌業	문인 · 화가	대유	노가재
1658~1722	이이명 李頤命	문신 · 학자	지인 · 양숙	소재
1658~ ?	안용복 安龍福	어부		
1659~1701	희빈 장씨 禧嬪張氏		(숙종 후궁)	
1660~1710	맹만택 孟萬澤	문신	시중	
1660~1722	조태채 趙泰采	문신	유량	이우당
1661~1720	숙종 肅宗	19대왕	(재위 1674~1720)	
1662~1724	김일경 金一鏡	문신	인감	아계
1664~1736	민진원 閔鎭遠	문신	성유	단암 · 세심
1669~1748	김유경 金有慶	문신	덕유	용주 · 용곡
1670~1717	김춘택 金春澤	문신	백우	북헌
1673~1751	윤양래 尹陽來	문신	계형	회와
1675~1728	조태억 趙泰億	문신	대년	겸재 · 태록당
1676~1759	정선 鄭敾	화가	원백	겸재 · 겸초
1680~1732	조문명 趙文命	문신	숙장	학암

1680~1745	서명균 徐命均	문신	평보	소고 · 재간
1681~1763	이익 李瀷	실학자	자신	성호
1682~1700	김숭겸 金崇謙	시인	군산	관복암
1682~1759	김재로 金在魯	문신	중례	청사 · 허주재
1683~1739	김상옥 金相玉	문신	언장	소와
1688~1724	경종 景宗	20대왕	(재위 1720~1724)	
1690~1752	조현명 趙顯命	문신	치회	귀록 · 녹옹
1690~ ?	김수장 金壽長	가인 · 시조작가	자평	십주 · 노가재
1691~1756	박문수 朴文秀	문신	성보	기은
1691~1767	유척기 兪拓基	문신	전보	지수재
1694~1776	영조 英祖	21대왕	(재위 1724~1776)	
1703~1771	홍계희 洪啓禧	문신	순보	담와
1707~1769	심사정 沈師正	화가	이숙	현재
1707~1772	김인겸 金仁謙	문인	사안	퇴석
1711~1782	조중회 趙重晦	문신	익장	
1712~1781	신경준 申景濬	학자	순민	여암
1712~1791	안정복 安鼎福	실학자 · 사학자	백순	순암
1713~1778	홍봉한 洪鳳漢	문신	익여	익익재
1719~1777	조엄 趙曮	문신	명서	영호
1720~1799	채제공 蔡濟恭	문신	백규	번암 · 번옹
1728~1799	김종수 金鍾秀	문신	정부	진솔 · 몽오
1730~1802	심환지 沈煥之	문신	휘원	만포
1731~1783	홍대용 洪大容	실학자	덕보	홍지
1735~1762	사도세자 思悼世子	왕자	윤관	의재
1736~1801	권철신 權哲身	종교가		녹암
1736~1806	이긍익 李肯翊	학자	장경	완산 · 연려실
1737~1805	박지원 朴趾源	학자 · 소설가	중미	연암
1741~1793	이덕무 李德懋	학자	무관	형암 · 아정
1742~1791	권일신 權日身	학자 · 종교인	성오	직암
1742~1801	이가환 李家煥	문신 · 학자	정조	금대 · 정헌
1745~1806	김홍도 金弘道	화가	사능	단원

1746~1827	김재찬 金載瓚	문신	국보	해석
1748~1781	홍국영 洪國榮	문신	덕로	
1748~1807	유득공 柳得恭	시인 · 학자	혜풍 · 혜보	영재 · 영암
1750~1805	박제가 朴齊家	학자	차수 · 재선	초정 · 정유
1752~1800	정조 正祖	22대왕	(재위 1776~1800)	
1754~1822	김득신 金得臣	화가	현보	긍재
1754~1825	이서구 李書九	문신 · 시인	낙서	척재 · 강산
1756~1801	이승훈 李承薰	종교인	자술	만천
1758~1816	정약전 丁若銓	문신	천전	손암 · 일성루
1758~ ?	신윤복 申潤福	화가	덕여 · 입부	혜원
1760~1801	정약종 丁若鍾	종교인		
1760~1806	김달순 金達淳	문신	도이	일청
1762~1836	정약용 丁若鏞	문신 · 실학자	미용 · 귀농	다산 · 사암
1765~1817	박종경 朴宗慶	문신	여회	돈암
1765~1832	김조순 金祖淳	문신	사원	풍고
1766~1838	심상규 沈象奎	문신 · 학자	가권 · 치교	두실 · 이하
1769~1845	신위 申緯	문신 · 시인	한수	자하
1771~1812	홍경래 洪景來	농민반란자		
1773~1837	유희 柳僖	실학자	계신	서파
1774~1842	홍석주 洪奭周	문신	성백	연천
1779~1855	임상옥 林尙沃	무역상인	경약	가포
1781~1880	박효관 朴孝寬	가객	경화	운애
1786~1856	김정희 金正喜	문신 · 학자	원춘	추사 · 완당
1788~ ?	이규경 李圭景	실학자	백규	오주
1789~1866	조희룡 趙熙龍	화가	치운	우봉 · 석감
1790~1834	순조 純祖	23대왕	(재위 1800~1834)	
1791~1839	유진길 劉進吉	종교인		
1793~1844	김조근 金祖根	척신	백술	자오
1795~1839	정하상 丁夏祥	종교인		
1796~1870	조두순 趙斗淳	문신	원칠	심암
1797~1869	김좌근 金左根	문신 · 척신	경은	하옥

1803~1877	최한기 崔漢綺	실학자	지로	혜강·패동
1807~1863	김병연 金炳淵	시인(김삿갓)	성심	난고
1807~1876	박규수 朴珪壽	문신	환경	환재
1809~1830	효명세자 孝明世子	왕자	덕인	경헌
1816~1884	홍순목 洪淳穆	문신	희세	분계
1818~1903	송근수 宋近洙	문신	근술	입재·남곡
1819~1887	김유연 金有淵	문신	원약	약산
1820~1898	이하응 李昰應	흥선대원군	시백	석파
1821~1846	김대건 金大建	신부		
1823~1871	어재연 魚在淵	무신	성우	
1823~1907	조병식 趙秉式	문신	공훈	
1824~1864	최제우 崔濟愚	종교가		수운
1824~1906	심순택 沈舜澤	문신	치화	
1825~1854	전기 田琦	화가	위공	고람·두당
1825~1892	김병덕 金炳德	문신	성일	약산
1826~1884	민영목 閔泳穆	문신	원경	천식
1827~1849	헌종 憲宗	24대왕	(재위 1834~1849)	
1827~1898	최시형 崔時亨	종교가	경오	해월
1827~1905	조병세 趙秉世	문신	치현	산재
1827~1910	이면주 李冕宙	문신·독립운동가	윤래	계은·하계
1830~1874	민승호 閔升鎬	척신	복경	
1831~1863	철종 哲宗	25대왕	(재위 1849~1863)	
1831~1879	오경석 吳慶錫	역관·학자	원거	역매·진재
1832~ ?	김기수 金綺秀	문신	계지	창산
1833~1906	최익현 崔益鉉	문신·지사	찬겸	면암
1834~1884	민태호 閔台鎬	척신	경평	표정
1835~1916	민종묵 閔種默	문신	현경	한산
1835~1922	김윤식 金允植	문신·학자	순경	운양
1836~1878	민규호 閔奎鎬	문신·척신	경원	황사
1836~1905	송병선 宋秉璿	학자·지사	화옥	연재
1838~1882	민겸호 閔謙鎬	문신	윤익	

324

1840~1916	남정철 南廷哲	문신	치상	하산
1841~1904	박정양 朴定陽	문신	치중	죽천
1842~1896	김홍집 金弘集	문신	경능	도원
1842~1915	유인석 柳麟錫	학자·의병장	여성	의암
1842~1929	명완벽 明完璧	가야금연주가	덕조	진당
1843~1897	장승업 張承業	화가	경유	오원
1843~1910	김석진 金奭鎭	문신·독립운동가	경소	오천
1845~1884	조영하 趙寧夏	문신	기삼	혜인
1846~1922	김가진 金嘉鎭	문신·독립운동가		동농
1846~1922	민영규 閔泳奎	문신	경오	
1848~1896	어윤중 魚允中	문신	성집	일재
1848~1930	한규설 韓圭卨	무신	순우	강석
1850~1927	김택영 金澤榮	학자	우림	창강
1850~1927	이상재 李商在	독립운동가	계호	월남
1851~1894	김옥균 金玉均	정치가	백온	고균·고우
1851~1895	명성황후 민씨 明成皇后 閔氏	(고종 황후)		
1851~1896	문석봉 文錫鳳	의병장	이필	의산
1851~1909	신기선 申箕善	문신	언여	양원·노봉
1851~1916	임병찬 林炳瓚	의병장	중옥	돈헌
1852~1910	이범진 李範晉	문신·지사	성삼	
1852~1919	고종 高宗	26대왕	(재위 1863~1907)	
1852~1932	이용직 李容稙	문신	치만	
1852~1935	민영휘 閔泳徽	문신	군팔	하정
1853~1900	안경수 安駉壽	문신·정치가	성재	
1853~1923	고영근 高永根	관료·지사		
1854~1907	이용익 李容翊	관료·정치가	공필	석현
1854~1911	순헌황귀비 엄씨 純獻皇貴妃 嚴氏	(고종 후궁)		
1855~1884	홍영식 洪英植	문신	중육	금석
1855~1895	전봉준 全琫準	농민운동가	명좌	해몽
1855~1910	황현 黃玹	학자·문인	운경	매천
1855~1920	강우규 姜宇奎	독립운동가	찬구	왈우

1855~1935	지석영 池錫永	의사 · 국어학자	공윤	송촌
1856~1914	유길준 俞吉濬	학자 · 정치가	성무	구당
1856~1925	정교 鄭喬	문신 · 계몽가		추인
1856~1940	이범윤 李範允	독립운동가		
1858~1908	이강년 李康秊	독립운동가	낙인	운강
1858~1916	박제순 朴齊純	관료		평재
1858~1925	송병준 宋秉畯	무관 · 관료		연사
1858~1926	이완용 李完用	문신 · 정치가	경덕	일당
1858~1927	민영기 閔泳綺	척신 · 관료		만암 · 포암
1858~1932	이상룡 李相龍	독립운동가	만초	석주
1859~1907	이준 李儁	관료 · 지사	순칠	일성 · 해사
1859~1924	민영달 閔泳達	문신		우당
1859~1925	박은식 朴殷植	학자 · 독립운동가	성칠	겸곡 · 백암
1860~1914	민영익 閔泳翊	문신 · 문인	우홍	운미 · 죽미
1861~1905	민영환 閔泳煥	문신 · 지사	문약	계정
1861~1922	손병희 孫秉熙	종교가 · 독립운동가		의암
1861~1939	박영효 朴泳孝	정치가	자순	춘고
1862~1916	이인직 李人稙	소설가		국초
1862~1931	조병준 趙秉準	독립운동가	유평	국동
1863~1916	나철 羅喆	종교가 · 독립운동가		홍암
1863~1939	남궁억 南宮憶	교육가 · 독립운동가	치만	한서
1864~1921	장지연 張志淵	언론인	화명	위암
1864~1930	이승훈 李昇薰	독립운동가		남강
1864~1951	서재필 徐載弼	독립운동가		송재
1864~1953	오세창 吳世昌	서예가 · 독립운동가	중명	위창
1864~ ?	민영철 閔泳喆	문신		
1865~1919	이근택 李根澤	관료 · 정치가		
1865~1945	이해창 李海昌	종친 · 관료	배언	
1866~1945	윤치호 尹致昊	문신 · 정치가		좌옹
1867~1932	이회영 李會榮	독립운동가		우당
1867~1944	권병덕 權秉悳	독립운동가		청암 · 정암

1868~1912	이용구 李容九	정치가	대유	해산
1877~1946	홍진 洪震	독립운동가		만호
1868~1923	김교헌 金敎獻	종교가·독립운동가	백유	무원
1868~1935	어윤적 魚允迪	학자·관료	치덕	혜재
1868~1942	김약연 金躍淵	독립운동가		규암
1868~1943	홍범도 洪範圖	독립운동가		
1869~1927	이해조 李海朝	소설가		동농·이열재
1869~1935	길선주 吉善宙	목사	윤열	영계
1869~1938	이세영 李世永	독립운동가	좌현	고광
1869~1940	이동녕 李東寧	독립운동가	봉소	석오·암산
1869~1942	이필주 李弼柱	독립운동가		
1869~1943	이능화 李能和	학자	자현	간정·상현
1869~1953	이시영 李始榮	독립운동가·정치가	성옹	성재
1870~1917	이상설 李相卨	독립운동가	순오	보재
1870~1917	이준용 李埈鎔	황족	경극	석정·송정
1870~1928	이지용 李址鎔	문신·정치가	경천	향운
1871~1909	강일순 姜一淳	종교가	사옥	증산
1871~1938	양기탁 梁起鐸	독립운동가		우강
1873~1921	채기중 蔡基中	독립운동가	극오	소몽
1873~1935	이동휘 李東輝	독립운동가		성재
1873~1940	윤덕영 尹德榮	관료	중덕	벽수
1873~1964	함태영 咸台永	독립운동가·정치가		송암
1874~1905	이한응 李漢應	관료·지사	경천	국은
1874~1926	순종 純宗	27대왕	(재위 1907~1910)	
1875~1926	노백린 盧伯麟	독립운동가		계원·진방
1875~1948	조성환 曺成煥	독립운동가		청사
1875~1954	김상정 金商玎	학자	명옥	한월당
1875~1965	이승만 李承晩	정치가		우남
1876~1914	주시경 周時經	한글학자		한힌샘
1876~1930	장인환 張仁煥	독립운동가		
1876~1949	김구 金九	독립운동가·정치가		백범

1877~1910	박에스더	의학자		
1877~1955	이강 李堈	왕자	(의친왕)	만오
1878~1937	김동삼 金東三	독립운동가		일송
1878~1938	안창호 安昌浩	독립운동가		도산
1878~1958	최린 崔麟	종교인 · 언론인		고우
1879~1910	안중근 安重根	독립운동가		
1879~1922	신규식 申圭植	독립운동가		예관 · 여서
1879~1927	안명근 安明根	독립운동가		
1879~1944	한용운 韓龍雲	승려 · 독립운동가		만해
1879~1950	유동열 柳東說	독립운동가		춘교
1879~1962	김창숙 金昌淑	독립운동가	문좌	심산 · 벽옹
1879~ ?	양주삼 梁柱三	목사		백사당
1880~1920	안태국 安泰國	독립운동가		동오
1880~1932	임치정 林蚩正	독립운동가		춘곡
1880~1936	신채호 申采浩	독립운동가		단생 · 단재
1881~1928	박용만 朴容萬	독립운동가		우성
1881~1945	차이석 車利錫	독립운동가		동암
1881~1950	김규식 金奎植	독립운동가 · 정치가		우사
1882~1919	이시영 李始榮	독립운동가		우재
1882~1955	이수경 李壽卿	거문고 명인	치일	송사
1883~1924	안무 安武	독립운동가		청전
1883~1950	조만식 曹晩植	독립운동가 · 정치가		고당
1883~1966	김시현 金始顯	독립운동가	구화	하구 · 학우
1883~1974	장건상 張建相	독립운동가 · 정치가		소해
1883~1979	박대륜 朴大輪	승려		법운
1884~1921	박상진 朴尙鎭	독립운동가		고헌
1884~1947	전명운 田明雲	독립운동가		
1885~1963	김인식 金仁湜	음악교육가		
1885~1967	신숙 申肅	독립운동가 · 종교인		강재 · 시정
1885~1969	경봉 鏡峰	승려		
1886~1921	민원식 閔元植	언론인		정암 · 난곡

1886~1946	안확 安廓	국학자		자산·팔대수
1886~1947	여운형 呂運亨	독립운동가·정치가	회숙	몽양
1887~1944	한징 韓澄	한글학자·독립운동가		효창
1887~1945	송진우 宋鎭禹	언론인·정치가		고하
1887~1958	조용은 趙鏞殷	독립운동가		소앙
1887~1964	김병로 金炳魯	법조인·정치가		가인
1887~ ?	이위종 李瑋鍾	독립운동가		
1888~1939	문일평 文一平	사학자		호암
1888~1943	이윤재 李允宰	한글학자·독립운동가		환산·한뫼
1888~1957	지청천 池靑天	독립운동가·정치가		백산
1888~1963	박두성 朴斗星	교육가		송암
1888~1964	장도빈 張道斌	언론인·국사학자		산운
1888~1966	효봉 曉峰	승려		
1889~1930	김좌진 金佐鎭	독립운동가	명여	백야
1889~1960	김두봉 金枓奉	한글학자·독립운동가		백연
1889~1961	유종열 柳宗悅	예술가	(본명 야나기 무네요시)	
1890~1923	김상옥 金相玉	독립운동가		한지
1890~1938	현익철 玄益哲	독립운동가		묵관
1890~1957	최남선 崔南善	문인·언론인	공육	육당·한샘
1890~1965	유시태 柳時泰	독립운동가·정치가		
1891~1944	김마리아 金瑪利亞	독립운동가		
1891~1955	김성수 金性洙	기업가·정치가		인촌
1891~1960	신성모 申性模	정치가		소창
1891~1965	안재홍 安在鴻	사학자·정치가		민세
1891~1973	박춘금 朴春琴	정치깡패		
1891~1977	허백련 許百鍊	화가		의재
1892~1926	나석주 羅錫疇	독립운동가		
1892~1950	이광수 李光洙	소설가		춘원
1892~1969	변영태 卞榮泰	정치가		일석
1892~1979	김은호 金殷鎬	화가		이당·양은
1892~1982	경봉 鏡峰	승려		

1893~1934	손승억 孫承億	독립운동가		
1893~ ?	정인보 鄭寅普	한학자·역사학자	경업	위당·담원
1893~ ?	현상윤 玄相允	교육가		
1894~1947	장덕수 張德秀	언론인·정치가		설산
1894~1956	신익희 申翼熙	독립운동가·정치가		해공
1894~1960	조병옥 趙炳玉	독립운동가·정치가		유석
1894~1963	오상순 吳相淳	시인		선운·공초
1894~1966	순정효황후 윤씨 純貞孝皇后 尹氏		(순종 황후)	
1894~1969	김윤경 金允經	한글학자		한결
1894~1970	최현배 崔鉉培	한글학자		외솔
1895~1925	김익상 金益相	독립운동가		
1895~1960	황석우 黃錫禹	시인		상아탑
1895~1971	유일한 柳一韓	실업가		
1895~ ?	김억 金億	시인		안서
1896~1934	양세봉 梁世奉	독립운동가		벽해
1896~1934	백정기 白貞基	독립운동가		구파
1896~1947	유억겸 兪億兼	교육가		
1896~1948	나혜석 羅蕙錫	화가·소설가		정월
1896~1960	이기붕 李起鵬	정치가		만송
1896~1985	백낙준 白樂濬	교육자·정치가		용재
1896~1989	이희승 李熙昇	국어학자		일석
1896~1989	이병도 李丙燾	역사학자		두계
1897~1926	윤심덕 尹心悳	성악가·배우		수선
1897~1963	염상섭 廉想涉	소설가		횡보
1897~1970	이은 李垠	왕자	(영친왕)	명휘
1897~1972	이상범 李象範	화가		청전
1897~1990	윤보선 尹潽善	정치가		해위
1898~1941	홍난파 洪蘭坡	음악가		
1898~1958	김원봉 金元鳳	독립운동가·정치가		약산
1898~1959	우장춘 禹長春	육종학자		
1898~1961	변영로 卞榮魯	시인		수주

1899~1931	방정환 方定煥	아동문학가	소파
1899~1959	조봉암 曺奉岩	정치가	죽산
1899~1964	김법린 金法麟	승려 · 독립운동가	범산
1899~1966	고병간 高秉幹	의사 · 교육가	영서
1899~1966	장면 張勉	정치가	운석
1899~1970	김활란 金活蘭	교육가	우월
1899~1978	정구영 鄭求瑛	법조인 · 정치가	청남
1900~1932	이봉창 李奉昌	독립운동가	
1900~1943	현진건 玄鎭健	소설가	빙허
1900~1947	홍사용 洪思容	시인	노작 · 소아
1900~1951	김동인 金東仁	소설가	금동 · 춘사
1900~1955	박헌영 朴憲永	공산주의운동가	
1900~1972	이범석 李範奭	독립운동가 · 군인	철기
1900~ ?	손진태 孫晋泰	민속학자 · 국사학자	남창
1901~1932	최학송 崔鶴松	소설가	서해 · 설봉
1901~1936	심훈 沈熏	소설가	해풍
1901~1943	이상화 李相和	시인	무량 · 상화
1901~1945	김교신 金教臣	종교인 · 교육가	
1901~1953	채동선 蔡東鮮	작곡가	
1901~1962	김말봉 金末峰	소설가	
1901~1964	박승희 朴勝喜	극작가	춘강
1901~1981	박종화 朴鍾和	시인 · 소설가	월탄
1901~1984	노기남 盧基南	주교	
1901~ ?	박영희 朴英熙	시인 · 소설가	회월 · 송은
1902~1920	유관순 柳寬順	독립운동가	
1902~1926	나도향 羅稻香	소설가	
1902~1935	김소월 金素月	시인	
1902~1937	나운규 羅雲奎	영화인	춘사
1902~1950	채만식 蔡萬植	소설가	백릉
1902~1960	현제명 玄濟明	음악가	현석
1902~1971	청담 靑潭	승려	

1902~1974	박열 朴烈	독립운동가		
1902~1992	이태규 李泰圭	화학자		
1903~1950	김영랑 金永郎	시인		
1903~1966	장기원 張起元	수학자		
1903~1976	박종홍 朴鍾鴻	교육가		열암
1903~1977	양주동 梁柱東	시인·학자		무애
1903~1982	이은상 李殷相	시조작가		노산
1903~1985	김기진 金基鎭	시인·문필가		팔봉
1903~1994	박흥식 朴興植	기업가		
1904~1938	박용철 朴龍喆	시인		용아
1904~1944	이육사 李陸史	시인·독립운동가		
1904~1961	계용묵 桂鎔默	소설가		
1904~1963	이양하 李敭河	학자·수필가		
1904~1966	이상백 李相佰	학자·체육인		상백
1904~1976	조윤제 趙潤濟	국문학자		도남
1905~1944	이재유 李載裕	사회주의운동가		
1905~1954	이영민 李榮敏	체육인		
1905~1966	마해송 馬海松	아동문학가		
1905~1974	유진산 柳珍山	정치가		옥계
1905~1974	유치진 柳致眞	연극인		동랑
1906~1962	전형필 全鎣弼	문화재수집가	천뢰	간송
1906~1965	안익태 安益泰	작곡가		
1906~1987	유진오 兪鎭午	법조인·정치가		현민
1907~1942	이효석 李孝石	소설가		가산
1907~1986	이활 李活	정치인		몽촌
1908~1932	윤봉길 尹奉吉	독립운동가		매헌
1908~1937	김유정 金裕貞	소설가		
1908~1950	석주명 石宙明	곤충학자		
1908~1960	이무영 李無影	소설가		
1908~1964	최재서 崔載瑞	소설가·평론가		석경우
1908~1967	유치환 柳致環	시인		청마

1908~ ?	김진섭 金晉燮	학자·수필가	청천
1909~1935	최용신 崔容信	농촌운동가	
1909~1957	김내성 金來成	소설가	아인
1910~1937	이상 李箱	시인·소설가	
1910~1987	이병철 李秉喆	사업가	호암
1911~1957	노천명 盧天命	시인	
1911~1975	김유택 金裕澤	경제인·정치가	소파
1911~1995	장기려 張起呂	의학자	성산
1912~1993	성철 性徹	승려	퇴옹
1912~1994	김일성 金日成	공산주의정치가	
1913~1966	박계주 朴啓周	소설가	서운
1913~1995	김동리 金東里	소설가	
1913~2009	김동진 金東振	작곡가	
1914~1964	김이석 金利錫	소설가	
1914~1965	박수근 朴壽根	화가	미석
1914~1974	홍이섭 洪以燮	역사학자	
1915~1963	강소천 姜小泉	아동문학가	
1915~1965	김홍섭 金洪燮	법조인·종교인	
1915~1978	박목월 朴木月	시인	
1915~2000	황순원 黃順元	소설가	만강
1915~2001	정주영 鄭周永	사업가	아산
1916~1956	이중섭 李仲燮	화가	대향
1916~1977	장기영 張基榮	사업가·언론인	백상
1916~1989	이해랑 李海浪	연극인	
1916~1998	박두진 朴斗鎭	시인	혜산
1917~1945	윤동주 尹東柱	시인	
1917~1979	박정희 朴正熙	군인·정치가	중수
1917~1995	윤이상 尹伊桑	작곡가	
1918~1975	장준하 張俊河	독립운동가·정치가	
1919~2006	최규하 崔圭夏	외교가·정치가	현석
1920~1968	조지훈 趙芝薰	시인	

1921~1968	김수영 金洙暎	시인	
1922~1973	권진규 權鎭圭	조각가	
1922~2009	김수환 金壽煥	추기경	
1924~2009	김대중 金大中	정치가	후광
1926~2018	김종필 金鍾泌	군인 · 정치가	운정
1927~2015	김영삼 金泳三	정치가	거산
1930~1969	신동엽 申東曄	시인	
1931~1986	김수근 金壽根	건축가	
1932~2010	법정 法頂	승려 · 수필가	
1937~2007	권정생 權正生	아동문학가	
1937~2018	신성일 申星一	영화배우	

최종수

서울에서 태어나고 자랐습니다. 국문학을 전공했으나 다른 인문 분야에도 깊은
관심을 보이고 있습니다. 모든 것은 기본과 원리가 중요하다고 생각하고 있습니다.
지은 책으로는 장편소설 〈가을빛에 지다〉〈기다림의 조건〉과 비문학 저술 〈인성 테
스트와 인성교육〉〈영어는 단순하다〉〈서울역사문화탐방〉등이 있습니다.

한국역사문화탐방

초판 인쇄	2018년 12월 20일
초판 발행	2018년 12월 31일
지은이	최종수
발행처	역민사
등록	제 10-82호
주소	서울 은평구 연서로 46길 7
전화	02-2274-9411
이메일	ymsbpcjs@naver.com
인쇄·제책	영신사
표지디자인	디자인 밴프
copyright	©2018 최종수
ISBN	978-89-85154-46-8　93910
값	15,000원